"十三五"国家重点图书出版规划项目

新版《列国志》与《国际组织志》联合编辑委员会

列国志

GUIDE TO
THE WORLD
NATIONS 新版

田 禾 周方冶

编著

THAILAND

泰 国

社会科学文献出版社

SSAP

SOCIAL SCIENCES ACADEMIC PRESS (CHINA)

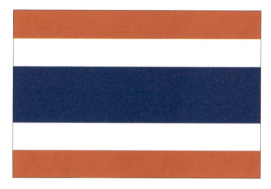

泰国国旗

泰国国徽

政府大楼

旧国会大厦

兰甘亨大帝塑像

纳黎萱大帝塑像

朱拉隆功大帝塑像

位于大皇宫内北侧的玉佛寺

卧佛寺，寺内佛塔、佛像的数量居曼谷各寺之首

位于湄南河西岸的郑王庙

位于清迈的素贴寺

素可泰遗址公园

因他暖山国家公园

帕塔亚的东芭乐园

普吉岛攀牙湾

苏梅岛

曼谷当地的出租车『嘟嘟』

曼谷的水上市场

人们在传统节日水灯节所放的水灯

出版说明

　　《列国志》编撰出版工作自 1999 年正式启动，截至目前，已出版 144 卷，涵盖世界五大洲 163 个国家和国际组织，成为中国出版史上第一套百科全书式的大型国际知识参考书。该套丛书自出版以来，受到社会各界的广泛好评，被誉为"21 世纪的《海国图志》"，中国人了解外部世界的全景式"窗口"。

　　这项凝聚着近千学人、出版人心血与期盼的工程，前后历时十多年，作为此项工作的组织实施者，我们为这皇皇 144 卷《列国志》的出版深感欣慰。与此同时，我们也深刻认识到当今国际形势风云变幻，国家发展日新月异，人们了解世界各国最新动态的需要也更为迫切。鉴于此，为使《列国志》丛书能够不断补充最新资料，更好地服务于社会各界，我们决定启动新版《列国志》编撰出版工作。

　　与已出版的 144 卷《列国志》相比，新版《列国志》无论是形式还是内容都有新的调整。国际组织卷次将单独作为一个系列编撰出版，原来合并出版的国家将独立成书，而之前尚未出版的国家都将增补齐全。新版《列国志》的封面设计、版面设计更加新颖，力求带给读者更好的阅读享受。内容上的调整主要体现在数据的更新、最新情况的增补以及章节设置的变化等方面，目的在于进一步加强该套丛书将基础研究和应用对策研究相结合，将基础研究成果应用于实践的特色。例如，增加了各国有关资源开发、环境治理的内容；特设"社会"一章，介绍各国的国民生活情况、社会管理经验以及存在的社会问题，等等；增设"大事纪年"，方便读者在短时间内熟悉各国的发展线索；增设"索引"，便于读者根据人名、地名、关键词查找所需相关信息。

顺应时代发展的要求，新版《列国志》将以纸质书为基础，全面整合国别国际问题研究资源，构建列国志数据库。这是《列国志》在新时期发展的一个重大突破，由此形成的国别国际问题研究资讯平台，必将更好地服务于中央和地方政府部门应对日益繁杂的国际事务的决策需要，促进国别国际问题研究领域的学术交流，拓宽中国民众的国际视野。

新版《列国志》的编撰出版工作得到了各方的支持：国家主管部门高度重视，将其列入"'十二五'国家重点图书出版规划项目"；中国社会科学院将其列为创新工程学术出版资助项目，王伟光院长亲自担任编辑委员会主任，指导相关工作的开展；国内各高校和研究机构鼎力相助，国别国际问题研究领域的知名学者相继加入编辑委员会，提供优质的学术咨询与指导。相信在各方的通力合作之下，新版《列国志》必将更上一层楼，以崭新的面貌呈现给读者，在中国改革开放的新征程中更好地发挥其作为"知识向导"、"资政参考"和"文化桥梁"的作用！

新版《列国志》编辑委员会

2013 年 9 月

前　言

　　自 1840 年前后中国被迫开关、步入世界以来，对外国舆地政情的了解即应时而起。还在第一次鸦片战争期间，受林则徐之托，1842 年魏源编辑刊刻了近代中国首部介绍当时世界主要国家舆地政情的大型志书《海国图志》。林、魏之目的是为长期生活在闭关锁国之中、对外部世界知之甚少的国人"睁眼看世界"，提供一部基本的参考资料，尤其是让当时中国的各级统治者知道"天朝上国"之外的天地，学习西方的科学技术，"师夷之长技以制夷"。这部著作，在当时乃至其后相当长一段时间内，产生过巨大影响，对国人了解外部世界起到了积极的作用。

　　自那时起中国认识世界、融入世界的步伐就再也没有停止过。中华人民共和国成立以后，尤其是 1978 年改革开放以来，中国更以主动的自信自强的积极姿态，加速融入世界的步伐。与之相适应，不同时期先后出版过相当数量的不同层次的有关国际问题、列国政情、异域风俗等方面的著作，数量之多，可谓汗牛充栋。它们对时人了解外部世界起到了积极的作用。

　　当今世界，资本与现代科技正以前所未有的速度与广度在国际间流动和传播，"全球化"浪潮席卷世界各地，极大地影响着世界历史进程，对中国的发展也产生极其深刻的影响。面临不同以往的"大变局"，中国已经并将继续以更开放的姿态、更快的步伐全面步入世界，迎接时代的挑战。不同的是，我们所面临的已不是林则徐、魏源时代要不要"睁眼看世界"、要不要"开放"问题，而是在新的历史条件下，在新的世界发展大势下，如何更好地步入世界，如何在融入世界的进程中更好地维护民族国家的主权与独立，积极参与国际事务，为维护世界和平，促进世界与人类共同发展做出贡献。这就要求我们对外部世界有比以往更深切、全面的了解，我们只有更全面、更深入地了解世界，才能在更高的层次上融入世界，也才能在融入世界的进程中不迷失方向，保持自我。

与此时代要求相比，已有的种种有关介绍、论述各国史地政情的著述，无论就规模还是内容来看，已远远不能适应我们了解外部世界的要求。人们期盼有更新、更系统、更权威的著作问世。

中国社会科学院作为国家哲学社会科学的最高研究机构和国际问题综合研究中心，有 11 个专门研究国际问题和外国问题的研究所，学科门类齐全，研究力量雄厚，有能力也有责任担当这一重任。早在 20 世纪 90 年代初，中国社会科学院的领导和中国社会科学出版社就提出编撰"简明国际百科全书"的设想。1993 年 3 月 11 日，时任中国社会科学院院长胡绳先生在科研局的一份报告上批示："我想，国际片各所可考虑出一套列国志，体例类似几年前出的《简明中国百科全书》，以一国（美、日、英、法等）或几个国家（北欧各国、印支各国）为一册，请考虑可行否。"

中国社会科学院科研局根据胡绳院长的批示，在调查研究的基础上，于 1994 年 2 月 28 日发出《关于编纂〈简明国际百科全书〉和〈列国志〉立项的通报》。《列国志》和《简明国际百科全书》一起被列为中国社会科学院重点项目。按照当时的计划，首先编写《简明国际百科全书》，待这一项目完成后，再着手编写《列国志》。

1998 年，率先完成《简明国际百科全书》有关卷编写任务的研究所开始了《列国志》的编写工作。随后，其他研究所也陆续启动这一项目。为了保证《列国志》这套大型丛书的高质量，科研局和社会科学文献出版社于 1999 年 1 月 27 日召开国际学科片各研究所及世界历史研究所负责人会议，讨论了这套大型丛书的编写大纲及基本要求。根据会议精神，科研局随后印发了《关于〈列国志〉编写工作有关事项的通知》，陆续为启动项目拨付研究经费。

为了加强对《列国志》项目编撰出版工作的组织协调，根据时任中国社会科学院院长李铁映同志的提议，2002 年 8 月，成立了由分管国际学科片的陈佳贵副院长为主任的《列国志》编辑委员会。编委会成员包括国际片各研究所、科研局、研究生院及社会科学文献出版社等部门的主要领导及有关同志。科研局和社会科学文献出版社组成《列国志》项目工作组，社会科学文献出版社成立了《列国志》工作室。同年，《列国志》项目被批准为中国社会科学院重大课题，新闻出版总署将《列国志》项目列入国家重点图书出版计划。

在《列国志》编辑委员会的领导下，《列国志》各承担单位尤其是各位学者加快了编撰进度。作为一项大型研究项目和大型丛书，编委会对《列国志》提出的基本要求是：资料翔实、准确、最新，文笔流畅，学术性和可读性兼备。《列国志》之所以强调学术性，是因为这套丛书不是一般的"手册""概览"，而是在尽可能吸收前人成果的基础上，体现专家学者们的研究所得和个人见解。正因为如此，《列国志》在强调基本要求的同时，本着文责自负的原则，没有对各卷的具体内容及学术观点强行统一。应当指出，参加这一浩繁工程的，除了中国社会科学院的专业科研人员以外，还有院外的一些在该领域颇有研究的专家学者。

现在凝聚着数百位专家学者心血，共计 141 卷，涵盖了当今世界 151 个国家和地区以及数十个主要国际组织的《列国志》丛书，将陆续出版与广大读者见面。我们希望这样一套大型丛书，能为各级干部了解、认识当代世界各国及主要国际组织的情况，了解世界发展趋势，把握时代发展脉络，提供有益的帮助；希望它能成为我国外交外事工作者、国际经贸企业及日渐增多的广大出国公民和旅游者走向世界的忠实"向导"，引领其步入更广阔的世界；希望它在帮助中国人民认识世界的同时，也能够架起世界各国人民认识中国的一座"桥梁"，一座中国走向世界、世界走向中国的"桥梁"。

《列国志》编辑委员会
2003 年 6 月

CONTENTS

目　录

CONTENTS
目　录

CONTENTS

目 录

CONTENTS

![CONTENTS logo](GUIDE TO THE WORLD NATIONS)

目　录

CONTENTS
目 录

CONTENTS
目　录

CONTENTS

目　录

CONTENTS
目 录

第一章

概　览

第一节　国土与人口

一　地理位置

泰国全称泰王国（The Kingdom of Thailand），地处东南亚的中心，在北纬5°37′~北纬20°27′和东经97°22′~东经105°37′之间，是通往中南半岛的门户。泰国的北部和东北边界与老挝人民民主共和国接壤，北部和西部与缅甸联邦共和国交界，泰国的西南部是安达曼海，东部毗邻柬埔寨王国，东南部是泰国湾，南部与马来西亚接壤。因为泰国采用曼谷时间，而曼谷所处时区为东七区，因此泰国时间要比北京时间晚一个小时。

泰国国土面积为51.3万平方千米，与法国的本土面积大致相同，在东南亚地区仅次于印度尼西亚和缅甸的国土面积，列第三位。泰国由北到南的距离为1620千米，东西最宽处为775千米。泰国的陆地边界线长约3400千米，海岸线长约2614.4千米，其中，泰国湾海岸线和太平洋海岸线为1874.8千米，印度洋海岸线为739.6千米。泰国在地理上具有非常重要的战略意义，是东南亚与南亚、东方文化与西方文化的重要交汇点。

二　行政区划

泰国的行政区划分为：中央政府、府、县、区、村，另外还有直辖市和一些自治市镇。全国（不包括曼谷）共有76个府、800多个县、7000多个区和 7 万个左右的行政村。

府（Changwat）　　府是泰国最大的地方行政区划，由中央政府直接管辖。府的办公机构是府公署。府的地方行政长官被称为"府尹"，由内务部直接任命，并向内务部负责。每府设有府议会，议员由县选民直接选举产生，每届任期 5 年。府议会的职能是制定本府的市政、文教、卫生等方面的地方性法规和条文，监督本府的行政工作等。

县（Amphur）　　县是隶属府的行政区划，县长由内务部直接任命，在府尹的领导下管理县的事务。县的办公机构是县公署。县公署不是一级政权，而是中央政府的派出机关。

区（Tambon）　　区是隶属县的农村行政区划。每个区管辖 10 个左右的行政村。区长由村长会议选举产生，行政上归县长管辖，是最低一级的行政长官。每区设有一个区委员会，负责向区长提供咨询。区委员会每 5 年选举一次。

村（Muban）　　村是最基层的行政单位。每一个行政村由较大的自然村或若干个较小的自然村组成。村长由全村居民直接选举产生，没有固定的任期，只要受到村民的拥护和爱戴便可长期担任下去。

自治市　　泰国在一些居民区实行自治市的制度。根据居民区的规模和人数，这些居民区被分为中央直辖市、大自治市（都市级 Tesaban Nakhon）、中自治市（镇级 Tesaban）、小自治市（区级 Tesaban Tambon）和自治镇（Sookapibarn）。此外，泰国在帕塔亚海滨还设立了一个旅游特区城市帕塔亚特区（Muang Phattaya）。

首都　　曼谷（Bangkok Metropolis）是泰国的首都，也是唯一的中央直辖市。曼谷又称"大曼谷市"，曾被称为"京畿府"和"京都市"。曼谷位于美丽的湄南河平原，距泰国湾 40 千米。曼谷是东南亚最重要的城市和主要的交通、通信枢纽之一，素有"东方威尼斯"和"东方巴黎"之称。

都市级市　　凡人口密度超过每平方千米 3000 人，人口在 5 万人以上的城市是都市级市。全国现只有清迈属于都市级市。泰北名城清迈有悠久的历史，公元 13 世纪便已经建成。中国元、明时期的文献称它为八百媳妇国，"八百媳妇者，夷名景迈，世传其长有妻八百，各领一寨，故名"。虽然清迈国王有 800 个妻子只是一个传说，但是公元 13 世纪的清迈确实是由 800 个大小不一的城镇和村寨组成的，每个城镇的首领都是妇女，这也说明，泰国北部地区曾经是母系社会。

镇级市 凡人口密度不足每平方千米 3000 人，人口在 1 万人以上、5 万人以下的城市为镇级市。目前泰国有 80 多个镇级市，除清迈府以外，全国 75 个府（不含曼谷）的府所在地也是镇级市政府所在地。

区级市 人口在 2500～10000 人的小城镇为区级市。全国共有 40 多个区级市，它们都是比较大的县治所在地，有少数几个区级市的人口已经超过 1 万人。

自治镇 人口在 1500 人以上，面积为 1～4 平方千米的集镇可以称为自治镇。自治镇没有议会，只设镇委员会管理本镇的文教卫生和公益事业。镇委员会成员由所在县的县长、县或分县的常务助理、警察署署长、辖区的若干名区长、村长及 4 名镇代表组成。

特区 帕塔亚特区是泰国唯一的特区，全市约有 5 万人。帕塔亚是一个海滨旅游胜地，市民基本上都从事旅游业。帕塔亚特区的议会议长也是帕塔亚特区市的市长。每届议会任期 4 年。

从地理位置上看，泰国分为泰北、泰中、泰东北和泰南 4 个区域，共有 76 个府（不包括曼谷）。泰国北部有 17 个府，总面积为 16.96 万平方千米，其中 80% 是山区和丘陵，2014 年人口约有 1184.3 万。以下为泰国北部各府的情况。

清迈府（Chiang Mai），面积 2 万平方千米，人口 167.8 万。清迈府位于宾河上游，辖 25 个县、204 个区、1915 个行政村。府公署在直辖县西蓬区。清迈地处北部山区，泰国最高的山因他暖山（海拔 2576 米）在其境内。全府平均海拔 300 米以上，气候温和，经济发达。清迈的手工艺品闻名全国，远销海外。

清莱府（Chiang Rai），面积 1.17 万平方千米，人口 120.8 万。清莱府位于泰国北部，距曼谷 823 千米。清莱府辖 18 个县、124 个区、1751 个行政村。府公署设在直辖县万区。清莱府境内多山，平均海拔为 378

米，是泰国气温最低的地区。清莱府的经济以农业为主。

　　甘烹碧府（Kamphaeng Phet），面积 8607 平方千米，人口 72.9 万。甘烹碧府辖 11 个县、78 个区、823 个行政村。府公署设在直辖县乃勐区。甘烹碧府位于宾河上游，东南部为平原，出产水稻、玉米、黄豆等作物，山区盛产木材。甘烹碧府是素可泰时代的一座历史古城。

　　南邦府（Lam Pang），面积 1.25 万平方千米，人口 75.3 万。南邦府位于汪河上游，辖 13 个县、100 个区、855 个行政村。府公署设在直辖县华万区。南邦府中部和南部为平原，适宜耕种。北部山区盛产柚木，大部分用于出口。泰国最长的铁路隧道坤丹山隧道即在该府境内。

　　南奔府（Lamphun），面积 4506 平方千米，人口 40.5 万。南奔府位于宾河上游，是泰国北部面积最小的府。南奔府辖 8 个县、51 个区、551个行政村。府公署设在直辖县乃勐区。山地占南奔府全府面积的一半以上，余皆平原。境内水利资源丰富，土地肥沃，物产丰富。该府出产的水果龙眼非常有名，大量外销。每年龙眼上市时，当地还举办龙眼节、龙眼小姐竞选等活动。

　　夜丰颂府（Mae Hong Son），面积 1.27 万平方千米，人口 24.8 万。夜丰颂府辖 7 个县、45 个区、402 个行政村。府公署设在直辖县宗坎区。

　　那空沙旺府（Nakhon Sawan），亦称北榄坡府，面积 9597 平方千米，人口 107.3 万。那空沙旺府辖 15 个县、130 个区、1328 个行政村。府公署设在直辖县班巴隆区。那空沙旺府位于湄南河的上游，土地多为冲积平原，土质肥沃，使该府成为泰国重要的粮食产地。那空沙旺府的水陆交通便利，工商业也十分繁荣。泰国著名的淡水湖波拉碧湖也在那空沙旺府境内，盛产淡水鱼。

　　难府（Nan），面积 1.15 万平方千米，人口 47.8 万。难府位于泰北难河上游，辖 15 个县、99 个区、848 个行政村。府公署设在直辖县乃勐区。难府境内多山，物产丰富，畜牧业较为发达。

　　帕耀府（Phayao），面积 6335 平方千米，人口 48.4 万。帕耀府辖 9 个县、68 个区、632 个行政村。府公署设在直辖县乃勐区。帕耀府地处泰北高原，平均海拔 400 米以上。帕耀府主要出产水稻、玉米，农业是该府的主要经济支柱。府内有两条河流：荣河和英河。此外，该府还有帕耀湖和媚赛湖两个天然湖泊。帕耀湖是泰国北部最大的高原湖泊，盛产各种淡水鱼。

帕府（Phrae），面积 6536 平方千米，人口 45.4 万。帕府位于荣河上游，辖 8 个县、78 个区、645 个行政村。府公署设在直辖县乃万区。帕府地处山区，耕地不足。柚木加工品是帕府的主要出口产品。

碧差汶府（Phetchabun），面积 1.27 万平方千米，人口 99.6 万。碧差汶府辖 11 个县、117 个区、1261 个行政村。府公署在直辖县乃勐区。该府位于巴塞河上游，是一个农业省份。重要农作物有水稻、棉花、烟叶。

披集府（Phichit），面积 4531 平方千米，人口 54.7 万。披集府辖 12 个县、89 个区、852 个行政村。府公署设在直辖县乃勐区。披集府位于难河下游，府中大部分土地为平原。该府经济以农业为主，出产的作物有水稻、玉米、水果等。府内有闻名遐迩的明史快湖，该湖盛产莲子和淡水鱼。

彭世洛府（Phitsanulok），面积 1.08 万平方千米，人口 85.9 万。彭世洛府辖 9 个县、93 个区、1032 个行政村。府公署设在直辖县乃勐区。彭世洛府位于难河中游，土地多为平原，平均海拔 50 米。难河和荣河流经境内，水利资源极为丰富。该府是泰北和泰东北的交通要道，工商业比较发达，盛产水稻、水果。

素可泰府（Sukhothai），面积 6596 平方千米，人口 60.2 万。素可泰府辖 9 个县、86 个区、782 个行政村。府公署设在直辖县他尼区。素可泰府位于荣河中游，西北部是山区，东南部为平原，府内水利资源丰富，土地肥沃。该府出产的宋加洛陶瓷非常有名。素可泰府不但是一座历史悠久的古城，还是古代素可泰王朝的首都，府内现在还保存有素可泰王朝的遗迹和兰甘亨国王的帕銮王宫遗址。

达府（Tak），面积 1.64 万平方千米，人口 53.9 万。达府辖 9 个县、63 个区、493 个行政村。府公署位于直辖县来兴区。达府多山，平原占全府面积的比重很小，宾河从府中流过。该府森林资源和矿产资源都十分丰富。泰国最大的水电站——普密蓬水电站建在该府境内的宾河上，水电站装机容量为 56 万千瓦,灌溉面积达 2400 平方千米。

乌泰他尼府（Uthai Thani），面积 6730 平方千米，人口 33.0 万。乌泰他尼府辖 8 个县、70 个区、642 个行政村。府公署设在直辖县乌太迈区。该府位于色梗港河的下游，山地占全府面积的 61% 以上，经济以农业为主。

乌达叻滴府（Uttaradit），亦称程逸府，面积 7838 平方千米，人口 46万。乌达叻滴府辖 9 个县、67 个区、562 个行政村。府公署设在直辖县他逸区。乌达叻滴府位于难河中游，北部和西部多山，森林和山地面积占全府面积的 80% 以上，南部为平原。境内有著名的诗丽吉水坝。农业出产水稻、黄豆、烟叶等作物，工业以纺织著名。

泰国中部有 25 个府，总面积为 10.23 万平方千米，2014 年人口约有1652.6 万。以下为泰国中部 25 个府的情况。

红统府（Ang Thong），面积 968.4 平方千米，人口 28.3 万。红统府辖 7 个县、81 个区、513 个行政村。府公署设于直辖县挽娇。该府位于湄南河下游，水利资源丰富，全府为冲积平原。该府的主要经济部门是农业。工业以造船、木材加工和藤器制造业为代表。

差春骚府（Chachoengsao），亦称北柳府，面积 5351 平方千米，人口69.5 万。差春骚府辖 11 个县、93 个区、859 个行政村。府公署设在直辖县那勐区。差春骚府位于挽巴功河中游，东北部为山区，山区占全府面积的 48%。挽巴功河两岸鱼米飘香，是泰国东部著名的产粮区。

猜纳府（Chai Nat），面积 2469 平方千米，人口 33.2 万。猜纳府辖 8 个县、53 个区、474 个行政村。府公署在直辖县乃勐区。该府位于湄南河上游，西部为山地，出产木材。猜纳府的平原地区是泰国中部的重要产粮区。

占他武里府（Chanthaburi），亦称尖竹汶府，面积 6338 平方千米，人口 52.7 万。占他武里府辖 10 个县、76 个区、690 个行政村。府公署设在直辖县达叻占他武里区。占他武里府山多地少，粮食不能自给，但丘陵地区是著名的水果产地。另外，该府出产的宝石远近闻名。

春武里府（Chon Buri），面积 4363 平方千米，人口 142.1 万。春武里府辖 11 个县、92 个区、691 个行政村。府公署设在直辖县班巴岁区。

该府位于泰国湾东海岸，是泰国东部的工业、商业、旅游、文化中心。府中有许多著名的海滨旅游胜地，如帕塔亚等。府内有泰国最大的军港梭桃邑。

甘乍那武里府（Kanchanaburi），亦称北碧府，面积 1.95 万平方千米，人口 84.8 万。甘乍那武里府辖 13 个县、98 个区、887 个行政村。府公署设在直辖县班糯区。甘乍那武里府地处泰国西部高原夜功河的上游，全府 2/3 的土地为山地，经济不很发达。该府历史上是泰国西部的军事重镇。

华富里府（Lop Buri），面积 6199 平方千米，人口 75.8 万。华富里府辖 11 个县、124 个区、1110 个行政村。府公署设在直辖县塔莱冲顺区。该府位于泰国故都阿瑜陀耶北部，东部为山地和丘陵，拥有丰富的矿产资源。华富里河两岸沃野千里，农业发达。

那空那育府（Nakhon Nayok），面积 2122 平方千米，人口 25.7 万。那空那育府辖 4 个县、41 个区、403 个行政村。府公署设在直辖县那空那育区。该府位于那空那育河中游，北部为山区，交通不便，林业是其主要的经济部门。南部和中部是富庶的平原地区，盛产水稻。

那空巴统府（Nakhon Pathom），亦称佛统府，面积 2168 平方千米，人口 89.1 万。那空巴统府辖 7 个县、105 个区、919 个行政村。府公署设在直辖县沙南占区。该府位于他真、夜功两条河的下游，沿河地带为冲积平原，是泰国极为重要的产粮区。该府交通便利，工商业都比较发达。由于历史悠久，该府也是一座闻名遐迩的历史古城。

暖武里府（Nonthaburi），面积 622 平方千米，人口 117.4 万。暖武里府辖 6 个县、52 个区、433 个行政村。府公署设在直辖县萱炎区。该府位于湄南河下游，境内水利资源充足，土地肥沃，物产丰富，尤其是水果种类繁多，所产榴梿最为有名。

巴吞他尼府（Pathum Thani），面积 1526 平方千米，人口 107.4 万。巴吞他尼府辖 7 个县、60 个区、529 个行政村。府公署设在直辖县班博洛区。该府位于湄南河下游，府内多平原，水利条件较好，使该府成为泰国的主要产粮区。该府的水陆交通通畅，工业比较发达。

碧武里府（Phetchaburi），亦称佛丕府，面积6225平方千米，人口47.4万。碧武里府辖8个县、93个区、681个行政村。府公署设在直辖县空格清区。该府位于碧武里河下游，东部地势较高，沿海一带为平原，西部与缅甸接壤。平原地区农业发达，盛产水稻、大豆等农作物；沿海地区渔业兴旺；西部山区有丰富的矿产资源。该府工业发达，有汽车修理、汽车车身制造、水泥、碾米等工厂。

阿瑜陀耶府（Phra Nakhon Si Ayutthaya），亦称大城府，面积2556平方千米，人口80.3万。阿瑜陀耶府辖16个县、209个区、1328个行政村。府公署设在直辖县荷叻达纳猜区。该府地处湄南河中游，曾经是阿瑜陀耶王朝的京都。该府大部分土地是冲积平原，河流纵横交错，水利灌溉完善，使该府成为著名的鱼米之乡。近年来，该府工业发展的速度也很快。

巴真武里府（Prachin Buri），面积4762平方千米，人口47.9万。巴真武里府辖7个县、65个区、658个行政村。府公署设在直辖县乃勐区。该府位于挽巴功河上游，北部和东部是大山脉，山地面积约占全府面积的60%。巴真武里府大山绵延，森林茂密，木材是该府的重要产品。挽巴功河流域土地肥沃，农业发达，盛产水稻、玉米和水果等农作物。

巴蜀府（Prachuap Khiri Khan），面积6367平方千米，人口52.5万。巴蜀府辖8个县、48个区、388个行政村。府公署设在直辖县巴蜀区。该府位于泰国湾西海岸，地形狭长，东西最窄处仅有10.6千米。该府的海岸线在泰国各府中是最长的。巴蜀府耕地不足，粮食生产不能满足本府人民的需要，但矿产资源却非常丰富。

叻武里府（Ratchaburi），亦称叻丕府，面积5196平方千米，人口85.3万。叻武里府辖10个县、104个区、935个行政村。府公署设在直辖县纳勐区。叻武里府位于夜功河下游。夜功河两岸地势平缓，土地肥沃，农业兴盛，使该地区成为府内重要的产粮区。西部山区出产品质优良的柚木和铁木。工业以碾米、木材加工、制糖、纺织为主。

罗勇府（Rayong），面积3552平方千米，人口67.4万。罗勇府辖8个县、58个区、388个行政村。府公署设在直辖县他巴都区。该府位于罗勇河下游。中部和东部多山，出产木材，矿产资源丰富。沿海一带为平原，但土质恶劣，不宜耕种。沿海一带渔业发达，所产鱼露非常有名。该府的工业部门主要有食品加工业、有色金属冶炼和造船业。

　　沙缴府（Sa Kaeo），位于泰国东部边境，面积7195平方千米，人口55.2万。沙缴府辖9个县、59个区、619个行政村。府公署设在直辖县乃勐区。沙缴府地理特征多样，该府既有平原也有高地。北部是高地和山区，南边是起伏绵延的平原和丘陵。在尖竹汶山脉沿线生长着常绿植物和森林。中部是平原和丘陵。沙缴府的贸易非常发达。沙缴府曾经是一个主要的古代文明社区，其悠久的历史可以追溯到堕罗钵底国时期。高棉文化的考古遗址和石头碑铭都充分证明了该文明的存在。沙缴府曾经长期隶属巴真武里府，1993年12月正式成为一个府。

　　沙没巴干府（Samut Prakan），亦称北榄府，面积1004平方千米，人口126.1万。沙没巴干府辖6个县、50区、396个行政村。府公署设在直辖县北榄区。沙没巴干府位于湄南河出海口处，全府为冲积平原，农业和渔业都很发达，该府尤其盛产椰子。工业以食品加工业为主，如椰糖炼制是其主要的工业部门。

　　沙没沙空府（Samut Sakhon），亦称龙仔厝府，面积872平方千米，人口53.2万。沙没沙空府辖3个县、40个区、288个行政村。府公署设在直辖县玛哈猜区。沙没沙空府位于他真河下游，河两岸土质优良，使该府成为泰国的主要产粮区之一。沿海居民大多从事渔业活动，因此该府也是泰国最大的海产品集散地。

　　沙没颂堪府（Samut Songkhram），亦称夜功府，面积416平方千米，人口19.4万。沙没颂堪府辖3个县、38个区、284个行政村。府公署设在直辖县夜功区。该府位于夜功河下游的冲积平原，河两岸土质优良，水利发达，主要的农产品为水稻和椰子。沿海地区渔业非常发达，海产品远近驰名。工业以造船和海产品加工业为主。

　　沙拉武里府（Saraburi），亦称北标府，面积3577平方千米，人口63.3万。沙拉武里府辖13个县、111个区、965个行政村。府公署设在直辖县北标区。该府位于巴塞河中游，山地面积仅占全府面积的2%，其余均为土质肥沃的良田，农业非常发达。

信武里府（Sing Buri），面积 822 平方千米，人口 21.2 万。信武里府辖 6 个县、43 个区、363 个行政村。府公署设在直辖县他拉区。该府位于湄南河右岸，有 10 条河流纵横交错，是全国河流最多的府。由于水利资源丰富，该府的农业十分发达。工业有碾米、木材加工、机床修理、汽车修理等部门。该府的交通最有特色，全府以水路为主。

素攀武里府（Suphan Buri），面积 5358 平方千米，人口 84.9 万。素攀武里府辖 10 个县、110 个区、977 个行政村。府公署设在直辖县他披良区。该府位于他真河中游，两岸人民以渔业为生。北部是高地，出产木材。南部地区沃野千里，水利系统完善，是泰国重要的产粮区。工业有造船、碾米、木材加工和榨糖等部门。

达呦府（Trat），面积 2819 平方千米，人口 22.5 万。达呦府辖 7 个县、38 个区、254 个行政村。府公署设在直辖县班帕区。达呦府位于泰国东部达呦河的下游，东北部为原始森林地区，出产木材。全府山地面积达 60%。中部沿海一带是平原，农业和渔业都比较发达。境内的昌岛是泰国湾内最大的岛屿。

泰国东北部地区有 20 个府，总面积为 16.88 万平方千米，2014 年人口约有 2184.4 万，两者均占全国的 1/3。20 个府的具体情况如下。

安纳乍能府（Amnat Charoen），面积 3161 平方千米，人口 37.5 万。该城最初建于拉玛三世时期，1993 年正式成为独立的府。安纳乍能府辖 7 个县、56 个区、653 个行政村。府公署设在直辖县乃勐区。该府境内建有大量兰那泰和老挝风格的寺庙。

汶干府（Buengkan），面积 4305 平方千米，人口 41.9 万。汶干府辖 8 个县、53 个区、615 个行政村。府公署设在直辖县汶干区。汶干府是泰国于 2011 年 3 月从廊开府划分出来而增设的第 76 个府，位于泰国版图的东北角，毗邻老挝，境内有朴瓦（Phu Wua）野生动物保护区。

武里南府（Buri Ram），面积 1.03 万平方千米，人口 157.9 万。武里南府辖 23 个县、189 个区、2212 个行政村。府公署设在直辖县乃勐区。该府位于蒙河以南。除了蒙河以外，境内有许多大小河流，水利资源非常丰富，沿河地区的农业十分发达，大宗农业出产物有稻米和麻。工业主要有碾米、麻制品、榨糖、木薯加工等一些农产品加工业。

猜也奔府（Chaiyaphum），面积 1.28 万平方千米，人口 113.7 万。猜也奔府辖 16 个县、124 个区、1393 个行政村。府公署设在直辖县乃勐区。该府地处泰国东北高原，在柯呐府北面。西北多山，原始森林密布。中部和东部为平原，多为沙质土，土质较差。农产品以稻米、麻、玉米为主。该府的工业不是很发达，只有碾米、木材加工、麻制品等小型企业。

加拉信府（Kalasin），面积 6946 平方千米，人口 98.5 万。加拉信府辖 18 个县、134 个区、1509 个行政村。府公署设在直辖县加拉信区。该府位于包河左岸。东北部重峦叠嶂，森林茂盛，盛产优质木材。西南部为平原，农业较为发达。工业不是很发达，以碾米、木薯加工等食品加工业为主。

孔敬府（Khon Kaen），面积 1.09 万平方千米，人口 179 万。孔敬府辖 26 个县、198 个区、2139 个行政村。府公署设在直辖县乃勐。该府位于栖河上游，西部山峦起伏，森林茂密，出产木材。该府农业较发达，工业有碾米、水泥、麻制品、制砖等部门。该府是泰国东北部地区的中心，商业发达，是东北部地区的商品集散地，也是泰国东北部地区唯一的大学——孔敬大学的所在地。

黎府（Loei），面积 1.14 万平方千米，人口 63.5 万。黎府辖 14 个县、89 个区、839 个行政村。府公署设在直辖县谷崩区。该府位于黎河右岸，并因黎河而得名。由于该府四面环山，山区矿产资源丰富，但因交通不便，矿产开发比较滞后。该府畜牧业比较发达，每年都有大量的畜牧产品被销往外地。

玛哈沙拉堪府（Maha Sarakham），面积 5291 平方千米，人口 96.1 万。玛哈沙拉堪府辖 13 个县、133 个区、1804 个行政村。府公署设在直辖县达呐区。该府地处泰国东北高原中部，在栖河的上游。境内气候属高原气候，夏热冬冷，加上土质不好，农业发展滞后。工业也只有一些织布和制陶类的家庭小手工业。

莫达汗府（Mukdahan），面积 4339 平方千米，人口 34.6 万。莫达汗府辖 7 个县、53 个区、493 个行政村。府公署设在直辖县莫达汗。该府位于泰国东北部高原、湄公河西岸。境内多山，森林茂密。西部地区及湄公河沿岸是一马平川的富饶平原，农业和渔业比较发达，工业较为落后。

那空帕侬府（Nakhon Phanom），面积 5512 平方千米，人口 71.3 万。那空帕侬府辖 12 个县、97 个区、1040 个行政村。府公署设在直辖县乃勐区。该府位于湄公河左岸，沿河地区农业发达，盛产水稻。湄公河中生活着世界上最大的淡水鱼巴不鱼。巴不鱼长 3 米，重达 80~250 千克，该鱼很难捕捉，人们都以能品尝到巴不鱼为幸事。西部地区覆盖着大片的森林，出产木材。工业有碾米、锯木、制麻等部门。那空帕侬府是泰国的边防重镇。

柯叻府（Nakhon Ratchasima），面积 2.05 万平方千米，人口 262.1 万。柯叻府辖 32 个县、263 个区、3743 个行政村。府公署设在直辖县乃勐区。该府地处东北高原，在蒙河上游。柯叻府自然风景优美秀丽，境内分布着许多森林、山峰、瀑布和水库。由于自然条件不好，该府农业不发达。工业主要是农产品加工业。该府精美的手工艺品最负盛名，尤其是陶器让游客叹为观止，流连忘返。该府历史悠久，具有浓厚的高棉文化色彩，自古以来就一直是一个重要的行政中心。今天，柯叻府仍然是东北部地区主要的交通枢纽和经济中心。

廊开府（Nong Khai），面积 3027 平方千米，人口 51.7 万。廊开府辖 9 个县、62 个区、705 个行政村。府公署设在直辖县乃勐区。该府位于湄公河南岸，东、西、南三面是丘陵和山地，森林覆盖面积在 50% 以上，因此该府盛产木材。由于该府地处湄公河沿岸，渔业比较发达。廊开府是通往老挝的门户，地理位置较为重要。

廊莫那浦府（Nong Bua Lam Phu），位于柯叻高原的中心，面积 3859 平方千米，人口 50.8 万。该府在历史上是乌隆府的一个区，1993 年正式成为独立的府。廊莫那浦府辖 6 个县、59 个区、636 个行政村。府公署设在直辖县乃勐区。

黎逸府（Roi Et），面积 8299 平方千米，人口 130.8 万。黎逸府辖 20 个县、193 个区、2311 个行政村。府公署设在直辖县乃勐区。黎逸府是泰国东北部较大的一个府。府内自然条件较差，农业不甚发达，工业也不发达。

沙功那空府（Sakon Nakhon），亦称色军府，面积 9605.8 平方千米，人口 113.8 万。沙功那空府辖 18 个县、125 个区、1323 个行政村。府公署设在直辖县塔城冲区。该府位于素攀武里河岸，西南地区山林茂密，东北部为平原。农业、畜牧业发达，工业相对落后，只有小型的农产品加工企业。泰国著名的农汉湖在该府境内。

是刹吉府（Sisaket），亦称四色菊府，面积 8840 平方千米，人口 146.5 万。是刹吉府辖 22 个县、206 个区、2411 个行政村。府公署设在直辖县勐糯区。蒙河流过该府的北部地区，东部是山区。该府是泰国最贫穷的一个农业府。工业比较落后，只有一些小型的农产品加工业。

素林府（Surin），面积 8124 平方千米，人口 139.2 万。素林府辖 17 个县、158 个区、2011 个行政村。府公署设在直辖县乃勐区。该府位于蒙河中游以南，南部为山区。该府是农业府，出产水稻、玉米、水果等农作物。素林府的驯象非常有名，素林府的大象表演是泰国旅游业的重要内容。

乌汶府（Ubon Ratchathani），面积 1.57 万平方千米，人口 184.5 万。乌汶府辖 25 个县、219 个区、2469 个行政村。府公署设在直辖县乃勐区。乌汶府地处蒙河下游北岸，南北多山。该府水利资源极为丰富，有大小湖泊及沼泽 8000 多个，还有许多河流从府中流过。沿河流域土壤肥沃，出产水稻，产量居东北各府之首。工业有碾米、机床修配、酿酒、汽车修理、家具制造等部门。

乌隆府（Udon Thani），面积 1.17 万平方千米，人口 157 万。乌隆府辖 6 个县、155 个区、1682 个行政村。府公署设在直辖县莫肯区。该府位于泰国东北部，地势较高。该府的重要经济部门是农业和畜牧业。府内河流虽多，但是都不利于航行，交通主要依靠公路。

耶梭通府（Yasothon），面积 4161 平方千米，人口 54 万。耶梭通府辖 9 个县、78 个区、835 个行政村。府公署设在直辖县乃勐区。耶梭通府的南部和北部地势高，中部较低，府内有许多山林、草地和沼泽。南部的栖河沿岸地区有良田万顷，是该府的主要产粮区。工业不甚发达，主要是碾米、制麻、木材加工等小型企业。

泰国南部有 14 个府，面积为 7.07 万平方千米，2014 年人口约有 920.5 万。14 个府的具体情况如下。

春蓬府（Chumphon），面积 6009 平方千米，人口 49.8 万。春蓬府辖 8 个县、70 个区、674 个行政村。府公署设在直辖县他达抛区。该府位于泰南克拉地峡东海岸，西北与西南为山地，森林覆盖面积大。东部沿海为平原，农业发达，出产水稻和热带水果。沿海港湾和岛屿众多，渔业兴旺。该府还出产珍贵的燕窝。由于该府多山，矿产资源非常丰富。

甲米府（Krabi），面积 4709 平方千米，人口 45.7 万。甲米府辖 8 个县、53 个区、374 个行政村。府公署设在直辖县巴喃区。该府位于泰南西海岸，东北部山峦绵延起伏，境内的帕侬奔乍山是泰国南部最高的山脉。该府的经济主要依赖橡胶和棕榈种植业，该府每年出口大量橡胶和棕榈油。

那空是贪玛叻府（Nakhon Si Thammarat），亦称洛坤府，面积 9942 平方千米，人口 154.8 万。那空是贪玛叻府辖 23 个县、165 个区、1428 个行政村。府公署设在直辖县乃勐区。该府位于泰南东海岸，西部山高林密，盛产木材和橡胶，锡、钛等多种矿产资源也十分丰富。沿海为平原，出产稻米和椰子，是南部重要的产粮区。

那拉惕瓦府（Narathiwat），亦称陶公府，面积 4475 平方千米，人口 77.5 万。那拉惕瓦府辖 13 个县、77 个区、551 个行政村。府公署设在直辖县班纳区。该府位于泰国最南端，西部多山，山区矿产资源种类多且储量较大，主要有锡、金、钨、锰、铅等矿藏。东部沿海为平原，农业发达，不仅出产橡胶、椰子，也出产稻米、玉米、绿豆等农作物。

北大年府（Pattani），面积 1940 平方千米，人口 68.6 万。北大年府辖 12 个县、115 个区、629 个行政村。府公署设在直辖县沙巴兰区。该府位于泰南北大年河下游。西南高山林立。东北沿海为平原，是该府的主要产粮区，渔业也很发达。工业有碾米、椰油榨制、橡胶加工、鱼类加工等部门。

攀牙府（Phang Nga），面积 4170 平方千米，人口 26.1 万。攀牙府辖 8 个县、48 个区、314 个行政村。府公署设在直辖县台昌区。该府位于泰南西海岸攀牙湾口，全府处于崇山峻岭之中，山地占全府总面积的86.83％，矿产资源丰富。府内主要经济部门为橡胶、椰子种植和矿业开采。

博达仑府（Phattalung），面积3424平方千米，人口52万。博达仑府辖11个县、65个区、626个行政村。府公署设在直辖县枯哈沙旺区。该府位于泰南东海岸，西部为山区，中部是平原。境内河流交错，水利系统发达，沿河地区土质优良，盛产水稻、橡胶和热带水果。

普吉府（Phuket），面积543平方千米，人口37.8万。普吉府辖3个县、17个区、103个行政村。府公署设在直辖县达叻艾区。该府是泰国唯一的岛府，位于马来半岛西海岸的印度洋中，山地和丘陵占该府面积的65％。这里气候炎热，平均气温为35.5℃，有利于橡胶和热带水果的种植。海产品是普吉府的一绝。普吉府工商业发达，主要产业有电子产品生产和加工业。普吉岛也是世界著名的旅游胜地。

拉侬府（Ranong），面积3298平方千米，人口17.7万。拉侬府辖5个县、30个区、167个行政村。府公署设在直辖县考尼维区。该府位于泰南克拉地峡帕克强河左岸，是一个山区府，全府84％的土地被原始森林覆盖，因此该府出产木材。采锡业是该府最重要的经济部门。

沙敦府（Satun），面积2479平方千米，人口31.3万。沙敦府辖7个县、36个区、277个行政村。府公署设在直辖县披芒区。该府位于泰南西海岸，东北部是山区，沿海一带是平原，岛屿和湖泊众多，水利资源丰富，农业发达。主要经济部门有农业、渔业。

宋卡府（Songkhla），面积7394平方千米，人口140.1万。宋卡府辖16个县、127个区、987个行政村。府公署设在直辖县播央区。该府位于泰南东海岸，西南部为森林密布的山区，北部是平原，水利资源丰富，渔业发达。主要经济部门有农业、采矿业和渔业。府内的合艾市是泰国南部最重要的经济、教育、文化、贸易中心和交通枢纽。

素叻他尼府（Suratthani），面积1.29万平方千米，人口104万。素叻他尼府辖19个县、131个区、1028个行政村。府公署设在直辖县达叻区。该府位于泰南达比河下游，西部是山区，沿海是辽阔的平原。该府是泰南各府中出产稻米和橡胶最多的府之一。

董里府（Trang），面积 4917 平方千米，人口 63.9 万。董里府辖 10 个县、87 个区、697 个行政村。府公署设在直辖县塔田区。该府位于泰南西海岸的董里河下游，北部是丘陵地区，董里河沿岸是平原。府内自然条件较好，农业发达，大宗农作物为稻米、香蕉、咖啡和木材。橡胶产量居全国第 4 位。

也拉府（Yala），面积 4521 平方千米，人口 51.2 万。也拉府辖 8 个县、56 个区、341 个行政村。府公署设在直辖县沙登区。该府位于北大年河下游，西南部高山陡峭，森林茂密，东北部是平原。北大年河的沿河地区和平原地区是该府重要的产粮区。也拉府是泰国最南端的一个府。

泰国各府面积和人口数量不一。表 1 - 1 和表 1 - 2 分别列出了泰国 10 个面积最大的府和 10 个面积最小的府。

表 1 - 1　泰国 10 个面积最大的府

单位：平方千米，%

府	面积	占国土总面积的比例	府	面积	占国土总面积的比例
柯　呖	20494.0	4.0	素呖他尼	12891.5	2.5
清　迈	20107.0	3.9	猜也奔	12778.3	2.5
北　碧	19483.2	3.8	夜丰颂	12681.3	2.5
达　府	16406.6	3.2	碧差汶	12668.4	2.5
乌　汶	15744.8	3.1	南　邦	12534.0	2.4

参考资料：维基百科。

表 1 - 2　泰国 10 个面积最小的府

单位：平方千米，%

府	面积	占国土总面积的比例	府	面积	占国土总面积的比例
沙没颂堪	416.7	0.08	红　统	968.4	0.19
普　吉	543.0	0.11	北　榄	1004.1	0.20
暖武里	622.3	0.12	巴吞他尼	1525.9	0.30
信武里	822.5	0.16	曼　谷	1568.7	0.31
沙没沙空	872.3	0.17	北大年	1940.4	0.38

参考资料：维基百科。

三 地形特点

泰国地形复杂，总体地势从西北向东南倾斜，具体特征如下：北部和西部峡谷耸立，高山风景十分壮丽；中部的湄南河三角洲平原是富庶的鱼米之乡，养育着世世代代的泰国各族人民；东北部高原地区粗犷苍峻；南部半岛海涛拍岸，浪卷千里。全国大体分为 5 个自然区：北部和西部内陆山区、东北部高原地区、中部平原地区、东南沿海地区和南部半岛地区。

北部和西部内陆山区由原始森林覆被山脉和深邃狭窄的山谷组成，最重要的城市是清迈。该地区又分为北部高山峡谷和西部山岭峡谷两部分。这里河流纵横交错，宾河、汪河、荣河、难河都发源于北部山地。北纬18°以北的北部山区是湄南河的发源地，也是湄南河和湄公河的分水岭。宾河和荣河流至那空沙旺府后，与汪河汇成一条大河，即湄南河。在这些河流流经的地区形成了狭窄的冲积盆地，适宜种植粮食、棉花，栽培水果或放牧牲畜，人口十分稠密。

东北部高原也称柯叻高原。全区分布着蔓延起伏的崇山峻岭，大片地区为沙土所覆盖，土层薄，水分蒸发和渗透快，保水性差。由于气候恶劣，柯叻高原经常受到洪水和旱灾的袭击。从地形上看，柯叻高原由西向东南方向倾斜，形成两个盆地。一个是柯叻盆地，它是荣河及其支流由西向东南流时，在荣河河口形成的一个冲积小平原。该盆地土质肥沃，是东北部地区水稻的主要产地。另一个是沙功那空盆地，颂堪河、蓬河等小河流经该盆地注入湄公河。

中部平原地区位于湄南河两岸，面积为 3.84 万平方千米，这里河流纵横交错，是泰国最大的冲积平原。中部平原是泰国最著名的稻米生产区，土地肥沃，稻谷飘香，鱼虾满舱。

东南沿海地区面积不大，河流纵横，雨量充沛，适宜种植橡胶、水果，也是木薯、甘蔗等经济作物的主要产区。东南沿海海岸线曲折，近海有许多大小岛屿。

南部半岛地区多山，原始森林广袤辽阔，人迹罕至，矿藏十分丰富。南部半岛分为西海岸和东海岸两个差别很大的地区。西海岸为下沉海岸，大陆架狭窄，海岸线曲折。东海岸平直开阔，海湾少，沿海为沙土，盛产椰子。

四 山脉、河流与湖泊

（一）山脉

泰国的山脉主要在北部和西部内陆地区。主要山脉有登劳山、坤丹山、匹邦南山和琅勃拉邦山。泰国的山并不是很高，最高的是位于清迈的因他暖山，海拔 2576 米，其次是海拔 2297 米的帕洪朴山和海拔 2159 米的琅勃拉邦山。在北纬 12°～北纬 18°的泰缅边境地带，有许多南北走向的山岭，由北向南，直入马来半岛。其他主要山脉有他侬通猜山和丹那沙林山。位于此地的夜速隘口和三塔关隘口是泰缅两国的重要通道。

（二）河流

泰国是一个多河流的国家，最重要的河流有湄南河和湄公河。

湄南河 湄南河是泰国最重要的一条河流，亦称"昭披耶河"，长 1352 千米，流域面积达 17 万平方千米，约为泰国国土面积的 1/3。湄南河发源于北部山区，自北向南延伸注入泰国湾。全河在那空沙旺分界，以北为上游，以南为下游。上游有宾河、汪河、荣河、难河等 4 条支流。下游有支流巴塞河和色梗河汇入。湄南河下游在猜纳分为两支，东支仍称湄南河，西支则称他真河，两支河流分别注入泰国湾。这些河流千百年来奔流不息，在湄南河两岸形成了富饶的中部大平原，这就是著名的湄南河三角洲大平原。湄南河河谷宽阔，水流量变化很大，每年 9～10 月汛期来临之际，河水急剧上涨，湍急的河水汹涌澎湃，直指曼谷。离湄南河河口仅 40 千米的曼谷，海拔只有 1.8 米，一旦风雨大作，河水肆虐，就很有可能遭受水灾。在中部平原上，除湄南河和他真河以外，还有夜功河、挽巴功河等重要河流，加上许多横向的小运河和沟渠交织其间，整个中部平原的水网纵横交错。

湄公河 湄公河是泰国的另一条重要河流，是东南亚地区最长的河流之一，发源于中国青海，总长 4909 千米。湄公河流经多个国家，包括中国、老挝、缅甸、泰国、柬埔寨、越南，最后注入太平洋。湄公河在中国的一段又称澜沧江。柯叻高原的荣河是湄公河中游的一条重要支流。湄公河在泰老边境的一段水深流急，礁石起伏，交通不畅，只有小型船只可以通航。此外，颂堪河沿廊开府和沙功那空府的边界流入湄公河（该河有两段与老挝交界，上段长 105 千米，下段长 825 千米）。湄公河这些支流的河床都是沙质的，因此，这些支流在旱季干涸见底，在汛期往往又形成河水倒灌。

泰国其他的主要河流有：蒙河长 673 千米，难河长 627 千米，宾河长 590 千米，荣河长 550 千米，帕因河长 513 千米，栖河长 442 千米，汪河长 335 千米，达比河长 214 千米，汶河长 170 千米，北大年河长 165 千米，湄隆河长 140 千米。

泰国有较充沛的降水、众多的河流及大量的地下水。58 条长度超过 100 千米的河流遍布全国各地。湄南河水系流域面积达 17 万平方千米，横贯东北部的栖河 – 蒙河 – 湄公河水系流域面积达 16 万平方千米。河流、湖泊等水域的面积约为 3750 平方千米。

（三）湖泊

宋卡湖 位于南部半岛，是泰国最大的湖泊。宋卡湖北面与海湾相连，因此其北部湖水略咸。

波拉碧湖 位于中部那空沙旺府，面积 212 平方千米。

农汉湖 位于东北部沙功那空府，面积 170 平方千米。

此外，泰国还有一些较小的淡水湖，如乌隆府的公博哇丕湖和那空帕侬府的农雅湖。

泰国的可再生水资源总量约为 409.9 立方千米，人均占有量约为 6294 立方米。目前，泰国年均淡水抽取量约为 82.75 立方千米，其中 95% 被用于农业，2% 被用于工业，3% 为生活用水。

五 土壤和气候

（一）土壤

泰国的土壤大致可以分为以下几种。

强淋溶土 强淋溶土有 3 个特点：缺乏养分，易风化；矿物分解彻底，淋溶强烈；土壤有效养分含量低，酸度大，容易受腐蚀。强淋溶土又分为铁质强淋溶土、潜育强淋溶土、腐殖质强淋溶土、正常强淋溶土和网纹强淋溶土。

铁质强淋溶土多在泰国南部。这种土壤在作物根系范围有结核，会限制作物生长，但该种土壤可种植橡胶。

泰国北部多是潜育强淋溶土。该土壤理化性能差，排水不良，不下雨时干得快。在有水源补充的低平地区适宜种植水稻，而起伏地区适宜放牧。

正常强淋溶土在泰国也较常见，主要分布在排水较好的有起伏的地区。

强风化黏盘土　强风化黏盘土排水好，土层深厚，土壤耕性好，不易受腐蚀，具有较高的农业潜力。强风化黏盘土主要分布在泰国的中部高地。

淋溶土　淋溶土又分为潜育淋溶土、正常淋溶土、棕红色淋溶土。该土壤理化性能较好，肥力高，可种植水稻。泰国北部的冲积层多为潜育淋溶土。

冲积土　冲积土是由近期冲积物演化而来的，其中矿质土壤占绝对优势，特别适合种植水稻。泰国中部平原多为此种土壤。

湄南河贯穿泰国中部地区，中部泛滥平原的土壤为湄南河冲积土，该土壤为暗灰色黏土。大部分地区种植水稻。有些河流两岸有狭窄的沙壤土，主要种植水果和蔬菜。平原边缘的高地为淡灰棕色粉沙壤土和疏松黏质沙壤土，在有灌溉的地方可种植水稻，在灌溉较差的地方只能种植烟草、棉花。北面地区以林地和游耕农业为主。土壤主要为潜育强淋溶土。

泰国南部3/5以上的地区海拔低于100米。西海岸主要为山地和丘陵地区，东海岸为平坦的沙质地区。平原地区的土壤主要由石灰岩风化而成。泰国东北部地区为冲积高阶地，土壤多为细沙壤土，除河流沿岸外，适宜饲养牲畜和种植耐旱作物。

泰国北部地区多山，海拔超过500米的山地占60%。土壤大多是由花岗岩或其他火成岩风化而成的。大部分地区种植耐旱作物。谷底平原一般为冲积土，土壤较肥沃。

（二）气候

泰国地处热带，夏、冬两季陆地和海洋的气温和气压悬殊，所属气候是典型的热带气候。泰国光照充足，潮湿闷热，全年分三个季节：3～5月为热季，气候炎热干燥；6～10月是雨季，受西南季风的影响，全国普遍降雨；11月到次年2月为凉季，受东北季风的影响，泰国大部分地区气温降低，气候凉爽宜人。泰国在凉季和热季很少下雨，因此这两季也叫干季或旱季。地处马来半岛北部的地区则属热带雨林气候，终年炎热多雨，无明显旱季。

泰国平均最低气温为20℃，最高气温为37℃。气温的年温差很小，即使在凉季，月平均气温也不低于18℃。4月是全年最热的时候，气温为33℃～38℃。因此，泰国的学校一般在4月放暑假。1月是全年气温最低的时候，气温为13℃～20℃。除北部山区少数地方外，纷纷扬扬的雪花在泰国确实是很稀罕。

由于地形不同，泰国各地的气温有一定差异。南部半岛地区属海洋性气候，终年温暖湿润，年温差小，年平均气温为26℃～27℃。以首都曼谷为中心的中部地区平均最高气温为32℃，最热的月份4月的平均最高气温为35℃，而凉季的平均最低气温为24℃。北部的气温要低于其他地区的气温，最高气温约为20℃。在一些山区，最低气温可达0℃。

泰国的降水量比东南亚其他国家少，1952～2001年泰国年平均降水量为1560毫米。中部地区的年平均降水量不到1500毫米。东北部地区除高原边缘地区年降水量可达3000毫米以外，其他地区年平均降水量仅有1000毫米左右。降水量最大的两个地区都濒临大海，处于迎风坡面。东南沿海地区的达叻府年平均降水量为4767毫米。南部半岛拉侬府的年平均降水量为4320毫米。降水量最少的地区是素可泰府、甘烹碧府、达府和甘乍那武里府，年降水量少于1000毫米。各地的降水分布时间不一：北部、东北部及半岛西海岸降水量最多的月份为8月，中部和东南部为9月，半岛东海岸为11月。由于降水不均和保水等问题，干旱或洪灾也不时侵扰泰国。

六　人口概况

泰国现有人口 6512.5 万（2014 年），在东南亚地区列第 4 位，排在印尼、越南和菲律宾之后。20 世纪泰国的人口增长速度较快，特别是从 60 年代到 90 年代，基本是以每 10 年 1000 万的速率递增，直到 90 年代末才逐渐放缓。1911 年泰国总人口约为 826.6 万，到 1947 年翻番至 1744.3 万，到 1970 年再次翻番至 3439.7 万，随后于 1984 年突破 5000 万，并于 1996 年突破 6000 万。

分布　尽管自 20 世纪 60 年代以来，泰国的经济保持了 30 多年的高速发展，泰国也因此被誉为"东亚小虎"，但该国的城市化进程长期落后于经济发展。1950 ~ 2000 年，泰国的城市化率从 16.5% 升至 31.4%，仅提高了不到 15 个百分点。相比之下，同期东南亚国家的城市化率整体从 15.5% 升至 38.1%，提高了近 23 个百分点。从 2005 年起，泰国城市化率进程明显加快。到 2015 年，泰国城市化率已提升至 50.4%，超过东南亚国家整体 47.6% 的城市化水平，与全球中等收入国家城市化率 51.3% 的平均水平基本持平。从区域分布来看，首都曼谷市区的人口约为 569.2 万，占到全国总人口的 8.7%。此外，东北部地区约占 33.5%，北部地区约占 18.2%，南部地区约占 14.1%，中部地区约占 25.4%。

人口密度　泰国的人口密度较高，1995 年，人口密度为每平方千米 114 人，是世界平均人口密度的两倍多。2014 年，人口密度进一步升至每平方千米 131 人，全球排名第 88 位。中部富庶的湄南河三角洲平原的人口密度最大，曼谷市区的人口密度更高达每平方千米 3635 人。北部地区由于多山地和森林，因此人口密度相对较小，其中密度最小的夜丰颂府每平方千米仅有 19 人。

性别比　泰国的人口性别比基本保持平衡。2014 年，泰国总人口为 6512.5 万，其中男性有 3199.9 万，占总人口的 49.1%，女性有 3312.6 万，占总人口的 50.9%。

年龄比　21 世纪以来，泰国社会老龄化趋势日趋明显：0 ~ 14 岁人口占比从 2000 年的 24.2% 降至 2014 年的 17.8%，同期 15 ~ 65 岁人口占比从 69.3% 增至 72.1%，65 岁以上人口占比从 6.6% 增至 10.1%。社会老龄化趋势开始对国家经济社会的发展产生一定影响。

识字率　泰国的整体教育水平较高。1990 年，泰国 14 岁及以上的人口的识字率为：男性 95%，女性 89%。2000 年，识字率有所提高，男性达到 97%，女性达到 94%。目前，15～24 岁的年轻人的识字率已达99%。

国家的人口政策　泰国比较注意人口增长与发展的关系，很早就开始实行人口控制政策。20 世纪前半期，泰国政府曾鼓励人口增长，给予多子女的家庭补贴。1950 年，泰国人口仅为 2000 万，但出生率较高，1950～1955 年的年均人口出生率达 46.6‰，妇女总和生育率高达 6.59 人，年均人口增长率为 2.56%。20 年后，泰国人口达 3670 万，比 1950 年增长了83.5%。在人口迅速增长的压力下，1970 年以来，泰国政府开始控制人口增长。为此，泰国建立了国家计划生育协调委员会，该委员会由政府各部委的部长、主任参加，具体工作由卫生部家庭保健局负责落实。泰国降低人口增长率主要是从推广家庭生育计划着手，政府向自愿接受者免费提供避孕药具和家庭生育计划服务，培训家庭生育计划工作人员和医务人员，建立有关的医疗保健机构，动员基层机构和群众参与家庭生育计划和服务，同时，政府把家庭生育计划与农村的发展、生活条件的改善，如提供饮用水、改善农村居民的饮食、增加医疗设施等结合起来。泰国的计划生育工作有效地控制了人口的快速增长。1980 年的人口出生率已降至26.5‰，1995 年人口出生率降至 16.9‰，2013 年进一步降至 10.2‰。

由于对出生人口的控制，泰国的人口结构也出现了变化：0～14 岁的人口比例从 1950 年的 42.5% 下降到 1995 年的 28% 和 2014 年的17.8%，65 岁以上的人口比例则从 1950 年的 3.0% 上升至 1995 年的5.0% 和 2014 年的 10.1%。这意味着，少儿抚养比将下降，老人的赡养率将上升。

泰国是发展中国家里推行家庭生育计划较成功的国家之一，其成功与政府的重视分不开。泰国在每个五年计划中都确定了人口增长的目标。泰国还确定了人口分布的目标：人口分布应与现有就业机会和国家安全协调一致；人口分布和居住不应对环境造成破坏；受过教育的人口分布应该均衡。

泰国计划生育的战略之一是通过扩大服务，不断提高避孕普及率，降低总出生率，最终控制人口增长。泰国的计划生育措施主要包括：家庭计划生育服务由政府拨款支持；进行计划生育宣传和人口教育；开展家庭计划生育的应用研究；加强计划生育立法，制定鼓励计划生育的措施，限制对育有超过三个孩子的政府雇员发放生活补贴；支持非政府组织参与计划生育工作；组织避孕药具的生产、供应、发放；培训助产士和计划生育人员；动员社会力量倡导使用避孕工具和接受避孕服务，配合国家计划生育政策的实施；倡导一对夫妇只生两个孩子，对少数民族提倡生育要有时间间隔。

七 民族概况

泰国是个多民族国家，全国有 30 多个民族。主要民族有泰族（占40%）、老族（占 35%）、华族（占 10%）、马来族（占 3.5%）、高棉族（占 2%）。此外，泰国还有苗、瑶、桂、汶、克伦、掸等山地民族。在马来半岛山区的热带丛林中，还居住有塞芒人和沙盖人等古老民族。

山地民族共有 20 多个，其中较大的民族有克伦、苗、瑶、哈尼、傈僳。山地民族约有 70 万人。他们有独特的生活和生产方式，在语言、服饰和风俗习惯上与泰族人不同，在生产方式上仍然采用刀耕火种等原始方法。山地民族主要靠农业为生，由于山地自然条件不好，山地民族的生活条件也比较恶劣。为了解决山地民族的生存问题，泰国政府采取了许多积极的措施，以改变山地民族的落后状况，如帮助山地民族建立定居点，为山地民族提供基本的医疗卫生和教育服务等。

华裔泰人是华侨和华裔在泰国繁衍的后代。泰国 1912 年的国籍法采用出生地原则，即不论其父母拥有哪国国籍，凡在泰国出生者都享有泰国国籍。华裔泰人分为三种：原为华侨，后加入泰国国籍；受过中文教育的第二代华裔；前两种人的后裔，大多不会讲中文，占华裔的大多数。多数华裔居住在首都及全国各个中小城市，不少人受过高等教育，并在泰国的工商业、文化科技界和政府机构供职。

除了南方的马来族，泰国各个民族基本上能够和平相处。马来族居住在马来半岛的沙敦、北大年、也拉和陶公四个府，约有人口200万，信奉伊斯兰教。少数激进的马来族人于20世纪60~70年代成立了"北大年解放阵线"，政治纲领是建立"北大年伊斯兰共和国"。"北大年解放阵线"奉行暴力原则，时常与政府武装力量发生冲突。为了化解民族矛盾，泰国政府采取了各种措施，除了严厉打击外，泰国政府还采取怀柔政策，如任命马来人为当地官员，尊重当地的风俗、宗教、民族和生活习惯，促进马来族的教育，为马来族人到曼谷上大学设置特别奖学金等。

各项措施的逐步推进，使得20世纪90年代泰国南疆的马来穆斯林分离运动一度沉寂。但是，随着东南亚地区伊斯兰激进分子的兴起和国际恐怖主义的扩散，特别是在美国"9·11"事件和印尼巴厘岛爆炸案发生后，泰国的南疆分离运动再次抬头。从2003年起，泰国南疆的纵火、爆炸、暗杀等暴力事件就不断发生。据泰国国内安全作战指挥部前线司令部统计，截至2013年12月31日，泰南分离主义袭击已先后造成5926人死亡，10593人受伤。

八 国旗、国徽、国歌

（一）国旗

泰国国旗于1917年启用，呈长方形，长与宽的比例为3:2，旗面自上而下由"红－白－蓝－白－红"五条横带组成，红色与白色横带的宽度相同，蓝色横带要比红色和白色横带宽一倍。其中，红色代表民族，象征各族人民的力量与献身精神；白色代表宗教，象征宗教的纯洁；蓝色代表王室，象征王室得到各族人民和纯洁宗教的支持与拥戴。

（二）国徽

泰国国徽于1910年启用，其构图是名为"Garuda"（迦楼罗）的半人半鸟图腾：其身肚脐以上如天王形，嘴如鹰喙，头戴尖顶宝冠，面呈愤怒状；肚脐以下是鹰形；通体深红，披璎珞天衣；背后两翅为红色，向外展开；两臂弯向头部，手指内侧，呈泰国民间舞蹈经典造型。在印度神话中，迦楼罗是保护神毗湿奴的坐骑。泰国深受印度文化影响，曼谷王朝国王被尊称为拉玛（Rama）王系，其名源于印度神话罗摩衍那（Ramayana）中由毗湿奴转世的英雄罗摩（Rama）。因此，迦楼罗徽章也象征着"受皇室任命和指派"。

（三）国歌

1932 年泰国民主革命后，泰国启用新国歌《暹罗王国歌》，原国歌《颂圣歌》作为王室专用歌曲得以保留，地位等同于国歌。《暹罗王国歌》作曲者为德裔泰国皇室音乐顾问彼得·费特（Peter Feit），他的泰文名字为珍杜里扬爵士（Phra Jenduriyang）。1939 年暹罗更名为泰国，经峦·沙叻努帕潘上尉（Colonel Luang Saranuprapan）重新填词后，歌曲变更歌名为《泰王国歌》，并沿用至今。歌词为：

> 全泰之民，血肉相连，
> 泰之寸土，全民必卫，历来无异，
> 同德同心，弗怠弗懈，
> 平和安宁，国人所爱，
> 倘有战事，我等无惧。
> 独立主权，誓死捍卫，
> 为国作战，淌尽鲜血，在所不惜，
> 以骄傲和胜利，献给我们的祖国，（泰王国）万岁！

九　语言、文字、姓名

（一）泰语的起源

据泰国出土的素可泰石碑记载，泰文是素可泰王朝的兰甘亨国王于 1283 年在孟文和高棉文的基础上创造的。目前所发现的最早的泰文文献是 13 世纪的兰甘亨碑文，现存于泰国国立博物馆。泰文字母以古代高棉字母为媒介，以印度字母为模式，但与这两种语言的字母有很大的区别。人们考察了泰国邻国的文字后发现，缅甸、柬埔寨和老挝的文字与泰文颇有相似之处。文字学家认为，这几国的文字都源自南印度的格兰他字母，这种字母随佛教传入东南亚。因此，兰甘亨国王很可能只是对文字进行了加工和修改，而不是像素可泰石碑记载的那样创造了泰文。

泰语旧称暹罗语，属于汉藏语系壮侗语族壮傣语支，与中国的壮语和傣语属相同语族。泰语在形成、发展的过程中受到一些外来语言的影响。对泰语有影响的语言主要有汉语、孟－高棉语、梵文、巴利语、马来－爪哇语和英语。泰语与汉语在词汇、发音上都有相似之处。泰语和汉语有100多个词汇相同。尽管泰语中的英语词汇不多，但是通过电视、广播，英语对年青一代的影响越来越大。在今天的泰语中，外来词汇几乎占30%。

（二）文字

泰文是拼音文字。现代泰语有辅音音素32个，辅音字母42个，其中部分辅音来自梵文和巴利文；泰语另有元音音素38个，元音字母40个。泰语有5个声调，并有长短音和清浊音的变化。

泰文没有形态变化，即没有性、数、格的变化，任何词在句子中只要处于不同的位置，就可以变成名词、动词、形容词或副词，句子的基本词序是主语、谓语，再是宾语。与汉语的习惯不同的是，泰文定语在中心词后面，即修饰词在被修饰词的后面。泰文的书写顺序是从左向右，没有标点符号。

（三）泰语的应用

泰国的官方语言为泰语，全国有85%以上的人使用泰语。泰国政府规定，以首都曼谷为主的中部泰语为标准泰语。泰国其他主要语言有汉语和马来语。按照地理位置的不同，泰语有中部、北部、东北部和南部4种方言。

（四）其他语言的应用

曼谷和北部地区流行中国方言（以潮州话为主），南部地区马来族居民讲马来语。此外，英语是泰国学校的必修语言，在曼谷和其他大城市，特别是在商业界被广泛使用。泰国还有宫廷语言，即王室用语。

华人占泰国人口的10%左右，华语在泰国也比较流行。泰国各府都有华文报纸和书刊发行。泰国华文一直沿用繁体，排版仍然以竖排为主。泰国华语拼音也一直沿用传统的注音字母，但现在泰国也开始采用汉语拼音方案。由于泰国诗琳通公主获得了中文博士学位，华语教育在泰国得到了广泛的重视。泰国华人比较多的城镇都有华语学校。泰国著名大学朱拉隆功大学有汉语专业。另外一所著名大学皇家理工大学还建立了汉语教学中心。另外，几乎所有的高等专业技术学院和师范学院都开设了华语课程。

（五）姓名及称谓

泰国人的姓名与西方人的姓名相似，即都是名在前面，姓氏在后面，泰国人称呼时通常只呼其名。如泰国前总理川·立派，川是他的名字，立派是他的姓。在正式场合或填写文件时必须在姓氏前面加上身份名称。通常情况下，成年男子称"乃"（即"先生"），已婚妇女则称"娘"（即"女士"），男孩子称"牒猜"，女孩子称"牒莹"。在日常生活中，人们不分男女在名字前均加"昆"，即"您"，以示礼貌。已婚妇女可以自由选择姓氏，[①] 子女也可以选择随父母任何一方的姓氏。

泰国是一个君主立宪制国家，仍然存在贵族称谓，贵族爵位由国王敕封。贵族爵位分五等：昭披耶、披耶、帕、銮、坤。1932 年以后，国王不再封爵，故现今有爵位的人很少。王室成员也有一套自己的称谓：国王的嫡系子女称昭法，国王的庶子或昭法的嫡子称帕翁昭，昭法的庶子或帕翁昭的嫡子称蒙昭，蒙昭的子女称蒙拉差翁，蒙拉差翁的子女称蒙銮。泰国王室宫廷法规定，蒙昭以上才算正式王室成员。此外女性的王室称谓还必须加上"女"字，以示性别。

---

① 泰国人原本有名无姓，直到 1913 年曼谷王朝拉玛六世制定了第一部姓氏法令后，泰国人才开始有了自己的姓。如今泰国人的名字是名在前，姓在后。1913 年的首部姓氏法规定，泰国妇女结婚时有权保留自己原来的姓氏或选择使用夫婿的姓氏，但是 1972 年修改后的姓氏法明确规定泰国妇女结婚后必须改用夫婚姓氏，否则法律不能保证已婚妇女的婚姻权益。根据修改后的姓氏法，任何一对情侣到内政部登记结婚时，注册官都会要求女方以男方的姓氏填表，否则不予注册。此举被视为泰国妇女社会地位低下的明显例证，泰国妇女团体多年来一直呼吁废除上述歧视性法律条款。2003 年，泰国宪法法院裁决"佛历 2515 年姓名条例"违宪，废除了"泰国妇女婚后必须改随夫姓"的法律规定，从而打破了 31 年来的社会禁忌，从法律上提高了泰国妇女的社会地位。

第二节 宗教、民俗与节日

一 宗教

（一）佛教

泰国全国 94% 的人口信仰佛教，佛教为国教。全国有僧侣 30 多万人，其中许多人终生为僧。泰国境内寺庙林立，全国共有佛寺 3.2 万多间，平均每 2 个行政村或每 2000 多人有一间寺庙，平均每 200 多人当中有一名僧侣。泰国的历法使用佛历，比公历早 543 年。表 1 - 3 介绍了2010 年泰国的宗教信仰及分布情况。

表 1 - 3　2010 年泰国宗教信仰及分布情况

单位：人

宗教信仰	全国			城市地区			非城市地区		
	总人数	男性	女性	总人数	男性	女性	总人数	男性	女性
佛　　教	61746429	30196344	31550085	27539565	13289109	14250456	34206864	16907235	17299629
伊斯兰教	3259340	1612509	1646831	1047297	511566	535731	2212043	1100943	1111100
基 督 教	789376	439866	349510	410209	240918	169291	379167	198948	180219
印 度 教	41808	23210	18598	33114	18689	14425	8694	4521	4173
儒　　教	16718	10597	6121	11109	7469	3640	5609	3128	2481
锡 克 教	11123	5913	5210	9422	4987	4435	1701	926	775
其他信仰	66922	37156	29766	47169	26585	20584	19753	10571	9182
无神论者	46122	27533	18589	33030	20124	12906	13092	7409	5683
情况不明	3819	1903	1916	2913	1396	1517	906	507	399

资料来源：泰国国家统计局。

佛教的起源　泰国佛教与印度文化的传入具有密切的关系。佛教发源于公元前 6 世纪至公元前 5 世纪的古印度，距今已有 2500 多年的历史。大约公元前 3 世纪，佛教开始向周围国家和地区传播。泰国深受印度文化的影响，印度的婆罗门教、印度教、大乘佛教、上座部佛教（俗称小乘佛教）都曾在泰国流传过。

素可泰王朝建立之前，泰国北部地区已经有佛教流传。传说佛教最早是公元 662 年由占末苔薇公主从堕罗钵底国统治下的华富里带来的。她率领部分民众去南奔建立哈利奔猜国（女人国），同时带去了 500 僧侣，占末苔薇后来成为哈利奔猜的女王。公元 12 世纪，当时的佛教中心锡兰（今斯里兰卡）有一位名叫巴拉迦摩拔贺的国王召集锡兰上座部佛教会议，当时东南亚各国许多僧侣到锡兰求经，使上座部佛教有超过大乘佛教之势。

13 世纪素可泰王朝时期，兰甘亨国王（Ramkhamhaeng，1275～1298 年在位）专门从锡兰请来上座部高僧，在素可泰地区传授上座部戒律和仪轨，以此取代印度教与大乘佛教相结合的密教，使上座部佛教占据了统治地位，成为泰国的国教。上座部佛教亦称"小乘佛教"，教义比较接近原始佛教。上座部佛教把释迦牟尼看成是教祖和传教师，在宗教修持上注重禅定，不看重早期佛教的某些戒律。素可泰王朝时期，第五代国王利泰王（Lithai，1347～1368 年在位）从锡兰请来戒师，为国王受戒出家举行仪式。从那时起，泰国每位国王都要出家一段时间，这一习俗沿袭至今。利泰王著有《三界论》一书，专门论述欲界、色界和无色界的三界轮回，该书被认为是泰人所著的第一部佛教著作。

公元 1350 年，乌通王战胜北方的素可泰王朝，建立阿瑜陀耶王朝。在阿瑜陀耶王朝，上座部佛教非常兴盛，其程度甚至超过上座部佛教的发源地锡兰。泰国还曾应锡兰方面的邀请，派高僧到锡兰传戒，在锡兰建立僧迦团，以至于锡兰形成了一个暹罗新教派（也称优离婆派）。这个教派当今在斯里兰卡仍然具有较大的影响。由于佛教盛行，在周长仅 12 千米的小岛上的阿瑜陀耶王朝京都中，就有 400 多座庙宇。庙宇占地面积很大，与王宫连成一片。

1782 年，泰国曼谷王朝建立后，历任国王都尊崇佛教。如曼谷王朝拉玛二世（Rama Ⅱ，1809～1824 年在位）在位期间，规定了佛教用语为巴利文，1793 年建立了泰国的第一所佛教大学。拉玛四世（Rama Ⅳ，1851～1868 年在位）登基之前就是一位云游四海的僧人，是泰国法宗派佛教的开山鼻祖。法宗派戒律严明，如手不得沾金银宝物、行必赤足等。法宗派和大宗派是当代泰国佛教的两大门派。拉玛四世用巴利文撰写的《结界论》，深受佛教界的推崇。拉玛五世（Rama Ⅴ，1868～1910 年在位）全面推行改革，被泰国人民尊称为"大帝"。拉玛五世尊崇佛教，他亲临印度朝礼佛陀胜迹。他创办玛哈蒙固佛教学院，出版《法眼》佛学月刊，刊印《三藏经》1000 部，部分送欧美图书馆。拉玛六世（Rama Ⅵ，1910～1925 年在位）亲自撰写了两本佛教读本：《什么是佛陀的正觉》和《向童子军说法》。拉玛七世（Rama Ⅶ，1925～1935 年在位）曾刊印《暹罗大藏经》1500 部，每部 45 册，他还首建佛教学者的奖金制度。拉玛八世（Rama Ⅷ，1935～1946 年在位）仿照政府组织建立僧官制度，从中央到地方都有管理僧侣的官员和机构。拉玛九世（Rama Ⅸ，1946 年至今在位）是世界上在位时间最长的君主之一。他于 1957 年在泰国举行尊释涅槃 2500 周年纪念大会，1994 年派专机恭迎中国陕西法门寺珍藏的佛指舍利至佛统府（即那空巴统府）的佛教城，供善男信女参拜，这是泰国当代佛教史上的一件大事。

佛教的制度和等级 泰国佛教僧侣系统划分为 4 个大区域，大上座为区域首长，区域下设 18 个部域，管辖 3～4 个府。僧侣的最高领袖为僧王，僧王下有副僧王。僧侣分沙弥和比丘。国王有权从有名望的大长老中选出一名德高望重者为僧王；政府则可以从人事权和财政权等方面控制和制约佛教的活动，而且规定僧人不得参与政治，沙弥、比丘及修道者不得行使选举权。

泰国教育部下属的宗教事务厅负责协调各级政府与僧侣组织之间的关系。宗教事务厅的厅长任高僧委员会的秘书长。政府每年都要拨出巨额经费来支持佛教的宣传、教育和寺庙的修缮。

泰国佛教协会是泰国最大的佛教组织，成立于 1933 年，最初被称为"弘法会"，20 世纪 50 年代改用现在的名字，1960 年在曼谷设立了总部，现在全国各地有 70 个分会。该会的会长长期担任世界佛教徒联谊会的主席。

泰国有两所佛教大学。佛教大学的学生除了学习佛教知识外，也学习现代自然科学和社会科学。1958 年以来，佛教大学开始倡导"星期日佛教学校运动"，利用休息日为市民举办佛教讲座，举行剃度出家仪式，使人们经常参与到各种佛教活动中去，以此发扬佛教文化。泰国僧侣也经常出国留学，与世界佛教界交流。

根据资历和学历，泰国僧侣被划分为不同的等级。当了 10 年僧侣的人被称为长老。僧侣要通过一系列的考试，通过 3 次初级考试的称为"涅探"，第一次考试及格后该僧侣才可以免服兵役。僧侣要获得较高的声誉还必须通过佛经研究七级。除了全职僧侣外，寺庙中还有许多见习僧侣和沙弥。他们非常年轻，通常都在 20 岁以下。沙弥的工作是替僧侣和见习僧侣服务，如打扫卫生、代办事务等。

僧院生活非常单调刻板。每天清晨僧侣们要到寺庙外去化缘，化缘得来的食物不得超过一天的需求量。僧侣每天吃两顿饭，正午以后不再进食。

僧院的戒律很多，最基本的有 27 条，如戒杀生、戒偷盗、戒说谎、戒欺诈、戒饮酒、戒快步登楼、戒吃东西时发出响声、戒多穿衣（不能超过 3 件）、戒站着小便、戒与女人接触、戒歌舞、戒睡高床等。违反戒律者，要受到惩罚，严重者将被逐出教门。

泰国孩子出生后，要请高僧代取名字。孩子到了 11～15 岁时，父母要请僧人为其举行削发仪式，表明孩子进入了人生的一个新阶段。

泰国的男子，上至国王，下至黎民百姓，一生当中必须剃度出家一次，如此才能找工作和结婚成家，否则得不到社会的尊敬。泰国穷人的孩子到了六七岁的时候，如果家庭无力抚养，也可以被送进寺庙做小和尚，寺庙负责他们的膳食、衣着和教育，小和尚们随时可以还俗。泰国有一句俗话："养儿不出家，不如不养。"出家的时间长短不一，几天、几周、几个月或几年均可。

新僧入寺要举行剃度仪式。剃度仪式一般在守夏节举行。被剃度者要准备法衣、僧钵、剃刀、针、腰带、水桶等 6 件法器。仪式前的 15 天，被剃度者就得跟从一位僧侣学习剃度仪式。被剃度者这时被称为纳迦。正式剃度的前一日清晨，人们要斋僧，宴请宾客；傍晚，人们诵讲父母的养育之恩；第二天，举行盛大的纳迦游行。出家是泰国男子一生中的重大事件之一，因此游行仪式显得既隆重又热闹。参加仪式的宾客要沐浴更衣，手持鲜花。被剃度者身穿白色衣服，骑着马或大象。他们的母亲手捧袈裟，父亲手捧僧钵，其他的亲友打着法扇、花伞，并举着各种施舍物品，队伍以装扮成道士、野兽的戏班为前导，浩浩荡荡向寺庙走去。游行队伍到达寺庙后，绕行寺庙三圈，纳迦在庙前烧香拜佛。剃度仪式开始后，被剃度者跪拜父母，从父母手中接过僧钵和袈裟，双手合十捧着袈裟向法师请求剃度为僧。剃发后，被剃度者更换僧衣，法师把他的名字列入僧籍，至此，受剃度者成为正式比丘。参加剃度仪式的僧人需10位以上。

地位和作用 佛教在泰国享有特殊的地位。泰国宪法规定，国王必须是佛教徒，有义务扶持佛教的发展。公共意识形态认为，宗教、国王和国家三位一体，不可分离。泰国王室对佛教非常虔诚，他们拥有属于自己的皇家佛寺，供养着一大批僧侣。每逢佛教节日，国王全家必到佛地膜拜，斋僧布施，发愿祈福。国王的虔诚，得到了全国佛教徒的拥护。国王及其他皇室成员崇佛，民间百姓竞相效仿，使佛教在泰国多种宗教并存的情况下，处于绝对的统治地位，佛教的社会凝聚力大大超过了民族和其他宗教的凝聚力。佛教最高理事会选出终身制的僧王，根据泰国宪法，他的地位在国王、总理之后，列第三。

泰国僧人遍地，素有"黄袍佛国"之称。泰国的僧侣都穿黄色袈裟，在国内享有很高的社会地位。国王和老百姓见了出家人都要致礼，而僧人不必回礼。一般人见到国王要跪地觐见，而僧人则可以与国王并坐。泰国改制为君主立宪制以后，国家的权力实际上落到了军人以及高级官僚的手中。尽管政治出现了变化，但是佛教的地位却从来没有被动摇过。

泰国的国旗以白、红、蓝三色组成。白色代表宗教，象征佛教在泰国的重要地位。佛教国家在国旗上设有宗教象征的，世界上只有泰国一个国家。泰国宪法的前言是用佛教界使用的语言——巴利文撰写的，国内通用的纪年方法不是现今在大多数国家通用的公元纪年，而是佛历纪年。

佛教在泰国有着广泛的影响，佛教本身就是国家重要的政治力量。历届泰国的统治者都十分清楚，佛教维系着老百姓对国家、政府和国王的忠诚，因此，取得佛教界的支持与合作对政权的巩固至关重要。历史上，泰国佛教与政治的关系就非常密切。在封建时代，泰国统治者利用佛教的教义神化国王。国王被说成是神的化身或神在人世间的代表。南传大藏经小部经的注疏中，把神分为 3 类：象征神（如国王、王后、王子、公主等）、天生神（因善业和功德出生在天界的大梵天、帝释天等）、纯洁神（即抛弃一切欲望的神）。根据这个定义，国王是象征神。宗教与王权的结合使国王戴上了神圣的光环，这对稳固皇权起了非常重要的作用。进入近代社会后，佛教对政治的影响依然存在，甚至在某些方面还有所加强。当泰国从一个封建国家过渡到现代国家时，佛教僧侣甚至被纳入国家官僚机构，被赋予了前所未有的职责。泰国政府多次修订或重新颁布法律对佛教僧伽①进行改革，加强对佛教的利用或控制，并用佛教的思想和戒律去同化或统一异教徒，以防止其他势力给国家的安全带来威胁。例如，1962年，泰国政府颁布了僧伽法令，首次建立了与当时的国家机构及行政区划相平行的僧伽组织。这个组织的最高机构是大长老会议，该会议由僧王和 4 位正议长及他们的副职组成。大长老会议下辖州、府、县、区各级僧伽委员会，区以下有村寺和住持。僧伽组织在形式上仿效世俗国家机构，是国王和国家机构控制下的行政组织。僧伽组织发生过两次大的变革。第一次是泰国君主立宪制度确立的时候。1941 年泰国政府颁布僧伽法令，僧伽仿效议会政府实行三权分立，僧王下设议会、僧伽内阁及僧伽法庭。僧王由总理府提名，并由国王批准，终身任职。1962 年泰国政府颁布的新僧伽法令是第二次僧伽制度改革的标志。当时的沙立政府为了维护统治，取消三权分立，把议会民主制改为中央集权制，权力被集中在僧王和大长老的手中。僧王由教育部宗教厅和大长老委员会提名，并由国王批准。区以上僧伽人员可以领取政府薪金。这两次改革都进一步加强了僧伽组织与政府的关系。

由于僧伽被纳入了从中央到地方的各级行政官僚机构，僧伽在政府的领导下参与了各级行政活动。僧伽积极协助民政和军事官员完成一些政治

---

① 僧伽，亦称僧众，是指佛教中受过比丘戒、比丘尼戒的出家男女团体。

和军事任务。沙立政府颁布的新的僧伽法，将任命僧王的权力交给国王。由于国王只是一个象征意义上的国家领导人，所以，权力最后落在政府的控制之下。这个法令把国家和佛教紧密地联系在了一起。

佛教有助于国家的统一。泰国是个多民族的国家，佛教在传播过程中，很大程度上弱化了民族之间的隔阂，增强了各族人民对祖国的认同。相对其他东南亚国家来讲，泰国历来民族纠纷较少，特别是泰族人与华人的关系问题得到了较好的处理。

佛教有利于社会安定。佛教认为人的一切苦痛来源于贪欲，当贪欲得不到满足时，人就产生冲动，进而发生争斗。要断灭产生痛苦的根源，就要灭除贪求欲望，获得精神的绝对自由，达到最高的精神境界。泰国是个多军事政变的国家，自 1932 年建立君主立宪制政体以来，共发生过 20 次军事政变，最近的一次发生在 2014 年，平均每 4 年就发生一次政变。然而，泰国的政变对社会影响甚微。政变期间，商店照样营业，人民正常生活。无论政治舞台如何变化万千，社会始终稳定如常。

佛教文化深深地渗入泰国的日常社会生活之中。在泰国，人们到处都可以见到佛教对泰国人民的社会生活所烙下的痕迹。无论是政府还是民间百姓，人们的大小庆典都要采用佛教礼仪。例如，国家庆典、军队的阅兵式、商行店铺开张、婚礼喜庆等，都要有佛教僧侣到场诵经祝福，丧葬祭祀也须由僧侣诵经超度。僧侣（比丘）不必劳作，衣食有人布施供养。比丘们每天除坐禅修行之外，还向世人教授禅定，念颂赞文，讲解佛教教理，劝人们皈依五戒，乐于布施，热爱正法，抛弃心理和精神上的烦恼和压力。五戒是佛教的戒律，指不杀生、不妄语、不偷盗、不邪淫、不饮酒。同时，佛教要求人们效忠政府和国王。僧侣还举行仪式，引导人们宣誓，坚定佛教信念，进行"精神或道德的净化"。犯了罪的僧侣若非现行刑事犯，须经佛教最高理事会同意，解下僧衣后，军警才可将其拘捕。

由于佛教在泰国有着非常神圣和重要的地位，佛教的一些纪念日也成了百姓日常生活中不可或缺的喜庆日。泰国国内通用佛历纪年，以上座部佛教传说释迦牟尼涅槃之年即公元前 543 年为纪元之始。泰国虽然使用佛历纪年，但月和日则都使用公历。历史上泰国曾经以阴历五月初一为阴历年首日，拉玛五世在 1882 年将其改成公历 4 月 1 日为新年。由于新年时间与世界通用的相差太远，国际交往多有不便，于是，泰国政府规定从 1941 年开始泰国使用公历 1 月 1 日为新年。佛教以及民间择日仍然采用泰国阴历纪月和纪日，因此，在泰国的日历中公历和阴历同时并用。

泰国还有一些宗教纪念日，如阴历二月七日和九日婆罗门教迎湿婆神日、阴历二月十五至二十日婆罗门教迎湿奴神日、阴历六月二十三日佛陀火葬纪念日、阴历八月十五日佛陀阿沙荼节、阴历十月十五日祭祀祖先的中元节等都是泰国佛教的重要节日。三月的万佛节、六月的佛诞节、七月的守夏节甚至还是国家的法定节假日。

佛教与泰国社会经济发展的关系也非常密切。泰国是个农业国，经济发展不平衡，农村发展缓慢，经济落后，文化教育设施不健全。佛寺实际上起到了教育机构的作用。此外，著名僧人组成若干小组，分赴全国各地，除了向当地人民解释佛教教理之外，僧人还宣传现代农业技术、健康常识、公共卫生等知识，并为穷人提供帮助。

泰国历来注意经济稳定与发展的平衡。这与佛教的"中道观"有关。中道观亦为"空"，是佛教的基本思想之一。"空"不是数学上所称的"零"、"空无"或"缺除"，而是"不可描述的"，即不可用言语描述或用概念认识的实在。佛教认为，在家庭过世俗生活，享受人间的安乐，此为一种沉溺于"爱"的偏颇行为，而如果出家苦修，又是一种折磨肉体的自找"苦"吃之偏颇行为，两者皆不可取，皆不可执着，而应采取不偏向任何一方的"中道"，以此来摆脱痛苦。"中道观"包含着世间事务的均衡、不走极端的思想内容。消除贫富分化，促进产业间、地区间的均衡发展一直是泰国政府发展经济的努力方向。

泰国佛教对经济的最重要的影响还体现在它促进了旅游事业的发展。佛教是泰国旅游业的一大特色，也是泰国最重要的创汇部门。佛教的文化、佛教的建筑、佛教的节日、佛教的仪式等，构成了"黄袍佛国"的系列景观。

泰国的佛教在世界佛教领域中有重要影响。历史上，泰国佛教曾先后传播到老挝、柬埔寨、马来西亚、越南、新加坡等东南亚国家，并在那里建立了佛寺。其中老挝、柬埔寨等国的僧伽制度与泰国相仿，流行的宗派也与泰国的宗派有密切的联系。此外，在南亚的孟加拉、斯里兰卡、印度等国也经常出现泰国僧侣的足迹，他们在那里捐款修造了一批寺院。第二次世界大战后，泰国佛教界与日本佛教界的来往也较频繁。泰国与中国的佛教交流源远流长。1975年中泰建交后，两国的佛教交流更加密切。

1958年，世界佛教徒联谊会第五届大会曾在泰国首都曼谷召开，为泰国佛教在世界的影响和作用打下了基础。此后，泰国重视支持世界性的佛教活动。20世纪60年代后，随着泰国经济地位的提高，泰国佛教界向国外弘法的活动也日益增多，泰国僧人在欧美国家建立了不少寺院，并根据西方文化的特点和不同的国情，大胆进行佛教的改革，使佛教比较容易为欧美国家人民理解。

1963年，总部设在缅甸仰光的世界佛教徒联谊会因缅甸国内的政治动荡，无法正常工作。在泰国政府的支持下，世界佛教徒联谊会总部迁往曼谷的泰国佛教协会总部。1969年，泰国政府划出土地，拨出专款300万泰铢，为世界佛教徒联谊会总部修建大楼。从此，世界佛教徒联谊会总部永久设在泰国。而且，世界佛教徒联谊会主席一直由泰国佛教人士担任。

1976年和1980年，泰国又两次在首都曼谷举办了世界佛教徒联谊会大会。今天，曼谷是世界佛教的中心，泰国佛教徒为此感到非常自豪。佛教让世界各国人民更多地了解了泰国，提高了泰国的国际地位。

寺庙 泰国不仅僧侣遍地，而且佛寺、佛院、佛塔如林，几乎村村有佛寺。泰国共有寺庙3万多座，僧侣30多万人。寺庙大小不同，大的寺庙有僧侣600人，小的寺庙可能只有三五个人。寺庙由两部分组成，分别是僧侣生活起居的僧舍和念经的佛堂。大的佛寺设有供奉佛像的佛殿、放有舍利的佛塔、藏经阁、讲经堂、火葬场、钟塔、博物馆、学校等。属于泰国皇家的寺庙有180座，寺庙建筑规模宏大，存有许多佛教艺术精品。

（二）伊斯兰教

泰国宪法规定泰国人民拥有宗教信仰的自由。今天，虽然佛教在泰国占据了国教的显赫地位，但是，其他宗教在泰国仍然有自己的一席之地。

伊斯兰教是泰国的第二大宗教。泰国约有 5% 的人信仰伊斯兰教。信奉伊斯兰教的居民主要是马来血统泰人和外国穆斯林后代。伊斯兰教徒主要居住在与马来西亚交界处的泰国南部的那拉惕瓦府、也拉府、沙敦府和北大年府。在这 4 府中，伊斯兰教徒占总人口的 70% 以上。除泰国南部 4 府外，其他地区也有少量的伊斯兰教徒。泰国伊斯兰教的派别主要为逊尼派，99% 的教徒属于逊尼派。泰国共有 2300 多座清真寺和 200 多所穆斯林学校，首都曼谷还有伊斯兰学院，信徒约有 300 多万。

伊斯兰教是 13 世纪由阿拉伯商人传入的，到阿瑜陀耶王朝时伊斯兰教的传播已经相当广泛，教徒也兴建了许多清真寺。17 世纪，伊斯兰教在泰国已经具有一定的声势。但由于佛教在泰国的较高地位，伊斯兰教并没有得到较大的发展。19 世纪中叶，曼谷王朝的拉玛四世国王改变了过去排斥异教的做法，主张宗教信仰自由，允许在曼谷建立清真寺，泰国的伊斯兰教由此得到了政府的保护。蒙固国王曾经资助将《古兰经》翻译成泰文。政府还为修建和维修清真寺提供资金。1963 年，政府拨款修建在北大年府的清真寺，该寺是东南亚地区最大的清真寺。国王或其代表每年都会参加伊斯兰教的纪念活动。在政府部门工作的穆斯林，每年逢古尔邦节和开斋节可享受全天休假，每周五可以有半天做礼拜，到麦加去朝圣的时候，还可以享受 4 个月的假期。在穆斯林聚居区，伊斯兰教法是处理居民内部矛盾的法律依据，宗教领袖就是法官。

（三）基督教

基督教传入泰国的时间较晚，基督教的传入与西方殖民者的扩张分不开。大约在 16 世纪葡萄牙殖民者入侵东南亚时，天主教传入泰国。17 世纪中叶，天主教在泰国上层已经有了一定的势力。17 世纪中叶以后，阿瑜陀耶王朝对天主教进行了限制，天主教发展受到遏制。1767 年，缅甸军队攻占了阿瑜陀耶，天主教受到重大打击。直到曼谷王朝拉玛四世即位后，天主教活动才有所恢复。新教传入泰国的历史仅 150 多年。

按泰国的法律，所有教会、神学院、福音机构皆归宗教厅管理，目前泰国宗教厅只承认如下 3 个教会组织为合法基督教机构，它们在泰国可以享受宪法规定的宗教自由。

泰国基督教总会（Church of Christ In Thailand）　　该会是泰国最大的基督教组织，以泰国本地基督徒为主导，外国传教士为辅。按地域或种族划分，该会共分为 19 个区。其中 7 区以长老会为主，信徒人数约 8000 人；12 区以浸信会为主，信徒人数约 1.2 万人；在少数民族教区中，6 区拉胡族约有信徒 3300 人，16 区阿卡族约有 3500 人，19 区苗族约有 3.5 万人。泰国基督教总会现有教会与布道所 906 个，信徒人数约 13 万，另有 5 家基督教医院、1 所位于清迈的大学、3 所神学院。

泰国基督教联会（Evangelical Fellowship of Thailand）　　该会以外国传教会的机构为主，现有教会与布道所 1182 个，信徒人数约有 5.7 万。下属主要机构有新种族教会、威克理夫圣经翻译会等，另有 1 所教会医院以及约 10 所神学院。该会的传教对象主要是少数民族。

美南浸信会（Southern Baptist Church）　　该会也是以外国传教士为主的教会组织，约有信徒 4500 人，拥有教会与布道所 99 个，在曼谷建有 1 所神学院。目前该组织正加强与泰国基督教总会 12 区的华侨浸信会的合作，希望借助华侨浸信会的人力资源，加速泰国美南浸信会系统的教会本地化。

泰国现在有基督教徒近 80 万人，其中 60% 为天主教徒，其余为新教徒。

（四）印度教

印度教是在公元 8 世纪传入泰国的。信仰印度教的大多是印度侨民。全国有印度教寺庙 17 座。印度教的领导机构是印度教达摩大会。印度教的主要活动是兴办学校、图书馆等。

（五）婆罗门教

婆罗门教于公元前 3 世纪传入泰国。5 世纪后，婆罗门教在泰国达到鼎盛，13 世纪后逐渐式微。尽管婆罗门教在泰国已经失去了往日的辉煌，但是，人们仍然可以看到婆罗门教昔日影响泰国社会生活的各个方面所留下的痕迹。例如，泰国王宫中的一些重大活动仍然沿用婆罗门教的仪式；在一些寺庙中，仍然有许多关于婆罗门教的传说。泰国婆罗门教的领导中心是婆罗门教会。

二 民俗

(一) 服饰

泰国的传统民族服装与自然地理环境有密切的关系。泰国地处热带，大多数地区终年闷热多雨，这使得泰国人在衣着方面有着明显的特点。在过去很长的一段时期，大多数泰国男子不穿上衣。在曼谷王朝的初期，官员们只有在上朝觐见国王时才穿着上衣。拉玛四世时，泰国与外国的交往逐渐增多。国王觉得不着上衣不雅，遂下令文武百官不论春夏秋冬必须着衣入朝。1898年，拉玛四世进一步规定，凡成人均不能在王宫和寺庙周围赤身，后来，该命令的适用范围继续延伸，即成人和孩童在公共场合一律不得赤身。到20世纪初，不着上衣的习俗逐渐在泰国人民的生活中消失了。

泰国人有自己的传统服装，有些服装今天仍然流行，有些服装却成了历史。绊尾幔曾经是泰国的一种传统下装，男女都穿。绊尾幔是一块布，穿着方法简单，用布围住身体，向前拉并扭成一束，再从两腿间向臀部后拉紧，塞到腰背。从背后看，这种服装很像带有一根尾巴，因而被称为绊尾幔。今天，绊尾幔已经退出泰国人民的日常生活，不过，在表现泰国传统生活的戏剧中，人们仍然能够领略到这种服装的风采。泰国宫廷人员的传统衣着有许多讲究，一周七天衣着的颜色各异，为黄、桃红、绿、橙黄、蓝、紫、红。各界上流人士也有此习惯。但是20世纪30年代以后，这种习俗也不再流行。

现代泰国人的衣着已经有了很大的变化，但仍然保留了一些传统民族服装的式样。泰国人的服装比较简单，男子穿长裤和短袖衫，女子多穿筒裙。男女外出经常穿拖鞋，在家一律赤脚。

披巾是泰国妇女的重要服饰。披巾由女子的胸布发展而来。在泰国的阿瑜陀耶王朝时期披巾就已经很流行了。披巾的花色、质地多种多样，宽约30厘米，长1米。常见的有两种披挂方法：一种是做上装用，女子把披巾围胸后，多余部分搭在肩上，从背后自然下垂；另一种是做装饰用，在上衣外面，把披巾由右腰斜搭向左肩，再从背后自然垂下。披巾下垂的长度不等，有的长及地面。

泰国妇女喜爱的下装筒裙是曼谷王朝拉玛六世时就流行的一种服装。筒裙呈圆筒状。筒裙的布料、花纹和色彩均是泰式的。人们在筒裙的设计和制作上花费了很多的心思。现在流行于泰国的筒裙样式非常之多，主要有以下两类。一类是泰式女便装，这种便装是人们在一般场合穿着的服装，用棉布或丝绸制成，上装为圆领、半长袖、开襟，有 5 个扣，筒裙长及脚面。另一类是人们出席盛大的集会、宴会及隆重的仪式等活动时穿着的服装。它们由精致而高档的布料，如丝织布料、提花丝织布、提花金丝绒布做成，有的筒裙还配有华丽的装饰品。这些筒裙的样式大同小异，在细节方面略有区别。

泰国具有民族特色的男装是"帕叻差他服"。这种服装用本地布料制成，为立领、开襟，并有 5 个扣，长短袖均可。

泰国人的服装虽然保留着鲜明的民族特色，但同样也表现出了兼收并蓄的特征。今天的泰国人比较喜欢穿西装，服装的种类和样式也有很多。但总的说来，女性偏爱穿裙子，男性特别是有地位和身份的人则常穿正式的西装。

泰国的一些公司、银行、饭店规定，职工必须穿着制服上班。大学、中学和小学也有专门的制服，制服的颜色比较庄重，大多是白、黑、蓝、黄等颜色。

（二）饮食

泰国的饮食内容和习惯非常独特，不过随着时代的变迁，再加上受到其他民族饮食习惯的影响，泰国人的饮食习惯也在不断变化。古时泰人吃饭不用碗筷。中国宋代古籍《诸番志》就记录了古时泰人用膳的情况："饮食以葵叶为碗，不施匕箸，掬而食之。"到 19 世纪中叶，泰人还像印度人和缅甸人一样，用手抓饭吃，用瓷制的或螺钿制的汤匙喝汤。后来，叉子传到泰国，但是由于人们不使用餐刀，肉、鱼和蔬菜在烹调前就都被切成很小的块状。泰人用叉匙饮食始于 1870 年曼谷王朝拉玛五世时期。今天，泰人多已摒弃"掬而食之"的习惯，但在部分贫民中，尤其是在东北部泰国人中，用手抓饭吃的习惯依然存在。

在素可泰时期和阿瑜陀耶早期，泰国的菜肴很简单，主要是新鲜或干的鱼配上米、青菜，加上一些香料和由鱼露、虾酱所做成的咸作料。其他的原料和口味是随着外国文化的传入而出现的。中国菜及印度菜对泰国的影响较大，欧洲饮食习惯也对泰国饮食有一定的影响，如在泰式菜肴中的主要调味品辣椒就是16世纪时由葡萄牙人传入泰国的。泰国菜以辛辣为主，但无论辣的程度如何，菜本身的味道都不会受到太大的影响，这也是泰国菜吸引人之处。辣椒是泰国人生活中不可缺少的食物，如果菜中无辣椒，不少泰国人难以下咽。

现代泰国菜的成分仍然非常简单，主要有蔬菜、鱼和调料，主食是大米和面食。根据世界粮农组织的统计，2013年，泰国人每天食物中的热量为人均2784千卡，蛋白质含量为60.88克，脂肪含量为58.61克。

泰国的厨师十分擅长使用切削刀具，他们在切、削、剁肉或蔬菜方面无可挑剔。在泰国的饮食中有一个习惯，吃饭时每一小口都是一匙，而每一匙中都正好包括半匙米饭和半匙肉或鱼。这就要求食物被切得非常碎。杵和臼对于泰式烹饪来说也不可缺少，它们被用来捣碎调料和其他辛辣的调味品。泰式烹煮是用一种深圆锥形的名叫镬子的锅进行的。

泰国饭桌上很少有正式的礼仪。吃饭时常常没有桌子和椅子，人们环坐在垫子上，男性盘腿坐着，女性把腿藏在后面跪坐着。如果条件允许，每个人事先都要沐浴，因为在泰国洁净是非常重要的，尤其是在吃饭的时候，但是衣着可以随意。盘子、碗、叉子、汤匙被随便地放在垫子上。上菜没有特定的顺序，多道菜常常是一起上。米饭、鱼、肉、蔬菜和汤在人们就餐的过程中可以被随意食用。席上很少有公共的大勺，每个人都用自己的汤匙舀菜，每一匙菜都在共用的调料碗中蘸一下。泰国人认为共同分享会带来很多快乐。

泰国的男人喜欢饮酒，他们喝酒的时候甚至可以不要菜。酒的种类并不多，传统的地方酒精饮料是一种棕榈的汁液，这是一种烈性的乳脂状啤酒，再有就是各种米酒。

泰国人进餐的时候，无论菜肴是否丰盛，汤都必不可少。泰国汤的花样很多，有简单的加酱油的米汤，还有奢侈的用香柠檬、柠檬草、酸橙汁和辣椒做成的汤等。大部分的泰式汤的基本原料是鸡肉或猪肉。

水果在泰国的饮食结构中也占有重要的位置。泰国素有"水果王国"之称。水果分季节性水果和长年水果。长年水果有香蕉、柑、橘、柚、西瓜、葡萄、木瓜、椰子、凤梨、番石榴、波罗蜜等。季节性水果有荔枝、龙眼、枣、杜果、芒果、榴梿、山竹、红毛丹等。榴梿是深受泰国人喜爱的水果，价格较高，味道独特。水果通常属于餐后甜点。

泰国人喜食水产。由于渔业发达，在泰国菜谱中，海产品和淡水产品的重要性仅次于大米，泰国人吃的鱼比其他种类的肉食要多得多。在生产和生活中，勤劳的泰国人民摸索出了一整套加工、食用和储存渔产品的方法。例如，海鱼的保存方法为烟熏、盐腌和风干。市场上，种类繁多的渔产品被装在竹盒中或悬挂在绳子上，香味四溢，让人垂涎欲滴。

蔬菜在泰国人的膳食结构中扮演着重要的角色。泰国自然条件优越，本国就出产各种蔬菜，而且经常有新的品种被引进泰国。

泰国人喜欢吃各种昆虫。蚂蚁、竹毛虫、蝎子、水生甲虫和蚱蜢都是泰国人餐桌上的美味佳肴。泰国每千克竹毛虫的价格已经攀升到 25 美元。就营养成分而言，昆虫营养丰富，其蛋白质含量高于许多动植物。但是，泰国人喜爱品食昆虫的习惯也引发了人们的忧虑，人们认为昆虫，特别是以其他昆虫为食物的昆虫的减少将使害虫蔓延，这会破坏脆弱的生态平衡。

在深受佛教影响的泰国，素食是自然和正常的现象。每个星期，在依据农历确定的日子，信徒都去庙里积功德，模仿僧侣吃素。曼谷人积极发展素食，希望返回原来简单的生活。实际上，素食有利于保持敏锐的感觉和迅速的反应能力，因此，人们为了身体的健康，多吃蔬菜少吃肉类食品。不过，泰国人并不全是素食主义者，许多人依旧食肉（要由非佛教徒宰杀）。

随着当地经济、文化的发展和外来文化的冲击，外来食品对地方口味与特色食品也有着很大的影响。传统上，泰国人对于肉、蛋和奶的需求不大，在西方食品的影响下，这种需求在不断地增加。汉堡和披萨之类的西方快餐，在年轻人中非常流行。

（三）居住

泰国的民居建筑分为现代建筑和传统建筑。泰国的传统建筑很有特色，它不仅体现了泰国的自然风貌，也与泰国的生活和生产方式息息相关。

泰国的传统民居是高脚屋。高脚屋是由 6 根以上的木桩架设而成的下部空旷的一种栏杆式建筑。高脚屋的上层住人，底层圈养牲畜和放置农具。中间有楼梯与地面相接。屋顶由茅草、椰叶、棕榈叶或铁皮构成，墙壁是竹篾或木板。有的房屋是尖顶的，有利于隔热。高脚屋呈长方形，由正屋、阳台和过廊组成。正屋是住房，没有床，人们在地上休息。阳台是人们会客或家庭成员休息的地方。高脚屋的支柱高 1.5 米，主要功能为通风并防止野兽和水害。阳台边的楼梯级数为单数。客人或主人进屋时都要脱鞋。

水上浮屋也是泰国的一种传统住宅。水上浮屋的结构比较简单，人们在靠近岸边的水中，把较粗的原木楔入水中，然后把木筏拴在木桩上，在木筏上建筑房屋。浮屋房顶用棕榈叶、茅草或铁皮做成，呈人字形。地板用木板或竹片拼接而成，并被固定在木筏上。每栋浮屋由 3 间屋组成，正面朝着江河，可以开关的竹壁全天敞开以利通风。前面是走廊，走廊上安有栏杆，以防止小孩落水；中间是卧室；后面是厨房。水上浮屋可以移动，便于搬迁。

水上浮屋的产生和存在与泰国的自然环境分不开。泰国是一个多河流的国家，境内大部分地区水网密布，修建水上浮屋既简便又实用。据文献记载，在泰国的吞武里王朝时期，京都一带有大量的水上浮屋。在曼谷王朝拉玛三世时期，曼谷的水上浮屋曾经达到 7 万栋之多，居民有 35 万之众。河流两岸流动的水上村庄——排列整齐的浮屋，构成了泰国的一道独特景观。现今，由于泰国经济的发展和社会的进步，大多数人已经不再生活在水上浮屋中，他们迁居到了陆上。不过，在泰国中部及曼谷的周围，人们仍然可以见到水上浮屋的踪迹。

随着经济的发展，泰国居民的居住条件也发生了巨大的变化。城市居民大都住在泰式风格的钢筋水泥结构的建筑中。随着城市人口向郊区的流动和新式居住区的增多，泰国出现了不少现代楼房。这些新居住区改变了人们的居住条件和居住环境，对人们的生活方式、思想认识、价值观念等产生了巨大的影响。

泰国城市规模不大，但是发展却极快。高楼大厦林立，各种住房外形美观，内部设施比较先进。泰国城市人口逐年增多，但是泰国的住宅增长率却高于人口增长率。1974～1984 年和 1984～1988 年，曼谷的人口增长率分别为 25.3% 和 7.1%，住宅增长率却高达 66% 和 37.6%。住宅业发展的速度很快，因此没有出现城市住宅紧张的局面。有一点值得注意的是，虽然与人口增长相比，泰国的住宅建设并不滞后，但是由于经济发展不平衡，泰国社会存在着贫富悬殊的现象。曼谷有 300 多处贫民窟，在那里居住着 1/10 的市民。

尽管泰国城市化率不高，曼谷却提前出现了城市郊区化现象。所谓城市郊区化是指城市居民自发地迁往郊区，围绕中心城市向周围无限地蔓延开来，形成星罗棋布的居住区，而大量的工作、娱乐、学习场所及商业服务机构等仍然留在市中心。当前，城市郊区化仅仅存在于发达国家中，大多数发展中国家尚未出现这种现象。随着城市郊区化现象的出现，泰国政府于 1987 年制定了鼓励地产业的政策，允许保险公司投保房地产，从而在曼谷掀起了住宅建设高潮。在这次开发热潮中，公寓私有共有方式（即所属房产为私有、庭院等公共用地为共有的共管公寓）迅速兴盛起来，共管公寓成为曼谷郊区的主要住宅，是城市郊区化的重要标志。共管公寓中居住的大部分为白领、医生、律师、文职官员、大学教师等群体。

（四）禁忌和礼仪

世界上许多国家的民族文化都有着很多的文化禁忌，泰国也不例外。从民俗学的角度来看，禁忌分为两类：一种是不能亵渎的神圣事物，另一种是不能接触的污秽事物。

泰国人认为一个人的头部是最神圣的部位，外人不能随便抚摸他人的头部，小孩子的头部也不例外。只有国王、高僧才能抚摸他人的头部，父母可以抚摸自己孩子的头部。拿东西时忌讳从头上越过，如果必须越过别人的头部，要表示歉意，否则是失礼。

泰国人睡觉时头部不能朝西，因为日落西方象征死亡。人死后才能将头部朝西停放。泰国人建筑的房屋一般是坐北朝南或坐南朝北。

　　泰国人用右手递东西给别人，在正式场合还必须双手捧上。左手递东西被认为对人不礼貌或者是鄙视他人。把东西抛向或扔向别人更被认为是粗鲁和缺乏教养的行为。在接别人的东西时同样也不能用左手，接长辈给予的东西还须用双手。

　　入座时不能跷腿将鞋底对准他人。在长辈和客人面前，应该双腿并拢端坐。妇女则应双腿并拢，侧身而坐，并拢的双腿不得朝向客人。用脚开门或踢门，或用脚指物都被认为是缺乏教养和失礼的行为。

　　同客人谈话的时候，不得戴墨镜，也不能用手指着人说话。别人说话的时候，不应东张西望。从坐着的人身旁走过时，不可昂首挺胸，而应微低头以表示歉意。

　　到寺庙拜佛或游览时，衣着必须整洁。进佛殿或在泰国人家中都要脱鞋。

　　人们见面尤其是初次见面问候时，泰国人不喜好握手，男女之间尤其如此。当然，受到西方文化影响的政府官员和知识分子例外。俗人不能与僧人握手。一般来说，泰国人见面时，行合十礼：行礼时低头，双手合掌，十指并拢举起，互相问候"萨瓦迪"，即"你好"的意思。行合十礼的时候，身份不同，要求也不同：小辈或下级向长辈或上级行礼时双手举至前额；平辈行礼时双手举至鼻子的部位；长辈或上级对小辈或下级还礼的时候，双手不超过胸部；地位低的人要先向对方行礼，以表示对对方的尊敬。在分手告辞的时候，人们也要行合十礼，并说"萨瓦迪"，即"再见"。在接受长辈、上级或客人赠送礼物的前后，都要行合十礼，表示感谢。而在要求一个人原谅或照顾的时候，也要行此礼。

　　泰国人在尊贵的客人，如国王、王后、王子、公主、父母、师傅和老师的面前，还应该行跪拜礼。跪拜礼起源于佛教，起初是皇家侍卫、女官、大臣向皇家行礼的姿势，后来流传到民间，成为老百姓向僧人和尊贵的人表示尊敬的一种礼仪。泰国人行跪拜礼时，上身挺直，臀部坐在脚跟上，双手举起放在胸前，双手合十，然后双手慢慢放到地板上，将前额放在合十的双手拇指上行礼。

在一些大型场合，如酒会、宴会、演出开始的时候，泰国人要演奏或播放《颂圣歌》。《颂圣歌》播放时人们不得四处走动，否则会被认为是对国王不敬。

（五）婚姻

泰国实行一夫一妻制。年轻人追求自由恋爱、自由婚姻。但是在农村地区，仍然有着具有民族色彩的婚俗习惯，存在一夫多妻的现象。

在谈论婚嫁之前，泰国人要进行问婚。问婚是说媒的一种形式。问婚指的是男方请媒人到女方家去说媒，如果女方认为这桩婚事可以考虑，就要详细地询问男方的情况，如男方的人品、相貌如何，是否曾经剃度出家，有无赌博、酗酒、吸毒的恶习。媒人多为口齿伶俐、能言善辩的女性，对女方提出的问题一一做出解答。泰国是一个佛教国家，男子在一生中一般要出家一次。泰国人认为没有出家受过佛教熏陶的人，在品行和教养上值得怀疑，好人家的女儿都不愿意嫁给这样的人。问婚之后，女方要对男子的情况做进一步了解，一旦了解清楚，女方同意这门婚事以后，便明确答复媒人，并商量定亲之事。有的家长还要比较双方的生辰八字，如果八字相克则这桩婚事就不可行。

定亲以后，人们就要择良辰吉日举行婚礼。婚期的选择不仅要考虑月份，而且在星期几成婚都必须认真确认。结婚的月份一般是双月，但是8月是守夏节的第一个月，不宜结婚。9月是泰国人可成婚的吉祥单月。在泰语中，9具有"进步"和"发展"的含义。星期二、星期三、星期四和星期六不宜结婚。泰国风俗认为，星期二和星期六为强硬之日，在这两天结婚不吉祥，夫妇双方容易发生纠纷，影响家庭的和睦。星期四为师傅日，也不宜结婚。星期一和星期五两天适合举行婚礼大典。在泰语中，星期五与"幸福"和"安乐"谐音，因此是成婚的好日子。除了上述关于结婚日的月份和星期的禁忌外，还有一些日子不宜结婚，如每个月的上、下半月的第12天（凶日），还有佛日、月末等都不宜成婚。此外，若一个家庭中有两个儿女，这两人不宜在同一年举行婚礼。

今天，许多人虽然仍然看重婚日的选定，但这种情况也在悄悄地发生着变化。年轻人追求更加独立、自由的生活方式，在婚期的确定上自然也期望摆脱习俗的制约，能够体现自己的愿望和意志。在婚礼正式举行之前，人们还要举行槟榔盘迎亲游行。结婚的槟榔盘分为两个等级：甲级槟榔盘包括食品盒、礼布盘数对；乙级槟榔盘比甲级的盘大，除此之外还有十篮以上的水果和甜食。彩礼盘分为两种：一种为男女双方各出一半供新婚夫妇成家的资金；另一种是新郎给新娘的聘礼。成婚之日，新郎带着彩礼盘和槟榔盘在热情的迎亲人群的伴随下，随着欢快的锣鼓，一路跳着多姿多彩的民族舞蹈，到新娘的家迎娶新娘。游行队伍出发和到新娘村口时，要分别鸣枪一声，传达人们出发和到达的信息。此时，新娘家有一个活泼可爱、穿着艳丽盛装的小姑娘，手托盛有四枚槟榔和一卷蒌菜的托盘恭候在门口。当迎亲队伍热热闹闹地来到门口时，媒人接过小姑娘手中的托盘，并在小姑娘的带领下登楼。在楼梯口，伴娘设有三道"门"，每道"门"由两位姑娘手持彩绸或金链"守卫"，新郎要想过关，必须拿出"买路钱"，一些人还得回答问题。新郎登楼入室以后，媒人和双方的中间人清点彩礼，彩礼符合双方商定的数额后，女方收下槟榔盘和彩礼盒。游行仪式到此结束。

正式的婚礼大典一般在黄昏时举行。婚礼中，也有各种让人眼花缭乱的仪式，如戴双喜纱圈、洒水、拜祖宗神灵、铺床、守新房和入洞房等。双喜纱圈，又称吉祥纱圈，是由纱做成的两个纱圈，一条圣纱把两个纱圈和圣水钵连接起来，每位参加婚礼的僧侣手持和圣水钵相连的圣线，为新人念吉祥经。泰国人认为，僧侣念经后，双喜纱圈会给新娘带来好运。洒水仪式是婚礼中的一项重要程序，在洒水之前人们要做好许多准备工作。人们在房间里放上佛像，挂上国旗、国王和王后的御像，新人身穿白色婚礼服，燃香并拜佛，然后坐在准备好的矮榻上，头朝东方。新郎坐在新娘的右侧，双手合掌向前伸出。洒水仪式主持人先将纱圈戴在新人的头上，然后将法螺水洒在新人的手上，祝愿新人白头偕老。参加婚礼的客人依次给新人洒水祝福，最后由亲属给新人洒水，由长者为新人拿下纱圈，洒水仪式也就结束了。泰国人相信，取纱圈也有讲究：如果新郎的纱圈先取下，意味着在将来的生活中，新郎将在家中执掌大权；反过来，也许新娘会更有权威。

洒水仪式结束后，新人还得举行祭拜祖宗神灵的仪式。女方父母在房里铺上白布，摆上椰子酒和拜祖布，然后请新郎点燃两支蜡烛、两支佛香，与新娘一起礼拜祖宗神灵。礼拜时，新郎举右手与新娘举起的左手交握，跪地拜祖宗三次。然后新郎跪拜女方父母及女方长辈。接受跪拜的长辈赠送新人礼物，祝愿新人百年好合。

在婚礼的当天晚上，新娘要邀请一对老年夫妇为新房铺床。应邀的老年夫妇必须是德高望重、儿女双全的恩爱夫妻。铺床仪式主要为扫床铺、铺被褥、摆枕头、挂蚊帐。新娘事先还得准备好一个冬瓜、一只白猫、一块研药石、一口盛满清水的锅，以及放有分开包装好的绿豆、芝麻、稻谷和彩礼的托盘。铺床人必须把这些东西放置在新人的床边。这些东西都具有非常丰富的寓意：冬瓜的寓意是冷静如瓜果；清水象征着信任以及心灵纯洁如水；研药石表示新人恩爱如磐石；绿豆和芝麻意为今后的生活芝麻开花节节高，新人能自食其力，事业有成；白猫为新家捕捉老鼠。床铺好以后，老年夫妇在新床上躺上片刻，妻子躺在左边。他们互相交谈，祝福新人。丈夫说："这床铺真舒服，谁睡这张床，谁就幸福长寿。"妻子说："是呀，这张床很舒适，谁睡这张床，谁就财富如山，儿孙可爱。"铺床仪式也就结束了。

铺床仪式结束以后，新娘还不能马上入洞房，新郎必须空守洞房，3 夜、5 夜或 7 夜不等。守房结束后，新娘父母或长辈把新娘送进洞房，交给新郎。同时，父母教导新人相亲相爱。至此，婚礼才算真正结束。

（六）丧葬

泰国人实行火葬。火葬在寺院中举行，各地寺庙中大多设有火葬塔，骨灰或者存放家中，或者留在庙内。人死后，家人先要为其设祭坛，和尚则通宵念经，超度死者的灵魂。泰国有许多传统的宗教葬礼仪式，如指路、看鬼、洒水、含物、破锅等。

指路 在出殡过程中，泰国人还有一些禁忌。在抬棺出门时，不得穿越屋门和房梁，而必须破墙而出，以防鬼从屋门返回。尸体不得从停放的房间被移动到其他的房间。抬棺出殡时，棺头在前，和尚手持灵线在前指路，而泰国东北地区和西北地区则是棺尾在前。出殡途中，不得将棺材放下休息，因为死人是不吉利的事，人们不愿意棺材停留在自家的地界。抬棺不能走直线，须走蛇行线，这样可使鬼找不到回家的路。到达寺庙和墓地的时候，抬棺的杠子要被砍断，以免再用。

看鬼 人死后，当天不能马上入棺，必须将遗体头朝西方，停放在房梁下，用布遮盖好。家中门窗要紧闭，严防猫儿跨越遗体。泰国人相信，如果猫儿跨越了遗体，就会闹鬼。如果家中门窗不严实，则需用蚊帐遮掩遗体，或者派专人看护，这被称为"看鬼"。

洒水 洒水仪式在寺庙中进行，死者头部朝西，白布盖住遗体，死者的右手伸出，旁边备有香水或清水，死者亲友依次将香水洒到死者的掌上，表示自己的哀思。泰国人十分重视洒水仪式。

含物 含物就是将槟榔放在死者的口中，意为死者仍然可以嚼槟榔；往死者口中放银钱是让死者在阴间有钱用。有钱人家还在死者口中放金物，火化后取回留作纪念。据称，含物还有一层意思，即金钱为身外之物，既然连放在口中的钱财都带不走，人们就不应该太看重钱财。

破锅 出殡前，人们准备三口泥锅，锅中装满清水及三根木棍。棺材被抬出房门后，人们用木棍把泥锅敲碎，然后把木棍折断。另外，人们准备一口装有炭火的火锅，一人捧火锅在前面带路，到达目的地后，取火锅中的火种火化尸体，然后将锅打破。破锅的寓意比较独特，三口泥锅代表人出生、成长和死亡的三个阶段。

撒米花 在出殡的途中，人们还要沿途抛撒米花，一直抛撒到墓地。抛撒米花是基于泰国的民间传说，即出殡时，沿途有许多鬼等着要坐棺、压棺。为了减轻抬棺人担负的重量，人们沿路抛撒米花，使小鬼们急于抢吃米花，而顾不上压棺和坐棺。此外，撒米花的另一层意思是人死后如爆米花一样不可能再复生。

剃度 为了给死者积德修善，儿子们在死者火葬的当天还剃度出家，这种仪式又称"波纳发"，即在死者火化时剃度。这种行为也是泰国人表示孝心的一种方法。

三 节 日

泰国有很多传统的节日，其中最大和最隆重的节日有万佛节、风筝节、宋干节、火箭节、春耕节、守夏节、秋日节、大象节、莲花节、解夏节、赛牛节、水灯节、佛诞节等。许多节日与泰国国教佛教关系密切，如万佛节、佛诞节、守夏节就是佛教的节日。与中国的农历相似，泰国的一些节日与农业生产分不开，如春耕节、水灯节等。除了民间的传统节日以外，泰国还有一些国家纪念日，如国王登基纪念日、王后寿辰、拉玛五世逝世纪念日、万寿节、宪法日和国际劳动节等。除了上述节日以外，泰国同样要庆祝元旦、春节等对一些东方国家而言非常重要的节日。

泰国国内通用佛历，但是泰国阴历也是参考性历法。佛历的计算方法以释迦牟尼涅槃后一年为纪元元年，比国际通用的公历早543年，公历2000年即佛历的2543年。泰国使用阴历有着非常悠久的历史，现存最早的文字记载说明，素可泰王朝时期，人们就开始使用泰国阴历来计时了。如今泰国的许多节日仍然按阴历计算。泰国阴历与中国阴历不同，泰国阴历虽然也是以月球绕地球运行的周期计算，但是它以单双月计算，单月29天，双月30天。以一个月中的"满月"为准，泰国阴历把一个月分为上弦月和下弦月，每个月的16号为下弦月的初一。泰国的阴历一年只有354天或355天，比公历少11天或12天，三年约差一个月。因此泰国阴历每三年要增加一个月，增加的月份一般加在8月。泰国阴历的称呼与中国阴历一样，另外，泰国也有十二生肖的说法。

宋干节 宋干节是泰国最重要的旧历节日之一。宋干节的"宋干"一词来自梵文，意思是"移位"，指的是太阳离开双鱼星座运行到白羊星座。泰国政府把原来按阴历计算的节日用公历进行规定，即每年公历的4月14~15日是宋干节。据说，宋干节与印度婆罗门教的一种仪式有关，随着婆罗门教传入中南半岛各国，教徒每年在固定的宗教节日到河边洗浴，希望去掉一切邪恶和污秽，有的地方又称之为泼水节。泼水嬉戏、浴佛、滴水礼、放生和堆沙塔是宋干节的主要内容。

泼水最热闹也最有趣。泼水前后持续七八天左右。泰国最有代表性的泼水活动在清迈。大街小巷的人尽情地泼洒，寓意除旧迎新。虽然人们全身湿透，但仍然兴趣盎然。一些青年男女则借泼水的机会表达爱意。

浴佛则是让善男信女们为佛像洒水洗尘。浴佛含有"纯洁"的意思。信徒为佛像洗浴，就是行善积德。

滴水礼是孩子、晚辈、下级向父母、长辈和上级行礼的一种仪式。行礼时，晚辈或下级先行合十礼向长辈或上级祝福，然后在长辈或上级的手掌中滴上几滴净水，长辈或上级用滴了水的手掌抚摸行礼者的头部，然后祝福行礼者。对一般人来说，滴水礼中的水，含有"洗罪"和"祝福"的意思。

放生也是宋干节的主要活动之一。人们在宋干节将鸟和鱼等各种小动物放生。

堆沙塔是人们在路边或海滩上用沙筑塔，塔建好后插上彩旗，祈求佛祖保佑平安，祈祷五谷丰登。

宋干节还要举行美女游行。游行队伍由民族舞蹈队、佛像彩车、民族乐队、宋干美女花车等队伍组成。宋干美女花车被装饰得万紫千红，极具民族风情。花车上坐着四五个身着五彩民族服装的美丽少女，最美艳的一位就是"宋干美女"。根据婆罗门教的神话传说，宋干美女共有 7 套服装，游行时穿什么样的服装要视当年宋干节是星期几而定。她也必须根据星期几选择不同的动物模型作为坐骑，从周一到周日这些动物分别是虎、猪、驴、象、水牛、孔雀、金翅鸟。游行结束后，还要进行宋干美女的选美活动。

万佛节　每年泰历的三月十五日是泰国的万佛节。万佛节是泰国传统的佛教节日，佛教徒们早在阿瑜陀耶王朝时期就开始庆祝这个节日了，政府确定万佛节为节日是在 1913 年，也就是在曼谷王朝的拉玛五世时期。

相传，佛陀在世的时候，在某年的三月月圆之时，经佛陀剃度的弟子，即 1250 位罗汉不约而同地到摩揭陀国王舍城的竹林园大殿朝觐佛陀。佛陀非常高兴，就势向他们宣讲教义。在这一天，佛陀还告诉弟子们，他将于 6 月 15 日涅槃。这就是传说中的万佛节的来历。据说信仰上座部佛教的泰国佛教徒认为，这次聚会是佛教的创建之日。万佛节是泰国华人对该节日的称呼——那天既然来了 1250 位罗汉，人数如此之众，泰国华人便夸张地称其为万佛。这个称呼并不符合泰国上座部佛教的教义。上座部佛教认为，佛只有一位，那就是释迦牟尼。如逢闰年，万佛节将延至四月十五日。

在万佛节这一天，泰国要举行隆重的纪念仪式，国王也要亲自参加。清晨，人们带着姹紫嫣红的鲜花、香烛和施舍物品前往附近的寺庙拜佛、焚香。人们点燃 1250 支蜡烛，撒 1250 朵茉莉花。在僧人的带领下，人们绕殿堂 3 周，然后进入佛殿听僧侣诵讲佛经。晚上人们通宵听经，举行巡烛仪式等。

守夏节　每年泰历的八月十六日是泰国的守夏节，守夏节是泰国最重要的佛教节日之一。泰国的守夏节又称入夏节、入雨节、夏安居等。守夏节源于古印度僧尼雨季禁足安居的习俗。传说，佛陀在世期间，每到雨季，道路泥泞不堪，难以行走。一般人便待在家中，不再出门。但是一些和尚不顾下雨仍然四处传教。他们践踏庄稼，伤害草木，农民们非常生气。佛因此大为震怒，规定在雨季和尚必须在寺内坐禅修行，不得外出，否则以触犯戒律论处。禁止出行的时间从泰历的八月十六日到十一月十五日，为期 3 个月。泰国政府规定，守夏节全国放假一天，以便人民参加守夏活动。守夏节时，各个寺庙要举行佛事仪式，全寺僧人集中到主佛殿，在佛像前发誓，"贫僧将在此寺守夏安居 3 个月"，连说 3 遍。在 3 个月的节期中，佛教徒每日去佛寺施斋，以免和尚缺少食物，所斋食物除新鲜饭菜外，还有传统糕点蕉叶糍粑等。在守夏活动的高潮期间，一些善男信女们还将出家 3 个月，或每天去寺院聆听和尚念经。那些想入寺修行的青少年也在守夏节举行剃度仪式。

春耕节　春耕节也称春耕仪式，是泰国的传统节日，也是泰国的宫廷大典之一。春耕节来源于婆罗门教，仪式可追溯到 13 世纪的素可泰王朝。曼谷王朝拉玛四世时，国王感到春耕礼只有婆罗门教仪式不妥，这与以佛教为国教的国家极不相称，于是增设佛教仪式。仪式由国王亲自主持，国王祭祀天神，祈祷国家风调雨顺、五谷丰登。节日多定在泰国泰历六月的一天，具体的日子由婆罗门法师用占星术推算，在元旦前公布。节日分两天进行：第一天在玉佛寺举行佛教的"吉谷仪式"，第二天在曼谷的王家田广场举行婆罗门教的"春耕礼"。

"吉谷仪式"以佛教仪式为主，国王和王后等王室成员都会参加。他们向佛像和种子膜拜，祈求祝福。春耕大臣向佛像敬献花环。11 位和尚诵经祈祝谷种。春耕大臣和春耕女跪向国王，国王向他们行滴水礼以示祝福。第二天，人们在曼谷的王家田广场举行春耕礼。国王和王室其他重要成员也参加这项重大的庆祝活动。成千上万的泰国人从各地赶来参加庆典。当国王和王室的其他重要成员来到时，鼓乐齐鸣，乐队演奏《颂圣歌》。头带尖顶白帽的春耕大臣向国王膜拜 3 次，然后到佛陀和婆罗门诸天神像前焚香礼拜。婆罗门祭司将法水洒在春耕大臣的手掌心中，大臣将水抹在额头上。然后法师端来一个蒙着布的铜盘，让春耕大臣伸手去摸，铜盘里装着长短不等的 3 块布幔：春耕大臣挑中长的那块，预示当年缺雨干旱；挑到短的那块，则预示今年有大雨和水灾降临；如拿到的是适中的那块，则预示今年将风调雨顺、五谷丰登。

在庆祝广场的草地上，还有一对套犁待耕的耕牛。婆罗门祭司把耕牛、犁和系着红绸布的驱牛棍交给春耕大臣。春耕大臣一手执犁，一手拿着驱牛棍，在仪仗队的陪伴下，在空地上绕行 3 圈。然后，4 位肩挑装有谷种的金箩、银箩的春耕女开始播种，婆罗门法师向地里洒圣水，春耕大臣再犁一圈。之后，婆罗门法师卸下牛套，让耕牛选吃事先准备好的稻谷、玉米、豆子、芝麻、酒、水和青草这 7 种食物，牛吃哪样，就预示哪样物种在当年会丰收。仪式结束后，人们蜂拥而入，争先恐后地捡拾播撒在地上的吉祥种子，然后播种到自己的地里，以求上天保佑。

水灯节 该节在泰历的十二月十五日。水灯节没有正式的假期，但却是泰国民间非常流行的一个节日。水灯节的传说很多。有人说水灯节是由古代婆罗门教的升灯笼仪式演变而来的，还有人说这是人们迎接佛从天上来到人间的一种欢迎仪式。流传较广的说法是，13 世纪时，素可泰王朝兰甘亨王的王妃诺帕玛为了表达对佛的诚意，用蕉叶做了一只莲花形状的小船，船上放有水果和鲜花，中间插有香烛，她把这只小船献给国王在月圆之夜祭祀水神。国王见之龙颜大悦，命全国仿效，并规定那天为全国的水灯节。这种说法虽然也受到质疑，但是水灯节作为一种习俗，不仅是宫廷游戏，而且在民间也广为流传却是毋庸置疑的。

水灯节之夜，皓月当空，大小江河上漂流着无数五彩缤纷的水灯，映照出一幅人间天堂的美丽景象。人们在河边放灯和观灯，喜庆丰收，感谢河神。这一天也是男女青年互诉衷情和愿望的欢乐节日。人们把用芭蕉叶制作的一个个漂亮的水灯放入奔流的河中，水灯随波逐流，带走一个个美丽的愿望。如果河水把水灯带向远方，预示着心愿一定能够实现。

大象节　在泰国东北部的素林府，人们要庆祝传统节日大象节。大象节是每年泰历十一月第三周的星期六和星期日两天。泰国是大象的王国，大象节是泰国极富民族特色的一个节日。节日期间，人们穿着盛装，载歌载舞，参加庆典仪式的数百头训练有素的大象为人们表演各种丰富多彩的节目，如捡东西、跳舞、跨人、足球比赛等。节日期间，素林府的主要街道为大象开放，车辆禁行，兴致勃勃的游人可以骑象观光。

国家纪念日　泰国国家纪念日主要有国王登基纪念日、王后寿辰、拉玛五世逝世纪念日、万寿节等。

国王登基纪念日是庆祝当今国王普密蓬·阿杜德登基的节日。普密蓬国王于1950年5月5日登基，政府规定这一天为登基纪念日。庆祝登基日的做法始于曼谷王朝拉玛四世时期。

公历8月16日是当今王后诗丽吉的诞辰，也是国家的主要节假日之一。1976年，政府又把诗丽吉王后的生日定为"母亲节"，因此，王后诞辰同时又是母亲节。节日期间，政府在曼谷王家田广场举行盛大的群众性集会，政府总理致祝词，礼炮鸣放21响，然后还有游行、诵经等佛事活动。除此之外，人们还要评选优秀母亲，教育孩子孝敬父母，以及从事一些社会公益活动，如医生义诊、义务植树、献血等。

每年公历的10月23日是曼谷王朝拉玛五世逝世纪念日。拉玛五世朱拉隆功国王是泰国历史上的一个伟大人物，他在位期间实施的一系列改革措施奠定了现代泰国的基础，泰国人民尊称他为敬爱的"大帝"。为了纪念他不朽的功勋，在朱拉隆功国王去世的第二年，即1912年10月23日，人们举行了纪念朱拉隆功国王的仪式。纪念活动包括在朱拉隆功国王纪念铜像前献花环、膜拜、烧香、做佛事等。自此,泰国每年都要举行同样的仪式。

万寿节实际上是当今国王普密蓬·阿杜德的生日,同时也是泰国的国庆节。万寿节是公历的 12 月 5 日。自古以来,泰国就有庆祝国王生日的习俗。1959 年,泰国政府废除了以 1932 年 6 月 24 日建立君主立宪制的日子作为国庆纪念日的规定,决定以国王的生日作为国庆纪念日。万寿节是泰国最热闹的节日之一,节日期间,人们举行各种佛事活动和娱乐、体育表演,除此之外,政府还要举行国宴、鸣放礼炮烟花、阅兵等活动。1981年,泰国一些社会团体提出国王爱民如子,建议以当今国王的生日为"父亲节",因此,1981 年以来,万寿节又是泰国的父亲节。

第三节 特色资源

一 名胜古迹

泰国被称为"亚洲最具异国情调的国家"。泰国拥有丰富的旅游资源,自然景观与人文古迹辉映,佛教文化与西方文明交融,民俗传统与现代生活相得益彰。泰国的名胜遍布全国,不过相对集中在 14 个府,即中部的曼谷,北部的清迈府、清莱府、彭世洛府,东北部的柯叻府、乌汶府,东部的春武里府,西部的甘乍那武里府、碧武里府、巴蜀府,南部的宋卡府、普吉府、陶公府、素叻他尼府。

帕塔亚(Pattaya) 帕塔亚是泰国最为知名的海滨度假观光胜地,位于曼谷东南约 147 千米。帕塔亚原本是落后的小渔村,后来由于风景秀丽,成为泰国王室海上俱乐部的所在地。越战期间,不少美国军人来此度假,使得帕塔亚自 20 世纪 50 年代起迅速发展起来,成为享誉海外的"东方夏威夷"。帕塔亚海滨休闲设施相当完善,在长约 3000 米的白色海滩上,各式水上娱乐项目一应俱全。而且,帕塔亚还是著名的不夜城,入夜后,鳞次栉比的娱乐场所灯火通明,其中也包括不少色情服务,而最为著名的则是成立于 1974 年的蒂芬妮(Tiffiny)歌舞团的人妖表演。

普吉岛（Phuket）　　普吉岛意为"山丘之岛"，位于曼谷以南 862 千米，是泰国最大的海岛，被誉为"泰南明珠"。普吉岛面积 543 平方千米，南北长 48 千米，东西宽 21 千米，与马来半岛有一座长约 660 米的萨拉信桥（Sarasin Bridge）相连。普吉岛拥有丰富的矿产资源，其中锡矿的开采更是已有 500 多年的历史，锡矿还曾长期是泰国政府重要的财政来源。不过，20 世纪 70 年代以来，普吉岛的旅游业迅速发展，该岛现已成为东南亚地区著名的观光胜地，被称为"热带天堂"。攀牙湾（Phang Nga Bay）被誉为"普吉岛最美的地方"，散布着近百座大小岛屿，湛蓝的海面上怪石嶙峋，景色秀丽而又气象万千。007 岛、铁钉岛、钟乳岛等，都以其天然奇景而久负盛名。

大皇宫（Grand Palace）　　大皇宫始建于曼谷王朝拉玛一世（1782～1809 年在位）时期，占地约 21.84 万平方米。大皇宫坐北朝南，临湄南河而建，四周筑有高约 5 米的白色宫墙，宫墙全长约 1900 米。大皇宫的古建筑布局错落有致，依照阿瑜陀耶王宫的式样而建，其风格具有鲜明的暹罗建筑艺术特点，堪称泰国的建筑、绘画、雕刻和装潢艺术的精华，因此被誉为"泰国艺术大全"。大皇宫是曼谷王朝拉玛一世至八世的王宫，因此亦称"故宫"，是泰国历代王宫中保存最完整、规模最宏伟、风格最具民族特色的王宫。1946 年拉玛九世移驾集拉达王宫（Chitralada Palace）居住后，大皇宫开始对外开放，成为泰国最著名的名胜之一。目前，大皇宫仍是重要的宫廷庆典仪式的举行地，并且也是部分国家机关的所在地，包括枢密院、财政部、宫务处等。

大皇宫内的主建筑有四处，分别是兜率殿、摩天宫殿群、节基殿和武隆碧曼宫。

兜率殿（Dusit Maha Prasat Hall）是大皇宫中最早建成的大殿，建于 1782 年。其名"兜率"（Dusit）源自梵文，指的是佛教欲界的第四重天，[①] 为弥勒菩萨的修行之地。兜率殿的平面呈"十"字形，殿顶有四层

---

① 佛教将世界分为欲界、色界、无色界三界，其中欲界有六重天，自下而上依次为四天王天、三十三天、焰摩天、兜率天、化乐天、他化自在天。

重檐，中间有七层重檐的方形尖顶，尖顶下雕有金翅鸟捕龙像，殿内摆放有拉玛一世时期的御床。兜率殿主要用于举行王室成员的丧葬仪式，也举行部分王室庆典活动。

摩天宫殿群（Phra Maha Monthian）是由前后相邻的因陀罗议政殿（The Audience Hall of Amarin Winitchai）、护国神殿（Paisal Taksin Hall）、乍迦博碧曼殿（Chakrapat Phiman Building）组成的。其中，因陀罗议政殿建于 1785 年，原是国王临朝议政的所在，现在主要用于举行国王的重要典礼仪式，殿内摆放有雕工精美的御座。护国神殿是国王举行加冕仪式的所在，殿中供有暹罗护国神（Phra Syam Thewathirat，简称 Phra Syam），该神像铸成于拉玛四世（1851～1868 年在位）时期。乍迦博碧曼殿是拉玛一世至三世的寝宫，后来的国王虽不再居于此，但传统上在加冕后都要在此驻驾一晚，以示正式亲政。

节基殿（Chakri Maha Prasat Hall）是大皇宫中最宏伟的大殿，建于 1876 年。其名"节基"（Chakri，亦译为"却克里"），有"神盘"和"帝王"之意，也是曼谷王朝的正式名称，即节基（却克里）王朝。节基殿的主体结构属于英国维多利亚时代的建筑风格，而殿顶则是泰国传统建筑风格的方形尖顶。殿内分正座、东座、西座三部分。正座顶层供奉历代先王的灵位，中层是国王接见国宾的所在，底层是御林军总部；东座顶层为古玩陈列室，中层为国宾厅，底层为客厅；西座顶层供奉历代皇后及亲王的灵位，中层为皇后接见臣民的所在，底层为图书馆。

武隆碧曼宫（Borom Phiman Mansion）是欧式建筑，建于 1903 年。武隆碧曼宫曾是拉玛七世（1925～1935 年在位）的寝宫，后来拉玛八世（1935～1946 年在位）和拉玛九世（1946 年至今在位）也曾在此居住，目前武隆碧曼宫常作为接待国宾下榻的所在。

玉佛寺（Wat Phra Kaeo）　　玉佛寺，建于 1782 年，亦称护国寺，位于大皇宫内北侧，包括玉佛殿、藏经殿、先王殿、佛骨殿、叻达纳大金塔、藏经堂、尖顶佛堂、骨灰堂等建筑。其中以玉佛殿最为重要，殿内供奉有泰国三大国宝之一的"碧玉佛"。碧玉佛宽 43.8 厘米，高 66 厘米，以整块翡翠雕刻而成，通体碧翠无瑕。

碧玉佛由何而来已无可考，仅能从其禅定式的造型风格，推测可能源于南印度或锡兰。据史料记载，碧玉佛最早见于 1434 年，当时清莱府的一座佛塔在雷雨中被毁，塔中所藏的碧玉佛由此重现于世。兰那泰王得知后，随即下令迎请碧玉佛至清迈城供奉，但运送碧玉佛的大象却在半路直奔南奔城而去，兰那泰王于是下令在南奔城建寺供奉，计 30 余年。1468年，兰那泰王朝的提洛克王（King Tilok）将碧玉佛移至清迈城供奉，计80 余年。1552 年，兰那泰王朝的差亚阙陀王（King Chaichetta）领兵前往琅勃拉邦（现老挝境内）平叛，并留在琅勃拉邦为王，碧玉佛于是随之移至琅勃拉邦供奉，计 12 年。1564 年，琅勃拉邦迁都万象，碧玉佛也随之移至万象供奉，计 214 年。1778 年，吞武里王朝的郑信王挥兵攻破万象，将碧玉佛迎回泰国。1784 年，曼谷王朝拉玛一世将碧玉佛移至玉佛寺供奉，并视之"镇国之宝"，还特为碧玉佛制作了雨季和热季的衣装，后来拉玛三世又为其添置了凉季衣装。现在，每年换季之时，泰国都要举行隆重的祭祀仪式，由国王亲自（或由王储代行）为碧玉佛换装。

碧玉佛的佛座两侧，各有一尊外饰黄金的青铜先王佛像，这两尊佛像是拉玛三世分别为拉玛一世和二世所铸的。每尊佛像所用黄金重约 38 千克。玉佛殿的四壁绘有不少壁画，其中碧玉佛正面的壁画内容为"魔罗扰乱图"，背面的壁画内容为"三界图"，左右两侧的壁画内容为"佛陀应化事迹图"和"国王出巡图"。殿顶为三层重檐，并有龙首、凤尾等装饰。殿壁外墙为贴金花纹，并饰有小块镜片。殿门经由泰国传统的贴金雕漆工艺制成，其工序是先在门板上涂漆，而后在漆未干时于选定的部位刷上胶水，并贴上金叶片，再经水洗和打磨，即可在门板上留下精美的图案。殿外回廊中绘有 178 幅壁画，内容是源于印度史诗《罗摩衍那》的泰国《拉玛坚》的故事。

卧佛寺（Wat Pho） 亦称涅槃寺或菩提寺，坐落于曼谷，占地约 8万平方米，初建于阿瑜陀耶王朝时期，后由拉玛一世于 1793 年颁旨重修。寺内佛塔、佛像的数量居曼谷各寺之首，故该寺有"万佛寺"之称，是曼谷历史最悠久、规模最大的佛寺。寺内供奉有泰国三大国宝之一的"卧佛"，佛像全长 46 米，身高 15 米，以砖石砌成，并漆贴金箔，是泰国三大卧佛之一。佛像侧卧，右手托头，呈涅槃状，脚长5米，脚底有以贝壳镶嵌而成的108个吉祥图案。寺内佛塔林立，主要有大塔4座，分别以青、白、黄、蓝四色瓷砖镶嵌；小塔91座，塔身多贴有金箔或镶满彩色瓷片。寺内回廊的柱、壁及各佛殿的墙上都镌刻有很多碑文，其内容涉及历史、佛经、药方、风俗、诗歌等方面，是由拉玛三世颁旨收集镌刻的，旨在广开民智，因此卧佛寺亦有"泰国的第一所大学"之称。

金佛寺（Wat Traimit） 位于曼谷唐人街附近，据说是由三位华人集资建成的，故而亦称三华寺或三友寺。寺内供奉有泰国三大国宝之一的"金佛"。金佛高3米，重5.5吨，以纯金铸成。据称，金佛铸成于13世纪的素可泰王朝时期。18世纪的阿瑜陀耶王朝末期，人们为避免金佛被入侵缅军掠夺，而将金佛埋入地下。300多年后，金佛被再次挖出，但由于覆盖灰泥，因此一开始并未引起重视，直到1953年泥壳剥落，金佛才现出真身，并被移至金佛寺供奉。

郑王庙（Wat Arun） 亦称黎明寺，位于曼谷大皇宫对岸的吞武里，始建于阿瑜陀耶王朝时期，原名"玛喀寺"，后由吞武里王朝的郑信王更名为"黎明寺"。郑信王过世后，泰国华人为纪念这位驱逐缅军、光复暹罗的华裔国王，而将之称为郑王庙。寺内有一座高达79米的巴朗式（Blang）佛塔，名为郑王塔，亦称黎明塔，素有"泰国埃菲尔铁塔"之称。该塔始建于1824年，竣工于1851年。郑王塔的底座和塔身呈四方形，塔身由下至上分层递减，每层的四面塔壁上都雕有佛像，并以各色碎瓷片镶嵌而成的花饰，显得古朴而庄重。郑王塔的主塔周边还有4座陪塔，样式与主塔完全相同，只是规模较小，从而形成一组对称均衡的塔群，因此这5座塔亦称五界塔。

三宝公庙 位于阿瑜陀耶旧城以南10千米，是泰国人祭祀三宝太监郑和的所在。三宝公庙本名帕南车寺（Wat Panan Choeng），始建于1324年，后来郑和下西洋途径暹罗时，曾到访阿瑜陀耶城，于是当地华人就将该寺更名为三宝公庙，该寺庙至今依旧香火鼎盛。寺中供奉有一尊参禅式佛像，宽14米，高19米，名为"銮抱多"，意为"大佛"，亦称"三宝佛公像"。寺门两侧贴有两副中文对联，其中一副是"七度使邻邦有明盛纪传异域，三宝驾慈航万国衣冠拜故乡"，另一副是"三宝灵应风调雨顺，佛公显赫国泰民安"。

挽巴茵行宫（Bang Pa-In Summer Palace） 位于阿瑜陀耶旧城以南28千米，曼谷以北58千米，占地约13万平方米，原本是阿瑜陀耶王朝的巴塞通王（King Prasat Thong）于1632年建立的夏日行宫。阿瑜陀耶王朝被缅甸覆灭后，都城南迁至曼谷，挽巴茵行宫由于路途遥远而被荒弃。曼谷王朝拉玛五世（1868～1910年在位）时期，由于蒸汽船的使用缩短了航行时间，挽巴茵行宫在经过重修扩建后，再次成为王室的夏日行宫。挽巴茵行宫内有3座颇具特色的主建筑，分别为泰式、欧式和中式，充分体现了东西方文化的交融。其中，中式建筑为建于1889年的天明殿（Phra Thinang Wehart Chamrun），是中国南方传统建筑式样的双层木结构建筑，由泰国华人出资建造后献给拉玛五世；泰式建筑为建于1876年的湖心亭（Phra Thinang Aisawan Thiphya-Art），是一座位于湖中的三尖顶木结构凉亭，亭内有一尊拉玛五世像；欧式建筑为建于1876年的瓦罗帕披孟殿（Phra Thinang Warophat Phiman），曾是拉玛五世召见大臣议事的所在。

玛哈达寺（Wat Mahathat） 位于素可泰，长宽各200米，始建于12世纪初，是王室拜佛祈福的地点。正殿分为两层，共有11根立柱，供奉有利泰王时期所造的释迦牟尼像。寺庙的中央建有主塔，四周有8座陪塔，建筑风格具有锡兰特色。此外，遗址公园入口处的兰甘亨博物院，是参观的最佳起点。馆内不仅详细记载了素可泰的历史，还珍藏了不少素可泰时期的文物，其中包括在泰国历史上极负盛名的宋加洛瓷器。

松德寺（Wat Suan Dok） 位于清迈，建于1383年，周围曾是兰那泰王朝时期的御花园，寺内供奉有泰国北部最大的青铜佛像，而寺后的众多白色佛塔，则供奉着兰那泰王朝历代王室成员的骨灰。此外，松德寺还供奉有佛祖舍利子，因此被视为佛教圣地。每年4月宋干节期间，寺中都会举行隆重的清迈佛教大典。

素贴寺（Wat Phra That Doi Suthep） 位于清迈，建于1383年，在海拔1053米的素贴山（Doi Suthep）上，由于寺前石阶有两道栩栩如生的龙形琉璃扶手，因此亦称"双龙寺"。据传说，锡兰高僧受兰那泰王之邀携佛祖舍利子至清迈时，曾将舍利子置于白象背上，任由白象择福地以建寺。后来白象在素贴山长久驻足，于是兰那泰王就颁旨修建了素贴寺。不过，在高僧将舍利子移入素贴寺舍利塔时，舍利子却分为两粒，于是其中一粒被供奉于素贴寺，而另一粒则被移至松德寺供奉。

此外，曼谷的大佛寺、云石寺（亦称大理石寺）、金山寺、善见寺、大秋千、四面佛、唐人街（主要包括三聘街、耀华力路、石龙军路）、王家田广场、民主广场、玫瑰园等，也都是重要的名胜古迹。

二 著名城市

曼谷 曼谷作为泰国首都的历史已经超过 200 年了。历史上，曼谷只是湄南河边的一个淳朴和荒凉的小渔村，人烟稀少，经济很不发达。不过，由于曼谷靠近泰国湾，泰国最大的河流湄南河从这里蜿蜒而过，水陆交通十分便利，来自日本、中国和欧洲的大货船大多必经此地。商贸的发达和川流不息的运输使曼谷从一个无名的小渔村变成了交通咽喉和商贸重地。居民不断增多，社会生活也初具规模。

1782 年，曼谷王朝建立后，泰国国王拉玛一世把首都迁到湄南河东岸，并赐名该地区为曼谷。曼谷的全称很长，有 142 个拉丁字母，泰国人称其为"军贴玛哈拉空"。曼谷有"天仙之都"、"伟大的都市"、"天使之城"、"神仙之城"、"幸福之城"、"玉佛宿处"及"坚不可摧城"等赞美含义。世界各国都称泰国首都为曼谷，这一名称是根据泰文"滨岛"一词音译而成的，中文是从闽南话音译而来的。现今，曼谷已经是颇有声誉的国际大都市。曼谷市区面积约 1568 平方千米，2014 年常住人口为569.2 万，占全国人口的 8.7%。曼谷是泰国最大的城市，也是泰国的政治、经济和文化中心。曼谷市的行政管理机构是市政府，由市长和 4 名副市长组成。市长任期 4 年，由全市人民直接选举产生；副市长在市议员中产生。市政府接受市议会的监督，议员由所属各行政区的选民选举产生，任期 4 年。曼谷全市分 24 个行政区。

曼谷市市容整洁繁华，现代化大楼参天耸立，宽敞笔直的马路上车水马龙，湄南河上船只往来如梭。曼谷是全国的交通枢纽，水、陆、空交通都很发达。全国各地的货物多数都必须通过曼谷的海港和空港运往全世界。曼谷北郊有东南亚最大的国际空港廊曼机场，每天都有无数货物和旅客进出。

曼谷是世界著名的旅游城市，自然风景妖娆迷人，民族风情独特，服务热情周到。金碧辉煌的大皇宫位于曼谷市中心，其建筑风格体现了特异和浓郁的泰式文化风采。曼谷王朝自建立起，各代国王就在大皇宫里寝居和理政，200 年的王朝延续，使得大皇宫愈发美轮美奂。今天，在位的泰国国王已经不再居住在大皇宫里，而迁居到新建的集拉达王宫。巍峨雄伟的大皇宫对外开放，在金色的阳光下，大皇宫紫红色的琉璃瓦闪烁着灿烂的光辉，述说着灿烂辉煌的悠久历史。

清迈（Chiangmai） 清迈是泰国第二大城市，位于曼谷以北 750千米，濒临湄南河的支流宾河，海拔 300 多米，周围是海拔 600～900米的山地，人口约 150 万。清迈被誉为"泰北玫瑰"，以盛产玫瑰而闻名于世。清迈既是泰国北部地区的政治、经济、文化中心，也是东南亚著名的避暑胜地。清迈城建于 1296 年，曾是兰那泰王朝的都城。传说当年兰那泰王朝的曼格莱王（King Mengral）曾在清迈狩猎时偶遇象征吉祥的白鹿，因此决定迁都至此，并在素可泰王朝的兰甘亨王（King Ramkhamhaeng）和帕耀王朝的南蒙王（King Ngam Muang）这两位盟友的协助下，动用 9 万人在 4 个月内建成了清迈城。清迈现存的文物古迹颇多，其中有佛寺约 79 座，多数已有 300 年以上的历史。

阿瑜陀耶（Ayutthaya） 阿瑜陀耶意为"固若金汤之城"，亦称大城，位于曼谷以北 85 千米，曾是阿瑜陀耶王朝的都城，始建于 1350 年，后于 1767 年被缅甸军队攻陷，自此沦为废墟。1991 年，阿瑜陀耶被联合国教科文组织列入世界文化遗产。历史上，阿瑜陀耶旧城坐落于湄南河下游的冲积平原上，为河道所环绕，北面是华富里河，西面和南面是湄南河，东面则是贯通湄南河与华富里河的巴萨运河，城内地势低平，水道纵横，形成四通八达的交通网。在旧城所在地现已建成阿瑜陀耶遗址公园，供人怀古凭吊。尽管旧城中的王宫和寺庙都仅剩下断壁残垣，人们已难观旧貌，但从中仍不难感受到阿瑜陀耶王朝曾经的繁华，其中的菩斯里善佩寺（Wat Phra Si Sanphet）堪称阿瑜陀耶王朝时期建筑艺术的典范。旧城中现存的佛塔，多数为覆钟式和叠置式：前者塔身呈上小下大的喇叭形，犹如覆盖在地面的古代铜钟，故得名；后者由基座、钟形塔身、塔顶平台及塔尖4部分组成，具有明显的锡兰特色。

素可泰（Sukhothai） 素可泰意为"幸福诞生之地"，位于曼谷以北427千米，曾是泰族的第一个国家素可泰王朝的都城，亦是泰国文化的发祥地。1991年，素可泰被联合国教科文组织列入世界文化遗产。素可泰旧城东西长2.6千米，南北宽2千米，现已建成素可泰遗址公园，其间有100多处古迹，包括王宫、寺庙及大量佛塔、佛像和石碑。此外，素可泰以北55千米处的西萨查那莱（Sri Satchanalai）遗迹公园，也是重要的名胜。西萨查那莱在历史上曾是素可泰的副城，位于永河的转弯处，依天然地势而建。遗址公园内有不少古迹，其中以象隆寺（Wat Chang Rom）和七排塔寺（Wat Chedi Chet Thaeo）最具特色。象隆寺建于13世纪末，主体建筑分3层，底层矗立着39尊石雕大象，次层的方形台基的每一侧都供奉有5尊保存较为完好的佛像，顶层是锡兰式的佛塔。七排塔寺则因为寺中矗立着7座具有不同时期风格的佛塔而得名。

第二章

历　史

第一节　原始社会

考古研究发现，在五六十万年前，泰国的土地上已有人类存在。1943年，人们在泰国发现了原始人类的遗迹。当时，被日军俘虏的荷兰学者范·海克伦，被押到泰国修筑死亡铁路，他在北碧府的班考发现了一些史前石器，这是旧石器时代初期流行于亚洲南部、东南部地区的太古石器。它们是利用坚硬砾石的锋口，或人工用石片打造成的砍刀、刮削器等工具。砍削器文化的创造者是猿人，其年代距今约五六十万年。泰国的砍削器文化与中国周口店文化同属一个文化系统，即在人类发展的最早阶段，泰国的社会发展与亚洲东南部地区的社会发展在同一水平线上。

距今约 13000～7000 年，在泰国境内的一些河流附近的岩溶洞穴里生活着以狩猎和采集为生的原始人。一些原始人类遗址，如北碧府的翁巴洞和赛育岩，以及西北部的仙人洞表明，这一时期的泰国原始人类，从旧石器时代过渡到了新石器时代。

这时期的原始人类使用的石器虽然仍以砾石为材料，但石器的类型较前一个时期多。除了石器外，他们还有兽骨和竹子制成的工具。由于劳动工具的改进，泰国原始人类捕获到的食物种类也开始增多。在上述遗址中人们发现了多种动物的遗骨。在仙人洞遗址的上层文化层（距今七八千年的地层）中，人们还发现了不少植物的果实，如椰子、胡椒、瓜类和豆类等。有学者认为这是人工种植的。如果真是这样的话，那么，在七八千年前，泰国已开始栽种植物。这不仅对研究泰国，而且对研究世界栽种植物的起源也具有非常重要的意义。这些考古发现使人们将探索文明起源的目光转向了东南亚。1981 年 2 月的希腊《每日新闻》甚至提出爆炸性问题："人类进程是从泰国开始的吗？"这个疑问虽然尚待科学的证实，但也说明人类文明存在多个源头的可能。

当时的原始人类已经懂得用火，因为出土的许多果核和动物的骨头被火烧焦了，在仙人洞遗址中还发现烧烤食物遗留下来的竹炭。就发现的植物和动物种类来看，当时的泰国原始社会处于半狩猎半采集的社会阶段。这时，人们住在山地的洞穴里，出现了原始的劳动分工，男人从事狩猎、捕鱼，女性担负采集工作。公元前 6000 年，泰国人类活动的地域已从山区转向低地，经济方式从狩猎和采集向农耕过渡，社会进入到低地原始农业村社时期。4000 多年前，泰国农业村寨的痕迹已非常明显。农民不仅种植水稻，而且饲养家畜，制作陶器，并用植物纤维制作衣服。这一时期的遗址大多在湄南河盆地靠近河畔地区，其中重要的有北碧府的班考、孔敬府的能诺它、西北部乌隆府的班清。这些遗址的文化堆积层都很厚，表明居住延续时期相当长，即这几个地方是人类长期居住的村社。

向农耕经济方式过渡的一个重要标志是稻米种植的出现。20 世纪 60 年代，泰国东北部孔敬府的能诺它出土了一块约 1 平方英寸、有稻壳印的陶片，经碳 14 测定，这块陶片的时间在公元前 3500 年，这说明泰国种植水稻已经有 5000 多年的历史，比中国和印度早约 1000 年。这种稻谷适于热带种植，时至今日，泰国仍在种植此类水稻。人们在能诺它还发掘出一些青铜器，年代在公元前 4000 多年。泰国著名考古学家甚至断言，泰国东北部制造青铜器的时间比目前所知道的中国商朝青铜器的铸造时间还早 1000 年。农耕的出现，使定居有了必要和可能。一些兽类逐渐被驯养成家畜，如牛、狗、猪等。在遗址中，出土了大量这些动物的骨骸，在墓葬中还发现了牛的塑像。

陶器的出现也跟农业发展紧密相关。随着耕作技术的进步，收获的果实日益增多，这需要盛器储藏，制陶业也就应运而生。初期，陶器主要是黑陶，后来发展为彩陶，班清遗址就出土了大量彩陶。

生产工具的不断改进（由磨光的细石器发展到金属器）促进了农业的发展，收获的产品越来越多，逐渐有了剩余，私有制便产生了。到了原始农业社会晚期，社会已出现贫富不均的现象。随着私有制的发展，阶级、国家也随之产生。

第二节　上古简史

一　孟人国家及其他小国时期

泰国的历史存在许多空白，没有一部权威的泰族起源史。长期以来，泰族的起源一直存在争议。有观点认为，在泰族来到泰国之前，一个与下缅甸的孟族近似的民族居住在泰国中部或湄南河盆地，孟人是东南亚地区最古老的民族之一。泰国领土上最早出现的国家在南部，为孟人所建。古代孟人分布在湄南河中下游平原，以及从萨尔温江、伊洛瓦底江中下游地区到克拉地峡一带，即现今的泰国和缅甸的大部分地区。

公元3世纪，孟人在泰国中部湄南河盆地建立了两个国家，中国古籍称之为金邻和林阳。建国的确切时间没有详细的记载。公元245年，中国吴国的使节朱应和康泰出使扶南（中心地在今柬埔寨）等国，在他们的著述中就已经提到了这两个国家，因而可以肯定，这两个国家在3世纪中叶就已立国了。这是中国文献对泰国地区国家的最早记述。

林阳的领土约在当今泰国的西南部，并伸展到缅甸西部，首都在今泰国的莲边。金邻又名金陈，位于林阳之东的湄南河流域地区，首府在今泰国的佛统。金邻国位于暹罗湾的古代贸易通道上，对外贸易比较发达。金邻国后被扶南王国征服。

在南部沿海地区，孟人还建立了盘盘、赤土等国家。由于缺乏文字记载，人们对这些国家知之甚少，只知道这些孟人国家出现于公元 4世纪至 5 世纪期间，是一些商业性的城邦国家，处于当时中西交通的线路上。这些孟人小国的名称均得自中国史籍的记载。盘盘国大约位于今天泰国佛丕、华欣一带。赤土国位于今天泰国南部的宋卡、北大年一带。

在泰国北部也曾出现过孟人统治的国家，这就是约在 7 世纪下半叶在南奔地区建立的哈利奔猜国，据说其开国之君为来自南方的一个孟人公主，故中国古籍称该国为女人国。该国在 13 世纪末被以泰族为主的兰那泰国所灭。

到了 7 世纪，在湄南河下游兴起一个非常重要的孟人国家，即大唐高僧玄奘的《大唐西域记》卷十三所说的堕罗钵底国，金邻和林阳国是其前身。

二 堕罗钵底国时期

由于缺乏文字资料，孟人所建国家的政治、经济状况不甚清晰。中国史籍对堕罗钵底国略有记载。中国史籍称堕罗钵底国为"投和"或"杜和罗"。中国唐代杜佑编撰的《通典》对堕罗钵底国的首都、王宫、官职、刑法、农商、赋税、礼仪都有比较详细的记载。堕罗钵底国分为几个小的王国，它们处于一个地位最高的王国的统治之下。国王是全国最高的统治者。国王之下，设有朝请诸将军（每朝请示国王的朝请者），协助国王总理朝政；此外有参军、功曹、主簿、城局、金威将军、赞理、赞府等官员，主管各方面事务。地方分设州、郡、县三级行政区。刑罚是国家实行统治所不可缺少的工具。当时的法律规定：盗贼重者处死，轻者穿耳及鼻并钻鬓，以便识别；私铸银钱者截腕。

堕罗钵底国以现今的佛统为中心，统治着湄南河下游的大片地区。堕罗钵底国土地肥沃，又处在当时的国际交通要道上，农业和商业都比较发达。

10 世纪时，柬埔寨的吴哥王朝将堕罗钵底国和整个湄南河平原地区都划为自己的势力范围，堕罗钵底国随之消亡。

第三节　中古简史

一　素可泰王国时期

虽然泰族的起源至今还是一个值得讨论的问题，但素可泰是泰族建立的第一个国家却毋庸置疑。公元 11 世纪和 12 世纪时，泰国地区仍处在部族、部落国家割据分立的状态。当时北部除了泰族的清盛国外，还有帕耀国、哈利奔猜国。中部有以罗斛族为主体的罗斛国，还有以泰族为主体的差良国。上述诸国，在吴哥王国强盛时，大都隶属吴哥王国。

13 世纪初，西境的掸族人入侵清盛国，泰族的柴西里亲王被迫逃亡。一支向素可泰地区发展，于公元 1238 年建立了素可泰王国；另一支由柴西里亲王亲自率领，到达甘烹碧对岸的一个叫佩的地方，后来继续向南方发展，到达佛统地区，于 14 世纪中叶创立了阿瑜陀耶王朝。

有确切历史记载的泰国历史始于素可泰王朝。公元 13 世纪以后，柬埔寨的吴哥王国日益衰落，而继南诏之后的大理地方政权，也因内部矛盾纷争而自顾不暇，这就给泰国地区诸邦据地称雄，并各自发展势力的机会，它们时而争战兼并，时而友好结盟。这时的清盛国泰族本支已传位到孟莱王（King Mengrai）。他即位后积极向西南发展，1296 年把都城迁到清迈，而后控制了整个泰北地区，建立了兰那泰王国（Lanna Thai）。

柴西里亲王的一支到达素可泰地区。当时的素可泰地区属于吴哥王国的势力范围，来到素可泰地区的泰人，最初作为吴哥王国的臣民而生活，定期向王国纳贡称臣。公元 1238 年，原隶属吴哥王国的邦央泰族首领坤·邦克朗刀（Pho Khun Bong Klong Tag）联合了孟叻的泰族首领坤·帕孟（Pho Khun Pha Muang），乘吴哥王国势力削弱之机，带领泰族人民起来争取民族独立。坤·邦克朗刀曾是吴哥国王的女婿。王国遣大将克隆·兰蓬前来绥靖，但为坤·邦克朗刀和坤·帕孟所败。坤·邦克朗刀和坤·帕孟乘胜攻克吴哥王国在泰北的政治中心素可泰城，驱逐了吴哥王国的统治势力，建立了以泰族为主体的素可泰王国。坤·邦克朗刀成为这个新兴王国的第一任统治者，尊号为"室利·膺纱罗铁"（King Sri Intratit）。此即中国史书所称的"暹国"。但泰族人则自称素可泰。"素可泰"的含义是"快乐的开始"或"幸福的黎明"。

这样，泰国北部便出现了3个以泰族为主体的国家，分别是兰那泰王国、帕耀王国和素可泰王国。它们为了巩固各自的独立地位，于1287年结成了友好联盟。但是，在孟莱王死后的第10年，即公元1338年，联盟关系宣告破裂，兰那泰王国并吞了帕耀王国。

虽然北部已成为泰族统治的势力范围，但中部以华富里为中心的罗斛国，仍隶属吴哥王国。13世纪以后，罗斛国乘吴哥王国衰落之机，重新获得独立。

中国宋朝于公元1103年遣使访问了罗斛国，而罗斛国也于公元1115年派使者北来报聘，直至公元1299年还有罗斛国使者访问中国的记录。兰那泰王国（八百媳妇国）、素可泰王国（暹国）、罗斛国都同中国有着友好往来。

素可泰王国位于清迈以南的素可泰地区，建立初期，素可泰王国仅拥有素可泰城及其附近很少的领土，但是到第三代国王兰甘亨统治期间，疆土不断扩大。13世纪末，素可泰的疆域包括今日泰国中部大部，而且北达老挝的琅勃拉邦，南抵马来半岛北部，西及今日缅甸东南的丹那沙林地区。当时的素可泰王国是中南半岛上的一个强国。

素可泰王国的第一任国王室利·膺纱罗铁王何时驾崩，已无可考。但据素可泰1292年兰甘亨碑铭，知其有3子2女。长子早逝，故由次子般蒙继位。大约于1275年般蒙驾崩，王位传给兰甘亨，他是素可泰王朝最重要的国王。兰甘亨国王留下的碑铭记载："所有的马族、卡瓦族、老族和在苍穹之下陆地上的泰族，以及沿乌河和湄公河边居住的泰族，都跑来向膺纱罗铁王的儿子兰甘亨王致敬。"

素可泰王朝对泰国的政治、经济和民族文化的形成做出了巨大的贡献。兰甘亨不仅把国家建成一个强大的军事强国，而且创立了一整套军政合一的政治制度。他规定国中成年男子皆为士兵，各地贵族首领，既是各地方的行政官长，又是各地方武装部队的统领。国王自任军队统帅，其下分万夫长、千夫长、百夫长、棚目等级别。和平时期，人民各自从事生产，一旦国家有对外战争，成年人便组成军队。各地方行政官长，应统领各地军队，听候国王的调遣。

在国内政治方面，兰甘亨国王实行了比较原始的民主政治。他在宫门外悬挂一鼓，国中不论何人，如有任何冤情，或有求于国王，只需击鼓，便可谒见国王。兰甘亨国王对愿来归顺和效力的外来人等，一律欢迎和优待。

在经济上，兰甘亨国王鼓励生产，予民生息。1292 年兰甘亨碑文说："谁愿意去做象的买卖，就去做；谁愿意去做马的买卖，就去做；谁愿意去做金和银的买卖，就去做。国王不向他的子民征收过路钱。"他确定了财产继承关系，规定了子嗣财产继承权。任何一个老百姓或贵族死了，其产业如房屋、衣物、象、谷仓、家庭仆役，以及槟榔林、蒌叶林，全部由其子嗣继承。由于人民安居乐业，素可泰呈现一派繁荣景象。

在文化上，素可泰王朝也表现出兼收并蓄的风范，佛教在素可泰王朝非常盛行。素可泰独立后，兰甘亨国王为建立与政治相适应的独立文化，积极引进经过锡兰改造后的上座部佛教。他以上座部佛教宣扬的平等主义和其对现状改革的重视，来对抗以吴哥王国首都为中心的贵族文化。兰甘亨国王及其后继者们对上座部佛教十分热心，一方面派人到锡兰去学经，另一方面聘请锡兰高僧到素可泰传教布道，由此建立了泰国佛教的锡兰教派。他还大兴土木，兴建了许多外形各异的寺庙。

素可泰文明还吸收了邻近文明的优点，如从柬埔寨借用了政治组织、书法和相当数量的词汇，还从孟人和缅人那里接受了来源于印度的法律传统。为适应已形成的独立及统一的国家建制，兰甘亨国王创立了统一的文字，作为团结人民和维护国家独立的手段。在对高棉文字进行改造的基础上，兰甘亨国王发明了泰文字母表，奠定了泰国以文字记载历史的基础。公元 1292 年所立的著名的兰甘亨碑铭，就是采用新创造的泰文字书写的第一块泰文碑铭。这一文字后来经过改造、发展，一直沿用至今。

素可泰王国以农业为主，是一个以种植水稻为主的农业国，但渔业、畜牧业、热带水果种植业和手工业（如制陶业）也比较发达。泰国制陶业是 13～14 世纪从中国引入的。为了发展本国的陶瓷工业，兰甘亨国王请来中国制陶师傅和工人，使陶瓷工业得到较大的发展。传说中国陶瓷工人不满意素可泰瓷土，国王特批准把瓷窑迁移到素可泰北面约 80 千米的产优质瓷土的宋加洛附近。这样，素可泰陶瓷生产日趋衰落，代之而起的是著名的宋加洛瓷器。据考证，14 世纪，素可泰瓷窑生产的瓷器，其形体与中国磁州窑烧制的瓷器类同。素可泰的制陶技术先进，产品精美，曾被销往许多地方。当时的素可泰王国与中国、印度、锡兰、波斯等地都有贸易往来。现在宋加洛一带人们还可以见到当时的制陶作坊的遗迹。

在外交上，为巩固素可泰的独立地位，兰甘亨国王同北方两个邦国兰那泰王国和帕耀王国友好结盟。公元 1283 年，兰甘亨登基不久，便与兰那泰的孟莱王和帕耀的昂孟订立友好盟约。这样，当他后来锐意向南扩张发展时，便无后顾之忧。与此同时，他还注意同强大的中国元朝建立友好关系，以求得元朝在政治上的支持。公元 1292 年 10 月，兰甘亨国王派遣使节到中国递交友好金叶表文。使者只抵达广州，文书由广东宣慰使转呈朝廷。公元 1294 年，元朝还派专使到暹国，邀请兰甘亨国王到中国访问。当时国王因故不能到中国访问，就特遣王子到元朝报聘。此后，两国关系密切。公元 1297 年、1299 年、1300 年、1314 年素可泰均有使者拜访元朝。兰甘亨在位期间，6 次遣使访问中国。元朝于 1299 年还送给兰甘亨国王"金缕玉衣"，送给王子"虎符"。这是历史上中泰最早的官方关系。

二 阿瑜陀耶王朝时期

兰甘亨国王去世后，素可泰王朝开始走向衰落。湄南河富庶的冲积平原上崛起了一个小城邦——乌通城。乌通王是阿瑜陀耶王国的创立者。据考证，乌通王的世系属于泰族昌莱支系，即柴西里亲王分支。乌通城位于今素攀武里府西南，历史悠久，地理位置相当重要。当时有水道流经佛统而通暹罗湾。十三四世纪时，在素可泰强盛时期，它与南方各城邦同属素可泰。当素可泰兰甘亨国王死后，乌通太守乘机扩张其势力，迫使叻武里、碧猜武里、丹那沙林、土瓦称臣。南方各邦地处湄南河冲积平原，土地肥沃，物产丰富，经济发达。所以，南方各邦早已有脱离素可泰控制的意向。

公元 1347 年，由于乌通城发生瘟疫，乌通王把首府由乌通迁到湄南河口的阿瑜陀耶，并于 1349 年宣布独立，声势大振。被征服的南方各邦共尊乌通王为首领，其尊号为"帕·拉玛铁菩提王"。阿瑜陀耶为其政治中心，号称"堕罗钵底·室利·阿瑜陀耶"（也叫大城）。于是一个新的王朝阿瑜陀耶王朝诞生了，同北方的素可泰王朝形成南北对峙的局面。

梵语"阿瑜陀耶"的意思是"不可攻克的城市"。它与北方的素可泰王朝对峙，并存了 40 余年，最后吞并了素可泰。阿瑜陀耶城位于巴塞河、华富里河和湄南河三河汇合处，位置重要，交通方便，无论从政治、经济，还是军事的意义上说，均是重要的战略要地。它不仅是南方各城的中心，而且是北方素可泰出海的门户。

阿瑜陀耶王朝传世 34 代，历经 400 多年，是泰国的第二个统一王朝，也是泰国封建王朝的成熟时期。阿瑜陀耶王朝的各个方面都得到了很大的发展。阿瑜陀耶王朝实行君主制，全国各省均隶属中央封建政权。各省的统治者都由君主任命。所有的附属国每 3 年要向阿瑜陀耶纳贡。在政治制度上，阿瑜陀耶仍因袭素可泰的制度，分设 4 个部：内政部，设内政大臣，其职责是治理地方政事、监督人民、拿办盗匪及惩治罪人；宫务部，设宫务大臣，专管宫内事务及审理国民的诉讼等；财政部，设财政大臣，负责保管国家财政收入；田务部，设田务大臣，主管农田和京畿的粮草收集和储备。地方各省也有类似设置，4 部以下还有不同等级的半世袭贵族，代表国王或各省城领主对属下的人民进行直接统治。初期的政务和军务仍是合而为一的。国王在战时是全国的总指挥大元帅，和平时期又是政务的最高首脑，国王、国家和政府合为一体。

阿瑜陀耶王朝确立了"萨迪纳"土地制度。在这个制度下，国王掌握着全国的土地所有权，只有通过国王授权，王族、贵族、大小官员乃至平民方可获得土地。平民每人可得 15 ~ 25 莱[①]土地的使用权，王族可以

---

① 1 莱 = 1600 平方米 ≈ 2.4 亩。

获得 10 万莱土地，官吏则按照不同的等级被授予数量不等的土地，最高
武官和重要的地方官员可以获得 1 万莱。这种土地权制度，对泰国社会等
级和政治结构的形成至关重要。人们根据土地拥有量的多寡，确定了自己
在社会中的地位。当时的泰国社会主要分为两大阶级。一个是"普迪"，
包括王族和有田 100 莱以上的乡村小吏。这个阶级实际上就是封建地主阶
级，他们控制着国家的大部分耕地，主宰着国家的行政和司法职能。另一
个就是农奴阶级，他们从封建主那里租得 30 莱以下的土地进行耕种，承
担着缴纳贡赋、服劳役和兵役的义务。直到今天，这种等级制度在泰国仍
然有很重的痕迹。

　　为加强其封建统治，拉玛铁菩提王颁布了一系列的法律，如《证据
法》、《叛逆法》、《取缔拐带法》、《使犯人民法》、《杂事法》、《夫妻法》
和《强盗法》等。这些法律反映了阿瑜陀耶王朝在建立之初出现的各种
社会矛盾和斗争。

　　在文化上，阿瑜陀耶王朝继续将上座部佛教发扬光大，从锡兰迎来了
许多僧侣，让他们广传佛教教义。这个时期印度的婆罗门教经由柬埔寨传
入泰国的上层社会，但上座部佛教仍然是人们普遍信仰的宗教。阿瑜陀耶
王朝从柬埔寨吴哥王朝引进了一整套宫廷礼仪和一种特殊的宫廷语言。同
时，阿瑜陀耶国王还根据印度的法制，结合泰人的习惯制定了一部用巴利
文写成的法典。这部法典被奉为神的旨意，一直沿用到 19 世纪。

　　素可泰时期创造的泰文，到了阿瑜陀耶时期，已为社会广泛使用，逐
渐取代巴利文和高棉文而成为泰人的主要书写文字。同时，阿瑜陀耶前期
出现了一种用桑树制成的纸——沙纸，分黑白两种。这种沙纸可以卷起来
放入长木匣内。传统的贝叶纸只是用来抄写佛经。文字和纸的进步，为文
学的发展和繁荣创造了条件。在阿瑜陀耶前期，最为流行和最有成就的文
学作品是诗歌，传说当时宫廷里到处可听到吟诗唱和之声。这一时期被认
为是"泰国诗歌的黄金时代"。

　　由于阿瑜陀耶所处的优越地理位置，沿海城市尤其是首都阿瑜陀耶城
的对外贸易发达。所以，在阿瑜陀耶城聚居着来自中国、印度、日本、马
来、安南等国的商人，以及后来的葡萄牙人、荷兰人、英国人和法国人。

阿瑜陀耶王朝的各项政策促进了国家的繁荣昌盛。17 世纪，阿瑜陀耶城的居民已经有 15 万人之多。

阿瑜陀耶王朝时期，泰国与中国的关系得到了较大的发展。阿瑜陀耶王朝建立不久，中国的明朝也取代了元朝的统治。明朝定鼎后的第三年即 1370 年，便派出使团访问阿瑜陀耶。阿瑜陀耶立即派使臣携带 6 头驯象回聘。此后，两国使臣互访络绎不绝。据不完全统计，在整个明代（1368 ~ 1644）的 276 年中，阿瑜陀耶派遣使臣到中国访问 110 次，平均两年多一次。中国明王朝的使臣访问阿瑜陀耶也有 19 次之多。其关系之密切，由此可见一斑。1377 年，阿瑜陀耶国王的侄子访问明朝，明太祖朱元璋专门派使者赐阿瑜陀耶国王"暹罗国王之印"，阿瑜陀耶王国遂正式称为"暹罗国"。

中泰当时密切交往的主要目的在于经济贸易。明代初年，中国实行海禁政策，严禁私人同海外各国进行贸易，也严禁外国商船到中国通商，因此，阿瑜陀耶王国频频遣使，就是希望通过这种特殊方式达到贸易的目的，即所谓的"朝贡贸易"。通过朝贡贸易，阿瑜陀耶王朝获得了当时国际市场上需求最大、利润极高的生丝、丝绸和瓷器等物品。而中国从贡品中也获得沉香、苏木、犀角、象牙、翠竹、花锡之类的奢侈品。

官方的交往增多不仅使泰国官方贸易享有中国政府给予的免税待遇，而且也使民间贸易和科技交流的范围有所扩大。中国向泰国提供了大统历法和各种量器、衡器。泰国向中国赠送了水稻和果树的优良品种。14 世纪末，泰国还派出留学生到中国的国子监学习。中国也曾经于 1515 年和 1577 年聘请泰国使者中的翻译作为泰语教员，协助中国人编撰了最早的泰汉辞典《暹罗译语》。

阿瑜陀耶王朝是泰国最早开始与西方接触的王朝。这个时期，葡萄牙人、荷兰人、英国人、法国人纷纷进入泰国经商和传教。1684 年，泰国和法国互派使节。1687 年法国使节带领 600 名士兵进入泰国，激起了泰国人民反对西方殖民主义者的斗争。1688 年，泰国驱逐了法国人，自此，泰国对西方关上了门户。1688 年以后的 140 年中，泰国与西方国家断绝了几乎所有的交往。

由于经济繁荣，人丁兴旺，阿瑜陀耶王朝不断向外扩张。这时北方的素可泰王朝已经迅速衰落，难以与新兴的王国抗衡，成了阿瑜陀耶王朝打击的第一个对象。紧接着，北面的兰那泰王国成了阿瑜陀耶王朝的另一个牺牲品。随着阿瑜陀耶王朝的日渐强大，曾经称霸一方的吴哥王国被阿瑜陀耶王朝玩弄于股掌之间，鲜见往日雄风。阿瑜陀耶王朝建立之初，拉玛铁菩提王锐意向外发展势力。公元1352年，乘柬埔寨王位更迭之机，拉玛铁菩提王派遣太子拉梅逊带领军队入侵柬埔寨，但被柬埔寨军队所败。他再派军队前往增援，围攻柬埔寨著名都城吴哥达一年之久，终于在1353年攻陷该城。柬埔寨国王阵亡，据说有10万柬埔寨人被掳往阿瑜陀耶，寺院和王宫中的财宝、大象等也被劫往阿瑜陀耶。拉玛铁菩提王任命他的儿子巴萨到吴哥进行统治。这是阿瑜陀耶王朝试图兼并柬埔寨的开始。吴哥王国曾3次遭到阿瑜陀耶王朝的洗劫，最后难以自立，于17世纪成了暹罗的附属国，而且还永久性地失去了一部分国土。

不过，强盛的阿瑜陀耶王朝也并非打遍天下无敌手，西边的缅甸对其构成了巨大的威胁。阿瑜陀耶西部邻国缅甸，在13世纪末以后处于分裂状态，4个邦为争夺缅甸的统治权进行了长期的争斗。两国虽然偶有争端，但都未大动干戈。到了16世纪中叶，缅甸东吁邦国的莽瑞体王通过征战，统一了缅甸，并于1546年加冕为王，定都勃固。此后，阿瑜陀耶受到了缅甸的挑战，两国开始了200多年的扩张领土和争夺对中南半岛政治、经济控制权的斗争。

缅甸曾多次对阿瑜陀耶王朝的权威提出挑战，不断攻打阿瑜陀耶。1548年，因太后听政，权臣专权，幼主遭到谋杀，泰国发生内乱。1549年，缅甸闻讯后驱30万大军进犯。暹罗军抵挡不住，退入阿瑜陀耶城，以环城四面的水为屏障进行抵抗，等待缅军因粮草殆尽或雨季降临而自动撤退。缅军对阿瑜陀耶地形不熟悉，加之远道前来，跋山涉水，没有携带大炮等武器，围城4个月，仍无法攻陷该城。时间一长，缅军粮草补充困难，缅军不得不撤军。在这次缅暹战争中，有一段可歌可泣的传说。当缅军兵临城下，阿瑜陀耶国王欲摸清敌军实力，决定出城试探。王后素丽瑶泰（Suriyothai）女扮男装，随国王出城。国王同缅军前锋遭遇，经激战不敌，缅军将领紧追，情势危急。王后素丽瑶泰驱象上前迎敌，国王得救，但王后被缅将所杀，英勇牺牲。这位巾帼英雄的传说，至今仍在泰国人民中间流传。素丽瑶泰王后的骨灰，被收葬在一墓塔之内，传说此塔至今犹存。

1563 年，两国之间又爆发了白象战争。战争起因是阿瑜陀耶国王在一次捕象活动中，有幸捕获了 7 头白象。白象在泰国被视为祥瑞的动物，因而国王被称为"白象之王"。白象的捕获为缅甸人的入侵提供了借口。缅甸王致信阿瑜陀耶国王，索取两头白象。平等国家之间从未有相赠国宝白象之例，只有附庸之国，才有献贡于宗主国的义务。因此，若泰王答应缅王所求，无异于向缅王称臣；若不依其所求，就给缅王发动侵略以口实，意味着两国战争将不可避免。而此时的缅甸，实力强于阿瑜陀耶。于是，国王召集群臣商议计策，最终决定婉言回绝缅王的要求。

公元 1563 年，缅王率 90 万大军，兵分 5 路入侵阿瑜陀耶。阿瑜陀耶方面虽然也积极备战，但却犯了战略上的错误，只注意防守孤城，而忽视对北方的防御，以为缅甸又循三塔关老路入侵。不料，缅军却越过锡唐河流域进入清迈，然后从北方由甘烹碧和素可泰向阿瑜陀耶进军。当国王得到情报，为时已晚，北方诸城已被各个击破，缅军很快就兵临阿瑜陀耶城。在城郊两军激战，损失惨重。国王见缅军来势凶猛，于是决定采取上次的固守战略。但这一次缅军有所准备，船只大炮，一概齐备。在猛烈的炮火下，阿瑜陀耶内部的主和派逐渐占上风。缅王为了早日班师，也同意议和，但提出了苛刻的条件：第一，将主战派骨干纳梅营王子等 3 人入质于缅；第二，暹罗每年必须向缅甸贡象 30 头、白银 300 斤，且丹芜（墨吉）港的税入全归缅甸；第三，暹罗必须向缅王献 4 头白象。阿瑜陀耶国王迫于压力，接受了这些议和条件。1564 年 2 月，这场战争以暹罗投降告终。

1568 年，缅甸兴师 50 万进犯阿瑜陀耶。1569 年，阿瑜陀耶沦入敌手。缅军进城后进行了大肆抢掠，7 万名居民和全部王室成员被俘往缅甸。阿瑜陀耶王国屡屡战败，实力不济固然是一个因素，但马哈·查克腊帕国王的女婿马哈·坦马腊贾临阵倒戈，率领缅军反攻阿瑜陀耶，使暹罗军实力大为削弱，也是暹罗沦亡的重要原因。王室成员全部被俘后，缅甸扶植马哈·坦马腊贾登基，充当缅甸的傀儡藩王。即便如此，缅甸对这位国王仍心存疑虑，索性将他的儿子押往缅甸扣为人质，其中便有暹罗未来的解放者和缅甸的死敌纳黎萱亲王。这是暹罗第一次亡于缅甸。1584 年，由于缅甸国内出现动乱，暹罗才宣布独立。

此时，始终窥伺在侧的柬埔寨乘机向阿瑜陀耶王国落井下石。柬军强大的攻势让马哈·坦马腊贾疲于招架。他不得不乞求缅甸恩准其子、17 岁的纳黎萱亲王回国协助防御。1571 年，归国的纳黎萱组织了对柬军的反击。暹罗军在少帅纳黎萱的指挥下不断攻城拔寨，相继收复了被柬军侵占的府城。

少年将军纳黎萱在战场上表现出的勇武和睿智令敌手胆寒，就连缅甸王也将其视为未来的劲敌和肘腋之患。1581 年，缅甸王亲自策划，密谋暗杀纳黎萱。得悉此阴谋，纳黎萱遂于 1584 年宣告暹罗脱离缅甸独立。随后，纳黎萱亲王率师东征西讨，把入侵的缅军赶出国境，同时将附敌的暹罗府城一一肃清。1590 年，马哈·坦马腊贾去世，纳黎萱即位。1592 年 12 月，缅甸太子亲率 20 万大军再犯泰国，还未到阿瑜陀耶城，便遭遇暹罗方面的迎头痛击。双方在素攀地区进行了激战。纳黎萱御驾亲征，同缅甸王子进行御象单挑，结果缅甸王子被斩于象背。主帅被杀，群龙无首，缅军惨败。在这次战役中，2 万缅军陈尸沙场，许多缅军首领被生擒，800 只战象和 3000 匹战马成了暹罗的战利品。经过这次挫折，缅甸在此后整整 150 年的时间里都没有能力入侵暹罗了。

纳黎萱多次击败了缅甸的侵略，赢得并维护了国家的独立，因而名声大振，成为泰国历史上最受尊崇的 5 位大帝之一。纳黎萱大帝在位期间，泰国发展至全盛，其版图覆盖兰那泰、南掌、素可泰、柬埔寨，直至包括新加坡在内的整个马来半岛。当时首都阿瑜陀耶的人口约有 60 万，佛寺超过 500 座。

纳黎萱大帝之后，泰国历代国王再也没有重现其先祖的荣光。虽然鼙鼓在耳，这些帝王却耽于梵音，溺于安逸。而此时泰国的世仇缅甸却再度崛起，并趁阿瑜陀耶王国内忧外患之时大举入侵。1767 年 4 月 7 日，缅军在围困阿瑜陀耶城 14 个月后，用大炮将城墙轰塌，攻入城中。时值午夜，国王虽然乘乱逃脱，藏身于吉村的汕卡瓦寺附近，但仍然没摆脱死亡的厄运，最终被活活饿死。已经出家为僧的原国王武通贲也被缅军掳走，送往阿瓦，后来死于缅甸。城中 3 万泰人统统成了缅军的俘虏。缅军在城内大肆破坏，焚烧民屋、寺院和王宫，搜刮了一切能够抢走的财物，即使贴在佛像身上的金箔，也被缅军用火烧下来带走。缅军烧杀掳掠了 15 天，阿瑜陀耶王国大量的艺术珍品、庙宇毁于一旦，王公贵族尽数被屠。有着 417 年历史的阿瑜陀耶王朝的繁华京都，被毁坏殆尽，只剩下残垣断壁，供后人凭吊。

阿瑜陀耶王朝覆灭以后，军队残部逃亡于东南沿海地区，他们积蓄力量，希望重整旗鼓，光复失土。此时，失去了强权的暹罗群雄并起，军阀拥兵自重。在众多的军阀中，郑信将军崭露头角。郑信生于公元 1734 年，有一半的华人血统，祖籍是中国广东澄海，他原是阿瑜陀耶王朝的一位华裔将领。郑信少时被暹罗大臣昭披耶节基收为义子，成人后入宫廷当御侍，后升职披耶，任达府侯王。郑信廉正奉公，多次受到阿瑜陀耶国王的封赐。后因国王昏庸，郑信脱离了王朝，在泰国东南一带扩充军队。闻首都被缅军占领和破坏，郑信统军北上。在他的召唤下，各地人民应声而起，经过激烈的战斗，重新夺回了阿瑜陀耶城，暹罗又获得了独立。郑信战功彪炳，把一个支离破碎的王国团结了起来。1767 年 12 月 18 日，郑信成为泰国第三代王朝的开国之君吞武里大帝，史称郑王。因郑信曾为达府侯王，故泰史又称之为达信大帝。吞武里王朝是泰国的第三个王朝，只存在了短暂的 15 年。1782 年，朝内发生军队政变，郑信被叛将废黜，后被处死。

郑信是唯一一个在海外当国王的华人，因此民间流传着关于他的许多故事，最著名的是"十八缸咸菜"的传说。据说，郑信建国称王的时候，家乡亲戚派人前往暹罗。临走时，郑王赠送 18 缸礼物，叮嘱亲人要好好保管，回乡后分赠父老乡亲。在回程的船上，众人急欲知道郑王所赠为何物，便打开缸，只见缸中装满咸菜，一连打开 17 只缸，缸缸如此，一气之下众人便把这些陶缸扔到海里，只带了一缸回到家乡。到家后，大家都来看郑王的礼物，把缸中之物倒出，只见上面是咸菜，下面全部都是金光闪闪的金银珠宝。原来，郑王怕亲人路上遇上海盗，便在缸口上盖上咸菜以掩人耳目，亲人见状，懊悔不已。据说，当年最后的一个咸菜缸至今还保存在郑氏族人家中。棕色深螺旋云雷凸纹布满缸身，使这只陶缸与其他陶缸迥然不同。

由于郑王对国家和民族做出极大贡献，泰国人民对他十分敬仰，敬奉他以大帝衔（泰族立国共历 4 个王朝 50 个国王，只有 5 位被谥为大帝）。1950 年泰国政府在吞武里斗圈广场中央，建立郑王达信纪念碑，并塑立一座 30 余米高的郑王塑像，供人们瞻仰。泰国政府还规定，每年 12 月 18 日吞武里大帝登基日为"郑王节"庆典日。这天，泰国国王必率文武百官莅此举行仪式，亲自点燃象征胜利的烛炬，向大帝像献上花串，以纪念这位大帝抗击侵略者、光复河山的卓越业绩和不朽功勋。

第四节　近代简史

一　曼谷王朝初期（1782～1851）

1782 年，吞武里王朝被推翻后，郑信王手下的部将昭披耶却克里被加冕为王，为拉玛一世（1782～1809 年在位）。拉玛取自泰国民间传说中的一位英雄。拉玛一世是当今曼谷王朝的奠基者，原名通銮，是郑信的同窗好友，阿瑜陀耶王朝后期曾任叻丕府的军政长官。阿瑜陀耶王朝灭亡后，他于 1768 年投奔了郑信，成为其手下的一员大将，在驱逐缅甸侵略军和国内统一战争中，立下汗马功劳。吞武里王朝后期，他被晋封为昭披耶却克里，执掌吞武里王朝的军政大权。1782 年，吞武里发生叛乱，郑信被废，他从柬埔寨前线回京，自立为王，开创了曼谷王朝，亦称却克里王朝。拉玛一世是当今泰国国王拉玛九世的祖先。

拉玛一世登基后的第一件大事是把皇宫从吞武里迁到曼谷，曼谷成了泰国史上的第四个国都。他将劫后余生的工匠师傅全都找来，仿照阿瑜陀耶城的宫殿模式建造新皇宫，建成了举世闻名的大皇宫和玉佛寺。为了模仿阿瑜陀耶故都的形式，他还招募许多柬埔寨人修建了长达 3246 米、宽 20 米、深 2.5 米的环绕新皇宫的护城河。

拉玛一世即位后，极力恢复和发展封建中央集权的政治制度和社会结构。他首先树立国王的权威，国王不仅是封建王朝的最高统治者，也是国家的化身。国家的一切法律、命令要由国王颁布，全国的行政事务都要以国王的名义进行。为了加强中央集权，拉玛一世恢复和健全了封建等级制度，王室成员获得最高的爵位，在行政上他们的官阶也最高。通过对王室成员的加封，国王将权力牢牢掌握在自己的手中。对外，拉玛一世采取宣威四邻的政策。他多次率众击退缅甸的入侵，巩固了从南到北的边界，还使老挝、柬埔寨和南部马来半岛重新藩属暹罗，恢复了阿瑜陀耶盛世时的势力范围，使暹罗成为中南半岛的大国。

在政治上，曼谷王朝初期基本上沿袭了阿瑜陀耶王朝的中央行政组织形式，但有所发展。王朝设立了 6 个部，即军务部、内务部、财政部、官务部、政务部、农务部。除这 6 个主要的部外，王朝还设有宗教厅、皇家驯象厅、宫廷安全厅和皇库。中央 6 个部的部长均由亲王担任。

在社会经济上，曼谷王朝建立以后，国家获得统一和安定，因而生产得到逐步的恢复和发展。曼谷王朝农业生产的基础仍然是个体小农经济，但在 19 世纪初，新的农业耕作区得到开拓，大田作物的种植已经出现。19 世纪中叶湄公河三角洲各支流之间被凿通后，三角洲上肥沃的新平原被开发出来，暹罗的水稻种植面积大大增加。此外，暹罗还种植国际市场需求的经济作物，如南部曼谷和北柳种植的甘蔗、尖竹汶种植的黑胡椒、北部和南部种植的烟草和棉花都是为满足国际市场的需求而种植的作物。

农业发展促进了手工业的发展。部分传统的家庭小手工业逐步让位给手工业作坊。尤其在中部地区，制糖、榨油、酿酒等作坊的建立如雨后春笋，仅在甘蔗种植区的北柳，就有 20 家制糖作坊，每一家作坊约有 200～300 名工人。其他如纺织、制盐、金属冶炼等工业也兴旺起来。航海、造船及与此有关的木材加工工业，也随着对外贸易的扩大而不断发展。曼谷王朝初期，王室仍然采取外贸垄断的政策。国王委托主管皇库的官吏负责对外贸易，由财政部管辖。

在文化上，曼谷王朝初期专门设立了国家宗教事务厅，把佛教组织及其活动纳入中央政府的管辖之内。拉玛一世登基后不久，接连颁布了 7 个有关暹罗佛教的法令，对佛教圣职级别进行调整，以提高佛教僧侣的道德水平，恢复僧侣的权势和威信。1788 年，在曼谷召开了由全国著名佛教僧侣参加的大会。曼谷王朝初期耗费了许多钱财，大兴土木，修建佛寺。拉玛一世时代修建的佛寺如明珠皇寺、大佛骨寺、圆满寺、祇园寺、钟寺等，至今仍保存完好。

拉玛一世的继位者为拉玛二世（1809～1824 年在位）。拉玛二世积极展开外交活动，并允许葡萄牙在曼谷设立第一个西方国家的大使馆。清朝道光及嘉庆年间他曾两次遣使赴北京。拉玛二世也是杰出的诗人和文学家。他创作的《预言长诗》、《赴六坤抗击缅军诗》和《进攻缅城诗》等作品，记述了他的戎马生涯。他根据印度史诗《罗摩衍那》提供的素材创作的《卡威》、《猜耶策》等作品，也获得很大成功。根据他的剧本改编的舞剧经常在宫廷中上演，使舞剧从此开始风行。现在流传的《伊瑙》剧本，据说也是经拉玛二世修订过的。

拉玛三世（1824～1851 年在位）继续推行对外开放的政策。他不仅与中国保持良好的外贸关系，还鼓励美国的传教士把西药和印刷术引进泰国。印刷技术经过改良后使泰国拥有了泰文的印刷，天花疫苗也是当时从美国引进的。拉玛三世也十分重视文学发展和文学创作。1836 年，他下令将重要的文学作品镌刻在卧佛寺的墙上，还将佛教经典、星相卜文和传统医学镌刻在另一面墙上，由此保留了大量的文化精华。

由于国内外商业贸易的发展，不少原来的乡间集市发展成初具规模的城市。拉玛三世时期，城市开始扩张，曼谷周围形成许多人口为 4000～6000 人的市镇。

佛教的传播推动了教育事业的发展。在 20 世纪拉玛五世改革以前，泰国的文化教育同佛寺密切相关。人们将子弟送入寺院当僧人或短时期出家，他们在庙里学习文化和佛教知识，这便是寺院教育的起源。寺院教育主要是传授佛教教义，实行佛教的道德教化，教授佛教礼仪和巴利文等。王室子弟也必须接受寺院教育。与寺院教育并存的还有贵族家庭的私人教育，该教育主要教授泰文和算术。

曼谷王朝初期的对外政策仍然将邻国缅甸作为主要的对手，缅甸和泰国也多次在战场上交锋。拉玛一世将对付缅甸入侵作为其对外政策的重中之重。1785 年、1786 年、1787 年缅甸 3 次入侵暹罗，但都遭到失败。拉玛一世在位时，除了多次击退缅甸入侵，巩固了从南至北的边界外，还使原藩属国老挝、柬埔寨和南部马来半岛重新归顺暹罗。至此，暹罗完全恢复了阿瑜陀耶王朝极盛时期的版图，成为中南半岛的大国之一。拉玛一世的功绩，论其创业，当然比不上素可泰王朝时的兰甘亨国王；就其武功，也远不如阿瑜陀耶王朝的纳黎萱大帝；但他在曼谷王朝初期，恢复封建的中央集权，稳定国内政治秩序，同时宣威四邻，使暹罗重新成为强大国家，功绩彪炳。

曼谷王朝初期，泰国在与西欧国家的交往中仍然采取传统的封闭政策。自 1688 年驱逐西方殖民者的运动后，暹罗一直谨慎地执行着歧视西方、严格限制与西方贸易、防止西方商人涌入的政策。在 100 多年的时间里，西方传教士、商人和冒险家被拒之门外。曼谷王朝建立后，特别在拉玛一世治国的 27 年中，暹罗与西方的交往几乎断绝。

到拉玛二世时，暹罗才重新开始了与西方国家的接触。葡萄牙、美国和荷兰都多次与暹罗交涉，希望在暹罗或设立领事馆，或开展贸易，但都遭到暹罗的冷遇。尽管葡萄牙最终得到了一块土地开办领事馆，但贸易额始终微不足道。真正敲开暹罗大门的是英国。1684 年，英国被迫封闭了在暹罗的商馆，此后 130 多年与暹罗没有正式的商业往来。1819 年，英国在新加坡建立殖民地以后，才于 1821 年与暹罗开始正式接触。随后，英国试图说服暹罗同英国缔结通商条约，取消国王收购国内商品的垄断权。起初，英国人的努力似乎并没有奏效。暹罗对西方列强仍持怀疑、防备的心理。当时，曼谷王朝规定：若未获准，西欧人不能在暹罗旅行、购买土地；不允许西欧的私人船只在暹罗登记；等等。同时，暹罗还特别对西方商品制定了征税的规定，对西欧货物征收商品价格 8% 的进口税，另外还征收船只停泊费。暹罗国王对货物的优先购买权和王室对贸易的垄断权，是西欧与暹罗贸易的一大障碍。

1824 年英缅战争爆发后，对欧洲商人的严格限制才有所改变。暹罗一直把缅甸视为仅次于中国的大帝国。英国向缅甸宣战对暹罗上下产生了很大的影响。因此，当英国人再次希望改善关系时，受到了暹罗的礼遇。双方很快订立了《伯尼条约》。条约有以下规定：两国相互和平友好，互不干扰国界和领土；明确治外法权；明确拒绝租借土地或建立商馆，除非得到允许；明确拒绝贩卖鸦片；等等。但在商业协定中，暹罗允许英国商人有较多的自由，对征税有明确规定。《伯尼条约》打破了暹罗 100 多年来闭关自守、不与欧洲国家往来的局面。1841 年鸦片战争后，中英签订的《南京条约》引起了暹罗的警惕。1843 年，暹罗政府收回英国在暹罗收购食糖的权益，还禁止私人对其他物产如木材等进行贸易。西方人对暹罗的后退大为不满，他们决心打开暹罗的市场。

同时，传教士也纷至沓来。1828 年，法国、美国等国的传教士相继在暹罗开设了基督教堂和教会学校。国王拉玛三世对基督教传教士的活动感到不安，担心传教士的活动会影响泰国的文化和安全，遂下令取缔教堂和修道院。但是由于多种原因，这项命令最终没有完全落实。西方列强在进行经济渗透的同时也在进行着文化渗透。

曼谷王朝初期恢复并改革了阿瑜陀耶王朝的典章制度，采取了各项促进社会经济发展的措施，巩固了国家秩序，使泰国出现了较长时期的稳定局面。

二　曼谷王朝改革时期（1851～1910）

泰国的近代历史是一部与西方列强和周边国家周旋的外交史。19 世纪后半叶，经过产业革命的洗礼，西方列强迅速壮大起来。西方殖民者竞相在东南亚进行殖民渗透，按实力划分势力范围，寻找原料产地和销售市场。在咄咄逼人的列强枪炮下，东南亚诸国纷纷落入殖民者的手中，英国征服了缅甸，法国进入了柬埔寨和老挝。暹罗这个东南亚大国此时也成为令殖民主义者垂涎三尺的猎物。西方人携洋枪洋炮登陆泰国，企图为本国的产品打开泰国的市场。1821～1826 年，英国 4 次派人商议降低关税、废除泰国王室对贸易的垄断等事宜，均未果。此后，泰、英双方的贸易额有所增加，但是泰王室仍然对贸易保持垄断。

　　直至拉玛三世当政时，他仍然极力保持暹罗传统的社会经济，以及因袭传统的政制。直到拉玛四世时（1851～1868 年在位），暹罗才开始实行全面的社会改革。拉玛四世蒙固王继位前曾做过 27 年的和尚，是却克里王朝的英明国王之一，也是泰国历史上第一位接受西方学术思想的国君。他精佛学，重科学，知识渊博，通晓多种语言。他钻研了许多学科，如西方历史、地理、数学、现代科学。在位期间，他还重新制定了宫廷礼仪，按照前朝的模式兴建了许多寺庙和宫殿。国王下令将以前的法律和历代国王的敕令汇编成《三印法典》，这对巩固泰国的政治制度起到了很大的作用。

　　早期的曼谷王朝上下都认为西方将会给泰国社会带来威胁，因而拒绝与西方进行交流。19 世纪中叶，欧洲和亚洲都发生了急剧的变化。在亚洲，英国以印度为基地，用武力逐步控制了阿富汗，兼并了缅甸，征服了马来半岛的大部分领土。为了维护和巩固英国垄断资本在东方的既得权益，巩固其在暹罗原先的地位，并取得暹罗不干涉英国在马来亚和缅甸的殖民政策的保证，英国政府急欲与暹罗签订条约。面对这新的国际形势，拉玛四世蒙固王面临是否改变闭关锁国政策的抉择。

　　蒙固王自幼与西方人有所接触，学习过英语和地理、物理、化学、数学等自然科学，对天文学特别感兴趣。他阅读了大量的西方报刊和书籍，对西方有一定的了解和好感，即位后采取了亲西方的政策。为了抵抗西方国家的侵入，他与邻国化干戈为玉帛，又与西方多国建立外交关系，先后与英国、美国、法国、丹麦、荷兰、葡萄牙、比利时等国签订了商业或友好条约。他本人虽然是一个佛教徒，但他提倡宗教自由，允许西方人在曼谷建立教堂，也允许穆斯林在曼谷建立清真寺。拉玛四世在位时间不长，但其开明的政治和改革的态度为其子——拉玛五世做出了榜样。

　　1855 年 3 月，暹罗与英国签订了《鲍林条约》。暹罗在这个条约中做出了重大的让步。《鲍林条约》基本以 1826 年签订的《伯尼条约》为基础，通过此条约英国人几乎达到了所有的目的。该条约的内容有三：一是取消泰国王室（政府）对进出口贸易的一切限制；二是泰国对一切进出口商品只能征收规定的低税率；三是泰国单方面给予英国领事裁判权。这是一个不平等的条约，蒙固王对英国做出了种种让步，企图以此获取西方国家的好感。但实际上，这个条约使国家的主权大大丧失，对暹罗以后的经济发展产生了严重的影响。《鲍林条约》的签订，开了暹罗史上允许外国人在本国土地上自由经商的先例，也彻底打开了暹罗的大门。自此以后，欧洲列强均先后以《鲍林条约》为蓝本与暹罗订立了各种不平等条约。1855～1899 年，暹罗先后与英、法、丹（麦）、荷、德、瑞（士）、挪（威）、比（利时）、意、俄和日等 15 个国家签订了各种不平等条约。

《鲍林条约》签订以后，贪婪的殖民主义者并不满足于到手的利益，他们还想获得更大的活动空间。英国和法国殖民者双方在湄公河及其周边地区发生冲突变得不可避免。英国和法国同时向湄公河推进，张牙舞爪的炮舰划破了湄公河宁静的水面。法国首先提出以湄公河为英法两国势力范围的分界线，但是遭到英国的强烈反对。英国不愿意让湄公河上游地区落入法国人之手，而愿意让暹罗人来管理这块地区。觊觎已久的法国人岂容英国人来指手画脚，他们不顾英国反对，直接向暹罗施加压力。在法国人的逼迫下，暹罗人应允了法国对湄公河东岸地区的权力要求。但是法国殖民者的愿望并没有得到完全的满足，他们的目标乃是得到暹罗控制下的暹粒和马德望两块属地。此时，由于殖民战线过长，英国难以兼顾，最终法国与暹罗签订了《法暹通商航海条约》，把湄公河东岸地区划归法国，暹罗放弃在马德望和暹粒及沿湄公河西岸 25 千米地带内建立军事设施。法国占领了这两块地方以后，英国人担心法国人继续在暹罗扩张其势力范围，提出有必要在英法势力范围之间建立一个缓冲区，以保证两国的利益不受侵犯。经过一番讨价还价，最后，双方于 1896 年签订了《英法公约》。公约的内容是：保证泰国的独立，任何一方都不能将军队开进泰国的中部地区。1904 年双方又缔结协议，重申 1896 年的公约，确定以湄南河为界划分势力范围，暹罗的西部为英国人的天下，东部为法国人的范围。1907 年，暹罗又被迫与法国签订了一个《法暹协定》，把马德望和暹粒割让给法国，法国放弃在暹罗的治外法权。英国人也不甘示弱，也强迫暹罗人与其签订了《英暹协定》，把暹罗南部的几个属国吉兰丹、丁加奴等并入英属马来亚，英国放弃在暹罗的治外法权。至此，英法两国在暹罗的争夺才告结束。虽然暹罗在形式上仍然是一个独立的主权国家，实际上，外来势力还是给这个国家打上了深深的烙印。英法将暹罗作为中间地带主观上是为了避免两大势力的直接对抗导致两败俱伤，客观上却为暹罗留出了独立生存的空间。

蒙固王在政治、社会、经济方面也进行了大力改革。从登基开始，蒙固王便宣扬朴素的民主思想，而且身体力行。他废除了经过国王面前必须爬行的旧礼节，一切外国使臣朝见不必在殿前匍匐及拜跪，以示平等。他对西方民主选举制度颇有好感。登基后，两位法官去世，他下令亲王和所有官员投票选举。选举的标准是能力和智慧，以及能根据真理、正义和法律对案件做出正确的判决。

蒙固王在宫廷中推行西方教育，并对暹罗教育从寺院走向世俗起了积极的推动作用。在宗教方面，蒙固王提倡信仰自由。

在经济上，蒙固王也进行了初步的改革。他铸造货币，使锡币和铜币替代了长期使用的贝壳。他还修筑道路，发展交通，甚至亲自规划曼谷的道路。他下令挖掘了4条运河，连接了城镇，并建立造船厂，发展海岸交通。他还改造了"萨迪纳"土地制度，解放了生产力，提高了劳动生产率。

在军事上，蒙固王按照欧洲军队的模式，开始建立新型军队。蒙固王有32个妻子，82个儿子。1868年8月，蒙固王在曼谷以南约225千米的三礼育观测日全食时，不幸染上疟疾，于次月驾崩，其子朱拉隆功继位，是为拉玛五世。朱拉隆功是泰国史上最著名，也是最受爱戴的国王之一。鉴于他所做的贡献，泰国人民尊称他为朱拉隆功大帝。

1868年，朱拉隆功亲王登上王位时年仅15岁。年轻的国王思想开明，崇尚自由。朱拉隆功亲王即位时，正值19世纪中叶以来，英法殖民主义威胁暹罗安全和主权的不太平时期。与西方签订不平等条约，使暹罗被纳入了世界资本主义的经济体系，对暹罗早已孕育着的资本主义萌芽起了催生作用。但是，暹罗自给自足的自然经济结构、封建的人身依附关系和奴隶制度不能适应社会政治、经济生活的种种变化。朱拉隆功面临十分严峻的形势：没有固定的法典；没有完整的教育制度；没有对收入和财政的适当控制；没有邮政、电报事业；债务奴隶制度没有完全取消；鸦片法执行得很糟；没有医疗机构去维护城市人民的健康；没有现代化的军队，根本没有海军；没有铁路，也几乎没有公路；历法也与各国不相吻合；等等。

为巩固国家的独立和维护封建君主专制制度的统治，并加速暹罗社会向现代化发展，实行社会、政治、经济改革，就成为历史发展的必然要求。在这个历史背景下，朱拉隆功国王适应历史发展的需求，在泰国开始了大规模的改革。

第一，他废除了一些烦琐的仪式和落后的制度，要求臣民不再行跪拜礼。1874 年，他又在诏令中宣布废除奴隶制，规定凡是在 1868 年后出生的奴隶，到 21 岁便可以获得自由，任何人不得强迫他人卖身。至此，在泰国延续了约 500 年的奴隶制度寿终正寝。

第二，朱拉隆功国王按照西方的社会政治制度来改造暹罗，是较早实行"开放政策"的亚洲国王。他向西方的议会制学习，改革国家政府体制，设立内阁政府。朱拉隆功国王的最大成就是对泰国行政机构进行了改革。改革前，泰国的行政管辖是按地区划分的，北部归内政部管辖，南部归国防部管辖，中部归财政部管辖，政府组织没有按照职能进行活动。改革后，泰国按照西方的模式建立了 12 个部，各部行使相应的职权。他建立了两个国务会议，专门听取人们对政府工作的意见。改革使一些权贵失去了原先的特权，也使西方式的职业官僚逐渐强大，后者最终动摇了皇家的权力。

第三，他把封建的按爵授田的"萨迪纳"制改为薪俸制，还改革了税务制度，将王室预算与国家预算分开，各种税收由财政部专人征收，并以人头税代替了服兵役。

第四，为了加强国家的军事实力，朱拉隆功国王模仿欧洲的军事制度，建立常备军，实行义务兵役制，建立军校，引进先进的军事装备。

第五，为了提高民众的素质，朱拉隆功国王还大力提倡兴办教育，使教育事业也有了显著的发展。1878 年，朱拉隆功国王建立了一所宫廷学校，作为国家支持世俗教育的典范。政府的印刷局为现代学校提供课本，大批有身份的年轻学子被送到国外去学习，这为国家培养了许多优秀的人才。

第六，在社会生活中，朱拉隆功国王同样也实施了许多大胆的改革，如实行公历，并于 1899 年使星期日成为法定的休息日。为了维护泰国人民的身体健康，防止传染病在泰国肆虐，朱拉隆功国王在曼谷兴建了医院等，为人们免费接种疫苗。1900 年，一家德国公司在泰国修建了第一条铁路，这条铁路由北榄通往曼谷，并向西北延伸至柯叻高地，全长约 320千米。首都曼谷安装了电话、电灯和一条有轨电车线，并与西贡开通了电报通信。1871 年，国王还颁布了一道承认宗教自由的谕旨。

朱拉隆功国王的改革，使暹罗吸收了西方先进的思想，从某种意义上说，奠定了现代泰国的基础。改革能够成功，一方面是因为殖民主义者为保护其既得利益，形成了中间地带，使泰国赢得了喘息的机会，在弱肉强食的 19 世纪末占有狭小的生存空间。更重要的原因是，曼谷王朝意识到了民族生存的危机，认识到了必须顺应历史发展的潮流，按西方式的社会政治制度推行改革，才能使泰国免遭殖民的厄运。

朱拉隆功国王统治曼谷长达 42 年，于 1910 年结束。他一共有 34 个儿子和 43 个女儿。国王非常重视对儿女们的教育，他把儿子们送到国外去接受西方教育。他们在英国、德国、俄国等地学习，其中不少人才华出众，成为法律、农业、工程及军事方面的专家。

在殖民主义者争夺东南亚的斗争中，暹罗虽然免于沦为殖民地，但是，在前狼后虎的殖民态势中，帝国主义的欺压仍然是泰国生存的重大威胁。以英国为首的西方国家的商品贸易、外交活动和军事威胁一直是泰国面临的最重要的问题。可以说，当时的暹罗只是名义上的一个独立主权国家，实际上，同西方国家签订的许多不平等条约决定了它是一个半殖民地国家。此时，在帝国主义的军事威胁和贸易逼迫下，泰国处在风雨飘摇之中，如何生存和维护国家的独立是泰国统治者面临的最重大和最严峻的挑战。

第五节 现代简史

1910 年 10 月 23 日，朱拉隆功国王驾崩，其次子、时年 20 岁的王储瓦差拉兀（Vajirarudh）继承王位，是为拉玛六世（1910～1925 年在位）。瓦差拉兀国王年轻时，先后在英国的桑赫斯特皇家军事学院和牛津大学攻读军事和法律。在英国读书的 9 年期间，他还曾在英国陆军中服役过一段时期。他归国以后，曾任国王卫队长、警察总监等职。瓦差拉兀国王是暹罗历史上第一位在外国接受过良好教育的国王。拉玛六世执政时期最重要的变革之一就是在 1913 年颁布诰令，要求臣民采用姓氏，从此改变了泰国只有名而没有姓的历史。他在全国推行初级教育，并成立曼谷的第一所大学——朱拉隆功大学。他要求民众提高国家观念，培养爱国情操。拉玛六世瓦差拉兀很晚才结婚，仅有的女儿是在他 1925 年过世的前一天才诞生的。

1914 年，第一次世界大战爆发，暹罗也被拉入了血腥的战火之中。战后，由于战胜国的地位，暹罗得以废除和西方列强签订的许多不平等条约，收回了部分主权和治外法权。尽管如此，由于帝国主义依然控制着暹罗的许多重要部门，掠夺其宝贵的自然资源，泰国民族资本主义的发展受到严重限制，这使民族资产阶级同封建王朝的矛盾变得尖锐起来。

之前，朱拉隆功的改革使一些权贵失去了原先的特权，也使西方式的职业官僚逐渐强大，后者最终动摇了皇家的权力。在瓦差拉兀登基还不到两年的时候，一群接受了君主立宪思想，后来又受到中国孙中山先生革命思想影响的青年人，建立了以推翻君主专制统治为宗旨的政府青年官员联合会，在曼谷、阿瑜陀耶、叻武里、北榄坡、彭世洛、巴真和洛坤等地活动。他们企图乘各府文武官员聚集在佛寺之机，以武力要挟国王实行立宪政体。但是，由于内部有人告密，还来不及动手，他们就在 1912 年 2 月 27 日被全部逮捕。为首的 3 人被判死刑，其余的人则被判以 20 年徒刑（后来因国王赦免而得以免于死刑和分别减刑）。

在镇压了 1912 年的政变之后，瓦差拉兀国王为了强化封建君主专制政权，在加强对军队控制的同时，采取各种措施提高军政人员的素质，大力培训各类人才，进一步开办各级教育机构。1916 年他创办了文职官员学校和朱拉隆功大学。1921 年，他颁布初级义务教育条例，并增加从庶民中择优录取出国留学生的名额。这些于 20 世纪 20 年代被派出国留学的学生中有不少人成了 1932 年政变的核心人物。这些人曾经周游西方列国，了解世界变化的动因和泰国制度的弊端，极力主张对泰国政治制度进行革命性的变革。他们活跃于政府的各个部门和社会的各个阶层，宣传自己的纲领。

1925 年，拉玛六世的胞弟帕恰迪波（1925～1935 年在位）即位，是为拉玛七世。拉玛七世执政时泰国受世界局势的影响，处在剧烈变动之中。1928 年，暹罗出现了第一个西方意义上的政党——民党。民党的政治纲领如下：维护国家政治、经济和司法的独立；维护国家安全；减轻刑罚，法律面前人人平等；推翻贵族制度，建立君主立宪制国家。民党的成员鱼龙混杂，思想也并不统一。民党中一部分人是小资产阶级和中小官吏，他们的思想纲领是法国的空想社会主义和孙中山的三民主义，代表人物为有一半华族血统、受过法国教育的法学家比里·帕侬荣。另一部分人是与大商人、大地主和军事要员有千丝万缕联系的青年军官，代表人物为披耶帕凤。这两派人物的共同之处在于，他们都意识到了改革的重要性。这些知识分子是泰国西方式职业官僚的先驱，对泰国封建制度形成了巨大的威胁。以民党为依托，一些人开始秘密集会，谋划政变。就在拉玛七世准备于 1932 年 4 月 2 日参加拉玛一世大桥庆典的前后，政变风声开始流传。但内政部长和警察总监半信半疑，未能下决心。

1932 年 6 月 24 日深夜，曼谷空旷的大街上传来急促沉闷的脚步声，军队以迅雷不及掩耳之势解除了王家卫队的武装。他们逮捕了内政部长、陆军参谋长、警察总监等 40 多名政府要员和王室成员，占领了车站、警察局、电台等要害部门，成立了临时军政府。民党发表了政变宣言，阐明了政变的目的，并提出了六大施政纲领：

（一）维护国家政治、司法及经济上之独立自主；

（二）维护国家安全，减轻刑罚；

（三）制定保障民主之国民经济计划，务使每个国民有工作，不受饥饿；

（四）人民一律平等，贵族不得再享有比平民更多之特权；

（五）在不与上述 4 项相抵触的前提下，谋人民之自由；

（六）人民有充分受教育之机会。

此时，国王正在外地度假。政变使他措手不及。迫于军事威胁，国王万般无奈地接受了政变人员开出的条件，签署了临时宪法，国王成了名义上的国家元首。民党任命 70 人的国民议会作为立法机关，行政权力机构是人民委员会，马努巴功担任泰国的第一任总理和民党主席。在比里·帕侬荣的主持下，人们制定了暹罗临时宪法共 5 章 39 款，对国家政权的性质和组成、国王和国民议会之权限与职权都分别做了明确的规定。临时宪法实际上是一部旨在确立君主立宪政体的宪法，因为尽管临时宪法开宗明义第一款规定"国家主权属于人民"，但对人民之基本权利，在全部 39 款中却只字未提。

这次革命推翻了泰国的封建专制政体，建立了君主立宪制，在泰国的历史上具有深远的影响。政变后，泰国国王仍然是国家元首，但是其权力受宪法限制，内阁总理负责处理国家的日常事务，掌握实际的政治权力，国王成为泰国的精神领袖。但是在一些重大事件上，国王仍然具有举足轻重的作用。

泰国实行君主立宪制后，保皇派一度伺机反扑。1932 年 12 月 10 日，泰国颁布永久宪法。永久宪法取消了临时宪法对国王的限制，国王集行政、立法和司法权于一身。永久宪法的颁布给保守派以喘息之机，他们开始策划恢复王制。当时的内阁总理马努巴功也公开转向保守派，在内阁中打击民党。其时，比里·帕侬荣提出了一个社会经济计划。保守派认为该计划触犯了王室成员和贵族的利益，围绕这个计划双方展开了激烈的斗争。1933 年 4 月 1 日，国王发布命令解散议会，撤销国民委员会。比里·帕侬荣于 4 月 12 日离开暹罗赴法国。4 月 19 日，新政府清洗了支持比里·帕侬荣的民党和少壮军人，保守派实现了复辟，政权落入了国王手中。1933 年 6 月 10 日，一些军人再次密谋政变。6 月 20 日黎明，一大队配有坦克和重机枪的士兵和海军陆战队占领了曼谷所有战略要地，士兵冲进政府领导成员的官邸，挟持了内阁总理、国防部长和外交部长，政变取得成功。6 月 22 日，议会正式复会，会上决定取消国王 4 月 1 日的复辟令。6 月 25 日，泰国组成了以披耶帕凤为总理的新的立宪政府。

其后，保守派不甘心失败，组织了几次叛乱，但都没能获胜。在复辟和叛乱事件中，国王拉玛七世扮演了不很光彩的角色，遂于 1934 年 1 月 12 日以医治眼疾为由，悄然离开暹罗，去了英国。

1933 年 6 月，披耶帕凤正式就任内阁总理。披耶帕凤采取亲日政策，与日本建立了非常密切的关系。1934 年 9 月，暹罗政府公开宣称，暹罗必须摆脱对英国的依赖，转而效仿日本和德国。日本派遣大量专家顾问进入暹罗各级军政部门。1938 年 3 月，暹罗与日本签订了《日暹新约》，给予日本人一系列特权。

在国内，披耶帕凤采取了一系列防止和镇压民主运动的措施。他积极反共，宣布复辟政府时期颁布的禁止共产条例继续有效。新政府还颁布新的出版条例，禁止媒体登载任何不利于公共秩序、社会道德以及反对与暹罗有邦交关系的列强的言论。1938 年，军人披汶·颂堪任总理，从此泰国开始了长时期的军人独裁统治。披汶独揽暹罗军政外交大权，对内推行民族沙文主义政策，反对华人，鼓吹大泰族主义，强调暹罗人的种族和文化自豪感，并把国名暹罗改为泰国。泰国政府对外推行亲日和大泰族主义政策。披汶与日本帝国主义勾结，企图借助日本的军事力量扩张本国在中南半岛上的势力。1940 年，法国贝当政府投降德国以后，泰国军队先后于 1941 年 1 月 9 日和 13 日越过边界，进入柬埔寨和老挝。在亲日政策的指导下，披汶曾经提出过一条臭名昭著的口号"日本第一，泰国第二"，使泰国成为日本侵略的工具。尽管如此，日本并没有减轻对泰国的掠夺和奴役，日本没收了泰国维持战争所需的一切，同时不向泰国提供纺织品和维持生产的机器设备。

披汶政府的政策使泰国许多有识之士奋起反抗，反对日本帝国主义的运动在泰国大地上风起云涌。资产阶级民主派领导的"自由泰运动"是反对日本侵略者的主要运动之一，运动的领导人是民主主义者比里·帕侬荣。在他的领导下，"自由泰运动"蓬勃发展，许多爱国将领和各界爱国人士纷纷加入其中，这大大动摇了披汶政府的统治根基。

1935年3月2日，拉玛七世在英国宣布逊位，保留亲王头衔。根据王位继承法，由其在瑞士念书的侄儿阿南达·玛希敦（Aranda Mahidol，1935～1946年在位）任国王，是为拉玛八世。当时，拉玛八世尚在瑞士求学，于是由摄政会3人专职辅佐直到其学业完成。1945年，阿南达·玛希敦国王年满20岁，全国人民欢天喜地地迎接他回来执政，可是事隔一年，1946年6月9日，这位年轻国王竟然在自己的卧房内饮弹驾崩。拉玛八世去世后，其弟普密蓬·阿杜德（Bhumibol Adulyadej）即位，是为拉玛九世，即当今泰国国王。

日本投降以后，比里·帕侬荣代表国王发表了和平宣言，宣布披汶政府对英美的战争无效，提出归还披汶从法属印度支那掠夺来的土地。1945年，泰国恢复使用暹罗国名（1949年5月暹罗又改称泰国）。1946年3月，比里·帕侬荣出任泰国总理，颁布了一系列法规条令，限制军官和文职官僚的活动，废除了"反共法令"，使成立于1942年12月的泰国共产党取得了合法地位。自由泰政府的政策较为宽松平和，使泰国出现了民主自由的风气。第二次世界大战结束后，美国取代了英国和法国在东南亚的地位。

1947年，披汶军人集团发动政变，推翻了时任政府。1948年4月，披汶出任政府总理。披汶上台后，对外实行亲美和反华政策，对内实行反共军事独裁。从1950年起，泰国与美国建立了密切的关系。两国签订了《经济和技术合作协定》以及《军事援助协定》。1951年，美国给予泰国大量的军事援助。美国的援助支持了泰国军人独裁集团的统治。披汶的政策引起了国内各派力量的义愤，国内斗争进一步加剧。1955年以后，披汶政府的亲美政策有所改变，政府也放宽了对舆论的限制，允许成立政党。1956年上半年，泰国出现了20多个政党。

泰国国内外政策的变化产生了重要的影响。不仅美国不满意泰国此时的政策倾向，而且国内执政的军人集团也因此产生了各种矛盾。1957 年，国防部长沙立·他纳叻发动了不流血政变，推翻了政府。披汶逃亡国外，议会被解散，宪法被终止。1958 年 10 月，沙立再次发动了一起不流血政变。1959 年 2 月，沙立任总理，兼任陆海空三军司令。

　　沙立政府在执政期间比较重视发展经济。20 世纪 60 年代的工业化运动就是沙立政府倡导推行的。沙立政府制定了经济和社会发展计划，确定了贷款优惠政策，以刺激工业的发展。沙立政府的工业化政策，为泰国 70 年代以后的发展奠定了坚实的基础。在外交上，沙立政府依然维持亲美政策。1963 年 12 月，沙立病逝，其副手他侬·吉滴卡宗元帅接任总理。在经济和外交上，他侬政府继续推行沙立政府的内外政策。

　　在沙立和他侬军人集团执政期间，泰国的经济得到了迅速的发展，1961~1973 年，泰国的国民经济年增长率保持在 7% 左右，泰国是当时亚洲经济增长较快的国家之一。

第六节　当代简史

　　20 世纪 70 年代，国际形势发生了重大的变化。面对新的国际形势，泰国国内也出现了新的动态。泰国国内矛盾开始激化。1973 年 10 月，25 万学生、教师和工人走上街头，在曼谷举行了泰国有史以来最大规模的示威游行。他们反对军人独裁，争取民主自由，要求政府实施永久宪法。他侬政府对示威群众进行了严厉镇压，打死学生 75 人，武力占领了法政大学校园。军人政府的镇压行动引起了泰国社会的激烈反应，各阶层的反对声音一浪高过一浪。军人的镇压行动在政府和军界内部也引起了较大的分歧。在国家处于分裂和动荡的危急时刻，泰国国王普密蓬·阿杜德发表了电视讲话。他宣布他侬辞职，并任命法政大学校长讪耶·探玛塞为临时政府总理。10 月 15 日，他侬被迫秘密逃亡国外。这就是泰国历史上著名的"10·14"事件。这次事件后泰国恢复了议会制度。但是在此后相当长的时间内，军事政变在泰国仍然频频发生，这成了泰国政治的一个显著特点。

　　1974 年 10 月，新宪法开始生效。1975 年 1 月，泰国举行了大选，克立·巴莫出任政府总理。新政府主张国家政治生活民主化和独立的外交政策，改善同周边国家的关系。然而好景不长，1976年10月，泰国军人再次发动政变，组成"国家行政改革委员会"，宣布废除宪法，解散议会，取消一切政党。原最高法院法官他宁·盖威迁担任总理。1977年10月，沙鄂·差罗如上将以"革命团"的名义又一次发动政变，三军最高司令江萨·差玛南上将出任总理。革命团保证制定新宪法和举行大选，实现全国和解，恢复政党政治，并且努力同外国建立友好的外交关系。1978年12月2日，泰国新宪法生效。1979年4月22日，泰国举行大选。选举中，在下院的301个席位中，没有一个政党取得多数。1979年5月，泰国新内阁成立，江萨仍为总理。1980年2月，由于多种原因，江萨辞职。

1980年3月，国会一致提名陆军司令、国防部长炳·廷素拉暖上将为政府总理。炳比较受泰国各界的欢迎，执政时间长达8年。在执政期间，炳在政治上主张法治，强调议会民主，减少军人对政治的干预。在外交政策上，他坚持独立自主的外交政策，反对强权政治和地区霸权主义。在经济上，他实行了一系列新经济政策，使泰国经济有了稳定的发展。

1988年7月，泰国举行了大选，差猜·春哈旺出任总理。差猜执政后对部分经济和外交政策进行了调整，主张国有企业私有化、改革物价、放宽外汇管制等。1990年泰国经济增长率达到了10%。在外交政策上，差猜强调外交要为经济发展服务。在其执政期间，泰国的各方面都取得了飞速的进步。但是，由于差猜政府内部贪污受贿现象严重，人民普遍不满。

1991年2月，泰国又一次发生了军事政变，由武装部队总司令顺通·空颂蓬、陆海空三军司令及警察总监组成的国家安全委员会接管了国家权力。他们宣布解散议会，终止宪法。3月，普密蓬国王批准实施临时宪法，任命阿南·班雅拉春为临时政府总理，规定1992年3月举行大选。1991年4月，阿南政府发表施政报告，强调新政府维护以国王为首的民主政体，支持国会修改宪法，尽早实行大选。报告声称将继续发展泰国经济，提高人民生活水平。在外交上，阿南政府努力促进东南亚地区的和平与稳定，加强同东盟其他国家及邻国之间的合作关系。阿南政府执政时间短暂，只有一年，但执政成效显著。

1992 年 3 月，根据临时宪法规定，泰国举行了新一轮的大选。大选于 3 月 22 日揭晓，没有一个政党在国会下院中获得压倒多数的席位。其中，团结正义党获得 79 席，泰国党获得 74 席，新希望党获得 72 席，民主党获得 44 席，正义力量党获得 41 席，社会行动党获得 31 席，泰国民众党获得 7 席，团结党获得 6 席，公民党获得 4 席，民众党获得 1 席，全泰人民党获得 1 席。本次大选泰国共有 1900 万人参加投票，占泰国合格选民人数的 59.24%。团结正义党、民主党、社会行动党、民众党、公民党组成了五党联合政府，共有 195 个席位，占众议院 360 个议席的微弱多数。五党联盟最初推选团结正义党主席纳隆出任总理，但这遭到美国的反对，美国政府认为纳隆涉嫌贩毒。五党联盟又改推武装部队最高司令素金达·甲巴允上将出任总理。反对党以素金达不是民选总理为由，多次举行大规模的游行抗议活动，要求素金达下台。5 月 17 日，曼谷 20 万群众走上街头，要求素金达下台和修宪。18 日凌晨，军队开枪强行驱散示威群众，造成流血惨案。这次事件中有 50 多人死亡，600 多人受伤，600 多人失踪，3000 多人被捕，是近 20 年来发生在泰国的最严重的一次流血事件。

5 月 20 日，普密蓬国王召见素金达和反对党领导人占隆，要求他们以国家和民族的利益为重，实行和解。5 月 24 日，执政仅 48 天的素金达辞去总理职务，出走国外。国王同时颁布赦免令，对在游行活动中触犯法律的人员实行赦免。国王还任命米猜·立初攀任临时总理。米猜上任后，宣布取消曼谷及邻近地区的紧急状态，缓和了泰国一触即发的紧张局势。这就是泰国历史上著名的"五月事件"。"五月事件"对泰国的政治有着深远的历史意义。

5 月 25 日，泰国国会一读和二读通过了由朝野两个政党集团分别提出的内容相同的宪法修改草案。草案的主要内容如下：削减参议院议员在国会中的表决权力；总理应从众议院议员中产生；下院议长取代上院议长担任国会主席。泰国宪法规定，宪法修正案必须三读才能通过。6 月 10日，泰国国会两院联席会议以压倒多数的票数通过了宪法修正案。这是泰国政治史上的一次重大变革，因为它削弱了泰国军队对政治的影响力。

6月，国王再度任命阿南为总理。阿南宣布9月重新进行自由公正的大选，帮助人民恢复信心，振兴经济。

1992年9月13日，泰国再次举行大选，以民主党为首的几个反对党在选举中获胜，组成了新的联合政府。民主党领袖川·立派出任泰国第19任总理。川·立派1938年出生于泰国南部董里府的一个平民家庭，父亲是一位小学教师，祖籍是中国福建省。川·立派1962年毕业于泰国法政大学，当过律师。1969年，他以民主党的身份参加竞选并且当选为众议员。1975年以来，他先后担任过司法部副部长、司法部长、卫生部长、商业部长、教育部长、副总理等职务，1990年成为民主党领袖。川·立派担任过多个政府要职，政治经验丰富，为人清廉正直，深受民众欢迎。

1995年7月泰国举行第18次大选，泰国党获胜。1995年8月由7个党派组成的联合政府成立，泰国党主席班汉·西巴阿差出任内阁总理。班汉1932年8月出生于泰国素攀武里府的一个华人家庭，祖籍中国广东省。班汉毕业于兰甘亨大学法律系，1974年出任立法议会议员，1975年任泰国参议院议员，1976年以泰国党的身份参加竞选，当选众议院议员。1976年以后，班汉曾任工业部、农业与合作部、交通部、内政部和财政部部长等职务。1994年，班汉任泰国党主席，同时出任众议院反对党领袖。

班汉担任总理以后，在政治上继续坚持以国王为首的君主立宪政体。在经济上，他大力发展现代工业和出口工业，建立工业开发区，发展交通和旅游业，争取把曼谷建设成本地区的金融中心，另加速土地改革，扩大农业投资，解决农民的土地和债务问题。在外交上，班汉继续与周边国家保持良好的关系，特别是加强与东盟其他国家的友好关系。与此同时，泰国还保持与美国、日本、西欧和中国的友好关系。

1996年11月17日，泰国举行第19次大选，新希望党以125票对123票的微弱优势战胜民主党，获得优先组阁的权力。11月25日，泰国国王颁布谕令，任命差瓦立·永猜裕出任泰国第22任总理。差瓦立邀请国家发展党、社会行动党、正义力量党、泰国公民党和民众党组成六党联合政府。联合政府在众议院的393个议席中占有221席。6个执政党的领袖签署了政治合作宣言，表示将继续维持君主立宪民主政体。差瓦立将军素有实干家的称号，担任总理以后首先面对的是财政赤字问题。经过仔细权衡，泰国财政部于1997年年初公布了旨在削减990亿泰铢预算的一揽子紧缩计划，受到各界的好评。中央银行还将逾1000亿泰铢的硬通货投入金融市场，使泰国货币趋于稳定。这些措施使当时处于滑坡境地的泰国经济出现了良性循环的征兆。另外，在差瓦立内阁的敦促下，导致资金大量外流的曼谷商业银行舞弊案的审理工作也获得重大突破，增加了选民对政府的信心。

新政府在外交上也取得了良好的进展。1997年年初，差瓦立先后访问了6个东盟国家，并对中国进行了友好访问。这些外交活动表明，泰国越来越重视与本地区国家发展多方面的合作。

1997年9月7日，以民主党为首的反对党提出了针对差瓦立总理的不信任案，指责差瓦立有两个重大失误：一是施政纲领和政策有误，在经济困难面前缺乏有效的应对措施，导致国家资金大量流失；二是营私舞弊，在泰铢贬值前向关系密切的巨商透露情报，使其从中获利，使国家遭受损失。9月27日，议会以212票对170票否决了反对党的提案。1997年年中，东南亚地区爆发了金融危机。危机最先从泰国爆发，泰国货币大幅度贬值，泰国经济处境十分困难。在泰国经济日趋恶化的情况下，差瓦立总理于11月提出辞职，川·立派再次出任泰国总理。

受命于危难之际，川·立派组成了六党联合政府，推出了一系列措施，希望能使泰国走上经济复苏之路。但由于解决金融系统呆账进展缓慢、就业形势严峻、油价上涨引起连锁反应等因素，泰国经济出现反复。2000年，泰国股市全年跌幅高达40%，泰铢贬值达16%，政府又迟迟拿不出果断有效的解决办法。泰国2000年的经济增长率虽然达到了4%，但是得到的实惠不如期望的高，民众对政府的非议也越来越多。尽管川·立派总理本人以廉洁自律著称，但他领导的政府仍不能挽回多数选民对尽快重振经济的信心。

2001年1月的众议院选举是泰国政治格局的一个重要转折点。他信·西那瓦（Thaksin Shinawatra）领导的泰爱泰党（1998年成立）以强调扶贫发展的"草根政策"为号召，赢得占泰国总人口70%的农村民众的支持，从而囊括众议院500席中的248席，跃居泰国第一大党，远远领先于民主党（128席），其他政党所占席位如下：泰国党（41席）、新希望党（36席）、国家发展党（29席）、自由正义党（14席）、人民党（2席）、社会行动党（1席）、祖国党（1席）。泰爱泰党牵头组阁，他信出任泰国第23任总理。此后，泰爱泰党的政治势力迅速扩张，先后合并了自由正义党（2001年2月）、新希望党（2002年2月）、国家发展党（2004年9月），逐渐形成一党独大的格局。

他信执政后，相继推出了多项改革和发展措施。首先，在经济建设方面，他信倡导"双引擎战略"：一方面通过双边和多边自由贸易协定，扩大海外市场；另一方面通过扩张性财政政策，推动国内市场的复苏。其次，在社会保障方面，他信贯彻落实"草根政策"，相继推出一系列计划，其中包括："负债农民三年缓债"计划——由农业与农业合作社银行负责实施，允许全国200多万农村债务人延迟三年偿还总值500多亿泰铢的贷款，并免除三年内的利息；"一乡一特产"计划——效法日本，鼓励各乡镇发掘本地智慧，开发特色产品，并由政府在宣传和销售方面给予扶持；"乡村基金"计划——由政府从财政开支中划拨种子基金，为全国每个村庄和城市社区提供100万泰铢的资金，以信贷方式支持农业技术改造、特色产品加工等项目；"三十铢治百病"计划——建立基本覆盖全国的医疗保障网络，确保贫困民众仅需支付30泰铢就能够得到医疗服务和药品；"仁爱"系列计划——由政府财政出资，为农民和城市贫民提供廉价的住宅、水电、生产资料，以及人寿保险项目；"资产化资本"计划——允许农民以土地所有权、承租权、国有土地使用权、知识产权、机器为抵押，向指定国有银行贷款，用于生产性投资。再有，在体制改革方面，他信重点推进行政体制改革、军队国有化改革以及国有企业改革。最后，在外交工作方面，他信努力提高泰国的地区影响力，并在中国的支持下，倡导和参与创建了"亚洲对话合作机制"。他信在总理第一任期内政绩显著，特别是在经济建设方面。尽管泰国先后遭遇了"非典"疫情、禽流感和印度洋海啸的冲击，但依然实现了年均6.36%的经济较快增长速度和 5.4 个百分点的贫困率降幅，从而为他信积累了雄厚的政治资本。此外，通过"草根政策"不断得到巩固的农村支持率，更是成为他信最为坚实的根基。

2005 年 2 月的泰国众议院选举中，泰爱泰党毫无悬念地以压倒性优势胜出，囊括了全部 500 席中的 377 席。于是，他信不仅成为泰国历史上首位实现连任的民选总理，而且成为泰国首届"一党执政"的政府总理。

但是，泰爱泰党迅猛的扩张态势和他信强硬的革新作风，引起了原有政治格局中的诸多既得利益者的不满，而他信家族和泰爱泰党高层的舞弊问题，则为不满者提供了重要的攻击标靶。于是，从他信连任总理之时起，一场强烈的政治风暴就已经在酝酿之中。

2006 年 1 月，他信家族将旗下电信公司 49.6% 的股份以 18.8 亿美元的价格出售给新加坡政府控股的淡马锡投资公司，并且利用股票交易收入免纳所得税的政策优惠，规避了巨额的税款。这一举措曝光后，被愤慨的泰国各界称为"售股丑闻"，并以此为导火索，引发了大规模的反他信政治运动。从 2 月起，民间组织"人民民主联盟"开始在曼谷连续组织大规模示威集会，要求他信政府下台。与此同时，不仅众议院的反对党联合向他信施压，而且泰爱泰党党内以沙努·天通（Sanoh Thienthong）为首的"汪南然"派也借机逼宫，要求他信交出党内领导权。2 月 24 日，他信宣布解散众议院，提前举行大选。

尽管反他信运动声势浩大，他信却对大选充满信心，他表示，"如果我未能取得半数以上的支持票，或是有半数公民放弃投票，那么我将不会出任总理。我尊重选民的意见"。随后，泰国农村地区选民以实际行动表达了对他信的拥护与支持。3 月，数万泰国农民相继涌入曼谷声援他信，形成与人民民主联盟的对峙局面。相比之下，反对派明显信心不足，民主党、泰国党、大众党等三大反对党避而不战，采取了联合抵制选举的行动。于是，尽管泰爱泰党在大选中赢得了多达 61% 的选票，包揽众议院全部 500 席中的 460 席，但却陷入政治困境：由于反对党的联合抵制，在选区代表制选举中，泰国全部 400 个选区有 278 个选区仅有泰爱泰党的候选人参选。根据泰国的选举制度，选区仅有的唯一候选人，"必须赢得

20%以上的选票方可当选"，结果在 40 个选区出现了议席空缺。根据
1997 年宪法，如果众议院议员总数达不到法定的 500 席，众议院将无法
取得合法地位，因此泰爱泰党难以在议席空缺的情况下召开众议院会议；
但宪法同时规定，众议院应当在选举后的 30 日内举行首次会议。5 月 8
日，宪法法院裁定 4 月 2 日大选无效，宣布将再次举行大选。7 月 20 日，
拉玛九世批准了他信看守政府提交的报告，决定于 10 月 15 日举行新一轮
选举。

但是，反对派显然不愿再次在选举中面对他信。9 月 19 日，军人集
团趁他信赴美参加联合国大会之际，以"平息政局动荡，恢复社会和经
济秩序，防范可能出现的暴力冲突和流血事件"为由发动政变，推翻他
信看守政府，接管国家权力，并废除 1997 年宪法。

2006 年 10 月，泰国前陆军总司令素拉育·朱拉暖出任临时政府总
理，牵头组阁。但是，国政实权依然掌握在军人集团的"国家安全委员
会"（Council for National Security，以下简称"国安会"）手中。根据 10
月颁布的《临时宪法》，国安会的权限包括任免临时政府，参与"重要"
政治问题的议决，决定是否实行军事戒严，指定制宪委员会成员，以及审
核宪法草案等。对于军人集团而言，政变的最主要目的就在于打击和瓦解
泰爱泰党集团的政治势力。因此，国安会掌权后，首先是成立了国家资产
损失调查委员会，负责对他信执政期间的舞弊案件的调查，特别是他信家
族的"售股丑闻"案；其次是敦促宪法法院以 2006 年 4 月众议院选举中
存在贿选行径为由，于 2007 年 5 月裁定解散泰爱泰党，同时宣布禁止包
括前总理他信在内的 111 名泰爱泰党执行委员在五年内从政；再次是引导
新宪法的草拟，通过对选举程序、众议院规章、司法监督等方面的技术设
计，防范"一党独大"格局的再次出现。

2007 年 12 月，军人集团在 2007 年宪法颁行后宣布"还政于民"，举
行众议院选举。人民力量党作为泰爱泰党的继任者，也参与选举。尽管前
泰爱泰党的 111 名执委被禁止从政，他信更是流亡海外，但凭借前泰爱泰
党坚实的农村选民基础，人民力量党依然顺利胜出，赢得全部 480 席中的
233 席，成为议会第一大党，再次压倒民主党（165 席）。2008 年 1 月，

人民力量党牵头组阁，与除民主党之外的众议院其余五党——泰国党（37 席）、为国党（24 席）、同心发展泰国党（9 席）、中庸民主党（7席）、皇家人民党（5 席）——组成联合政府，人民力量党主席沙玛·顺达卫（Samak Sundaravej）出任泰国第 25 任政府总理。

但是，泰国的政局动荡并未平息。沙玛政府上台伊始，即提出了修订 2007 年宪法的主张，其核心目的在于修改第 68 条的规定，即如果宪法法院裁定解散政党，则该政党的主席与执行委员会委员都应被禁止从政 5年，从而为泰爱泰党领导层回归政坛铺平道路。此举不可避免地引起反他信势力的强烈不满，因此自 2008 年 5 月起泰国再次掀起一波又一波的"反他信"政治浪潮——先是人民民主联盟举行大规模示威集会，要求沙玛政府下台，甚至不惜突破法律底线，于 8 月 26 日率众冲击政府机关，先后攻占国家电视台、财政部、总理府，结果造成数百人伤亡；后是民主党提出对总理及 7 名内阁部长的不信任弹劾；再是选举委员会宣布人民力量党和泰国党存在贿选舞弊行为，依法裁定强制解散两党；同时，军方将再次发动政变的传闻也不绝于耳。

2008 年 9 月 2 日，选举委员会经过表决，全票通过"人民力量党在 2007 年 12 月众议院选举中存在贿选行为，应予取缔"的裁定；9 月 9 日，宪法法庭宣布，沙玛在总理任职期间主持电视节目并收取 8 万泰铢（约合 2300 美元）薪酬，违反宪法第 267 条条款，判处剥夺总理职务，从而使沙玛成为泰国首位因法院判决而离职的民选总理。面对反他信运动的政治重压，他信派系却无意妥协。9 月 9 日"他信代言人"沙玛被迫下台后，"他信妹夫"颂猜随即在人民力量党及其盟党的支持下，于 9 月 17日的众议院表决中以 298 票对 163 票的优势击败民主党主席阿披实，成为泰国第 26 任总理。颂猜上台后，所奉行的仍是前沙玛政府的既定策略——不辞职，不解散国会，继续推动修宪。10 月 16 日，国家反贪委员会裁定，总理颂猜曾在担任司法部常务次长期间玩忽职守；10 月 22 日，最高法院缺席判决他信滥用职权罪名成立，判处有期徒刑两年；11 月 26 日，军方公开表示，要求颂猜政府下台，以化解政治危机；12 月 2 日，宪法法院判决取缔人民力量党、泰国党以及中庸民主党，并宣布禁止 3 党共计 109

名执行委员在 5 年内从政。

由于人民力量党被强制解散，他信派系新组建的为泰党未能全盘接手原有国会议席，因此在 2008 年 12 月 15 日的众议院总理推选中，民主党主席阿披实以 235 票对 198 票的优势胜出，成为泰国第 27 任总理。

不过，泰国"反他信"与"挺他信"的政治角力却并未随着阿披实政府的上台而平息，反而掀起更大规模的政治冲突。作为他信－泰爱泰党派系的支持者，主要由外府农民组成的"反独裁民主联盟"（亦称"红衫军"）在民主党赢得总理职位后，于 2008 年 12 月 30 日包围国会大厦以示抗议，迫使阿披实将发表政府施政纲领的地点从国会改为外交部。此后，红衫军示威集会此起彼伏，甚至提出"红遍全国"的口号。阿披实政府采取漠视态度，使得红衫军开始诉诸街头暴力的政治手段，这甚至造成 2009 年 4 月在曼谷召开的东亚峰会被迫延期。2010 年 3 月，红衫军在曼谷再次举行 10 万人的大规模示威集会。起初，红衫军与民主党政府之间尚能保持克制，并未发生暴力冲突。不过，随着 4 月泰历新年宋干节的临近，红衫军占据曼谷商业中心所产生的社会压力不断增加，使民主党政府失去耐心。在"反他信"阵营支持下，民主党政府命令军方于 4 月 10 日和 5 月 14 日先后两次采取军事行动，强行驱散示威集会，结果与红衫军示威者发生暴力冲突，导致至少 88 人死亡，1885 人受伤，以及大量的商铺和民宅被焚毁，从而酿成自 1992 年以来最为严重的政治流血事件。5 月 19 日，历时 69 天的红衫军大规模示威集会在血腥与硝烟之中黯然落幕。

2011 年 7 月的众议院选举中，他信派系依托中下层选民的支持东山再起，为泰党赢得全部 500 席中的 265 席，再次获得简单多数议席。相比之下，"反他信"阵营寄予厚望的民主党仅获得 159 席，根本无力对为泰党形成有效制衡。2011 年 8 月 5 日，他信幺妹英拉·西那瓦（Yingluck Shinawatra）在众议院的总理推选程序中，以唯一候选人身份，赢得全部 500 席中 296 席的支持，顺利当选泰国第 28 任总理，成为泰国有史以来的首位女总理。

由于在 2010 年的政治动荡和流血冲突中，泰国社会和各派力量都大伤元气，因此在选举后，各派都保持了相对克制。再加上英拉以其女性特有的温和与宽容，在一定程度上缓和了他信派系与城市中产阶级和军人集团的紧张关系，使得泰国政局在英拉执政初期表现得较为平稳。不过，随着英拉政府任期进入中盘，他信派系开始试图以众议院的绝对席位优势，推动政治改革，从而为继续执政和他信回归铺平道路。2013 年，他信派系先后提出了宪法修正案和特赦法案。

宪法修正案旨在通过修订 2007 年宪法，使得泰国政治回归有利于他信派系的 1997 年宪法框架，尤其要推动参议院的选举制度改革，废止任命制参议员，使得所有参议员均来自民选。特赦法案旨在通过"一揽子大赦"方式，赦免 2004～2013 年所有政治冲突的相关人员，其中既包括所有参与暴力冲突的示威民众，也包括 2006 年政变后对他信的舞弊指控，以及对阿披实和素贴在 2010 年武力驱散红衫军示威者的谋杀指控。此举不仅引起"反他信"阵营的坚决抵制，也引起"挺他信"阵营的强烈不满。他信派系依托众议院议席优势，在 2013 年 11 月 1 日通过特赦法案审议，结果很快在曼谷地区引发"反特赦法案"的大规模示威集会，并由此掀起了新一轮的政治冲突浪潮。

针对大规模示威集会，英拉发表声明，敦促参议院依据民众利益，慎重考虑是否批准特赦法案。与此同时，为泰党领袖也公开承诺，如果参议院否决法案，将不再重新提起特赦法案，也不再提起其他任何特赦法案。11 月 11 日，参议院通过投票，以 140 票对 0 票一致否决了特赦法案。不过，否决特赦法案并未满足"反他信"阵营的政治诉求。民主党秘书长素贴，以及其他 8 名民主党议员从国会辞职，直接走上街头领导示威活动，号召民众采取非暴力不合作方式，迫使英拉下台。

2013 年 11 月 20 日，宪法法院判决 2007 年宪法修正案的程序与内容违宪，依法无效。对此，为泰党进行了公开抵制，声称宪法法院无权进行判决。为泰党的政治表态，进一步激化了"反他信"与"挺他信"阵营的政治矛盾。11 月 23 日，"反他信"阵营开始在曼谷举行 10 万人的大规模反政府集会。次日，"挺他信"阵营的红衫军也聚集 4 万多人，开始在曼谷举行大规模的示威集会，矛头直指宪法法院。11 月 25 日，"反他信"

抗议者在素贴率领下，开始围攻政府部门，并攻占了财政部、预算局、外交部等要害部门。英拉政府援引国内安全法，开始在曼谷及其周边地区实行管制。12月8日，民主党所有的153名众议院议员集体辞职，进一步对英拉政府施加压力。

面对"反他信"阵营的步步紧逼，英拉政府于12月9日宣布解散众议院，提前举行全国大选。不过，英拉政府此举并未取得预期成效，原因是鉴于他信派系在中下层民众支持下连选连胜的历史，"反他信"阵营毫无信心在2014年2月2日的众议院选举中胜出。尽管军警为选举提供了重要的安保支持，但"反他信"阵营依然在全国范围内，尤其是南部各府通过暴力方式阻碍选票运输，结果造成甲米、普吉、宋卡等9个府因缺少选票而被迫取消投票，全国共有28个议席由于抗议活动未能产生合法议员。3月21日，泰国宪法法院以6票对3票，判决英拉政府通过王室法令解散众议院违宪。由于该法令的影响，2月2日当天选举工作未能在全国范围内完成。宪法法院在判决中对"反他信"阵营通过暴力手段破坏选举的行为置若罔闻，引起"挺他信"阵营不满，被指责为"司法政变"。5月7日，泰国宪法法院在"反他信"阵营的支持下，通过对一起职务调动争议的旧案判决，罢免了英拉及其他9名同意该职务调动的内阁部长。英拉被罢免后，他信派系随即推选副总理兼商业部长尼瓦塔隆出任看守政府总理，但曼谷局势进一步恶化。

2014年5月20日，泰国陆军司令巴育上将援引1914年《戒严法》赋予的权力，宣布在全国范围内实行戒严。5月20~22日，军方两次召集冲突各方谈判，试图达成和平解决方案，但未能取得成效。5月22日晚，巴育上将通过电视讲话，宣布军方发动政变，推翻看守政府，设立"全国维持和平与秩序委员会"（以下简称"维和委"）接管国家权力。随后，维和委宣布废止2007年宪法。5月24日，维和委解散参议院，全面接管立法权，并开始通过指令方式督导司法权运作。5月26日，普密蓬国王正式任命巴育上将治理国家，为其提供了合法性背书，从而标志着军方政变正式成功。

　　2014 年军事政变后，泰国政治的紧张局势趋于缓和。各派力量在军方戒严令的压制下，保持了隐忍和克制。以巴育上将为首的政变集团，也并未像 2006 年的政变集团那样刻意地保持低调，而是以相当高调的态度，表现出主持和推动国家改革的强硬立场。5 月 30 日，巴育上将在电视讲话中，提出了"三步走"的民主路线图：第一阶段是调停国内矛盾；第二阶段是成立过渡政府，起草新宪法；第三阶段是在民主制度下，进行各方都能接受的选举。7 月 31 日，普密蓬国王批准了维和委遴选的国家立法议会议员名单，其中过半数为现役或退役军警高官。8 月 21 日，维和委主席巴育上将作为唯一候选人，通过国家立法议会审议，以 191 票赞成、3 票弃权，顺利当选泰国第 29 任总理。

　　从发展过程来看，泰国目前处于从威权体制向民主体制过渡的政治转型过程。因此，利益集团的矛盾与冲突、政治格局的瓦解与重组，都将在相当长的时期内反复出现。泰国民主政治的成熟与完善，还有很长的路要走。

第七节　著名历史人物

一　兰甘亨大帝

　　兰甘亨大帝（1275～1317 年在位）是素可泰王朝的第三任国王，前国王般蒙之子。兰甘亨王继位后，成功地处理了与周边国家的关系，如他首先同北方的两个泰族国家兰那泰、帕耀结盟，同时与中国的元朝建立友好关系，然后乘东邻吴哥王朝（吉蔑帝国）衰落和西邻缅甸被元兵沉重打击的有利形势，不断扩张其势力，使素可泰的版图不断扩展。在国内政治上，兰甘亨国王推行新的制度，不仅首创了军政合一的政治制度，而且还建立了原始民主政治。在经济上，他采取鼓励生产、予民生息的经济政策，统一货币，统一度量衡，使素可泰出现空前的繁荣景象。他吸取外来文化的精华，在对高棉文改造的基础上，创立了统一的文字。

鉴于兰甘亨国王不朽的历史功绩，泰国人民尊称他为大帝。

二　朱拉隆功大帝

朱拉隆功大帝是拉玛四世的儿子，1868 年即位时年仅 15 岁。因尚未成年，国家政务由摄政委员会掌管至 1873 年。朱拉隆功自幼接受西方文明的熏陶，出访过欧洲多国，精通英文、泰文、梵文和巴利文。丰富的知识和阅历使年轻的国王朱拉隆功在执政期间获益匪浅。在他亲政的 37 年中，泰国推行了全方位的改革，取得了令人赞叹的成就。他是泰国历史上不可多得的明君，也是最有成就的一位君主。朱拉隆功推行的改革主要有以下两个方面。

废除奴隶制和封建的人身依附关系　1874 年，朱拉隆功颁布法令，凡在 1868 年他初次加冕后出生的奴隶，到 21 岁可以获得人身自由。1897 年他又颁布补充规定，凡 1897 年 12 月 6 日以后出生的暹罗人，均不得自卖或被贩卖为奴。1900 年，他又下令取消泰国东北部还在流行的奴隶制。1905 年，他再次颁布法令，禁止贩卖儿童为奴。这一系列法规和条令使泰国存在了多个世纪的奴隶制度寿终正寝。

改革国家行政管理制度　他仿效西方国家议会制度，建立了内阁。在地方行政方面，他把全国划分为 18 个省，省下设郡，郡下设县，县下设区和乡。他废除了封爵授田制度，改行薪俸制。同时他还整顿了国家的财政、税收和金融体制，将王室的财产同国库分开，将王室预算和国家预算分开，让财政部统一管理国家财政，发行统一货币。

除此之外，在司法制度方面，朱拉隆功向西方学习，制定了民法、刑法和商法，建立了司法机关和相应的执法程序。朱拉隆功在创建现代化军队方面做出了很大的努力。在他的倡导下，泰国实行了义务兵役制，创办了陆军和海军院校。在经济建设方面，朱拉隆功发展现代交通通信、修筑铁路、兴办邮电事业。19 世纪，泰国修建了第一条铁路。19 世纪末至 20 世纪初，泰国还开办了邮政局和电报局。在教育制度方面，朱拉隆功创办了泰国的第一所世俗学校，但该校仅限于培养贵族子弟。1892

年，泰国成立了国民教育部。此后泰国陆续创办了各种学校，如法律学校、医科学校、陆军学校和海军学校。同时，国家还选派青年才俊出国留学。

朱拉隆功的改革措施是全方位的，这些改革促进了泰国的社会经济发展，为泰国成为一个现代国家奠定了坚实的基础。泰国人民为了世世代代缅怀他的丰功伟绩，尊称他为大帝。

第三章

政　治

第一节　政治制度

一　现代政治制度的演变

泰国现行的政治制度君主立宪制确立于 1932 年，在此之前，泰国一直是封建国家，王室控制国家权力。现在，泰国国王虽然是国家元首，但在政治领域中，泰国王室已经远离了政治中心，国王更多只是国家团结和统一的象征。

泰国君主立宪制度的产生是历史的必然。两个世纪以来，西方殖民主义者一直在对东南亚地区进行渗透，觊觎该地的自然资源和市场。在军舰和枪炮的威胁下，东南亚国家先后落入了殖民主义者的手中。在殖民主义者，主要是英、法两国的压迫和争夺下，泰国也面临着民族生存的危机。

1855 年，泰英签订《鲍林条约》后，法国对暹罗也采取了积极的外交攻势。暹罗政府为了争取法国的外交支持，平衡或抵消英国越来越大的影响，被迫于 1856 年 8 月 15 日与法国签订《法暹通商航海条约》，给予法国人与英国人相同的权益。之后，泰国又相继与丹麦、荷兰等 10 多个国家签订了各种不平等条约。

这时泰国的封建统治已经受到外国势力的严重威胁。英法殖民主义者对暹罗的殖民扩张政策，严重威胁着暹罗的安全和主权。而不平等条约的签订，使英、法两国不断加强对暹罗的政治、经济渗透，暹罗被纳入了世界资本主义经济体系，这些对暹罗早已孕育着的资本主义萌芽起了促生作用。但是，暹罗自给自足的自然经济结构、封建的人身依附关系和奴隶制度，不能适应当时暹罗社会政治经济生活中所出现的种种变化。为巩固国家的独立和维护封建君主专制制度的统治，并加速暹罗社会向现代化发展，实行社会政治经济改革，就成为历史发展的必然要求。

当时的国王拉玛五世朱拉隆功顺应历史潮流仿效西方进行了大规模的政治改革。他创立内阁，建立近代的税收和财政制度，使国库与皇库分离，开办学校，修建道路和医院，创建新型军队，等等，这些为泰国走上现代化之路奠定了坚实的基础。但是，拉玛五世的改革并没有触动王室和贵族的利益，国家权力仍旧掌握在国王及贵族的手中。

朱拉隆功的改革不仅推动了泰国社会的进步，而且造就了一批接受了西方新思想的知识分子。这些人推崇西方的君主立宪制，在中国孙中山先生革命思想的影响下，成立了以推翻君主专制为宗旨的政府青年官员联合会，并以联合会的名义在泰国进行反对君主专制的活动。

1929～1933年，世界爆发了席卷全球的资本主义经济危机，当时已经被纳入世界资本主义经济体系的暹罗也受到了严重打击，泰国的社会经济生活受到灾难性的破坏。泰国是一个农业国家，农业生产是其支柱性的经济部门，大米出口是国家创汇的主要来源。在世界经济危机的冲击下，世界市场对大米的需求量大幅度减少，米价急剧下降。除大米之外，其他几种传统出口产品，如柚木、锡和橡胶的出口价格也大幅下降，广大农民蒙受了巨大的经济损失。此外，政府还向他们征收各种赋税，以弥补因经济危机造成的财政赤字。米价下跌和苛捐杂税使泰国农民不堪重负。

在农业不景气的同时，民族工业也陷入了困境。1855年《鲍林条约》签订后，暹罗被纳入世界资本主义经济体系，成了西方列强特别是英国和法国的原料供应地、产品销售市场和资本投资市场。泰国本国的民族工业发展受到种种限制。一方面，由于资金短缺，民族企业严重依赖外国银行和外国资本经营的大企业。外国垄断资本通过资金借贷，控制了暹罗的民族企业。另一方面，当时暹罗的封建剥削关系严重妨碍着国内劳动力市场和商品市场的发展。泰国工人阶级同样没有能逃脱世界经济危机的影响。

他们没有法律保障，劳动强度大，劳动时间长，工资微薄，经常面临失业的威胁。这些都使得泰国封建专制制度处于严峻的危机之中，变革变得不可避免。

1932年6月，不满封建专制、接受了西方新思想的民党举行政变，成立了以披耶帕凤中校为首的临时军政府，签署了泰国临时宪法，确认君主立宪制，终结了当时已经统治泰国达150年的曼谷王朝的绝对统治。泰国开始实行君主立宪制，也就是今天泰国仍然沿用的政治制度。

泰国政治制度发展非常独特，三大政治势力，即军人集团、王室和政党都具有重要的作用。从朱拉隆功时代起，泰国就开始实行文官制度，官僚结构比较稳定。但是，长期以来，不是政党而是军人在泰国政治中扮演着非常重要的角色，主宰着泰国的政治命运。军人执政是20世纪泰国政治的显著特点。

军队是朱拉隆功国王实施改革后势力最强的部门，有广泛的群众基础，是社会流动的有效和重要途径。社会下层人士可以通过从军改善社会地位。1932年以来，泰国发生了25次政变，其中军事政变18次，有8次是军人直接执政，17届政府为军人代理政府，军人总理有7位。但是，泰国的政治动荡对社会的影响相对较小，出现了政局不稳但社会稳的"泰国现象"。进入20世纪80年代以后，泰国政治的发展趋势是军人统治的浓厚色彩逐渐变淡，议会制度开始加强。进入90年代后，随着社会的发展以及经济的增长，泰国政局趋于稳定，军事政变明显减少，民主选举逐渐成为制度，政府换届平稳，泰国政局开始步入民主化进程。

虽然泰国军事政变频发，但政党政治依然发挥着作用。现役军人和退役军人都必须通过组织或加入政党才能合法地掌握政权。军方实力派往往是在政党的派系斗争无法调节的时候才出面干预，并且往往还要借助国王的旨意和威信。泰国军人也没有完全控制从中央到地方的一切权力，领域也受到一定的限制。军人与文人往往是处于分权状态。政府内阁以文人为主，除总理一职由军人担任外，多数内阁部长由军方能够控制的文官出任，而其他技术性较强的职位则仍然由技术官僚担任。在这种情况下，泰国军人干政或政变引起的权力更迭，对泰国的行政、经济生活，尤其是社会生活不会造成严重的影响。

1992 年 5 月发生的流血事件对军人势力是一个重创，但是他们并没有退出泰国的政治舞台，仍然保持着强大的力量。一方面，部分退役军官依靠军方的人脉和资源组建政党，通过民主选举的方式跻身政坛；另一方面，事态紧张时，军方仍会通过军事政变的方式，直接干预政局走势。2006 年 9 月，泰国军方就在时隔 10 多年后，再次发动军事政变，推翻了他信政府。但是，军人干政毕竟只是泰国历史发展的一段插曲，是泰国社会从传统社会向现代社会转变的一个阶段。

当然，泰国政党制度的发展也不是一帆风顺的。自 1928 年泰国建立第一个政党以来，泰国政党已经有将近 90 年的历史了，但在风云际会的泰国政坛中，泰国政党的力量仍然非常弱小，几乎不能发挥长期稳定的作用。泰国的大多数政党是模仿西方的政治理念建立起来的，对泰国的国情缺乏清晰的判断，更没有什么明确的政治主张和政治纲领，即使有一定的纲领，也是短期性的、易变的。正因如此，泰国政党缺乏一贯性和连续性，许多政党都是昙花一现。不仅如此，在军人政府的挤压下，泰国政党还屡遭取缔和禁止，有时甚至长达 10 年之久（1958～1968）。泰国政党不能发挥重要作用的原因还在于，许多政党只有一个总部，无有效的基层组织，各政党既缺乏群众基础，也缺乏利益集团的支持。

1998 年成立的泰爱泰党是泰国政党政治转型的重要标志。该党不仅拥有跨国集团的财力支持，而且拥有多达 1400 万党员，约占泰国选民总数的 30%，同时还通过"草根政策"的扶贫纲领，赢得了占泰国总人口 70% 的农村民众的支持。由此，泰爱泰党不仅在 2001 年的大选中跃居泰国第一大党，而且在 2005 年的大选中囊括了 75% 的议席，实现了泰国历史上的首次"一党执政"，党主席他信·西那瓦也成为泰国首位连任的民选总理。但是，通过"银弹攻势"吞并中小政党的扩张模式，以及放任党内高层舞弊的作风，严重损害了泰爱泰党的凝聚力和号召力，最终泰爱泰党在"反他信"的政治运动中走向覆灭。尽管泰爱泰党于 2007 年 5 月被泰国宪法法院裁定强制解散，但泰爱泰党的党建经验已为各派政党所认同。现在，无论是老牌的民主党，还是泰爱泰党的继任者人民力量党和为泰党，都在努力巩固基层支部的建设和完善亲民务实的纲领。

从前景看，随着泰国社会经济的发展，泰国军队将变得职业化和国家化。泰国政党政治将得到进一步的完善和发展，并且在泰国政治领域中发挥主导作用。

此外，泰国实行君主立宪制以后，国王虽然大权旁落，但在泰国政治的关键时刻，国王仍然有着不可或缺的作用。从表面上看，泰国国王只是一个民族的象征，但国王在泰国政治中仍然具有相当的影响力。1973年军事政变、1992年5月大规模流血事件、2006年的"反他信"政治风暴都因国王的出面，事态才免于进一步扩大，从而维护了泰国的社会稳定。

二 宪法

自泰国开始实行宪政制度以来，所制定的历部宪法都体现了君主立宪的原则，对国王、国会、内阁和法院的职责做了明确的划分和规定。

现行泰国宪法颁布于2014年7月，是泰国的第19部宪法。这部宪法是2014年5月军方政变后，巴育上将委托法学家威萨努（Wisanu Krua-ngam）及其同事蓬披特（Pornpet Wichitchonlachai）共同起草的临时宪法。

2014年泰国临时宪法共有48条，主要包括以下内容：

（一）一般条款

第1条、第2条规定泰国是统一、民主的君主立宪制国家。

第3条规定，国家权力属于全体泰国人。

第4条规定了泰国人的人格尊严、权利、自由、平等。

第5条规定，所有在宪法中未提及的事项，将根据泰国君主立宪民主政府的惯常做法处理，只要相关做法并不违背宪法即可。

（二）立法权力

第6条到第18条规定，泰国在新的永久宪法颁布前，将成立一院制的立法机构，称作"国家立法议会"（National Legislative Assembly），负责行使立法权。国家立法议会由不超过220名成员组成，均由军方政变后成立的"全国维持和平与秩序委员会"（以下简称"维和委"）遴选，并由国王任命。其中，第15条明确规定，国王拥有否决法案的权力。

（三）行政权力

第 19 条到第 20 条规定，泰国过渡政府内阁包括 1 名总理以及不超过
35 名部长，总理由维和委遴选，其他部长由总理遴选，均由国王任命。
其中，第 19 条授权国王在国家立法议会主席建议下罢免总理，但是，该
建议仅能由维和委提出；同时，授权国王在总理建议下罢免内阁部长。

第 21 条到第 25 条规定了国王的部分特权，例如颁布条令、缔结条约
以及政府官员的任命和罢免。

第 42 条规定，维和委将继续存在，并有权监管内阁。

第 44 条规定，维和委主席有权“为了任何领域的改革，推进国内民
众的爱与和谐，或防范、减少或压制任何危害国家秩序与安全、王权、国
民经济或公共管理的行为，无论相关行为发生在国内或国外”颁布法令，
并规定，相关法令将被视为“合法、合宪和最终决定”。

（四）国家改革

第 27 条到第 31 条规定了 11 个领域的广泛的国家改革：政治、公共
管理、法律与司法、地方行政、教育、经济、能源、公共卫生与环境、媒
体、社会以及其他领域。

第 28 条规定成立国家改革委员会（National Reform Council），负责落
实改革。国家改革委员会由不超过 250 名成员组成：76 名成员代表 76 个
府（每府 1 名），1 名成员代表曼谷，其他成员代表前述 11 个领域。所有
成员都由维和委遴选，并由国王任命。

第 30 条在原则上规定了国家改革委员会成员的遴选方式。

由 11 个小组负责从 11 个领域中招募候选人，每个小组负责 1 个领
域。每个小组由 7 名成员组成，成员由维和委从相应领域的专家中任命产
生。11 个小组完成招募后，将候选人名单提交给选举委员会秘书长，后
者将审查每位候选人的背景。审查工作应当在各领域的实体部门推荐适格
者出任候选人后的 10 日内完成，并向相应小组推荐适格的候选人。推荐
工作应当在小组被委任后的 20 日内完成。审查工作完成后，每个小组应
当向维和委交不超过 50 名候选人。

76 个小组负责从 76 个府中招募候选人，每个小组负责 1 个府。每个

小组由 4 名成员组成：各府府尹；各府法院中最优秀的一名首席法官；各府行政机构的一名主要领导，代表各府下属县的社区委员会；各府选举委员会主席。76 个小组完成招募后，每个小组应向维和委提名 5 名候选人。

曼谷小组负责从曼谷招募候选人。曼谷小组由 4 名成员组成，分别是泰国大学校长委员会主席、民事法院院长、1 名代表曼谷府级社区委员会的曼谷公务员、曼谷选举委员会主席。曼谷小组完成招募后，应向维和委提名 5 名候选人。

各小组完成招募并无时间限制。

维和委将在 76 个小组各提出的 5 名候选人中选 1 名，在曼谷小组提名的 5 名候选人中选 1 名，在 11 个小组的提名候选人中任选，但全部选定人数不得超过 250 名。

维和委将建议国王正式任命选定者出任国家改革委员会成员。

有关遴选工作的疑虑与问题，将上报维和委主席做出决定，其决定视为合法。

（五）永久宪法

第 32 条到第 39 条规定了永久宪法的筹备工作。

第 32 条规定成立制宪委员会负责永久宪法起草工作。制宪委员会由 36 名成员组成，均由国家改革委员会主席任命。其中，委员会主席 1 名由维和委提名，20 名成员由国家改革委员会提名，5 名成员由国家立法议会提名，5 名成员由内阁提名，5 名成员由维和委提名。

制宪委员会应当在国家改革委员会举行第一次会议后的 15 日内任命。

永久宪法筹备工作将在国家改革委员会就永久宪法制定向制宪委员会提出建议后启动。国家改革委员会应当在第一次会议后的 60 日内向制宪委员会提出建议。制宪委员会在接到建议后，应在 120 日内完成永久宪法的起草工作。如果未能遵守时间规定，则制宪委员会终结，新的制宪委员会将在 15 日内被任命，并开始起草新的草案。新的制宪委员会可能并不包括任何被解散的制宪委员会成员。

草案完成后，将提交国家改革委员会进行初步审议。初步审议应在国家改革委员会接到草案后的 10 日内完成。在初步审议结束后的 30 日内，国家改革委员会、维和委或过渡政府内阁的任何成员，都可以向制宪委员会提出修改意见。制宪委员会应在 30 日征求意见时间届满后的 60 日内，对接到的修改意见进行审议。

修订后的草案将被提交国家改革委员会，进行整体批准或不予批准。国家改革委员会必须在接到草案后 15 日内做出批准或不予批准的决定，并且草案不得再次修改。如果草案被批准，国家改革委员会主席将呈递国王签署，并由国家改革委员会主席副署。

第 37 条规定，允许国王否决宪法草案。

如果国家改革委员会未能在期限内批准或否决草案，或是草案被不予批准，或是被国王否决，则国家改革委员会与制宪委员会解散。新的国家改革委员会与制宪委员会将被任命，并重新开展上述所有工作。新的国家改革委员会与制宪委员会可能并不包括已解散的国家改革委员会与制宪委员会成员。

第 35 条规定了永久宪法必须具备的 10 点要求，其中包括泰国是君主立宪制国家，建立适合泰国社会的民主政府等不得变更的基本原则。

（六）其他条款

第 26 条规定司法独立。

第 45 条允许宪法法院继续工作，但是要受制于维和委主席的特权。

第 40 条规定通过王室法令，确定国家立法议会、国家改革委员会、维和委、制宪委员会的薪金收益。

第 46 条允许对临时宪法进行修订。规定"如果必要且适当"，维和委与内阁可以联名向国家立法议会提出修正案，国家立法议会需要在接到提议后的 15 日内做出批准或不批准的决定。国王有权否决得到批准的修正案。

第 47 条到第 48 条，对维和委、维和委通过其下属或通过其下属的下属所采取的与政变有关的行动，包括所有命令与声明，均予以合法化。

由于在制宪委员会起草永久宪法过程中，为泰党与民主党等反对派强烈要求巴育政府尊重民意，因此国家立法议会于 2015 年 6 月三读通过了临时宪法修正案，规定在国家改革委员会提交永久宪法草案后，泰国将进行全民公投，如果公投未能通过，将重新启动永久宪法起草程序。

第二节 国会

一 国会的构成与职责

国会是泰国的最高立法机构。1932 年以来的历届泰国国会有一定的差别，有的实行一院制，有的实行两院制。2014 年军事政变后，根据 2014 年临时宪法规定，立法权由一院制的国家立法议会行使。国家立法议会由不超过 220 名成员组成，成员均由维和委遴选，并经由国王任命，主要负责审议政府提案、修改临时宪法、制定法律法规、审议政府预算、监督内阁成员以及政府行政工作、批准与外国签订的条约、通过摄政王人选和修改宫廷法中有关王位继承的条款等。

2014 年 7 月 31 日，国家立法议会的 200 名成员得到任命，其中包括 105 名军官、10 名警官，以及"反他信"阵营的学者、政客和商人。现任国家立法议会主席为蓬佩，副主席为素拉猜、披拉萨。蓬佩曾历任律师行律师、最高法院法官、2006 年政变后的国家立法议会议员、参议员、国会调查员，并曾在判决他信利用总理职权徇私舞弊的案件中担任主审法官，因此是"反他信"阵营的骨干力量。

二 国会选举

通常情况下，泰国每四年举行一次全国大选，由选举委员会负责安排大选事宜。获得众议院议席最多的政党有权出面组织内阁。如果一党未能获得半数以上的议席，可以组成联合政府。总理由国会议长根据议会多数意见提名，由国王任命。内阁成员由总理提名，并由国王任命，任期 4 年。泰国历届政府很少有执政期满的，往往要提前举行大选。总理有权解散议会，提前举行大选。

有资格参加选举的公民必须具备以下条件：有泰国国籍，改变国籍者，必须加入泰国国籍 10 年以上；选举当年 1 月满 20 周岁；户口在本选区。精神病患者、职业宗教者和被判处徒刑者停止行使选举权。

从 1997 年以来，泰国众议院选举采取选区制与政党名单制的复合选举办法。前者是选民在各自选区中对候选议员投票，得票多者当选议员；后者是选民对政党投票，各政党根据得票率分配议席。近年来，由于"反他信"阵营与"挺他信"阵营冲突不断，双方都希望利用选举制度为各自阵营争取优势，因此在大选区制与小选区制、政党名单制全国单一选区与复数选区、选区制与政党名单制所占议席比例等方面，进行了多次变动。2014年军事政变后，有关永久宪法的选举制度设定，成为各方博弈的重要议题。

表 3-1 为 1992~2011 年部分年份泰国众议院选举情况。

表 3-1   1992~2001 年部分年份泰国众议院选举情况

年份	投票率（%）	议席总数（席）	众议院政党（个）	第一大党			第二大党		
				名称	议席数（席）	比例（%）	名称	议席数（席）	比例（%）
1992 I	59.2	360	11	团结正义党	79	21.9	泰国党	74	20.6
1992 II	61.6	360	11	民主党	79	21.9	泰国党	77	21.4
1995	62.0	391	11	泰国党	92	23.5	民主党	86	22.0
1996	62.4	393	11	新希望党	125	31.8	民主党	123	31.3
2001	69.9	500	9	泰爱泰党	248	49.6	民主党	128	25.6
2005	72.0	500	4	泰爱泰党	375	75.0	民主党	96	19.2
2007	85.4	480	7	人民力量党	233	48.5	民主党	165	34.4
2011	74.0	500	11	为泰党	265	53.0	民主党	159	31.8

资料来源：2001 年以前数据来自 Michael H. Nelson, "Thailand," in *Elections in Asia and the Pacific: a Data Handbook*, Vol. 2, Oxford University Press, 2001；2001 年以后数据来自国际在线网站。

第三节   王室

一   王室在政治生活中的作用

近代以来，一些东方王朝纷纷失去了自己的家园和权力，泰国王室却仍然能够生存，说明泰国王室确实有存在的理由和能力。"为了暹罗人民的利益和幸福，我们将力求统治的公正。"每一位泰国国王戴上沉甸甸的王冠的伊始，都会面对欢呼的泰国人民发出上述誓言。尽管这个誓言显得质朴，但是却反映了有着漫长历史的泰王朝的统治精粹。

19 世纪以来，西方列强荷枪实弹，以坚船利炮的强权，征服了亚洲的许多国家。在列强的铁蹄之下，这些国家丧失了主权，成了任帝国主义扩张和宰割的羔羊。尽管泰国也曾受到外来势力的欺凌和威胁，但是，泰国人民始终没有屈服，成为东南亚地区唯一避免了被殖民命运的国家。泰国国王作为国家的精神象征和领袖，始终鼓舞和领导着泰国进行不屈的斗争和努力。可以说，泰国保持了国家的独立和民族的尊严，与泰国国王和王室的作用是分不开的。

1932 年，泰国宪法确立了泰王国实行以国王为国家元首的君主立宪制。国王具有至高无上的地位，是泰国武装部队总司令和宗教的最高护卫者。国王享有不可冒犯的地位，任何人都不能控告和指责国王。作为一个君主立宪制国家的君主，当今国王在政治领域的活动范围受到一定的限制。尽管如此，通过建议、表达个人的观点等形式，国王仍然能够在政治领域中发挥积极的作用。泰国国王的威信不仅存在于普通的百姓当中，而且上流社会也非常尊敬他，以至于当国内发生重大事件时，国王在关键时刻挺身而出，一言九鼎，起着中流砥柱的作用。在相当长的历史时期中，泰国军事政变和政治动荡事件时有发生。每当国家处在危机之中时，责任和对人民的热爱使普密蓬国王挺身而出，以从容的智慧和非凡的影响力，平息了各种流血事件。

和绯闻不断的欧洲王室不同，泰国王室成员的生活一直比较低调，从来不公开谈论私人话题，政府也不鼓励媒体关注王室生活，因此王室成员普遍受到人民的尊敬。

二 王室的主要成员

国王普密蓬·阿杜德（King Bhumibol Adulyadej），拉玛九世 1946 年即位，1950 年 5 月 5 日加冕。拉玛九世是现今世界上在位时间最长的国王。其父是拉玛五世所生的第 69 位王子，母亲是平民出身的诗纳卡琳皇太后

（Srinagarindra）。

拉玛九世 1927 年 12 月 5 日生于美国马萨诸塞州的剑桥市，在泰国的历代君主中，他是唯一出生在美国的国王。普密蓬的诞生对古老的曼谷王朝十分重要，因为他是拉玛五世朱拉隆功国王的直系孙子。普密蓬的父亲玛希隆王子是朱拉隆功国王所有儿子中最具有现代思想的人，他的一生都在努力促进泰国向现代化方向发展，并把一生的精力都投入了泰国的医学事业，因此，又被人们敬称为"泰国现代医学之父"。

虽然国王生活在王室，但他的幼年生活也有着不幸。父亲去世时，普密蓬才两岁。失去父亲的普密蓬王子在成长道路上有着独特的艰辛。所幸的是，也许正因如此，王子在成长的道路上更加独立和努力。在曼谷幽静的玛丁黎尹学校结束了幼年教育后，普密蓬王子与家人一道去了瑞士洛桑。在这个风景如画的欧洲小国，他完成了中学学业，开始学习自然科学。这段经历使他认识了世界，开拓了眼界。1946 年，由于当时的泰国国王普密蓬的哥哥去世，他中断了在欧洲的求学。这个事件改变了普密蓬王子的人生道路，把时年仅 19 岁的他推上了历史舞台。1950 年，普密蓬回国行加冕礼，在万众的欢呼声中登上了泰国王位，是为曼谷王朝拉玛九世。加冕仪式结束后，国王又返回了瑞士，在那里继续他的学业，并生下了大公主乌汶·叻达娜。1951 年，普密蓬国王回到了祖国，从这时起，普密蓬国王的命运就和泰国人民紧紧地联系在了一起，与泰国人民共同经历了风风雨雨，成为泰国历史上在位时间最长的国王，也是最受人民爱戴的国王之一，被泰国人民尊敬地称为"大帝"。

普密蓬国王热爱生活，多才多艺。早年的欧洲教育培养了国王广泛的兴趣和爱好。他在语言方面颇有天赋，能讲 6 种欧洲语言，如英语、法语和德语，这与他早年游历欧洲分不开。

除此之外，国王对琴棋书画均有浓厚的兴趣，且在这些方面都有相当的造诣。他在流行音乐、绘画、摄影和体育运动方面，表现出了很高的天赋。

在音乐方面，国王充满了艺术激情，这使他成为一个成功的作曲家。普密蓬国王创作了 40 多首在民间广为流传的歌曲。1980 年，联合国教科文组织的《亚洲太平洋之歌》系列编选了他创作的歌曲《语丝》，该曲被誉为泰国音乐史上划时代的作品。国王是维也纳音乐学院的荣誉院士。

普密蓬国王喜爱运动，是驾驶快艇和风帆的高手。他曾于1967年代表泰国参加第四届东南亚运动会，并荣获风帆金牌。为了表彰泰国国王对体育运动的贡献，1987年国际奥委会执行委员会授予他奥林匹克最高荣誉勋章。赛车也是国王深爱的运动，年轻时国王在瑞士公路上赛车时发生车祸，右眼受伤，从此国王在公开场合露面都戴眼镜。

普密蓬国王还出版过画集，设计过游艇。2000年在比利时布鲁塞尔举行的第49届世界科技发明奖博览会上，国王发明的用于治理废水的充气式水车荣获"世界杰出发明奖"和"优秀研究成果奖"两项国际大奖。泰国参展团原本并没有计划将国王发明的充气式水车送去评比，只是想借这个机会向世人展示国王的多才多艺和保护生态环境的远见卓识。但博览会评委会认为，充气式水车具有极高的创造性，它的技术虽然简单，但构思巧妙，能够有效地治理废水、减少污染，在世界各国都具有广泛的实用性，并将造福子孙后代。2007年1月，世界知识产权组织（WIPO）将首届"全球领袖奖"（Global Leaders Award）授予拉玛九世，以表彰他作为发明人和利用知识产权促进发展的积极宣传者，在维护和促进知识产权保护方面取得的成就。这些才能增添了普密蓬国王的魅力，使之在泰国人民中具有很高的威望，并成为泰国人民崇拜、模仿的典范和道德的楷模。

国王非常关心民众的疾苦，把百姓的疾苦时时放在心中。50年前，国王还创立了私人济贫工程，该工程也被称为"王家工程"。第一项工程是在佛统府推行的仑坤汇农业发展计划。今天，仑坤汇区已经成为著名的农产品和水果生产基地。到目前为止，这类工程的项目已经超过了1800项，广泛涉及农业、环境、公共卫生、就业、水利建设、通信系统和社会福利等。

自然灾害发生时，国王经常亲临现场鼓励灾民振奋精神，重建家园。泰国是一个农业国家，国王非常关心农业的发展。他规定每年的5月5日为"农民节"，以此庆祝农业的成就，也提醒人们不要忘记农民的艰辛。在农民节时，国王亲自发表文告，号召全国人民重视农业。他常常带着相机，夹着地图，巡视和考察穷乡僻壤，与农业专家一道制订农业发展规划，资助建立水稻等农作物优良品种的培育和研究中心，兴修水利，改良土壤等。国王在王宫辟有一块 300 平方米的土地，用来种植水稻和蔬菜。在处理完国事以后，国王常到田里松土、除草、打药。每逢客人来访，他还拿出自己的成果招待来宾。对于泰国农村的发展建设，拉玛九世于1994 年在实践的基础上提出了"新理论"模式，倡导自给自足的发展道路。泰国民众都亲切地尊称拉玛九世为"农业国王"。拉玛九世在社会发展方面所做出的贡献，不仅为泰国民众所尊崇，而且也得到了国际社会的广泛赞誉。1988 年，拉玛九世被授予"拉蒙·麦格赛赛奖"。该奖项设立于 1957 年，专为表彰为亚洲社会发展做出无私奉献的杰出个人，被誉为"亚洲诺贝尔奖"。2006 年，联合国开发计划署将"人类发展终身成就奖"授予拉玛九世，以表彰他登基 60 年来为改善泰国人民的生活所做出的贡献，这是该奖项首次颁发给个人。

通过长期的社会实践，拉玛九世对泰国社会经济的发展形成了深刻的认知与理解，并在此基础上于 1997 年提出了"知足经济"哲学，倡导适度、稳健、以人为本的发展道路。"知足经济"哲学得到泰国各界的广泛认同与拥护，不仅成为泰国第九个（2002～2006）和第十个（2007～2011）国民经济与社会发展计划的指导原则，而且被明确写入 2007 年颁布的泰国第 18 部宪法，作为指导社会经济发展的政策方针。

毒品泛滥曾对人民的生命财产造成严重威胁。为了消除毒品的危害，国王帮助山区种植毒品的农民改种蔬菜和其他农作物。国王的这一行动受到了国际社会的普遍赞誉。

国王十分重视泰中关系，认为泰中关系密不可分，而且对维护本地区的和平与稳定有着重要的作用。国王赞赏中国经济发展取得的成就，认为中国经济的发展对周边国家的发展和稳定十分有利。1987 年，为庆祝泰国国王 60 岁诞辰，中国政府在泰国捐建了一座中国园林"智乐园"。

王后诗丽吉（Queen Sirikit） 1932 年诞生于曼谷的一个显赫的王族家庭，王后在曼谷度过了美好的幼年和满怀憧憬的少女时期。她的父亲曾经任泰国驻多个西方国家的大使，诗丽吉随父去了欧洲许多国家。在欧洲这块充满异国风情的土地上，诗丽吉受到了非常好的教育。她精通英语和法语，弹有一手好钢琴。1948 年，端庄贤淑的诗丽吉小姐在巴黎遇见了年轻的普密蓬。1949 年，这对情深意浓的年轻人订了婚。1950 年，二人自欧洲返回泰国，共行结婚大礼。同年 5 月，她被册封为王后。欧洲的经历丰富了诗丽吉的阅历，使她不仅能够成为仪态万方的贤良王后和万民的楷模，而且也使她在协助国王处理国家大事方面游刃有余。1956 年，国王即位后按照泰国王室惯例和宗教习惯，必须剃度出家修行 15 天。1956 年，在国王出家修行期间，诗丽吉王后任摄政王代理国事，初显其治国理家的才能。诗丽吉王后关心泰国的教育事业，获得了高等学院的荣誉博士称号。诗丽吉王后十分关心社会公益事业，她是泰国红十字会的会长，除了努力资助地方医疗事业外，还尽力帮助穷人，兴办难民营，收容和救济印支难民。泰国人民十分爱戴和拥护端庄、贤淑、善良、母仪万方的诗丽吉王后。她的生日 8 月 12 日也被政府定为"母亲节"。

国王夫妇育有子女四人，分别是大公主乌汶·叻达娜、王储哇集拉隆功、二公主诗琳通、三公主朱拉蓬。

大公主乌汶·叻达娜（Princess Ubol Ratana） 1951 年 4 月 5 日，乌汶·叻达娜公主出生于瑞士风景如画的美丽小城洛桑。1973 年，乌汶·叻达娜公主毕业于美国马萨诸塞技术学院的科学系，获生化学士学位。1972 年，乌汶·叻达娜公主同美国黑人彼得·兰德·杰森的婚姻曾经轰动一时。泰国王室当时坚决反对大公主与西方人的结合，为了阻止这桩婚姻，王室曾经不惜动用包括外交在内的各种手段。乌汶·叻达娜最终选择了放弃王位，与彼得·兰德·杰森结婚。震怒的泰国王室在大公主结婚的当天剥夺了她的"王储"头衔。乌汶·叻达娜公主婚后育有两个女儿和一个儿子，并与丈夫和三个孩子居住在美国。结婚后，公主夫妻在美国开办了一家工程顾问公司，并以此为生。1997 年，公主发现丈夫有了第三者，离婚后带着孩子回到了泰国。近年来，重归王室的乌汶一直致力于各项社会公益事业，并在抵制麻醉品滥用方面做出了杰出贡献，还因此于 2004 年 8 月 26 日获得了世界卫生组织授予的银质奖章。但不幸的是，乌汶唯一的儿子在 2004 年 12 月 26 日的印度洋大海啸中蒙难，年仅 21 岁。

王储哇集拉隆功（Crown Prince Maha Vajiralongkorn）　　王储哇集
拉隆功于 1952 年 7 月 28 日出生在曼谷。王储 4 岁进小学学习，在国内完
成了中学教育，1966 年去英国留学，后于 1972 年 1 月考入澳大利亚的丹特
伦皇家军事学院。1972 年 12 月，哇集拉隆功受册封成为泰国王储，尊号为
"Somdech Phra Boroma Orasadhiraj Chao Fah Maha Vajiralongkorn Sayam
Makutrajakuman"。1976 年 12 月他从澳大利亚学成归国，不久又进入泰国
皇家指挥和参谋学院深造。1982 年 10 月~1983 年 9 月，他先后在美国得
克萨斯州的奥洛克兰空军基地和亚利桑那州的威廉姆斯空军基地接受飞行
特训。此后，他一直坚持飞行训练，并于 1989 年 4 月和 1997 年 5 月，先
后完成皇家空军特种机型累计飞行 1000 小时和 2000 小时的飞行任务。现
在，哇集拉隆功已是泰国空军上将，实现了他少年时的梦想。近年来，他
除继续致力于泰国武装部队的现代化建设外，还经常代表年迈的父王出席
重大的国事活动和祭奠仪式，并协同处理日常政务。此外，他在工作之
余，也十分喜爱诗歌和足球运动。

　　1977 年 1 月 3 日，哇集拉隆功与出身王族的颂莎瓦丽·吉滴耶功
（Soamsawali Kitiyakara）成婚，1978 年 12 月生下长女，但之后于 20 世纪
80 年代离婚。2001 年 2 月 10 日，哇集拉隆功与蒙西拉米·玛希敦·纳阿
育他耶（Srirasmi Mahidol na Ayuthaya）成婚，并于 2005 年 4 月 29 日生下
提帮功（Dipangkorn Rasmijoti）王子，从而正式解决了泰国王室的男性继
承人问题。2014 年军事政变后，蒙西拉米娘家的 7 名家族成员因涉嫌舞
弊被捕，其中包括任职中央调查局局长的王储妃叔父蓬博。2014 年 11
月，王储办公室要求政府剥夺蒙西拉米王储妃亲属的王室赐姓"阿卡拉
邦比查"（Akkarapongpreecha）。2014 年 12 月 12 日，泰国王室发表声明，
蒙西拉米王储妃放弃王室头衔，恢复平民身份，从而意味着王储与蒙西拉
米正式离婚。

二公主诗琳通（Princess Maha Chakri Sirindhorn）　　1955 年 4 月
2 日，二公主诗琳通生于曼谷。诗琳通公主幼年在吉拉达王室学校上学，
学习非常用功，经常获得小学部和中学部全国统考的第一名。1973 年，
诗琳通公主以优异成绩考入著名的朱拉隆功大学。1976 年，诗琳通公主

毕业于朱拉隆功大学语言艺术系，获得语言文学学士学位和连续四年全系考试成绩第一的金质奖章。获得学位以后，诗琳通公主继续她的学术追求，于 1979 年获得东方文学考古学的硕士学位。1980 年，公主又获得朱拉隆功大学的东方语言学硕士学位。1986 年，诗琳通公主获得诗纳卡琳威洛（Srinakharinwirot）大学教育发展专业的博士学位。诗琳通公主随后在朱拉隆功大学继续从事教育行政管理的博士后研究工作。诗琳通公主精通泰文、英文、法文、德文、梵文、巴利文和柬埔寨文。此外，公主还努力学习汉语。

1977 年 12 月 5 日，国王授予诗琳通公主"玛哈却克里暹罗大公主"头衔，全称为"拍贴叻达纳素打·玛哈却克里·诗琳通公主"。在大公主因与美国人的婚姻被剥夺了"头衔"之后，诗琳通公主被晋升为"大公主"，若其王兄不继承王位，诗琳通公主有权继承王位，这使其成为泰国历史上第一位嗣位公主。

诗琳通公主在人民中享有较高的威信，这与公主的平易近人和博学多才分不开。她心地善良，举止端庄，平易近人，务实助人。泰国的老百姓亲切地称她为"我们的公主"。公主经常陪同国王和王后巡视全国各地，体察民情。她参与了王室组织的医疗队，为贫穷农民提供免费的医疗卫生服务。她还负责农村的辅助基金计划，赈济贫苦百姓。

诗琳通公主目前身兼数职，既要处理王室事务，又要主持一些机构的日常工作，还要代表国王和王后接见外宾、出席会议。

从 1981 年 5 月首次访华到 2015 年 4 月，诗琳通公主已先后 38 次访问中国。她对中国人民有很深的感情，在促进中泰文化交流方面做出了卓越的贡献。诗琳通公主不仅获得了北京大学的名誉博士称号，还获得了由中国教育部颁发的"中国语言文化友谊奖"。诗琳通公主曾经花了 6 年的时间将中国作家王蒙的小说《蝴蝶》翻译成泰文，该书于 1994 年在泰国出版发行。诗琳通公主在访问中国时还写作了数本中国游记：《踏访龙的国土》）（1981 年）、《踏沙万里行》（1990 年）、《云雾中的雪花》（1994 年）、《在云南的云下》（1995 年）、《舒畅的冷水》（1997 年）、《回归中国故乡》（1998 年）等。诗琳通公主还出版了诗集《佛教偈语》、《拉玛一世颂》、《献象仪式上的颂歌》、《诗琳通公主诗集》。诗琳通公主的《跟随父亲的脚步》一诗在泰国几乎家喻户晓。

三公主朱拉蓬（Princess Chulabhorn） 1957年7月4日，三公主朱拉蓬出生于泰国曼谷，是国王最小的孩子。朱拉蓬公主学习用功，在学业上取得了很好的成绩。朱拉蓬公主1979年毕业于泰国农业大学化学系，获得有机化学的理学学士学位。1985年，朱拉蓬公主完成了有机化学的博士研究，同年7月取得了玛希隆大学的博士学位。1982年1月，朱拉蓬与平民结婚，后育有两个女儿。按照泰国王家惯例，公主与平民结婚应该辞去公主头衔，但是国王认为公主为国家做出过贡献，无须辞衔。

三 王室爵位、枢密院、摄政及王位继承

泰国王室的爵位分两种。一种是生而具有的世袭爵位，如昭、蒙腊查翁。世袭爵位有一定的限制，如最低的爵位蒙銮就不能世袭，蒙銮的子女与平民地位相同，不再属于王族，另一种爵位是国王对王室成员委以重任时加封的爵位，如王储、帕、公摩、帕翁昭丹、蒙。1932年泰国政治制度改制后，国王基本丧失了加封爵位的权力。现在，除对王子或少数功绩彪炳的王族成员外，国王不能再加封任何爵位。

随着政治制度的变化，具有爵位的王公贵族的权力受到削弱，他们不再拥有昔日的荣耀和辉煌。但是，曼谷王朝毕竟具有悠久的历史，王族们可以失去权力、财产，甚至封号，但却并没有失去萦绕在王族成员头上的光环，他们仍是泰国人民尊敬和崇拜的对象。

枢密院是国王的咨询机构。泰国宪法规定，国王根据自己的意愿任命和选定枢密院的主席和其他14名成员。枢密院成员必须是没有任何政党倾向的人，参议院或众议院议员、常务官员、国有企业工作人员、政党成员或工作人员都不得担任枢密院成员。

泰国宪法还规定，国王出国或因故不能躬政时，必须委任一名得到国会同意的人摄政。如果国王没有委任或者因年幼无法委任摄政时，枢密院提出适当人选请国会审议，国会同意后由议长以国王的名义委任此人为摄政。枢密院主席可在摄政产生前暂时履行摄政的职责。

　　王位的继承则要依照 1924 年关于王位继承的宫廷法的规定，并应取得国会的同意。泰国宪法规定，如果国王没有王太子，国会也可以同意让公主继承王位。当王位空缺的时候，由枢密院提出嗣位人选，报请国会审议，国会同意后即由议长奏请继承人登基并向全国宣布。

四　王室的礼仪

　　泰国王室具有非常复杂的礼仪。泰国的大皇宫分内宫和外宫两大部分，管理十分森严。大皇宫内有许多习俗和规定，任何人都不能违反。内宫是国王的寝居之所，更是禁卫森严，禁止男子入内。在不得不入内的情况下，男子必须在两名内勤人员的严格监视下方得入内，而且是从哪个门进，就得从哪个门出。为了保证王室血统的纯洁无瑕，孕妇也禁止进入。

　　虽说内宫禁止男子进入，但是对和尚却有例外。泰国是一个佛教国家，泰国王室有一个传统，即每天下午和尚要进宫为王室念经祈福和洒圣水驱邪。和尚进内宫的人数限为两人。遇到王室有重大佛事活动，需要斋僧时，也有许多和尚进入内宫的情况。和尚进门时，宫里会给每一位和尚发一块白布手帕，佛事完后，和尚出宫时必须把这块白布手帕交回宫中。这道手续的功能在于检测是否有和尚滞留宫中不出。

　　晋见国王也有一套礼仪，最为常见的是合十膜拜礼和屈膝礼。合十膜拜礼是泰国宫廷相传已久的晋见国王和王后及其他王室成员的专用礼节。合十膜拜礼的姿势为：两腿跪地，男子的臀部坐在脚跟上，女子的臀部坐在脚掌上，双手举起来，在胸前合十，再把合十的双手放到地面，前额低垂至合十的两个拇指上。屈膝礼则是妇女向国王和其他王室成员所行的见面礼。行礼时，身体直立，一腿略向后移，屈膝贴近地面，然后收回。

　　在接受国王恩赐的礼物和向国王敬献礼物的时候，也分别有不同的礼仪，而且，行礼时男女还有区别。如果国王赐物给男子，该男子必须先向国王鞠躬，然后左腿跪下，右腿自然弯曲，右手接物后起立，后退一步，再向国王鞠躬，而后再退三步，向右后转弯，回到原处。女子与男子略有不同，在向国王鞠躬后，接着行跪拜礼，用膝盖跪行，靠近国王后，再行跪拜礼，跪着用右手接物，接物后再行跪拜礼，匍匐后退，然后再行屈膝礼。若恩赐物品较大，则双手接物，后面的礼仪相同。

向国王敬献礼物的时候，必须把礼物放到盘中，双手捧盘，行鞠躬礼，走近国王后，左腿下跪，右腿自然弯曲。国王接物后，敬献礼物者起立，后退一步，行鞠躬礼，若是女子则行屈膝礼，礼毕后退三步，男女分别再行鞠躬礼和屈膝礼，然后向右转弯，回到原位。

第四节　政府机构

内阁是泰国的中央政府，内阁行使行政权力，并向议会负责。内阁包括总理、副总理、政府各部部长和副部长。根据 1997 年与 2007 年宪法的规定，内阁任期为 4 年。总理人选来自众议院议员，由不少于 2/5 的众议院议员提名，经众议院表决并获半数以上票数通过后，由国会主席呈国王任命。总理有权解散议会，提前举行大选，但在解散前必须经内阁同意并呈国王批准，而且在不信任案辩论期间不得解散议会。内阁成员由总理提名，人数不得超过 35 人，需报国王批准。内阁成员必须年满 30 岁，不得兼任众议院议员以及其他任何有职位和薪金的工作。内阁成员上任、卸任必须申报并公布个人财产。总理和内阁成员经常更迭，但是负责日常行政工作的政府各部常务次长以下官员一般不受其变动的影响，政府职能也能够正常履行。2014 年军事政变后，有关非民选议员能否出任总理的问题成为起草永久宪法的重要争议内容，因为非民选议员若被允许出任总理，将很有可能为军人长期干政铺平道路。

内阁在就职前应该向国会发表施政演讲，国会对内阁发表的施政演讲要进行信任投票。在执政中，内阁应当遵循自己的施政演说。如果众议院通过对内阁的不信任案，内阁必须辞职。2014 年 9 月 12 日，巴育总理在国家立法议会上发表了首份报告，重点阐释了过渡政府内阁的施政纲领，主要包括 11 个方面的内容：捍卫与尊崇王室；维持国家稳定与促进外交合作；缩小贫富差距；改进教育和维护宗教与文化建设；提升国民生活质量；提升国家经济实力；加强泰国在东盟共同体中的地位和作用；促进科技发展研究、应用与创新；保护国家资源，实现可持续性发展；促进廉政建设与加强肃贪；优化法律与司法体系。

2002 年 10 月，为了提高工作效率，加强对政府各部门的控制，泰国对国家行政机构进行了改革。改革后的行政部门由原先的 14 个增加到 20 个，包括总理府、国防部、财政部、外交部、农业与合作部、交通部、商业部、内政部、司法部、自然资源与环境部、能源部、教育部、公共卫生部、信息技术与通信部、劳动部、工业部、科学与技术部、文化部、社会发展与人类安全部、旅游与体育部。每个部管辖若干个厅。

各主要部门情况如下：

总理府 负责审定国家预算、统计，制订国家社会经济发展计划等事务。总理府管辖总理秘书处、内阁秘书处、总理府常务次长办公室等厅局部门。

国防部 主管国家防务，制定国防建设的方针、政策。国防部不得直接指挥军队，必须通过最高司令部号令陆、海、空三军。现役军人不能担任国防部长。国防部由次长办公室和最高司令部两个部门组成。国防部辖关防厅、军法厅、军事情报厅、军事兵力厅、军事文牍厅、军事通讯厅、军事地舆厅、军事补给厅、军事研究厅、军事审计办公室、新闻局、维护安全中心、情报行动中心、军事医学科学研究院等部门，并拥有国防学院和三军参谋学校。

财政部 负责全国的税收及财政事务，主要是指导全国金融业务，发行债券，偿还政府的内外债务等。财政部下辖次长办公室、国库司、总审计局、海关厅、税务厅、烟酒专卖厅、国王财产办公室等部门。

外交部 负责处理国家外交事务，如代表国家对外交往、办理出国护照、维护泰国侨民的利益等。外交部辖次长办公室、政治事务厅、经济事务厅、国际组织厅、新闻厅、礼宾处、条约与法律厅、东盟办公室等多个部门。

农业与合作部 负责规划农业发展方向，推行土地改革，保护自然资源，防止自然灾害。农业与合作部辖次长办公室、农业促进厅、合作项目稽核厅、农业土地改革办公室、皇家水利厅、渔业厅、土地规划厅、畜牧厅等若干部门。

交通部　负责全国的公路、铁路、民用航空、江河和海洋运输等工作。交通部辖次长办公室、陆路运输厅、航空厅、海运厅、高速公路厅等部门。

商业部　负责全国的内外贸易，审批商业注册，制定管制进出口货物的措施，管理市场物价、全国的保险业务等工作。商业部辖次长办公室、对外贸易厅、国内贸易厅、保险厅、商业发展厅等部门。

内政部　负责管理地方行政、社会治安、市政建设等方面的工作。内政部辖次长办公室、地区开发局、国土局、防灾减灾局、地方行政管理局等部门。

司法部　主管各级法院的行政事务，但无权过问法院的人事任免和审判工作。司法部辖次长办公室、法律事务办公室、执法厅、最高法院、上诉法院、民事法庭、刑事法庭、中央青少年法庭、司法促进办公室等部门。

科学与技术部　负责领导全国科技研究和成果的引进和应用，辖次长办公室、科学服务厅、和平利用核能办公室等部门。

能源部　负责能源开发、管理等方面的工作，辖次长办公室、矿物燃料厅、替代能源发展与效率厅等机构。

教育部　负责管理各级教育工作。教育部辖次长办公室、教育委员会办公室、泰国教师委员会办公室等部门。

公共卫生部　负责全国的医疗、卫生、保健工作，防治传染病，管制药品与食物，管理医学科学研究，研制医疗器械。卫生部辖次长办公室、医疗服务厅、传染病防治厅、医药科学厅、食品与药品管理委员会等部门。

工业部　负责制订国家的工业计划，领导全国的工业生产，管理和扶助现有工业，管理全国的产品质量。工业部辖次长办公室、产业促进厅、工业生产厅等部门。

此外，泰国还设有国家安全委员会负责国家的安全事务工作。《泰王国国家安全法》规定了国家安全委员会的组成、任务和权力。国家安全委员会的主席由内阁总理担任，委员由最高统帅、国防部长、财政部长、外交部长、内政部长和交通部长等组成。国家安全委员会设负责处理日常事务的秘书长一名。

第五节　司法机构

一　司法制度的沿革

泰国古代法律脱胎于印度的《摩奴法典》。孟人最早将印度的《摩奴法典》梵文本翻译为孟文，并选择了其中的一些条文付诸施行。后来，泰人通过孟人接受了《摩奴法典》，并加以修改而形成自己的法律。早在阿瑜陀耶王朝建立以前，泰国就已经出现了一些成文法，如1241年的《检察总法》、1245年的《奴隶法》、1349年的《债务法》等。

到阿瑜陀耶王朝时期，泰国已经颁布了一系列的法规，如阿瑜陀耶王朝的拉玛铁菩提王在建国伊始，便陆续颁布了一系列的法律：《证据法》（1350）、《叛逆法》（1351）、《取缔拐带法》（1356）、《侵犯人民法》（1357）、《杂事法》（1359）、《夫妻法》（1359）、《强盗法》（1366）等。阿瑜陀耶王朝的戴莱洛迦纳王也制定了《文官统治法》（1455）、《军官及各地方官吏统治法》（1455）、《宫内法》（1450）。虽然这些法律是零散的，但它们反映了阿瑜陀耶王朝建立之初出现的各种社会矛盾和斗争，以及在统治方面的变化。

这些法律大多反映了统治阶级的利益，如《证据法》规定，"不信教者、奴隶、债务人、渔夫、鞋匠、乞丐、娼妓、庸医、职业舞蹈家、幻术家……都不得提供证据"。显然，这些所谓下等人被剥夺了为他人提供证据的法律权利。又如《取缔拐带法》，这部法律主要是针对所谓"拐带奴隶逃亡"而设的。又如戴莱洛迦纳王的《宫内法》是为维护国王的权威和强化王权，防止王室内部篡位而制定的。《宫内法》包括礼仪、百官职守、刑罚三方面的内容。任何人犯法都得受罚，不过为显示王亲贵族与一般庶民的区别，规定对爵位高的犯法王子用金质脚镣，对爵位较低的犯法王子用银质脚镣，以及用檀香木棍处死的程序。

阿瑜陀耶王朝的法律主要分为两类。一类是《皇朝法典》，其内容分两大类，共 39 条：有关法官的有 10 条条文，有关诉讼的有 29 条条文。这些法律条文涉及借贷、财产继承、盗贼、斗殴、婚姻、叛逆等诸方面的问题。《皇朝法典》是阿瑜陀耶王朝关于人权、职责的民事和刑事法典。另一类是历代国王处理诉讼的案例，它是后人断案的依据，也是新颁布法律的主要内容。

阿瑜陀耶王朝的诉讼裁判权由宫中精通《摩奴法典》的婆罗门教士执掌。泰国从戴莱洛迦纳王开始设立法庭，并将法庭事务交由宫务部管理，由精通法律的婆罗门教士组成法官团，他们驻于中央法庭的审判官官邸。中央法庭主要审理刑事案件，而民事诉讼则委托各级官吏，包括各地的区长、千夫长办理。

曼谷王朝初期十分重视法典的修改完善和法律的制定工作。1840 年，拉玛一世命令将皇宫法庭保存的法律文本与地方法庭的文本及其他附本相比对，结果发现有不少相互矛盾的地方，遂任命 4 名宫廷大臣、3 名法官、4 名法学家组成一个负责整理阿瑜陀耶王朝遗留法典的委员会，职责是检查法律是否合乎巴利文经典，如果不符，必须加以更改。委员会对旧有的法律条文进行分门别类的清理，汇集成一本完整的法典，这就是有名的《三印法典》。除了整理和复原旧有的法律条文外，拉玛一世王还出于加强政治统治的需要，颁布了 45 个法律条文和法令。这些法律条文一直保留至今。

曼谷王朝历代统治者都很重视立法和司法制度，也都制定了一些法律条文。然而，对立法和司法制度进行较大改革的还要数拉玛五世朱拉隆功国王。到拉玛五世时期，曼谷王朝一直沿用的是 1805 年颁布的法律条文。后来，泰国人通过在泰国的传教士、外交官、顾问、商人等的介绍或直接到欧洲访问、学习，开始对西方资产阶级的立法体系有所了解。朱拉隆功国王登基执政以后，以西方资产阶级的法律为蓝本，逐渐制定出各种法律条文。1892 年，暹罗正式成立了司法部，颁布了《暂行司法机关组织法》、《收集及宣判罪证法》、《暂行民事诉讼法》、《刑事诉讼法》、《办理清算破产企业和股份公司的破产诉讼程序法》和《贷款银行营业法》。拉玛五世还聘请外国顾问参与各种法律条文的制定工作，比利时人、日本人和法国人都曾是制定泰国法律的顾问。

拉玛五世以前，泰国没有独立的司法机关，从中央到地方所有的部、局、署等机关都可以受理各种案件。1882 年，朱拉隆功国王颁布法令，规定今后凡需受理的案件必须经司法部门处理。但是，并不是所有部门都将司法权交出，军政部、海军部和宫务部就仍然有自己的司法权。直到 1903 年，司法部才有了统一的司法权。

1907 年，泰国建立了法庭制度，划定了案件审理的级别：各省的法庭属初级诉讼法庭，只能审理判 10 年以下监禁的刑事犯罪案和数额为 5000～10000 泰铢的有关继承、赔偿、罚款等的民事案件；大区法庭属于中级诉讼法庭，受理省院上诉要解决的案件以及特别重大的，即处以 10 年以上监禁的刑事犯罪案件，以及数额为 2 万泰铢以上的民事案件。

1897 年，拉玛五世还创办了司法学校，负责培训司法和检察方面的人才，并派人到外国（主要是英国）接受司法教育。

拉玛五世的立法和司法改革革除了过去无法可循以及随意执法的弊端，为泰国的现代司法制度奠定了基础。

1855 年以来，在殖民主义者争夺东南亚原料市场和销售市场的过程中，泰国先后与若干西方列强签订了不平等条约，这些条约允许西方列强在泰国享有治外法权，泰国在一定程度上丧失了司法独立，沦为半独立国家。

1932 年 6 月泰国的军事政变结束了曼谷王朝的封建独裁统治，建立了君主立宪制度。在政变领导者民党的施政纲领中，首次提出维护国家政治、司法及经济上的独立性的任务。另外，在比里·帕侬荣的主持下该党制定了泰国的第一部宪法。这是一部临时宪法，共 5 章 39 款。临时宪法对国家政权的性质和组成、国王和国民议会之权限，都有明确的规定。

1932 年 12 月，泰国颁布了永久宪法。永久宪法取消了临时宪法对国王权力的限制，是一部倒退和保守的法律。到目前为止，泰国一共颁布过 19 部宪法。由于政治发展经常变动和起伏，泰国宪法变化也非常大，不少宪法生效的时间仅为 2～3 年。现行宪法是 2014 年军事政变后颁布的临时宪法。

二 司法体制与司法程序

法院是国家行使司法权的唯一机构。一切法院对任何案件的审理都以国王的名义进行，并对国王负责。国王可以根据被告的申诉，建议最高法院重新考虑已经做出的最终判决。

泰国有两套独立的司法机构领导法院。一是司法部，法院的建制属于司法部，但司法部只参与领导法院的行政事务而不是法院的业务工作。二是司法委员会，它是司法界的最高权威机构。司法委员会由 13 名委员组成：最高法院院长为司法委员会主任委员；司法部次长、高级法院院长和最高法院第一副院长为委员；另外从在职和退休的法官中各选 4 名作为资深委员；促进司法工作委员会秘书长担任该委员会的秘书长。

泰国法院分为宪法法院、司法法院、行政法院和军事法院 4 种。宪法法院的主要职能是对部分议员或总理质疑违宪的但已经通过国会审议的法案，以及政客涉嫌隐瞒资产的案件等进行终审裁定。行政法院主要审理涉及国家机关、国有企业及地方政府等的诉讼。军事法院主要审理军事犯罪和法律规定的其他案件。司法法院主要审理不属于宪法法院、行政法院和军事法院审理的所有案件。

泰国的司法法院分为三级：初级法院、上诉法院和最高法院。初级法院审理各地发生的民事、刑事案件和其他案件。初级法院享有判决权。全国每一个府都有初级法院。初级法院一般由民事法庭、刑事法庭以及青少年法庭组成。

全国只有一个上诉法院，该法院设在曼谷，负责审理除中央劳工法庭以外的所有下级法院、法庭的案件。上诉法院的院长由司法部上诉法院工作厅厅长担任，上诉法院审理案件时必须有两个以上的法官在场。

最高法院是审判的最高权威机构，受理经上诉法院判决后被告仍然不服的上诉案件。最高法院的判决是终审判决，如被告仍然不服，可在接到判决的 15 天以内，恳请改判。最高法院审理案件时，至少要有 3 个法官参加。如果被告对最高法院的终审判决仍然不服，还可以向国王直接上诉，恳请减免刑罚。

为了解决劳资问题，1980年，泰国还在曼谷建立了中央劳工法庭，专门审理劳动就业方面的诉讼案件。

各级法院的法官和审判长的任免都得经参议院提名，并呈请国王签署任免令。

法官的法定退休年龄为60岁，可以延长到65岁。泰国宪法规定法官和其他司法官员不能担任政务官员，不得参加政党活动。

第六节　主要政党和社会团体

泰国是实行多党制的国家，但政党出现的时间并不是很长。20世纪30年代初期，一批曾经留学西方的青年，受西方议会民主思想的影响，成立了泰国的第一个政党——民党（People's Party）。民党的创始人是1932年革命的发动者比里·帕侬荣。最初民党是以"人民派协会"注册的。1946年，泰国宪法第一次允许人们组织政党，泰国出现了许多政见不同的政党。此后，泰国军人政府曾多次取缔政党，一些政党因此而消亡。1974年10月，泰国重新颁布了政党条例，泰国又出现了多政党的局面。现在，泰国注册的政党达数十个之多。泰国的许多政党都不乏大财团的支持，有的政党领袖本人就是实业家，但大多没有深厚的群众基础。

泰国政坛现有的两大政党是他信派系的为泰党与"反他信"阵营的民主党。

为泰党（Pheu Thai Party）　成立于2008年9月，现任党主席乍鲁篷，秘书长普坦·卫差亚猜。该党拥有执委21人，在全国设有5个支部，现有党员134906人。作为他信派系的政党组织，其前身是泰爱泰党与人民力量党。

泰爱泰党于1998年7月由泰国"电信大亨"他信·西那瓦创建，一度拥有党员1400多万，占泰国选民总数的近1/3。在2001年众议院选举中，泰爱泰党提出了"新思维，新行动"的口号，倡导建立廉洁、高效的政府，推行"草根政策"，增强农村扶贫力度，建立完善的社会保障体系，维护中下层民众权益，并通过扩张性财政政策拉动经济复苏。这一施政纲领很快获得了一直处在 1997 年金融危机阴影之下的泰国选民的认同，再加上西那瓦家族为首的各财团的雄厚资金支持，泰爱泰党在众议院大选中一举击败了执政党民主党，获得了众议院 500 席中的 248 席，牵头组阁。此后，泰爱泰党又相继合并了拥有众议院 14 席的自由正义党（2001 年 2 月）、拥有 36 席的新希望党（2002 年 2 月）、拥有 29 席的国家发展党（2004 年 9 月），成为泰国政坛自 20 世纪 70 年代军人专制结束以来最具影响力的政党。2005 年众议院选举中，泰爱泰党再次胜出，赢得众议院 500 席中的 377 席，实现泰国历史上的首次"一党执政"。但是，泰爱泰党的政治扩张随后受到各派势力的联合抵制。2006 年 2 月，泰爱泰党在大规模"反他信"政治运动的压力下，被迫解散国会。9 月，他信看守政府被军事政变推翻。2007 年 5 月，泰国宪法法院宣布强制解散泰爱泰党，并判决包括他信在内的 111 名泰爱泰党执行委员禁止从政5 年。

2007 年 7 月，他信派系通过对人民力量党（1998 年成立）的重组，使之成为泰爱泰党的继承者。"他信密友"沙玛·顺通卫出任党主席，素拉蓬·瑟翁利出任秘书长。2007 年众议院选举中，人民力量党在中下层选民支持下，赢得全部 480 席中的 233 席，成为泰国第一大党。2008 年 1 月，人民力量党与泰国党（37 席）、为国党（24 席）、同心发展泰国党（9 席）、中庸民主党（7 席）和皇家人民党（5 席）联合组阁，沙玛出任泰国第 25 任总理。不过，由于沙玛上台后推动宪法修正案，旨在为他信的政治回归铺平道路，结果引起"反他信"阵营新一轮的反政府运动浪潮。2008 年 9 月 2 日，选举委员会经过表决，全票通过"人民力量党在 2007 年 12 月众议院选举中存在贿选行为，应予取缔"的裁定；12 月2 日，宪法法院判决强制解散人民力量党、泰国党以及中庸民主党，并宣布禁止 3 党共计 109 名执行委员在 5 年内从政。

2008 年 12 月，他信派系通过对为泰党（2007 年成立）的重组，使之成为人民力量党的继承者。但是，由于党内"奈温之友"派临阵倒戈，为泰党未能全盘继承人民力量党的政治遗产，他信派系拥有的众议院议席从 233 席降至 149 席，并在随后的总理推选中惜败于民主党。不过，得益于中下层选民对他信派系的支持，在 2011 年众议院选举中，为泰党赢得全部 500 席中 296 席的支持，他信幺妹英拉顺利当选总理，并成为泰国首位女总理。2013 年，为泰党试图推动宪法修正案和特赦法案，结果引起"反他信"阵营强烈反弹。2013 年年底，英拉政府迫于压力提前解散国会，但是政治冲突却愈演愈烈。2014 年 5 月，泰国军方发动政变，推翻英拉看守政府，为泰党再次遭受重创。

民主党（Democrat Party） 成立于 1946 年 4 月，是泰国历史最悠久的政党之一，现任党主席阿披实·维乍集瓦，秘书长朱蒂·格勒。该党拥有执委 34 人，在全国设有 175 个支部，现有党员 289.6 万人。

民主党成员主要为政界、法律界、经济界人士及其他知识分子。民主党主张议会民主，反对独裁，主张建立与国家资源和需求相适应的工业、农业和旅游业，改革税收制度，保护私有化和自由贸易体制，缩小贫富差别等，主张对外发展与各国的友好关系，实行大国平衡政策。2001 年众议院选举中，民主党获得 500 席中的 128 席，虽然保持了第二大党的地位，但却未能参与执政联盟。随着曾两度出任总理的川·立派辞去主席一职，民主党内少壮派与元老派的矛盾不断激化，不少资深政客"跳槽"其他政党，这明显削弱了民主党的实力。2005 年众议院选举中，民主党的席位进一步降至 96 席，沦为中型政党。不过，民主党在泰国南部的选民基础仍然十分稳固。2007 年众议院选举中，民主党赢得 165 席，占到众议院议席总数的 34.4%，创下历史新高。2008 年 12 月，他信派系的人民力量党被强制解散，民主党趁势上位，党主席阿披实出任泰国总理。2011 年众议院选举中，民主党再次受挫，仅获得 159 席，未能保住总理宝座。在 2013 年年底到 2014 年年初的"反他信"政治运动中，民主党始终站在第一线。民主党秘书长素贴，以及其他 8 名民主党议员从国会辞职，直接走上街头领导示威活动，甚至率众围攻政府部门，攻占财政部、预算局、外交部等要害部门。2013 年 12 月 8 日，民主党所有的 153 名众议院议员集体辞职，旨在对英拉政府施加压力。不过，民主党引发的政治运动，最终未能达成取代为泰党的政治目标，而是为军方做了嫁衣裳，成为2014年军方政变的政治口实。

除为泰党与民主党外，泰国政坛目前的中小政党还有自豪泰党、泰国发展党、为国发展党等。

自豪泰党（Bhumjaithai Party） 成立于2008年11月，现任党主席阿努廷·参威拉军，秘书长萨沙扬·奇初。该党拥有执委9人，在全国设有5个支部，现有党员153087人，在2011年选举中获得众议院33个议席。

泰国发展党（Chart Thai Pattana Party） 成立于2008年4月，现任党主席提拉·翁萨姆，秘书长潘贴·素里萨廷。该党拥有执委11人，在全国设有9个支部，现有党员26069人，在2011年选举中获得众议院19个议席。

为国发展党（Chart Pattana Party） 成立于2007年10月，现任党主席宛纳勒·参努军，秘书长巴瑟·本猜素。该党在全国设有4个支部，现有党员19589人，在2011年选举中获得众议院7个议席。

泰国主要社会团体如下：

泰国劳工大会 1978年成立，是泰国最大的工会组织，有96个基层工会和16万工会会员，1979年加入国际自由工会联合会。

泰国全国妇女理事会 1956年成立，是泰国诗丽吉王后赞助的全国性组织，有96个团体会员，会员都是上层社会的妇女。

泰国红十字会 1883年成立，1921年加入国际红十字会。会长是诗丽吉王后，副会长是诗琳通公主。

泰国佛教协会 佛教徒的全国性组织，获王室赞助。

泰中友好协会 1976年3月在曼谷成立，有近10个分会。泰中友好协会的宗旨是促进泰中两国人民之间的相互了解和友谊，加强泰中文化、艺术、体育的交流。

泰国中华总商会 该会是泰国华人和华侨的最高团体，以办商务为主，兼办社会福利事业。

第七节　著名政治人物

一　他信·西那瓦

他信·西那瓦（Thaksin Shinawatra）1949 年 7 月 26 日出生在泰国清迈府，兄弟姐妹 9 人，他信排行第二。夫人朴乍曼·西那瓦（Potjaman Shinawatra）为现任西那瓦集团董事长。两人育有 1 子 2 女。他信是第四代泰国华裔。他信的曾祖父是中国福建省邱氏客家人，清朝末年，他到泰北以经商谋生。他信的父亲既是一位成功的商人，也是一位成功的政治家，他发起和组织了泰国独立党，并多次当选为清迈地区的议员和泰国众议院议员。父亲的成功对他信的人生道路有极大的影响。他信自幼学习刻苦勤奋，1969 年考入曼谷警官学校，并以全校第一名的成绩毕业，后在泰国警察厅工作。1973 年，24 岁的他信获得政府奖学金，赴美国东肯塔基大学攻读犯罪学，获得硕士学位。1979 年，他信再赴美国，在美国休斯敦得州州立大学获得犯罪学博士学位。1983 年，他信创办了西那瓦电脑服务与投资公司。1984 年，他信晋升为警察中校，在国家警察总署电脑部负责计划与改进电脑程序工作。他信在经商方面取得了很大的成就。1986 年，泰国政府向私人放开电信业务，西那瓦公司是最早取得电信业务执照的公司之一。1987 年他信弃警从商。他信的公司在经营卫星网络和移动通信方面获得了巨大的成功。1990 年他信的公司上市，基本上垄断了当时泰国的电视卫星和移动电话行业。到 20 世纪 90 年代中期，他信已拥有 4 家上市公司中超过 50% 的股份。泰国、其他东南亚国家及西方的媒体皆称其为"电信巨子"。

他信于 2000 年入选《财富》杂志，成为世界上最富有的 500 人之一，也是入选的唯一一个泰国人。他信 1994 年起从政，同年 10 月出任泰国外长。后来，由于不愿放弃在大公司的职务而与泰国宪法相悖，他信于 1995 年 1 月宣布辞去外长职务。1995 年 5 月 ~ 1996 年 11 月，他信担任泰国正义力量党领导人。1995 年和 1997 年，他信先后两次出任副总理。

1998 年，他信组建泰爱泰党并任主席。2001 年，泰爱泰党在众议院选举中胜出，跃升为泰国第一大党，他信牵头组阁，成为泰国第 23 任总理。2005 年，泰爱泰党在众议院选举中取得压倒性胜利，他信不仅成为泰国历史上首位连任的民选总理，而且成为首位"一党执政"的总理。2006 年 1 月底，他信家族将其拥有的西那瓦集团的近 50% 股份出售给新加坡政府控股的淡马锡投资公司，并规避了巨额的税款，从而引发了大规模的"反他信"政治运动。泰国三大反对党和由 27 个民间组织联合而成的"人民民主联盟"，以腐败和滥用职权为由逼迫他信下台。2 月，他信宣布解散众议院。4 月，军方发动政变，推翻他信看守政府，正在美国参加联合国大会的他信流亡海外。10 月，他信宣布辞去泰爱泰党主席职务。2007 年 8 月，泰国最高法院首次开庭审理他信在任职期间，涉嫌滥用职权使其夫人朴乍曼以低价成功中标曼谷市区一处国有地产的案件。由于身在英国伦敦的他信和朴乍曼未能在法庭传票规定的期限内出庭，法庭决定对他信夫妇发出逮捕令。9 月，泰国刑事法院宣布，由于他信夫妇两次故意忽视传唤，拒绝接受有关其家族逃税案的调查，刑事法庭因此批准对他信及其夫人朴乍曼发出逮捕令。2008 年 2 月，他信归国，结束海外流亡生活，表示不再参与政治，打算过普通人的生活。2008 年 7 月，泰国刑事法院一审判决，以逃税罪判处朴乍曼有期徒刑三年。8 月，他信偕夫人离开泰国，前往英国，并向泰国国家电视台发送一份签字传真文件，宣布在英国寻求政治避难。10 月 21 日，泰国最高法院缺席判决他信滥用职权罪名成立，判决有期徒刑两年，使得他信成为泰国首位被追究刑事责任的前总理。

二 巴育·占奥差

巴育·占奥差（Prayut Chan-o-cha）1954 年 3 月 21 日生于泰国东北柯呖府。巴育早年就读于泰国武装部队学院预备役学校、泰国国防学院、泰国朱拉中高皇家军事学院，历任第 2 步兵师副师长（2002 年）、第 2 步兵师师长（2003 年）、第 1 军区副司令（2005 年）、第 1 军区司令（2006 年）、陆军总参谋长（2008 年）、陆军副司令（2009 年）、陆军司令

（2010 年）。2006 年军事政变后，巴育曾出任国家立法会议议员，并参与了环境与资源委员会的相关工作。巴育是多家企业的执行董事，其中包括泰国国家电力公司。2007～2010 年，巴育曾任泰国石油公司独立董事。2010 年 10 月起，巴育出任泰国军人银行董事，同时兼任军人联盟足球俱乐部主席。

2014 年，泰国国内"反他信"与"挺他信"政治冲突激化。巴育先是反复声明军方将严守中立，而后于 5 月发动政变，推翻临时政府，中止宪法，解散国会参议院，并组建"全国维持和平与秩序委员会"（以下简称"维和委"）接管国家权力，这是自 1932 年民主革命以来的第 12 次夺权。同年 8 月，维和委主席巴育作为唯一候选人，通过国家立法议会审议，以 191 票赞成、3 票弃权，当选泰国第 29 任总理。

三　阿披实·维乍集瓦

阿披实·维乍集瓦（Abhisit Vejjajiva）1964 年 8 月 3 日生于英国。其先祖是从越南移民到泰国的袁氏华侨。阿披实在英国接受教育，毕业于牛津大学哲学、政治和经济专业，获政治经济学学士学位和经济学硕士学位。父母均为医学教授，其父曾担任泰国公共卫生部副部长。1990 年，阿披实返回泰国，两年后步入政界，成为民主党的众议院议员。阿披实先后任众议院议员、总理府发言人、总理副秘书长、众议院教育委员会主席、国务部长等职。阿披实长相英俊，英文流利，擅长演讲，喜欢体育运动，特别是足球，被称为"帅哥"，成为不少泰国人尤其是女性心中的偶像。2005 年 2 月，阿披实当选为民主党主席，成为民主党历史上最年轻的主席。2008 年 12 月，阿披实在众议院总理推选中以 235 票当选，成为泰国历史上最年轻的内阁总理。2011 年 8 月，阿披实连任民主党主席。

第四章

经　济

第一节　概述

19世纪中叶以前，泰国一直处于封闭的自然经济状态。1855年《英暹通商条约》（即《鲍林条约》）签订后，泰国被迅速纳入资本主义的国际市场，开始以单一的稻米生产参与东南亚殖民地的经济分工。存在了400余年的"萨迪纳"制，即泰国封建土地所有制全面崩溃，泰国开始走上资本主义的发展道路。可是，在外国资本的压力下，泰国的民族工业一直得不到发展。直到20世纪60年代初，农业仍是泰国的主导产业。1960年，泰国农业产值约占国内生产总值的33.4%，农业从业人员占劳动力总量的85%以上，而同期制造业产值比重仅为14.5%。但是，自从1961年第一个国家经济与社会发展计划开始实施起，泰国用了不到30年的时间就实现了工业化。总体来看，泰国经济增长率明显高于同期全球经济增长率（见图4-1）。

20世纪70年代后期，泰国的制造业逐步取代农业的主导地位。1981年，泰国的制造业产值首次超过农业，两者在国内生产总值中所占比重分别为22.6%和21.4%。2014年，泰国国内生产总值中农业的比重降到7.11%，而制造业的比重则升至37.4%。不过，需要指出的是，农业所占比重的下降并不意味着泰国农业的衰退。事实上正好相反，泰国政府的"农业工业化"发展模式十分强调农业与工业的协调发展，因此农业在过去半个世纪里的增长相当显著。1961年泰国农业产值仅为10亿美元，而

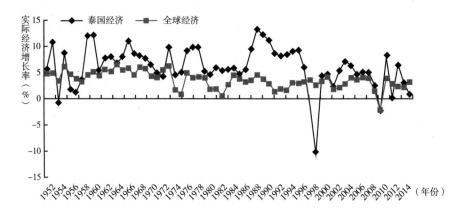

图 4－1 1952～2014 年泰国经济增长情况（以 1988 年不变价格计算）

资料来源：泰国经济数据来自泰国国家统计局；1961 年以后全球经济数据来自联合国统计司，1961 年以前全球经济数据来自安格斯·麦迪森学术网站。

到 2014 年已增至 434.7 亿美元，约为 1961 年的 43 倍。只是由于同期整体经济的增长速度更令人惊叹，农业的发展才显得"停滞不前"了。泰国国内生产总值从 1961 年的 30.6 亿美元提高到 2014 年的 3737.2 亿美元，增长超过 121 倍。此外，由于 20 世纪中期泰国人口增长较快，故而人均国内生产总值增速相对略缓，从 1961 年的 115 美元增至 2014 年的 5751 美元，约为 1961 年的 50 倍。1995 年，泰国人均国内生产总值首次超过 2500 美元，达到 2827 美元，被世界银行列入中等收入国家。

泰国第二次世界大战后的经济发展进程基本可分为 4 个阶段。

进口替代阶段（1954～1971 年）   经过二战结束后近 10 年的经济重建，20 世纪 50 年代初泰国国民经济已基本恢复到战前水平，部分农产品产量甚至已超过战前水平，为工业的发展奠定了物质基础。但是，随着朝鲜战争的结束，国际市场对橡胶、锡等战略物资的需求锐减，大米的国际价格也出现暴跌。泰国以初级农、矿产品换取工业制成品的国际贸易模式陷入困境。为推动泰国经济的发展，披汶政府于 1954 年 10 月颁布了《鼓励工业发展法》，自此泰国走上工业化发展之路。

披汶政府推行的是政府主导型的进口替代工业化战略，依靠政府财政

重点扶植国有企业，而对私营企业加以限制。1954～1957年，泰国政府
设立了100多家国有工矿企业，经营范围几乎涵盖了泰国经济的所有主要
领域，而同期成立的私营企业却只有11家。国家资本主义政策虽然在工
业化初期对构筑工业基础起到了一定的作用，但却扭曲了商品经济的运行
规律，排挤了私人资本和外国资本，阻碍了市场机制的建立。而且，国有
企业对各种特权和优惠待遇的过分依赖也导致了其自身竞争力的缺乏和生
产效率的低下，再加上国有企业为官僚和军人特权阶层所把持，腐败之风
盛行，使得多数国有企业连年亏损。结果是，直到1957年披汶政府下台
时，泰国国内日用工业品依赖进口的状况仍未得到明显改善。

　　1957年沙立政府上台后，邀请世界银行专家调查团到泰国考察经济
状况并协助制定经济发展计划。根据调查团的建议，沙立政府决定采取民
间主导型的进口替代工业化战略，即由民间资本投资推动泰国工业化发
展，政府只在社会基础设施建设和政策优惠方面为民间资本提供方便。为
此，沙立政府采取了一系列的改革措施。1959年，泰国成立了国家经济
发展委员会（1972年改名为国家经济和社会发展委员会），负责制订全国
性长期发展计划。同年，泰国还成立了投资促进委员会，旨在协助和指导
民间资本投资工业领域。1960年，泰国颁布了《鼓励工业投资法》，并在
1962年、1965年和1968年先后对其进行了数次修订，扩大了工业投资的
优惠范围，并简化了投资申请手续和行政管理手续。不过，对泰国经济发
展最具指导意义的还是自1961年起陆续实施的国民经济与社会发展计划。
第一个发展计划从1961年开始到1966年结束。在此期间，泰国政府将资
本密集型的重化工业确定为进口替代的重点，并规定：凡投资冶炼、机器
制造、化工等被列为第一、第二类行业的，在进口生产资料和生产设备时
可相应享受100%和150%的关税减免优惠；属于第三类行业的轻工业则
只能享受33%的关税减免。同时，泰国还提高了工业制成品的进口关税，
以保护国内产业发展。但是，超前发展重化工业并不符合比较优势理论。
泰国国内工业基础薄弱、资金不足、技术落后、市场狭小，重化工业生产
难以形成规模，产品成本高、质量差、缺乏竞争力，许多私营重化工企业
不得不依靠国家的贸易保护才能勉强生存。针对这一问题，在第二个国民

经济与社会发展计划（1967～1971）中，泰国政府提出了"以农扶工"的口号，利用泰国劳动力和农产品资源丰富的特点，将进口替代的重点转向泰国具有比较优势的纺织和农产品加工等劳动密集型产业，并在税收政策上取消了对第一、第二类行业的特殊优惠。事实证明，这一调整是富有成效的，不但纺织、制糖、饲料等轻工业得到了迅速发展，石油制品、金属制品等重化工业也在轻工业的带动下有了较大进步。以正大集团为代表的泰国民族工业集团迅速崛起。

1961～1971年泰国的第一和第二个国民经济与社会发展计划时期也被称为"泰国工业革命"时期，通过发展进口替代的内向型经济，泰国建立了能满足国内基本需要的进口替代产业，其中包括纺织、造纸、炼油、锌板加工、水泥、汽车装配、轮胎、玻璃制品、电机组装等，使泰国初步摆脱了日用工业制成品严重依赖进口的局面。据统计，1960～1971年，纺织品的进口依赖度从40%下降到13.1%，橡胶制品从61.6%下降到14.5%，纸张从71.4%下降到38.2%。其他消费品的进口依赖度也有不同程度的下降。泰国经济在这11年里有了显著增长。据统计，20世纪60年代泰国经济年均增长率为8.4%，工业产值的年均增长率更高达11%，其中制造业的年均增长速度为11.4%。

出口导向阶段（1972～1981年）　　尽管进口替代战略有效地推动了泰国经济的发展，但随着工业化的推进，其弊端也随之出现。其一，进口替代产品主要面向国内，由于泰国整体经济水平不高，国内市场在20世纪60年代末逐渐趋于饱和，许多进口替代企业的生产能力出现过剩。其二，由于当时泰国尚不能自主生产工业发展所需的大部分机器设备和中间产品，在成功替代消费品进口的同时，生产资料的进口却在大幅增加，国际收支状况不断恶化。其三，在国家贸易壁垒的保护下发展起来的国内进口替代企业成本高、效率低，明显缺乏竞争力。

因此，在第三个国民经济与社会发展计划（1972～1976）和第四个国民经济与社会发展计划（1977～1981）中，泰国政府逐步引导国内企业向出口导向型产业方向发展。1972年，泰国修订了《鼓励投资条例》，明确规定给予出口导向型企业政策优惠。1976年，泰国政府在曼谷郊区兴建了拉达邦出口加工区，并实行特殊的管理体制和优惠政策。1977 年，泰国颁布了《奖励投资法》，将出口企业、农矿产品深加工企业和电子、电气机械制造企业列为重点扶持对象。20 世纪 70 年代，两类劳动密集型出口产业在泰国获得了快速发展。一类是利用泰国劳动力价格低廉的优势，从国外进口原料和部件进行加工装配，然后重新出口，其中包括纺织、服装、电子、电气机械等部门。这类产业的发展主要是东亚经济雁行模式的产业转移的结果。随着本国劳动力成本的上升，以纺织和服装加工为代表的大部分劳动密集型产业和部分资本密集型产业首先从日本转移到中国台湾、中国香港、新加坡和韩国，而后又开始向泰国、马来西亚、印度尼西亚和菲律宾转移。另一类是利用泰国初级农矿产品充裕的优势进行加工出口，主要包括食品罐头、宝石琢磨、制糖和麻袋等。这类产业的发展是泰国政府"以农扶工"的成果。泰国政府总结第二个国民经济与社会发展计划的成功经验后，进一步明确了在工业化进程中农业基础地位的重要性。在政府的推动下，泰国农业基本实现了从传统稻作农业向多元化农业的转变，不仅有效地提高了农业的创汇能力，还为国内工业发展提供了充裕的资金和原料，极大地增强了泰国经济的活力和弹性。

泰国的出口导向型经济发展战略在 20 世纪 70 年代取得了显著的成效。泰国的出口年均增长率从 60 年代的 5.5% 上升到 1970 ~ 1975 年的 9.1% 和 1975 ~ 1980 年的 14.4%，其中工业制成品的出口增长率在 70 年代更是高达 11.7%。因此，尽管 70 年代初世界爆发了第一次全球性石油危机，国际石油价格的上涨给严重依赖石油进口的泰国工业带来了沉重的打击，但泰国的国内生产总值年均增长率却仍能保持在 7% 以上。制造业的发展则更为迅速，产值在 10 年内翻了两番多，占国内生产总值的比重也从 1970 年的 16% 上升到 1980 年的 21%。

产业调整阶段（1982 ~ 1996 年） 20 世纪 80 年代初，泰国经济增长开始放慢。1981 ~ 1985 年，泰国国民经济年均增长率仅为 4.66%，其中工业部门增长率的下降尤为明显，1985 年甚至还出现了 - 0.6% 的增长。外贸部门也陷入贸易逆差困境，1983 年经常项目赤字高达 39 亿美元，几近当年国内生产总值的 1/10。泰国经济衰退的因素是多方面的，最主要的原因是国内产业结构的瓶颈问题。与多数发展中国家一样，泰国经济在60年代和70年代的高速发展主要由粗放型的固定资产投资带动。根据科布－道格拉斯生产函数对泰国经济的回归分析表明，这两个时期资本存量的增加对泰国经济增长的贡献率分别高达76%和92%。但随着资本存量的增加，简单的重复性建设带来的收益却在不断减少，难以维持长期稳定的高速发展。而且，在过去的20余年里，泰国政府将经济增长作为国家发展的唯一目标，忽略了社会的协调发展，致使地区经济发展不平衡、城乡差距扩大、贫富相差悬殊等问题日益突出。有数据表明，70年代末，包括曼谷在内的泰国中部地区的产值占全国总产值的3/5，而曼谷的人均收入则是东北部地区人均收入的6倍。结果，国内市场的发育受到限制，经济也变得日益依赖出口行业。此外，70年代泰国出口加工业获得了快速发展，但配套的基础工业却并未获得相应的发展。结果，在制成品出口量猛增的同时，工业原料、零部件以及燃料的进口量也随之增加。不过，由于70年代国际市场对工业制成品和农产品的需求量较大，泰国出口增长迅猛，这一问题还不突出。但到80年代初，国际市场工业制成品需求出现饱和，国际农产品价格出现全面滑坡，加上70年代末第二次全球性石油危机导致原油价格持续上涨，泰国经济发展的弊端才充分显现出来。

为了应对经济衰退，在第五个国民经济与社会发展计划（1982～1986）中，泰国政府开始调整产业结构和经济布局。主要内容有以下五个方面。第一，促使出口企业由劳动密集型产业向资本密集型产业，甚至向技术密集型产业转移。1985年，泰国政府推出科技开发计划，鼓励优先发展以计算机及应用软件的研制为重点的信息技术。这可以说是知识密集型产业在泰国的萌芽。第二，为消除国际石油价格上涨带来的负面影响，泰国政府将能源建设列为经济战略发展的重点，努力开发本国的石油和天然气资源。1981年，泰国湾天然气田正式投产。1983年，诗丽吉油田开始出油。第三，推动重化工业的发展，重点建设东部沿海地区以泰国湾天然气为原料的重化工业基地，作为发展第二次进口替代工业化的基础。第四，分散工业布局，将清迈、孔敬、柯呖、合艾、春武里等北部、东北部、南部和东部的主要城市发展成为新的工业中心，并同时带动对城市周边农村的开发和中小型企业的发展，改变工商业集中于曼谷及中部地区的不合理状况。第五，继续推进农业多元化发展，分散国际农产品价格变动的风险。尽管整体规划相当完善，但长期积存下来的结构性问题却不是通过短期改革就能解决的，因此，泰国政府最终没能完成第五个国民经济与社会发展计划原定的工业年均增长7.6%、工业出口年均增长15%的政策目标。

不过，在泰国第六个国民经济与社会发展计划（1987～1991）开始实施后，泰国经济却迅速走出低谷，再次实现高速增长，5年间经济年均增长率高达10.9%。但需要指出的是，泰国之所以出现新一轮经济增长，其主要原因并非国内产业结构的调整初见成效，而是受东亚新一轮产业转移的影响。随着1985年"广场协议"① 的签署，美国放弃了强势美元政策，美元开始大幅贬值。泰铢由于实行依附美元的固定汇率政策，也随之出现贬值。以泰铢兑英镑为例，20世纪50年代以来，泰铢兑英镑的汇率一路走强，从1950年的62.5∶1升至1984年的31.4∶1，但从1985年开始泰铢大幅贬值，1988年汇率已回落到45∶1，并在此后4年一直维持在这一水平，直到1993年才再次出现小幅升值。泰国出口的竞争力因此得到加强，1987～1989年的出口年均增长率高达30.3%。而日本和新兴工业化经济体（即"亚洲四小龙"）的货币却都在不同程度上出现升值，其中尤以日元最为明显，仅从1985年9月到1987年年底，日元兑美元的汇率就从250∶1升至121∶1，升值100%以上。货币升值直接导致国内劳动力成本增加，日本和新兴工业化经济体在加工低附加值工业制成品方面的比较优势逐渐消失，所以相继将大部分劳动密集型产业和部分资本密集型产业的组装加工环节转移到东盟四国（即"亚洲四小虎"），而在本地大力发展高附加值的知识密集型产业和第三产业。泰国政府很好地把握住了

① 1985年9月，以美、日为首的五个发达工业国家的财政部长及中央银行行长在纽约广场饭店举行会议，达成了五国政府联合干预外汇市场，使美元兑换主要货币的汇率有秩序地下调，以解决美国巨额贸易赤字的协议，史称"广场协议"。

这一机会，出台了一系列鼓励引进外资的优惠政策，外国直接投资规模随即开始迅猛增长。外国直接投资规模从 1987 年的 1.82 亿美元猛增到 1988 年的 10.8 亿美元，增长近 5 倍，随后又扩大到 1989 年的 17.31 亿美元和 1990 年的 24.02 亿美元。大量外资的流入不但带动了泰国经济的飞速发展，也推动了泰国经济产业结构的升级。80 年代占主导地位的纺织、服装、制鞋等劳动密集型产业，开始让位于资本密集型产业，集成电路、运输机械、计算机配件等开始成为泰国的主要出口产品。

泰国经济的高速发展一直持续到 20 世纪 90 年代中期。第七个国民经济与社会发展计划（1992～1996）期间，除 1996 年外，各年经济增长率均在 8% 以上，出口的年均增长也高达 18%。但是，泰国经济繁荣背后的问题也在不断积聚。事实上，泰国 80 年代初面临的多数结构性问题非但没有得到解决，反而在经济高速增长中变得更为严重。

其一，国内消费市场发展缓慢。这主要是城乡差距、地区差距和贫富差距的进一步扩大造成的。工业起步后，农产品价格增长明显滞后于工业制成品的价格增长，再加上农业现代化步伐由于政府的基建投入减少而放慢，造成农业增长速度明显落后于工业。但是，在农业产值占国内生产总值比重持续下降的同时，农业富余劳动力向非农业部门转移的速度却很缓慢。1995 年农业产值占国内生产总值的比重已降到 11.2%，但农业劳动力却仍占到劳动力总数的 51.3%。这在相当程度上是工业过分集中于中部地区的不合理布局造成的。单一地区有限的人口承受能力限制了当地制造业对劳动力的吸纳规模，结果不但造成地区经济发展的不平衡，也增加了制造业的劳动力成本。20 世纪 90 年代初，曼谷及其周边地区的人口仅占全国总人口的 15%，但却拥有国民收入的 48%。所以，从 80 年代后期开始，泰国国内市场主要靠中部地区新兴中产阶级的消费需求来带动，广大的农村市场则因为缺乏消费能力而未能发展。

其二，泰国经济增长严重依赖国际市场，特别是美、日市场。由于国内市场受限制，泰国经济只有依靠外贸部门推动。20 世纪 80 年代初，虽然泰国经济增长已经相当依赖进出口的拉动，但进出口额占国内生产总值的比重也还只在 40% 左右，但到了 90 年代上半期，进出口额占国内生产总值的比重却已超过 65%。此外，泰国出口行业对美、日的依赖也在不断增强，对美出口占泰国出口总额的比重由 80 年代初期的 14% 上升到了 90 年代中期的 22%，同期对日出口所占的比重则从 15% 上升到了 17%。出口市场的单一化趋势使泰国的经济变得更加脆弱，更难以抵御国际市场变动的风险。

其三，贸易逆差严重。泰国出口产业缺乏国内基础工业根基的问题一直没有得到解决，而且由于 20 世纪 80 年代中后期的外国直接投资集中在来料加工型企业，使这一问题更加突出，生产设备、中间产品、原材料和燃料的进口随着出口的增长而猛增。此外，80 年代末，由于经济的高速增长，泰国出现通货膨胀压力。为了避免再次遭遇 80 年代初影响社会稳定的通货膨胀问题，① 政府放宽了进口限制，试图通过进口外国廉价商品平抑国内物价。虽然 90 年代初泰国的通货膨胀率一直被政府成功控制在 6% 以下，但贸易逆差也因此进一步扩大。泰国贸易逆差从 1989 年的 28.12 亿美元猛增到 1990 年的 66.12 亿美元，扩大了一倍多。1991～1994 年，虽然贸易逆差有所减少，但年均也在 40 亿美元以上。

其四，产业升级滞后。泰国曾利用东亚产业转移的机会顺利实现了从传统农业到劳动密集型工业再到资本密集型工业的两次产业升级，完成了从农业国向工业国的转变。但是，在 20 世纪 90 年代泰国却没能实现向知识密集型工业过渡的第三次产业升级。其原因是多方面的：一方面是泰国本身的内部原因，如长期教育投入不足而造成技术人才缺乏，政府更迭频繁而缺乏长期规划造成工业基础设施建设落后和产业政策调整不及时等；另一方面是外部因素，如西方发达国家并不希望出现新的高技术产业竞争者而限制技术出口，以及外国投资者不愿投资高风险的新技术产业等。总之，直到 90 年代中期泰国仍依靠廉价劳动力争取国际市场。但随着中国、

---

① 受 1979 年第二次石油危机的影响，泰国出现通货膨胀。1979 年物价指数上涨 9.9%。1980 年物价指数增幅高达 19.7%，引发社会动荡和经济衰退。1981 年通货膨胀有所缓解，但物价指数仍上涨了 12.7%。直到 1983 年物价才恢复稳定。

巴基斯坦、孟加拉国等发展中国家的加入，泰国的廉价劳动力优势却在不断消失，这首先体现在纺织品和服装成衣的国际市场份额的不断下降方面。此外，从 90 年代开始，美国经济由于信息产业的发展而振兴，美元也因此一路走强。泰铢由于采用钉住美元的汇率安排而被迫随之升值，这无疑使日渐困难的泰国外贸部门雪上加霜。1995 年，泰国经常项目赤字骤然上升至 132 亿美元，比上年增长 69.2%，占当年国内生产总值的近1/10，1996 年经常项目赤字更进一步扩大到 143.5 亿美元。泰国再次面临经济发展的产业结构瓶颈问题。

其五，金融体系面临危机。由于 20 世纪 90 年代经常项目持续出现巨额赤字，资本项目中的外国直接投资却在 1990 年达到 24 亿美元的顶峰后开始回落，1991～1993 年稳定在 14 亿～15 亿美元的水平，到 1994 年进一步降到不足 10 亿美元，根本不足以弥补经常项目赤字。为了增加国际资本流入以平衡国际收支，泰国政府在 90 年代初开始了金融自由化进程，并很快实现了资本项目下的货币自由兑换。因为泰国实行钉住汇率制，而政府为了抑制通货膨胀又推行高利率政策，使得泰国国内利率高于国际利率水平，所以在泰国放开资本项目的管制后，大量的国际游资迅速涌入泰国套利，造成泰国外债特别是短期外债急剧增加。1989 年年底，泰国外债总额为 235 亿美元，仅占当年国内生产总值的 32.5%，其中短期外债61.12 亿美元，占外债总额的 26%。到 1995 年年底，外债总额猛增到1000 亿美元，翻了两番多，占当年国内生产总值的比重也上升到 59.4%，同期的短期外债规模增长更快，翻了近三番，达到 440.95 亿美元，占外债总量的比重也升至 44%。尽管国际资金的大规模流入不但有效冲抵了经常项目赤字，还使泰国外汇储备从 1989 年的 105.08 亿美元增长到了1995 年的 369.45 亿美元，甚至可以说，90 年代中期泰国经济的高速增长在很大程度上是由外债流入带动的，但过高的外债水平和不合理的外债结构同时也削弱了泰国经济抵御风险的能力。而且，1992 年民主运动后，泰国政府更迭频繁，未能在实行金融自由化后及时加强和完善金融监管体系，对超前开放的离岸金融业务更是未能严格控制，大量缺乏引导的短期资金流向房地产业和股市，引起经济过热，而供大于求的商业建筑的闲置又造成银行不良贷款的不断增加。这一切都为泰国金融危机的爆发埋下了隐患。

复苏与转型阶段（1997 年至今） 第八个国民经济与社会发展计划（1997～2001）开始时，泰国社会各界曾对经济持续繁荣充满信心，甚至在该计划中提出，"在 2020 年成为发达国家。届时泰国将成为全球第八大经济体，以 1993 年不变价格计算，人均收入 30 万铢或 1.2 万美元"。但是，长期以来泰国经济积聚的隐患很快变为现实危机。1996 年，由于出口业绩的下滑和银行不良贷款问题的凸显，泰国经济增长速度开始放缓。尽管 1996 年全球股市受美国股市的影响纷纷走高，但泰国股市却出现大幅下跌。国际投机商开始利用这一机会狙击泰铢，试图促使泰铢贬值。尽管泰国政府为阻止危机的发生采取了措施，但却因联合政府内的党派分歧而出现政策性失误，反而使局势进一步恶化。其一，固守钉住汇率体制。尽管泰国政府在一开始成功挫败了国际投机者迫使泰铢贬值的图谋，保持了汇率稳定，但却几乎耗尽了泰国的外汇储备，结果在 1997 年国际投机商的新一轮攻势下毫无还手之力。其二，未及时整顿金融公司。政府因担心引发信心危机而没能果断整顿问题银行和金融机构，反而投入了多达 5000 亿泰铢的复兴和发展金融机构基金以帮助营运。金融危机全面爆发后，大批质量低下的金融公司被迫倒闭，其后果是给政府增加了巨额的债务。其三，政府频繁更换财政部长和中央银行行长等官员，不但影响了危机防范措施的连贯性和有效性，造成责权不清，而且还降低了民众对政府的信心。其四，政策信息缺乏透明度。危机之初泰国政府一直声称外汇储备充裕，1997 年年中才被迫公布外汇储备告罄的真相，结果公众对泰铢的信心崩溃，竞相追逐美元，泰铢大幅贬值。此外，政府也未及时公布各金融机构的负债和经营状况信息，缺乏引导的公众对国内金融机构普遍产生不信任感，甚至开始将资金转存国外。可以说，正是政府封锁消息的行为直接导致了民众的信心危机，全面引发了金融危机。其五，不合时宜地提高利率。面对国外投机者对泰铢的沽空，泰国试图通过提高国内利率增加投机成本的方式加以阻止，在 1997 年 7 月将主要银行利率从 10.5% 提高到了 12.5%，结果非但没能使投机者止步，反而让在远期外汇市场上沽空泰铢的投机者得到好处，还使得普遍实行借短投长①策略的泰国金融机构的财务状况进一步恶化。

1997 年，泰国金融危机全面爆发。泰铢汇率从年初的 25.6 泰铢兑 1 美元开始一路走低，并在 7 月泰国宣布放弃钉住汇率制后开始狂跌，到年底已降至 53 泰铢兑 1 美元的历史最低水平，贬值超过 100%。股市也随之走低，泰国证交所指数落至 10 年来的最低点。当年泰国经济出现近半个世纪以来的首次负增长，为 - 1.4%。尽管泰国政府随后采取了整顿金融机构、调整房地产价格、限制进口、削减财政开支等措施，国际社会也纷纷解囊相助，②但泰国经济形势却随着危机在东亚的扩散进一步恶化。1998 年泰国经济增长 - 11.5%，失业率从上年的 1.5% 上升到 4.4%，通货膨胀率从上年的 5.6% 上升到 8.1%，工业设备使用率从 1995 年的 77.5% 下降到 52.8%。从 1999 年起，泰国经济逐渐复苏。1999 年和 2000 年的经济增长率分别为 4.4% 和 4.8%，2001 年因受国际市场特别是美国市场信息产品需求减少的影响，泰国出口增长出现下滑，年度经济增长率仅为 2.2%（见图 4 - 1）。

2001 年他信政府上台后，依据第九个国民经济与社会发展计划（2002～2006）的指导原则，开始推行国际国内市场共同拉动经济增长的"双引擎战略"。在国际市场，他信政府通过建立双边和多边自由贸易区的方式，巩固已有出口市场，同时不断发展新的贸易伙伴。近年来，中国、中东、印度、南非等新兴市场已逐渐成为带动泰国出口快速增长的主要动力。此外，泰国政府还积极参与湄公河次区域等地区性经济合作，并发起组建了国际橡胶、大米的卡特尔组织，抬高国际农产品价格。在国内市场，他信政府继续实行扩张性财政政策，增加政府投资和支出，刺激国

---

① 泰国金融机构在 20 世纪 90 年代前期普遍采用借入短期债务而发放长期债务的融资策略，结果在利率上升时遭受了双重打击，即在长期债权贴现价值下降的同时面临短期债务续期成本的上升。

② 1997 年 8 月，国际货币基金组织在东京主持召开了援助泰国的国际会议，确定对泰国提供约为 160 亿美元的资金援助。其中国际货币基金组织和日本分别承担 40 亿美元，世界银行和亚洲开发银行合计 30 亿美元，亚太其他国家和地区合计 50 亿美元。

内消费，积极扩大内需。他信政府实施了一系列经济复苏措施，努力缓解经济发展中的结构性问题，包括：成立泰国资产管理公司处理金融系统的不良贷款；成立民众银行扶持中小型企业；延长农民偿还银行贷款的期限三年，并不加收利息；建立"乡村发展基金"，推动"一乡一特产"计划，鼓励发展地方特色产品，就地转移农村富余劳动力，推动农村经济的发展；实施"三十铢治百病"的医疗计划，完善社会保障体系；推行"资产资本化"计划，为民众提供便捷的创业融资渠道；实行"仁爱住房"、"仁爱电脑"和"仁爱出租车"等仁爱计划，由政府补贴中低收入者，向他们提供廉价的生产生活资料；等等。他信执政期间，尽管先后经历了"非典"疫情、禽流感、印度洋海啸、南疆分离运动等的冲击，但泰国经济依然保持了较快的增速。2002~2005年，泰国年均经济增长率达到5.75%，成为东南亚国家中的亮点。

泰国第十个国民经济与社会发展计划（2007~2011）在"九五"计划的基础上，进一步明确将普密蓬国王首倡的"知足经济"奉为指导原则,① 旨在推动泰国经济发展模式的"中间道路"转型。根据泰国国家经济与社会发展委员会的解释，"'知足经济'是一种强调民众的各层面的行为都应奉行'中间道路'（Middle Path）的哲学观点。这一观点应用于个人、家庭、社区，以及国家层面的发展与管理，将有助于在全球化进程中平稳地实现泰国现代化建设"。而"'知足'意味着适度、明智，以及能够有效抵御内部和外部风险的自我防范能力。为此，首先是要审慎地将知识运用于实践，对于尚未检验的理论和方法，更要在规划和实施过程中慎之又慎。其次是要构筑国家道德体系，每个人特别是公务员、学者、商人，都必须遵循诚信和正直原则。容忍、坚定、勤奋、明智和审慎的生活方式，不仅对于平衡发展而言不可或缺，而且有助于化解全球化所引起的经济、社会、文化、自然环境的严峻挑战"。具体而言，"知足经济"包

---

① "知足经济"是普密蓬国王于1997年的寿诞演讲中首次提出的发展理念。"九五"计划尽管将"知足经济"列为指导原则，但因宏观经济的压力，所以最终实施的依然是扩张性的"双引擎战略"，而不是强调适度性的"中间道路"。

括三项原则（适度、明智、自我防范能力）和两项要素（知识、道德）。

"适度"（Moderation）是"知足"（Sufficiency）的核心价值，意味着"既不多，也不少"的恰到好处的中间状态。这首先是指摆脱物质方面的贫困与匮乏，从而满足人的发展的基本需要；其次是指在发展中摆脱对奢侈享乐的过于执着的追求，明确区分"需要"与"欲望"之间的差异，从而消弭现代消费主义的负面影响。理想状态不仅需要安定——通过自给自足以防范风险——而且也需要"合理的富足"。

"明智"（Reasonableness）是指行动前必须审慎规划，既要明确行动的理由，也要充分考虑行动可能引起的所有后果——不仅是对自身的影响，而且要考虑对他人、社会以及自然环境的影响；不仅是对短期的影响，而且要考虑对长期的影响。这需要广阔视野和综合规划，尤其需要有负责任的观念和态度。

"自我防范能力"（Self-immunity）是指通过自身能力建设，构筑能够妥善应对内部或外部风险——既包括可预期的系统性冲击，也包括难以预期的偶发性事件——的弹性机制。这不仅是指在短期内要具备承受风险及损失的能力，并且要在中长期确保体制转型的灵活性和适应性，从而能够有效化解而不是简单承受风险的负面影响。

"知识"（Knowledge）是指对于信息的积累与运用。这不仅需要对于各类相关信息的收集、整理与归纳，更重要的是必须具备敏锐的眼光和审慎的态度，从而能够准确、有效、合理地运用已有信息。

"道德"（Ethics）是指正确的行为规范，其内容涵盖正直、诚实、信用、仁慈、怜悯、公正、勤劳、宽容、节俭等各种传统和现代社会所认同的美德。

从图4－2可见，"知足经济"的三项原则和两项要素之间相辅相成，构成协调的综合结构，从而有助于应对全球化所引发的多层次的冲击和风险。

泰国第十一个国民经济与社会发展计划（2012～2016）在总结了前十个五年计划得失的基础上，再次强调坚持普密蓬国王"知足经济"道路的重要性与必要性，并指出在"十一五"期间，泰国将主要面临以下

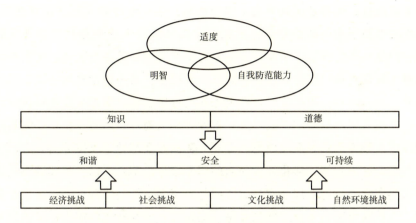

图 4 - 2 "知足经济"的结构示意图

资料来源：泰国国家经济和社会发展委员会办公室。

风险与挑战：公共行政管理缺乏有效性；人口结构变化，老龄人口上升，年轻劳动力减少；社会价值观与文化传统瓦解；自然资源与环境遭到破坏；国家安全形势严峻，政治动荡、恐怖主义、经济危机、国际竞争长期存在。泰国"十一五"计划明确提出六大战略。第一，构建公正社会：增强全体公民的社会经济保障，使其能规避风险和把握机会；完善社会服务；鼓励个体在国家发展进程中参与决策；加强民众之间的社会互动，分享价值观与公共利益，加强有效、透明和负责任的公共管理。第二，构建终身学习社会：调整人口结构及地区分布；发展人力资源，提高应对变化的适应能力；提高公民身心健康；推动终身学习；加强社会组织的作用。第三，加强农业部门，提高粮食与能源安全：保护耕地，夯实农业生产基础；提高农业生产率；提高农产品附加值；创建农民就业和收入保障；增强农民与社区粮食安全；发展生物能源；改善公共管理，开展粮食和能源安全的国际合作。第四，面向高质量可持续增长的经济结构调整：将科学技术创新作为经济结构调整的基本要素；推动持续性和包容性经济增长；创造自由与公平的竞争环境，提高国家竞争力；健全宏观经济管理，保证经济稳定增长。第五，加强区域合作：在区域合作框架下，发展运输和物流系统连接；改善地区竞争力，吸引投资；为东盟经济共同体做好准备；建设性地参与地区和国际合作框架，在国际舞台上提供替代性的外交政策；构建地区经济伙伴关系，关注人力资本发展和劳动力流动，为海外泰国劳工提供支持；支持国际社会改善生活质量，努力打击恐怖主义、国际犯罪、毒品走私，积极应对自然灾害和流行性疾病；促进建设性的国际合作，开拓可持续的经济增长方式；有效利用当前的自由贸易协定，将泰国建设成为外国投资者在亚洲地区开展业务的商业基地；支持非营利性的国际组织的区域发展；强化社区层面的国际合作。第六，以可持续的方式管理自然资源与环境：加强对自然资源与环境的系统性管理创新；转变发展模式，发展低碳与环境友好型经济；提高应对气候变化的能力；加强应对自然灾害的能力；积极适应与环境和气候变化相关的贸易措施；在环境问题上提高泰国的国际话语权；减少环境污染；构建更加高效、透明、公平的自然资源和环境管理体系。

得益于"知足经济"道路的指导原则，21 世纪以来泰国社会经济发展的稳定性得到显著提高，相较于周边国家，泰国有效抵御了 2008 年全球金融危机的冲击。不过，由于近年来持续不断的政治冲突，泰国"十五"计划和"十一五"计划的很多战略规划都未能有效落实，从而很可能在中长期对泰国社会经济的可持续发展产生明显影响。表 4 - 1 给出了 2009 ~ 2014 年泰国的主要经济指标。

表 4 - 1 泰国主要经济指标（2009 ~ 2014）

年份	2009	2010	2011	2012	2013	2014
GDP 总值(十亿泰铢)						
以当年价格计算	9041	10104	10540	11375	11898	12141
以 1988 年不变价格计算	4263	4596	4599	4898	5039	5075
实际 GDP 增长率(%)	- 2.33	7.81	0.08	6.49	2.89	0.71
外债总额(百万美元)	75306	100561	104333	130746	141932	140697
通货膨胀率(%)						
广义通胀率(%)	- 0.90	3.30	3.81	3.02	2.18	1.89
核心通胀率(%)	0.30	1.00	2.36	2.09	1.00	1.59

续表

	2009	2010	2011	2012	2013	2014
平均汇率(1 美元兑泰铢)	34.34	31.73	30.49	31.08	30.73	32.48
货币统计						
狭义货币(十亿泰铢)	1174.6	1302.4	1414.3	1598.3	1661.3	1682.5
狭义货币增长率(%)	12.8	10.9	8.6	13.0	3.9	1.3
广义货币(十亿泰铢)	10617.0	11778.8	13559.9	14966.8	16062.2	16809.1
广义货币增长率(%)	6.8	10.9	15.1	10.4	7.3	4.7
家庭负债占 GDP 比重(%)	57.9	59.3	66.2	71.5	76.2	79.7

资料来源：泰国（中央）银行。

第二节 农业

尽管泰国的农业产值在国内生产总值中的比重已从二战后的 50%以上降到 2014 年的 7.11%，但农业在泰国的地位依然十分重要。事实上，仅就从业人口而言，农业仍是第一大部门。2014 年泰国农业吸收劳动力 1273.3 万人，占劳动力总数的 33%。此外，泰国丰富的农副产品还在出口创汇、稳定物价等方面起着积极作用，并为工业发展提供了资金和原材料，有力地保证了"农业工业化"战略的实施。2014 年泰国农业产值为 1.413 万亿泰铢，其中种植业约占七成，渔业约占两成，畜牧业约占一成。

一 种植业

泰国地处热带，雨量充沛，适宜作物生长，所以种植业自古以来就是泰国农业最重要的部门。2012 年泰国农业用地面积为 21.8 万平方千米，占国土面积的 42.5%，其中耕地面积为 16.6 万平方千米，占国土面积的 32.4%，人均耕地面积 2550 平方米。泰国过去主要种植稻谷，20 世纪 60 年代后国际市场对经济作物的需求增加，在政府"农业多元化"战略的引导下，农民开始广泛种植各种热带作物，并在外向型经济的带动下逐渐形成规模，主要作物有稻谷、橡胶、木薯、玉米、甘蔗、烟草、热带水果等。根据自然条件，泰国大致可分为 4 个种植区。第一个是中部湄南河三角洲。该地区河渠纵横，人口稠密，土地肥沃，盛产稻谷、甘蔗、玉米、木薯等，是泰国稻谷的主产区。第二个是东北部柯呐高原。该地区河谷宽浅，沿河可种植稻谷和其他农作物。第三个是北部山区。该地区森林茂密，山间盆地由于水利设施较好，多种植水稻、棉花、烟草等，稻谷单产量居全国首位。第四个是南部半岛。该地区终年气候湿热，适宜热带作物生长，是橡胶的主产区。泰国的农作物多数用于出口，是重要的外汇来源之一，2014 年出口创汇 179.7 亿美元，占泰国出口总额的 7.9%。

稻谷 稻谷生产在历史上曾占据泰国农业的核心位置。20 世纪 60 年代后，随着农业逐步实现多元化，大米的地位有所下降，但至今仍是泰国最重要的农产品。全国从事稻谷耕种的农户多达 400 万户，占农业总户数的近八成。2014 年泰国稻米产量 3380 万吨，成品米 2330 万吨，出口大米 1097 万吨，创汇 54.4 亿美元，泰国是全球最大的大米出口国。

泰国的水稻种植分为雨季和旱季两个季节，前者从每年的 5 月到 10 月，后者从每年的 11 月到次年 4 月，属跨年度种植，播种时间主要取决于灌溉条件。头季稻（雨季）的低洼雨养稻田 5~6 月播种，有灌溉条件的稻田 7~8 月播种，因此收获期较长，部分地方迟至 12 月才收割；二季稻（旱季）通常在 12 月下旬播种，次年 3~4 月收割。在雨季大约有 50% 的稻农种植传统的高秆水稻品种，平均产量为 1.9 吨/公顷；在旱季稻农种植灌溉稻，大多采用高产的半矮秆改良品种，平均产量为 3.7 吨/公顷。总体而言，泰国大米的平均产量不高。虽然 2013 年泰国稻米产量为 3606 万吨，是 1961 年产量 1015 万吨的 3 倍多，但这主要是靠增加耕种面积取得的成果。2013 年泰国的稻谷收获面积 1237.3 万公顷，与 1961 年的 612 万公顷相比翻了一番多。2013 年泰国稻谷每公顷的平均产量仅为 2.91 吨，远低于其他主要稻谷生产国。① 造成泰国稻谷单位面积产量

---

① 全球水稻单位面积产量最高的国家是澳大利亚，然后依次是埃及、韩国、美国、日本和中国。其中澳大利亚、埃及及同属于第一层次，每公顷产量在 9 吨以上，其他四国属于第二个层次，每公顷产量在 6~7 吨。

低的原因是多方面的，但主要是因为泰国农田水利建设落后。尽管泰国全年月平均气温在 25℃ 左右，年平均降水量为 1300 毫米，日温差小且太阳照射充足，十分适合稻谷的生长，但却只有 15% 的稻田具备较好的灌溉条件，可以一年种植两季甚至三季。多达八成的稻田属于完全靠天吃饭的"望天田"，只能在雨量充沛的雨季种植一季，而且产量还要受降水量的影响。因此，水源充足的中部地区平均产量就相对较高；而干旱的东北部地区，平均产量则明显偏低。故而，尽管东北部地区的耕种面积占全国耕种总面积的 49.7%，但产量仅占到全国总产量的 35.6%。同时，泰国政府奉行的"重质不重量"的出口型大米扶植政策，也对泰国稻谷单产量的提高产生了一定的限制作用。由于泰国国内的大米消费量只在 1200 万～1300 万吨左右，国内不存在需求缺口，所以为了增强泰国大米的国际竞争力，泰国政府在政策方针上更注重提高稻谷的质量而非产量。在品种改良上，泰国政府始终遵循品质优先的原则，只有符合品质标准的稻种才能进入区试和审定阶段，否则产量再高也不能投入应用。因此就不难理解为何泰国政府十分重视稻谷品质改良工作，还为此在 1983 年特别成立了由农业部农业司直接领导的全国水稻研究所，但至今泰国最主要的水稻应用品种仍是早在 1959 年就已推出的优质香米品种"好茉莉"（KDML 105）。

　　泰国政府十分注重大米出口的品牌战略。凡出口的大米都必须经过专门的监察委员检查，只有符合出口标准的方能出口，对香米的要求则更为严格。泰国政府在 1998 年颁布了第一版《泰国茉莉香米标准》（以下简称《标准》），不但明确规定了香米纯度检验的各项指标，还规定所有泰国香米出口前都必须经过香米纯度的检验，并在包装袋上注明香米含量。2001 年，泰国商务部对《标准》进行了修订，进一步规定只有香米含量在 92% 或以上的才能被称为泰国茉莉香米，才可使用"THAIHOMMALIRICE"的品牌标志。为保证《标准》的严格执行，泰国政府还专门投资设立了出口香米检测中心。

　　长期以来，泰国一直稳坐全球最大大米出口国宝座。2011 年英拉政府上台后，出台了"大米保护价收购"政策，结果大幅抬高了国内大米的收购价格，不仅使得印度在 2012 年和 2013 年连续两年成为全球最大大米出口国，而且造成泰国财政 5180 亿泰铢（约合 148 亿美元）的损失。2014 年军方政变后，取消了"大米保护价收购"政策，从而使泰国大米再次恢复国际竞争力，于 2014 年重返全球最大大米出口国宝座。

橡胶 橡胶是泰国仅次于大米的重要农产品，也是 20 世纪 60 年代泰国政府推行农业多元化战略后最先动摇大米在农业中的统治地位的经济作物。泰国橡胶种植业起源于 19 世纪末。1899 年，旅泰华人许心美从马来西亚引进了第一批橡胶树苗，在泰南的董里府开始试种。不过，由于橡胶的经济价值尚未被广泛认识，种植面积一直相对有限。1934～1941 年，由于二战引发对橡胶的需求急剧增加，泰国的橡胶种植业进入快速发展阶段，种植面积迅速扩大到 48 万公顷。1950～1952 年，朝鲜战争爆发，再次引发橡胶价格的飙升，泰国的橡胶种植面积扩大到 64 万公顷。不过，由于橡胶树种的问题，泰国的橡胶产量和收益都并不理想。1960 年，泰国政府颁布《橡胶园更新基金条例》，并成立扶助橡胶园更新管理局，积极推广高产橡胶树种。但是，橡胶树更新周期比较长，从新栽树种到可以割胶大约要经过 5～7 年的时间，因此翻种计划初期的效果并不明显，单产量始终徘徊在每公顷 350～400 千克之间，总产量也仅从 1961 年的 18.6 万吨增至 1970 年的 28.7 万吨。1978～1991 年，泰国橡胶树翻种计划得到世界银行的资助，产量迅速提高，1991 年已达 134 万吨。

2013 年，泰国橡胶种植面积为 242 万公顷，总产量为 386.3 万吨，居世界首位。其中，南部地区是主产区，种植面积占全国橡胶种植总面积的近八成，特别是素叻他尼、宋卡、董里、洛坤和陶公府，橡胶产量更是占到泰国橡胶总产量的一半以上。

据统计，泰国现有橡胶种植园主和独立种植者约 300 万人，其中 95% 以上是小规模的个体种植者，橡胶园的面积通常在 2 公顷以下。

泰国是全球最大的天然橡胶出口国，生产的天然橡胶 90% 用于出口，年出口量占到全球天然橡胶总出口量的近一半。2014 年，泰国天然橡胶出口量为 340.9 万吨，出口额约为 60.2 亿美元。其主要出口国包括中国、马来西亚、日本、美国、韩国等。泰国橡胶出口的主要品种为标准胶、烟胶片和乳胶。2004 年以前，烟胶片的出口量占一半左右；2004 年以后，标准胶的出口量超过了烟胶片，标准胶约占 40%，烟胶片占 30%，乳胶占 20%。

木薯 木薯起源于南美洲，属于多年生亚灌木。木薯的淀粉含量约为 14%～40%，具有广泛的工业使用价值。木薯的初加工产品主要有木薯颗粒、木薯干片和木薯淀粉。木薯颗粒可作为动物饲料。木薯干片可作为生产工业酒精、醋酸、柠檬酸、乙基酸的原料。木薯淀粉可用作食品、饮料、制药、化妆品、胶水、纺织、造纸、涂料、染料、胶合板、制糖、味精、杀菌类药物等工业产品的重要原料。此外，木薯的嫩茎枝叶还可以饲养禽、畜、鱼、蚕等动物。随着木薯在工业领域的广泛使用，加之与其他工业原料相比木薯具有成本优势，全球市场对木薯产品的需求正不断扩大。

木薯易种，适应性好，耐旱性及抗虫害能力强，可在较贫瘠的土地上生长。但是，木薯收获时的劳动强度大，而且木薯块根体积大，易腐烂，因此多是由边远地区的贫穷农民种植。2014 年，泰国种植木薯的农户约有 50 万户，其中六成以上在经济相对落后的东北部地区，特别是柯呣府，占到 1/5 左右。

泰国是全球第二大木薯生产国，仅次于尼日利亚。2013 年，泰国木薯种植总面积为 138.5 万公顷，总产量为 3022.8 万吨。泰国木薯的主产区在东北部，产量占全国总产量的一半以上，特别是柯呣府，种植面积与产量都占全国总量的 1/4 左右。

泰国是全球最大的木薯产品出口国。尽管就木薯产量而言，泰国仅为尼日利亚的六成左右，但由于尼日利亚所产木薯主要用于国内居民食用，泰国却将产量的八成左右用于出口，故而泰国的木薯出口量遥遥领先于其他出口国。2014 年，泰国木薯产品出口额达到 28.1 亿美元，创历史新高，其主要出口国为中国、日本、荷兰、印尼等。

玉米 早在 16 世纪玉米就已传入泰国，但直到二战前产量仍然十分有限。20 世纪 50 年代，国际市场对玉米饲料的需求猛增，泰国这才开始大规模种植玉米。从 60 年代到 80 年代中期，泰国玉米种植业发展迅速，玉米种植面积从 1961 年的 29.8 万公顷增加到 1985 年的 191.8 万公顷，同期产量也由 59.8 万吨提高到 493.4 万吨。不过这一时期的粗放型发展特征也较为明显，玉米种植技术发展滞后，单产量增长缓慢。从 80 年代后期开始，受国际玉米市场价格疲软的影响，泰国玉米的种植面积开始逐渐减少，到 2007 年已降至 99 万公顷。不过，随着耕种技术的改善和高产良种的推广，泰国玉米单产量也由 80 年代初的每公顷 2300 千克左右提高到目前的 4400 多千克，因此总产量基本保持在 500 万吨左右。2013 年，泰国玉米种植面积为 114.6 万公顷，产量为 506.3 万吨。

　　玉米曾是泰国最重要的出口农产品之一。20 世纪 80 年代中期以前，泰国生产的玉米绝大部分用于出口，出口量也随着产量的增加而不断提高。1986 年，泰国玉米出口创下 398 万吨的历史记录。但在 80 年代末和 90 年代初，泰国玉米的出口量却锐减到 120 万吨左右，仅占国内玉米产量的 1/3。到了 90 年代中后期，尽管泰国玉米产量在 400 万吨左右，但却成为玉米的净进口国。这一转变虽与 80 年代末出现的国际贸易保护主义风潮有关，但主要还是泰国国内产业调整的结果。随着泰国畜牧业特别是养鸡业的兴起，国内对玉米饲料的需求猛增，甚至一度出现需求缺口。近年来，由于泰国玉米产量有所提高，因此泰国再次成为玉米净出口国，但规模较小。2012 年，泰国出口玉米 14.1 万吨，创汇 9100 万美元。

　　甘蔗　甘蔗主要分布在泰国中部平原边缘的丘陵地带，东北部和北部的部分地区也有种植。20 世纪 60 年代中期开始，甘蔗种植面积在政府的推动下迅速扩大，满足了迅速发展的制糖业对原料的需求，有力地支持了泰国蔗糖出口的增长，可以说是"以农扶工"经济发展战略的成功实践。60 年代初，泰国甘蔗种植面积仅有 6 万公顷，产量不到 200 万吨。到 80 年代初，种植面积已超过 50 万公顷，产量已超过 2400 万吨。在政府的规划下，泰国主要采取大面积集中种植甘蔗的方式生产，有利于机械化耕种和灌溉，能利用规模效益有效降低生产成本。90 年代以来泰国甘蔗种植业继续保持快速发展势头。2013 年，泰国甘蔗种植面积为 132.2 万公顷，产量首次突破 1 亿吨。

烟草 烟草是泰国的传统农作物，主要出产于泰国北部和东北部，目前种植烟草的农民大约有 15 万人。20 世纪 80 年代以前，泰国主要依靠扩大种植面积增加烟草产量。60 年代初，泰国烟草种植面积约为 4 万公顷，产量为 3 万吨左右。到 70 年代末，尽管种植面积扩大到 15 万公顷，但产量却只提高到 8 万吨左右。80 年代以后，泰国开始重视种植技术，单产量不断增加，所以尽管种植面积逐年减少，但产量却没有明显下降。2013 年，泰国烟草种植面积为 3 万公顷，产量为 7.2 万吨。泰国是全球重要的烟草出口国之一，2012 年出口 2.3 万吨，创汇 8640 万美元。

热带水果 泰国是著名的"水果之乡"，出产的热带水果不但品种齐全，而且产量很大。泰国是全球最大的菠萝生产国。2013 年泰国菠萝的收获面积为 9.2 万公顷，产量为 221 万吨。此外，由于气候适宜，泰国水果品质普遍较高，"果中之王"榴梿、"热带果后"山竹、红毛丹等特色水果更是享誉全球。为促进水果生产，泰国各地方政府在水果成熟季节，都会举行水果评比和技术交流活动，并举办各种盛会。比如，榴梿成熟时，"榴梿之乡"暖武里府或罗勇府会举办"榴梿评比会"和"榴梿展销会"。每年 8 月，在泰国北部的南奔府会举行"龙眼节"，南部的素叻他尼府会举办"红毛丹盛会"。

泰国的热带水果出口居世界前列，特别是榴梿、山竹、龙眼和红毛丹的出口量更是居全球首位。不过出口量最大的还是菠萝。由于新鲜水果不易保存，泰国出口的主要是经过加工的罐装、干制、榨汁等水果产品。菠萝罐头是目前泰国最大宗的水果出口项目，2014 年出口量 52.8 万吨，出口额 5.09 亿美元。不过，近年来由于保鲜技术的进步和交通运输的改善，泰国新鲜和冷藏水果的直接出口也在不断增加，2014 年出口量已达 140 万吨，出口额 12.05 亿美元，创历史新高。

二 渔业

渔业是仅次于种植业的农业部门，从业人员约有 40 万，约占劳动力总数的 1%。

泰国是全球十大渔业国之一，是亚洲仅次于中国和日本的第三大海洋渔业国。而且，在 2002 年被中国取代前，泰国还一直是全球最大的水产品出口国，1995 年出口额曾高达 28.7 亿美元，占当年出口总额的 5%。20 世纪 90 年代末，由于欧美的贸易保护主义抬头，泰国水产品出口明显下降，2002 年曾降至 16.7 亿美元。近年来，随着贸易条件的改善，泰国水产品出口有所恢复，2014 年创汇 21.5 亿美元。除出口外，泰国国内对水产品的需求量也很大。鱼类是泰国人摄取动物蛋白质的主要来源，泰国年人均鱼类消费量在 30 千克以上，远高于全球年人均消费量 16 千克的水平。

　　泰国渔业以海洋渔业为主，其产量占到渔业总产量的 90%。泰国海岸线长 2614 千米，分东、西两侧。东侧的泰国湾是泰国最重要的渔业产区，渔场面积为 3428 万公顷，最高持续渔获量达 91 万吨，包括底层鱼类 77 万吨，中上层鱼类 14 万吨；西侧是安达曼海，渔场面积为 1942 万公顷，最高持续渔获量为 29 万吨，包括底层鱼类 20 万吨，中上层鱼类 9 万吨。渔场内经济鱼类繁多，计有 850 多种：重要经济中上层鱼类有小沙丁鱼、羽鳃鲐、青干金枪鱼、鲔、舵鲣、马鲛鱼、鳍科、红鳍圆汜、大甲汜等；经济底层鱼类有大眼鲷、金线鱼、笛鲷、狗母鱼、石首鱼、舌鳎、鳝等；另有经济价值较高的海洋生物如对虾、新对虾、梭子蟹、蛤、乌贼、鱿鱼等。泰国海洋渔业从 20 世纪 60 年代初起步以来，产量增长很快，从 1960 年的 20 万吨猛增至 1970 年的 133.5 万吨。1977 年以后，泰国海洋渔获量开始逐年下降，并在 80 年代初陷入低谷，其原因在于：第一，邻国实施 200 海里专属经济区，影响泰国远海渔业的捕捞；第二，近海渔业资源，特别是泰国湾底层鱼资源，在渔民的酷渔滥捕下遭到破坏；第三，1972～1978 年柴油价格猛涨 10 倍，一般拖网渔船的作业成本上升了 65%，捕捞成本增加。直到 80 年代后期，随着柴油价格的下降和国际鱼价的上涨，泰国海洋渔业才恢复发展势头，产量从 1986 年的 235.7 万吨增至 1995 年的 282.7 万吨。不过，后来由于过度捕捞，近海渔业资源开始枯竭，渔获量又有所下降，1998 年为 270.9 万吨。为此，泰国政府积极推动远洋捕捞业的发展，并通过合作开发邻国海域渔业资源。

　　泰国的淡水渔业主要集中在湄南河和中部平原的洪水区。中部平原每年洪水泛滥，是重要的鱼类产卵场，其淡水鱼产量约占淡水渔业总产量的70%。主要捕捞鱼种有鲇、纹鳢、尼罗罗非鱼等。在泰国淡水渔业中，大蓄水池渔业多半具有商业性质，其他如小蓄水池、河流、沼泽和沟渠、稻田则多半属兼业性质。以单产量而言，东北部和北部湖泊的产量最高，其次为泛滥平原和蓄水池。泰国淡水渔业的产量从1993年的17.5万吨猛增到1996年的21.4万吨后，近年来下降趋势明显，这主要是天然水体资源衰退造成的。为了农业和工业的利益而调节河流流量可能会对高生产力的泛滥渔业造成进一步的不利影响。

由于天然渔业资源不断退化，目前泰国水产养殖业发展迅速。2000年泰国水产养殖业产量为70.7万吨，产值为24.3亿美元。泰国水产养殖以咸淡水和海水养殖为主，产量约占总产量的70%~85%，主要养殖对虾、贻贝、泥蚶、尖吻鲈等。在东南亚国家中，泰国水产养殖业的人工繁殖和育苗技术以及生产设备都是最先进的，斑节对虾和尖吻鲈的养殖更已形成工厂化生产。此外，泰国淡水养殖业也发展较快，目前淡水养殖已取代捕捞成为泰国淡水鱼类的主要生产方式，养殖品种也已由单一的贝类扩大到罗非鱼、毛腹鱼、芒鲇、胡鲇、罗氏沼虾等众多种类，养殖手段也已实现了从粗养向精养的转变。泰国的淡水养殖面积约有11万公顷，以中部地区为主，产量占全国总产量的近70%，其次是东北部地区，北部和南部地区的产量较少。

泰国是全球虾类生产和出口的大国，现有虾养殖场约2.5万个，总养殖面积约为7.3万公顷。泰国同时也是东南亚国家中率先采用超精养方式养殖对虾的国家，目前每公顷对虾产量可达20吨。

三　畜牧业

畜牧业在泰国虽有很长的历史，但一直都是家庭分散经营的，以自给性消费为主，没有形成规模。从20世纪60年代末起，泰国畜牧业逐渐商品化，生产规模迅速扩大，并开始转向集约化经营，目前已形成以牛、猪和鸡养殖为主的生产布局。

牛　养牛业的发展经历了从生产性向商品性转变的过程。过去，牛被当作重要的畜力广泛用于稻田耕作而不是食用。为推动养牛业的发展，泰国政府引进了美国、瑞士、德国、丹麦和澳大利亚的优良种牛，并采用杂交育种和人工授精的方式增加牛肉和奶制品的产量，还改良了牧草，建立了国营牲畜站，扶持建立专业化经营的养牛厂和奶牛厂。由于泰国传统上没有喝奶的习惯，因此在 1984 年曾发生过大规模的奶农抗议事件，要求政府解决牛奶产能过剩的问题。于是，泰国政府决定实施"学生奶计划"，由政府出资向学生免费提供牛奶。1984 年总理办公室设立国家学生奶促进局（National Milk Drinking Campaign Board），并于 1985 年起在曼谷及清迈的 500 所学校推行学生奶，迄今已覆盖泰国全部区域，每天有超过 700 万学生在公立幼儿园和小学受益于此项目。"学生奶计划"不仅有利于学生健康，而且有力助推了泰国乳业市场的发展。1984 年泰国全国产奶量仅 142.6 吨/天，到 2009 年已增至 2454 吨/天，乳牛存栏数超过 21 万头，乳品加工企业达 91 家，养殖户近 2 万人，并解决了至少 25 万人的就业问题。由于很多泰国人信奉观世音菩萨，不吃牛肉，泰国牛肉消费一直没有明显增长。2013 年，泰国全国的黄牛存栏数为 514.8 万头，水牛存栏数为 128.9 万头。

猪　养猪业自 20 世纪 70 年代以来一直稳步增长，存栏数从 1961 年的 328.6 万头增长到 2013 年的 792.4 万头。由于猪肉是泰国人的主要肉食，所以猪一直是泰国的主要畜产品。不过，以前泰国养猪主要采用"后庭饲养"的方式，用家庭厨余废弃物和农副产品喂养，供自家消费。70 年代初，养猪业开始商业化，不过家庭小规模养殖的模式并没有改变，养猪的家庭要依靠中间商进行收购。从 80 年代后期开始，专业化养猪业开始兴起，农村猪肉产量不断下降，大规模的商品猪场成为泰国猪肉的主要供给来源，目前 80% 的生猪生产已实现企业化经营。泰国的猪肉主要用于满足国内需求，出口量很小。这一方面是因为泰国生猪饲养成本较高，缺乏国际竞争力；另一方面，泰国生猪疫病防治不力，屠宰厂和肉食加工厂卫生条件差等问题也制约了泰国猪肉走向国际市场。

鸡　养鸡业是泰国畜牧业中发展最快的产业，也是泰国参与国际竞争的成功典范。1961 年，泰国的鸡存栏数仅 4000 万只，鸡肉年产量为 8 万多吨。2002 年，泰国的鸡存栏数已增至 2.35 亿只，鸡肉产量更是猛增至 132 万吨，几乎是每 10 年翻一番。

泰国养鸡业可以说是在鸡肉出口的带动下发展起来的。1973 年，泰国鸡肉首次走进国际市场，出口量仅为 137 吨，但随即出口量就开始直线上升，到 2003 年，鲜（冻）鸡肉出口量已达到 37.1 万吨，出口额达 6 亿美元。这一成果是在泰国政府与企业的密切配合下取得的，这在打开欧盟市场的过程中表现得尤为突出。欧盟对禽类的进口有着很高的检疫标准，此外还有动物福利（Animalwelfare）、转基因（GMO）、环保（Environment）等多重贸易壁垒。为此，在政府的督导下，泰国企业从卫生入手严把质量关，保证了泰国鸡肉的高品质。政府则在对外谈判、技术协助和资金扶持方面成为企业有力的后盾。成功进入欧盟的高价市场，使泰国的鸡肉出口布局变得平衡而高效。泰国可以将鸡胸肉卖给喜食胸肉且肯出高价的欧洲人，将鸡腿肉以具有竞争力的价格卖给喜食腿肉的日本人，而将鸡翅和其余部分倾销到较贫困的发展中国家，从而充分利用了各部分鸡肉。

此外，泰国还很注重根据国际市场的需要拓宽出口渠道。从 20 世纪 90 年代初开始发展起来的鸡肉熟食制品出口就是最好的例子。由于一些国家的熟食制品的进口关税较低，出口熟食制品不但能有效避开关税壁垒，还能增加鸡肉出口的附加值，带动国内相关产业并创造就业机会。1991～2000 年，泰国的鸡肉熟食制品出口量已从 3088 吨猛增到 8.6 万吨，出口额也从 1400 万美元提高到 2.2 亿美元。2004 年禽流感的暴发，使泰国的养鸡业遭受重创。2005 年，泰国的鸡存栏数从上年的 2.5 亿只，骤降到 1.87 亿只。近年来，泰国养鸡业逐渐恢复元气，2013 年，泰国的鸡存栏数已增至 2.59 亿只，泰国再次成为全球重要的鸡肉出口国。

四 林业

林业曾是泰国重要的经济部门。二战后，随着木材生产的迅速发展，林业产值在 20 世纪 50 年代初一度占到国内生产总值的 5%。柚木更是与大米、橡胶、锡齐名的四大出口物资之一，是财政收入的重要来源。但是，当泰国政府为了保护森林而颁布伐木禁令后，林业逐渐式微，目前在国内生产总值中的比重还不足 0.05%。

泰国森林资源丰富，有 2000 多个树种，多属于木质坚硬的阔叶林。泰国森林大致可分为落叶林和常绿林两大类。落叶林约占泰国森林总面积的 70%，主要分布在北部和中部地区，这种树木一般质地坚硬，是很好的木料。著名的泰国柚木就是其中的佼佼者。常绿林分布较广，大部分在南部与东部地区，在中部及东北部也有生长。泰国采伐量较大的央木就属于这一类。泰国森林资源分布并不平衡，其中北部地区森林覆盖率最高，而东北部地区则相对较低。

泰国有上千种的观赏花木。桂树是泰国的国树，睡莲是泰国的国花。泰国的主要观赏花木兰花有 900 多种，兰花是泰国栽培最广泛的花卉，也是每年为泰国创汇几亿泰铢的重要出口商品。其他主要观赏植物有相思树、龙舌兰、大海芋、桃椰、观音竹、番茉莉、番木瓜、翅荚决明、长春花、花叶万年青、千日红、竹芋及蓬莱蕉等。

泰国的药用植物种类也非常丰富，大约有好几百种，有可治癌症的福斯特面包果、林纳氏苏木，治瘫痪的符氏三角大戟，治心脏病的夹竹桃，治肺炎、肺结核的网球花，治哮喘的小子海红豆，治肝炎的心叶栝楼，治肾炎的臭茉莉、木豆等。

泰国原本森林覆盖率较高，20 世纪初曾高达 75%，但是随后森林面积却直线下降，1961 年制定第一个国家经济与社会发展计划时森林覆盖率已降至 53%，70 年代末期进一步降至 27%，90 年代初更是降至 22.8%。造成泰国森林面积减少的原因主要有三个。一是木材出口。60 年代国际市场木材价格持续走高，如柚木的批发价就从 1960 年的每立方米 111 美元上涨到 1968 年的 153.7 美元，而同期央木的批发价则从每立方米 18.8 美元上涨到 26.2 美元。在价格因素的驱动下，泰国的木材砍伐量逐年增长，如柚木的砍伐量就从 1960 年的 15.4 万立方米增加到了 1970 年的 23.4 万立方米。二是毁林造田。由于土地制度的问题，泰国历来就有无地贫民毁林造田的现象，但规模不大。60 年代后，随着国际市场对木薯、玉米等农产品的需求不断增加，泰国毁林造田的面积开始迅速扩大。从 20 世纪 60 年代初期至 80 年代后期，在不到 30 年的时间里，泰国的耕地面积增加了 900 多万公顷，其中很大一部分就是靠毁林而来的。三是伐木取薪。木柴是泰国传统的日常燃料，时至今日在泰国偏远地区伐木取薪的现象仍很普遍。为保护珍贵的森林资源，泰国政府从 20 世纪 70 年代初开始逐步颁布了一系列旨在减少林木砍伐量的法令，并在 1988 年颁布了伐木禁令，所以在 90 年代林业出口额年均不到 4000 万美元。同时，泰国还积极退耕还林，成为全球植树造林最多的发展中国家之一。近年来，随着国家环保措施的逐步落实，泰国的森林覆盖率已有所回升。2012 年，泰国的森林面积约为 19 万平方千米，森林覆盖率为 37.2%。

第三节 工业

从产业比重来看，泰国的工业化程度较高。2014 年，泰国的工业产值为 1451.2 亿美元，占国内生产总值的 38.8%。

一 制造业

泰国制造业起步较晚。二战以前，泰国仅有部分简单的初级产品加工业，如碾米、锯木、榨糖、制革、烤烟等，门类单一且基础薄弱，绝大部分的日用消费品都要依赖进口。从 20 世纪 50 年代中后期开始，泰国制造业在进口替代战略下逐步发展起来。到 70 年代，轻纺工业和食品加工业已能满足国内需求，基础设施建设也初具规模。此后，随着出口导向战略的实施，泰国制造业的发展步伐进一步加快，到 80 年代初制造业产值已超过农业。80 年代后期到 90 年代前期制造业产值年均增长率更是高达 15%，而且门类增多，结构日趋多样化。在劳动密集型产业蓬勃发展的基础上，资本密集型和技术密集型产业也相继出现并发展迅速。2014 年，泰国制造业产值为 1216 亿美元，占国内生产总值的 32.5%，从业人员达 639.3 万，占劳动力总数的 16.6%。目前泰国制造业主要包括农产品加工业、纺织服装业、汽车摩托车装配及零配件生产业、电子电器业、建筑材料业，以及鞋类、家具、珠宝、玩具、皮革制造业等。

农产品加工业　在泰国政府"农业工业化"的发展方针指引下，泰国的农产品加工业经过50余年的发展已颇具规模，在有效地提高泰国农产品国际竞争力的同时，也增加了农产品的附加值。

碾米业是泰国农产品加工业中历史最为悠久的。二战前，碾米业主要集中在曼谷地区，加工技术较为落后。二战后，各地都开始兴建碾米厂，到20世纪80年代初就已发展到3万多家，它们广泛分布于水稻主产区的水陆交通沿线。目前泰国大米特别是香米的加工技术相当先进，部分企业甚至拥有世界上最先进的大米生产加工设备。香米通常都要经过绿色检测、多重洗米、激光色选、震荡抛光、颗粒分级、综合抽检等8道严格工艺，这有效地保证了泰国出口大米的品质。不过，由于碾米是大米生产的基本环节，目前泰国经济统计部门一般不再将碾米业产值列入工业产值。

罐头业是泰国最重要的农产品加工行业之一，产品主要是用于出口的蔬果和海产罐头。由于蔬果和海鲜容易腐烂，因此除部分通过航空运输保鲜出口外，多数被加工成制成品出口，而罐头则是主要的加工方式之一。蔬果罐头是从20世纪60年代末开始迅速发展起来的，其中菠萝罐头的生产规模最大，90年代初年产量一度高达100万吨。除菠萝外，红毛丹、龙眼、荔枝、芒果、蘑菇等蔬果罐头的产量也较大。泰国蔬果罐头大部分投向欧美市场，只有约5%用于内销。海产罐头则是从80年代中期随着国际市场需求量的增加而兴起的，其中尤以金枪鱼罐头的发展最具代表性。70年代末泰国仅有两家小型的外资金枪鱼罐头厂，雇用的工人总共不到100人。80年代中期西方国家开始出现宠物热，宠物金枪鱼罐头需求量猛增。泰国的金枪鱼罐头生产由此迅速发展起来，使泰国成为全球最大的金枪鱼罐头生产国和出口国。2014年，泰国金枪鱼罐头产量为43.3万吨。90年代以来，泰国的金枪鱼罐头出口量一直占全球总出口量的50%左右。不过由于泰国的金枪鱼产量不高，所以每年近90%的罐头原料需要进口。除金枪鱼外，泰国还大量生产沙丁鱼、蟹、龙虾、牡蛎、贻贝等海产罐头。泰国的海产罐头多数用于出口，2014 年出口 90.7 万吨，出口额为 42.8 亿美元。

制糖业是泰国传统的农产品加工行业，19 世纪前制糖作坊曾是泰国主要的手工作坊之一。不过，近代泰国制糖业的发展却很缓慢，直到 1937 年泰国才出现了第一家机械制糖厂。二战后初期，由于国内糖产量不足，泰国还一度进口糖。20 世纪 60 年代末到 80 年代初国际糖价不断攀高，从每吨 90 美元涨到 300 多美元，最高时甚至达到每吨 1400 美元。在价格的驱动和政府的扶持下，泰国制糖业开始迅速发展。60 年代初泰国糖产量不到 20 万吨，70 年代末就已提高到近 300 万吨，泰国成为全球 10 大糖生产国之一。2014 年，泰国糖产量达 1130 万吨。同时，泰国也是全球主要的糖出口国。2014 年，泰国食糖出口 635 万吨，创汇 27.9 亿美元。值得注意的是，泰国甘蔗的出糖率只有 11% 左右，相较于其他产糖国家，泰国在自然禀赋上并不占优势。泰国食糖一直能在国际市场的价格竞争中保持优势，与其制糖业的集约化生产模式分不开。泰国制糖厂大多建在甘蔗种植区内，这能有效降低运输成本，而且生产规模一般较大，能取得规模效益。此外，泰国甘蔗种植业提供的廉价制糖原料，也在客观上增强了泰国蔗糖的国际竞争力。

纺织服装业 纺织服装业是目前泰国制造业中规模最大的部门，产值约占制造业总产值的 1/5，从业人员超过 120 万人，相关企业有 9000 多家。这些企业主要是服装厂，从业人员约占行业总人数的 4/5，此外还有纺纱厂、织布厂、印染厂、地毯厂、麻袋厂、帆布厂、日用纺织品厂等，它们大多集中在曼谷及其周边地区。泰国纺织服装业起步较晚。由于受廉价进口纺织品的竞争，泰国纺织业一直得不到发展。直到 20 世纪 50 年代初，泰国仍只有 3 家主要的纺纱厂，拥有纱锭总共不到 4 万枚。为了推动纺织业的发展，泰国政府于 1955 年颁布了《管制棉纱进口条例》。很快泰国就建立起了一大批纺织厂，而国内棉花生产供不应求。于是泰国政府自 1959 年起开始鼓励发展人造纤维，并从日本引进资金和技术合作办厂。到 60 年代末，随着棉纺织业和人造纤维制造业的发展，泰国的纺织品已能完全满足国内需求。而且，在纺织业的带动下，泰国的印染、服装、纺织机械等也迅速发展，逐渐形成了完整的生产体系。70 年代初，随着《多种纤维协定》① 的签订，美国等国开始对纺织品的进口实行配额限制，造成日本等纺织品生产国的国际市场份额下降，而泰国的纺织品却乘机打入了国际市场。此后，随着东亚劳动密集型产业的大规模转移，泰国纺织服装业发展迅速，很快就成为泰国最大的出口行业，80 年代的出口额一度占到总出口额的近20%。不过，进入 90 年代后，由于资本密集型产品的出口迅速增加，纺织服装的出口份额开始逐渐下降。2014 年，泰国纺织服装产品的出口额为 75.8 亿美元，仅占总出口额的 3.33%。

目前泰国的纺织服装业正面临严峻挑战。从 20 世纪 70 年代起，泰国纺织服装业的竞争力就一直建立在低廉劳动力的基础上，靠中低档产品抢占国际市场，所以纺织服装业总体的档次水平并不高。以服装业为例，目前主要的经营模式仍是 OEM，即贴牌加工。泰国缺少自有品牌，高档服装面料还依赖进口。泰国每年都要进口相当数量的高档纺织原料，这些原料通常要占纺织服装出口额的 1/3 强。尽管低价方针是泰国纺织服装业在 80 年代成功的秘诀，但现在这一方针却随着中国、越南、斯里兰卡等国的相继效仿而逐渐失去效用。为了应对挑战，近年来泰国纺织服装业正逐步向高档纺织品领域发展，进行产业升级，而提高原料档次和创建自有品牌则是当前的主要目标。为此，现在泰国每年进口纺织机械近 5 亿美元，主要用于高档原料加工。

汽车摩托车制造业 泰国的汽车工业起步较早。20 世纪 60 年代初，泰国政府为了改变运输工具完全依赖进口的局面，开始鼓励国内企业与国外汽车厂商联营建立汽车组装厂。1961 年，美国福特汽车公司率先进入泰国投资办厂。此后，其他国际著名汽车制造厂商也相继落户泰国。目前，泰国共有 14 条汽车生产线：日资企业 8 条，包括丰田、铃木、尼桑、三菱、本田、马自达等；欧美企业 6 条，包括奔驰、宝马、福特、通用、

---

① 即《国际纺织品贸易协定》，是美国、欧共体、日本、加拿大、韩国、巴西、印度等 42 个纺织品贸易国家和地区在关贸总协定的框架下于 1972 年达成的协议。该协定旨在将纺织品贸易的限制范围从棉纺织品扩大到化纤产品，并允许以配额方式保护国家和地区内的纺织行业。

沃尔沃等。

泰国汽车工业在发展之初以组装为主。随着组装水平的逐渐提高和规模的不断扩大，泰国汽车零配件生产也迅速发展起来。为了推动汽车生产的国产化，泰国政府出台了保护性措施，颁布了轿车零配件当地含量54%、小型货车零配件当地含量70%、大型货车零配件当地含量62%的汽车国产化率的硬性指标，[①] 但同时又严格督导零配件厂商按国际标准生产，确保产品竞争力。目前泰国汽车的国产化率已接近70%，零配件生产更是与国际接轨，年出口量约占总产量的15%，其中橡胶和塑料零部件最具竞争力，产品包括橡胶嵌条、软管、门窗橡皮片、橡胶地毯、车灯模制零件等。

20世纪90年代以前，泰国政府一直对汽车工业实行保护性产业政策，以保证汽车工业从幼稚产业逐步成长为支柱产业。全散件CKD（completely knocked down）的进口关税曾高达80%，整车CBU（completely built-up）的进口关税更是高达150%，泰国政府另要求50%以上的本地含量。同时，泰国政府通过限制车型以帮助汽车生产企业获得规模经济效益。到80年代末，泰国汽车工业不但充分满足了国内需求，还在1988年向国际市场出口了第一辆本土组装的轿车。但随着生产水平的提高和生产规模的扩大，保护性政策开始阻碍汽车产业竞争力的提高。为了增强汽车工业的国际竞争力，泰国政府从90年代初开始实行开放性产业政策，逐步降低关税，放宽行业限制。泰国政府的这一政策不但吸引了大批国际厂商投资办厂，而且促使国内厂商在竞争压力下不断改进技术，提高效率。泰国汽车工业很快进入了黄金时期。1997年，汽车工业新增投资累计达150.7亿泰铢，其中65%来自日本汽车厂商。1990～1995年，泰国汽车产量和国内销售量分别以每年平均16.7%和13.5%的速度递增。1996年，汽车产量已高达56万辆，泰国成为东南亚最大的汽车生产国，产量占东盟总产量的一半，而内销量也创下了59万辆的历史记录。

1997年的金融危机对泰国汽车工业造成了沉重的打击，1998年汽车

---

① 根据世贸组织协议，泰国政府于2000年最终取消了该指标。

产量仅 15.8 万辆。不过,泰国政府很快调整产业发展方向,把开拓出口作为未来汽车工业的发展重点,并将汽车工业确定为吸引外资的五大重点产业之一,提出了将泰国建成"东方底特律"的目标。为此,泰国政府积极地创造良好的投资环境,提供一流的服务,还出台了一系列税收优惠政策。在泰国政府的引资鼓励下,全球各大汽车制造厂商纷纷加大了对泰国的投资。在投资的带动下,泰国汽车生产迅速复苏,产量直线上升,2005 年首次突破 100 万辆大关,达 112.5 万辆。尽管受 2008 年全球金融危机的影响,泰国在 2010 年汽车产量突破 200 万辆的目标未能如期实现,但在 2011 年英拉政府上台后推出的"首次购车优惠"政策的刺激下,2012 年泰国汽车产量猛增 70.3%,首次突破 200 万辆大关,达 248.3 万辆,超过加拿大成为全球第九大汽车生产国。不过,由于 2013 年英拉政府停止了"首次购车优惠"政策,再加上从 2013 年年底到 2014 年年初的持续政局动荡,泰国汽车产业再次受挫。2014 年,泰国汽车产量降至 188 万辆,其中国内销售 88.2 万辆,相比 2013 年下降 33.7%。不过,2014 年泰国汽车出口表现依然不俗,全年出口汽车 112.8 万辆。目前泰国是在东亚和东南亚地区仅次于日本和韩国的第三大汽车及零部件出口国,2014 年出口额为 201.2 亿美元。由于汽车工业产业链很长,能带动 100 多种相关产业,所以蓬勃发展的汽车工业目前已成为推动泰国经济复苏的主要动力之一。

泰国摩托车制造业也是从 20 世纪 60 年代初起步的。由于摩托车是深受东南亚国家消费者喜欢的交通工具,所以摩托车制造业在外商投资的推动下发展很快,1995 年泰国摩托车产量已达到 161.8 万辆。受 1997 年金融危机影响,泰国摩托车产量一度大幅下降,1998 年产量仅为 56.1 万辆。不过,近年来摩托车制造业已经复苏,2014 年产量已达 230.5 万辆。目前,泰国有 5 家摩托车装配厂,其中 4 家生产日本品牌摩托车,包括本田(Honda)、铃木(Suzuki)、川崎(Kawasaki)、雅马哈(Yamaha),还有一家生产意大利的卡吉瓦(Cagiva)豪华摩托车。泰国目前是全球第九大摩托车出口国,出口市场主要是美国、菲律宾、印尼和比利时。

电子电器业 泰国的电子电器业发端于 20 世纪 60 年代,不过当时只有一些小型的家用电器和电子装配厂。到 70 年代，随着发达国家劳动密集型产业的转移，泰国的电子电器业逐渐发展起来。80 年代后期，随着东亚新兴工业化经济体产业转移的推进，泰国的电子电器业进入了高速发展时期，成为泰国重要的制造业部门。目前电子电器业是泰国最大的出口行业，2014 年出口额为 456.2 亿美元，占总出口额的 20%。

1962~1995 年，有 163 家国际电器公司投资泰国，总额达 18 亿美元。日本投资者的投资额占了一半。日本和韩国所有主要的电器公司，如索尼、松下、日本电气、东芝、日立、三星等均已在泰国投资办厂，近年来还逐渐将一些生产基地搬迁到泰国，使得泰国家电产品的生产规模不断扩大。泰国目前已成为东南亚最大的空调生产国。2014 年，泰国生产电视机 273.4 万台、电冰箱 397.2 万台、电饭煲 477 万台、空调压缩机 960.7 万件、空调冷凝器 568.1 万件、空调风机盘管 708.7 万件。泰国家电产品除满足东南亚市场外，还远销中东地区，并有部分返销日本。2014 年泰国电器出口创汇 123 亿美元，其中最大的出口单项为空调，创汇 40.9 亿美元。

泰国的集成电路工业起步较晚。直到 20 世纪 70 年代中期，当新加坡、马来西亚的集成电路工业已迅速发展，集成电路工业才引起泰国政府的注意。为推动本国集成电路工业的发展，泰国政府实行了税收优惠政策，规定集成电路生产厂家可以免税进口原材料，对本国生产的集成电路原材料也免征增值税，而外国投资建设的集成电路生产企业更可以免除 8 年的企业所得税。在政府扶植下，泰国集成电路工业发展迅速。泰国生产的集成电路多数用于出口，且主要出口美国市场，所以大部分集成电路生产厂商都与国际跨国企业建有战略合作关系，如泰国最大的集成电路生产商哈纳微电子（Hana Microelectronics）就是摩托罗拉和西门子的供应商。2014 年泰国集成电路及配件出口创汇 75 亿美元。尽管目前泰国集成电路生产规模与新加坡、马来西亚相比仍有很大差距，但随着欧美高技术企业投资的增加，泰国已成为东南亚最具潜力的集成电路生产国之一。

近年来，计算机组装和零部件生产在泰国发展很快，其中最具代表性的就是计算机硬盘的生产。泰国的硬盘制造业始于 1983 年，希捷

(Seagate Technology) 公司率先在泰国投资建厂。随着国际各大硬盘生产厂商的跟进，以出口为主的泰国硬盘制造业迅速发展起来，泰国成为全球硬盘的重要生产国。此外，计算机整机、内存、主板、光驱、软驱等的产量和出口量近年来也在不断增长。2014 年，泰国计算机及其部件出口创汇 156.8 亿美元。同时，随着社会信息化程度的提高，泰国国内市场对计算机的需求量也在迅速增加。由于泰国政府对国产计算机有优惠政策，所以近年来泰国本地计算机组装企业发展迅速，现在已有 3000 多家，不过规模普遍较小，能覆盖全国的国产品牌只有以 BELTA 为首的二三十家。目前，泰国的国产品牌计算机凭借低价位的优势，占据着大约 70% 的国内市场份额，而惠普、戴尔、IBM 等国际知名品牌的市场份额则不到 30%。

水泥业 1914 年，泰国第一家水泥厂——京都水泥厂在曼谷建成投产，年生产能力为 2.4 万吨。二战后，在政府产业政策的扶持下，泰国水泥业发展较快，很好地满足了国内建设的需求。1987 年以前，泰国基本上是水泥的净出口国。20 世纪 80 年代末到 90 年代初，由于泰国经济高速增长，水泥供给缺口引发了水泥行业的大规模增资扩产。泰国水泥的产量从 80 年代中期的 800 万吨左右迅速提高到 1996 年的 3875 万吨。1997年金融危机后，建设项目大幅减少，国内对水泥的需求也从 1996 年创纪录的 3700 万吨降到了 2000 年的 2500 万吨，水泥行业陷入了困境，连续几年产量仅在 3000 万吨左右，生产设备使用率有时甚至不足 50%。近年来，随着泰国建筑业的复苏和国际市场的开拓，泰国水泥行业逐渐恢复活力，2014 年产量已增至 4000 万吨。水泥生产具有规模效益，属自然垄断行业。泰国政府通过对水泥行业实行审批监管，有效地减少了行业的无序竞争，保证了泰国水泥的生产质量，还增强了产品的国际竞争力。目前泰国有 6 家水泥厂，其中规模最大的暹罗水泥集团（The Siam Cement Group）的年生产能力高达 2300 万吨。

钢铁工业 泰国钢铁工业的发展历程较为独特。最初发展起来的是下游产业，即生产钢筋、钢管等成品的加工厂；接着出现的是中游产业，即采用电炉生产的中小炼钢厂，包括装备炼钢炉的钢筋厂和热轧卷厂家；最后泰国才开始投资钢铁成品厂，生产镀锡钢板、镀铝锌钢板等。这使得泰国钢铁工业更习惯于废钢的回收再生产，结果是工厂虽多，但产业链不全，泰国的钢铁工业高度依赖进口原料、半成品和成品。

基于环保因素的考虑，目前泰国钢铁工业的上游企业仅有塔塔钢铁（泰国）有限公司一家铁矿石冶炼工厂，规模较小，年产能约为 50 万吨；中游产业有 16 家生产半成品的工厂，大多数工厂的产品仅用于企业内部供应，很少出售给未装备炼钢炉的钢铁厂，使得很多钢铁厂都必须依靠从俄罗斯、乌克兰、土耳其、巴西等国进口半成品；下游产业中，长材产品生产厂商约有 100 家，产品多用于建筑业、汽车及零配件制造业、机械制造业等，板材产品生产厂家约 23 家，产品多用于汽车及零配件制造业、建筑业、包装品制造业、电器制造业等。

2012 年，泰国主要钢铁（不包括半成品、冷轧钢、镀膜钢板、钢管）产量约为 672 万吨；粗钢产量约为 430 万吨，居世界第 33 位；钢铁进口量为 1520 万吨，居世界第 5 位；净进口量高达 1360 万吨，仅次于美国，排名世界第 2 位。

从中长期来看，由于泰国钢铁工业使用了较先进的机械设备，从业人员拥有现代化的知识技能，且工厂设址适宜，有利于针对东南亚国家市场的出口运输，因此在未来发展中具有一定的竞争优势和发展潜力。

石化工业 泰国的石化工业起步于 20 世纪 70 年代，80 年代中后期，在外资带动下迅速发展起来。随着国际石化工业巨头埃索、壳牌和加德士在泰国投资兴建的炼油厂先后投产，泰国一跃成为东南亚的石化工业大国。2001 年泰国的乙烯生产能力已增至每年 194.6 万吨，主要的生产企业有国家石化公司、罗勇烯烃公司和泰国烯烃公司。2003 年，位于泰国罗勇府的玛达普工业区已成为全球排名第 8 的石化基地。随着石化工业产能的增长，泰国从 1996 年开始成为石化产品的净出口国。目前泰国石化产品的出口量约占总产量的 30%，主要出口市场是中国。

由于泰国的石化工业在 20 世纪 90 年代前期的高速发展中大多利用短期贷款，结果在 1997 年的金融危机中受创严重，石化公司纷纷陷入债务危机。如东南亚最大的石化企业泰国石化工业公司（Thai Petrochemical Industry）在危机后欠下对 147 名债务人的 34 亿美元的债务，2000 年被泰国破产法庭宣告破产重组。目前，合并重组与联合经营已成为多数泰国石化企业借以渡过难关的方式。

珠宝首饰业 珠宝首饰业是从 20 世纪 80 年代中后期迅速发展起来的出口型产业。1985 年泰国珠宝首饰的出口额仅为 3.14 亿美元，而现在泰国已是仅次于意大利的珠宝首饰出口大国，2014 年创汇 71.5 亿美元，主要出口对象为西欧、中东、日本、中国香港和美国。泰国是全球最重要的珠宝首饰生产国之一，年产量占全球珠宝首饰总产量的 2%。目前泰国国内有宝石切割琢磨企业 250 家，从业人员 50 多万，首饰加工企业 390 家，从业人员 20 多万。2014 年，泰国生产手镯 46.6 万件、耳环 64.7 万件、项链 79.1 万件、戒指 195.5 万件。不过，泰国珠宝首饰业生产所需的原料大部分依靠进口。泰国虽以盛产红宝石和蓝宝石闻名于世，但国内的宝石产量早已不能满足需求，现在泰国主要依靠从缅甸、斯里兰卡等周边国家进口。

泰国的珠宝首饰业目前面临严峻挑战，中国、印度的低档产品特别是银饰品，以及土耳其、黎巴嫩的中档产品，正在逐渐抢占泰国的国际市场份额。尽管目前泰国的宝石热处理技术和切割工艺已达到世界一流水平，但首饰外壳工艺和设计水平却一直处于落后状态。泰国政府正积极引导国内珠宝首饰生产向高档产品发展。为此，泰国政府不但提供贷款，支持泰国宝石及珠宝贸易商协会建立了位于曼谷的超大型钻石、宝石及首饰生产和出口中心珠宝城（Gemopolis）工业区，还出台政策免除了在珠宝城工业区生产的珠宝首饰产品的增值税。此外，泰国政府还在 2003 年推出的"时尚都市"计划中强调，要重点培养世界一流珠宝首饰设计师，树立珠宝首饰产品的国际品牌。

二 采矿业

泰国矿产资源丰富，已探明储量的矿产有 39 种，其中投入开采的有锡、钨、萤石、重晶石、石灰石、锑、铅、锰、铁、褐煤等，产品多用于出口。自 20 世纪 90 年代以来，随着国际需求的不断减少和国内环保意识的增强，除石灰石、褐煤等少数几种主要供应国内的矿产外，泰国采矿业的产量整体呈下降趋势。目前泰国采矿业有各类矿场 1000 多个，其中 60% 以上是锡矿，从业人员在 5 万左右。2014 年泰国采矿业的产值为 141 亿美元，占国内生产总值的 3.77%。

矿产出口曾是泰国最重要的外汇来源之一，其中锡更与大米、橡胶和柚木并列为泰国四大传统出口商品。但随着泰国制造业的崛起，在泰国的出口构成中矿产的比重不断下降，2014 年仅占 0.41%。

锡是泰国最重要的矿产，总储量约为 150 万吨，居世界首位。泰国开采锡已有近千年的历史，早在 17 世纪的那莱王时期，泰国的锡就已远销欧洲各国。泰国的锡矿除少量分布于中部和北部外，大多分布在南部半岛的攀牙、普吉、宋卡、那空是贪玛叻、拉侬等府，这些地区属冲积矿床，含锡率高达 65%。自 20 世纪 90 年代起，随着陆上冲积矿床的枯竭，泰国已逐渐转入近海区域进行水下锡矿开采。泰国曾是仅次于马来西亚和印度尼西亚的全球第三大产锡国，1979 年锡精矿产量高达 4.6 万吨，但现在产量已大幅下降，2011 年产量仅为 286 吨。

钨曾是泰国最重要的出口矿产之一，主要产地是帕、那空是贪玛叻、甘乍那武里、南奔、宋卡等府。1978 年，泰国钨的产量曾高达 6181 吨，占全球总产量的 19%，泰国是全球第二大产钨国，出口额达 5000 多万美元。但随着国际市场需求量的下降，泰国目前已很少开采钨矿，2011 年产量仅为 154 吨。

萤石属非金属矿，主要供冶金工业做熔剂使用。泰国是亚洲萤石的主要产地，蕴藏量仅次于中国，居亚洲第二。泰国萤石主要产于北部的清迈府和南奔府。20 世纪 60 年代末，随着国际市场对萤石需求量的增加，泰国萤石开采量猛增，1985 年产量高达 35.5 万吨。但随后产量逐年下降，2011 年产量为 5093 吨。

三　能源工业

电力工业　泰国的电力工业起步于 20 世纪 50 年代末。二战后初期，泰国电力生产能力很低，仅有几家小型火电站和企业自备的柴油发电机组，以稻糠、木材和进口的柴油为动力。为推动电力工业的发展，泰国政府于 1957 年和 1958 年先后成立了然禧电力局和首都电力局,分别负责开发水电和火电。自此,以燃油和水力发电为主的泰国电力工业迅速发展起来。1961 年,首家大型燃油火电站——北曼谷火电站建成投产,1968 年扩容后装机容量为 23.75 万千瓦。1964 年,首家水力发电站——普密蓬水电站在湄南河的支流宾河上建成投产,装机容量为 42 万千瓦。与此同时,泰国褐煤局也在积极尝试利用褐煤发电,并于 1964 年在泰南的甲米建成了首家褐煤发电站,1968 年扩容后装机容量为 6 万千瓦。70 年代中期,随着暹罗湾天然气的开采,泰国开始推广天然气发电,并首先在合艾修建了燃气轮机发电机组。80 年代后,天然气发电逐渐取代燃油和水力,成为泰国电力生产的主要方式。

目前在泰国的电力供应中,天然气发电占比高达约 70%,煤炭发电仅占 20%,其余的电力供应来自风力、水力、太阳能等可再生能源。尽管天然气发电相对清洁,但是近年天然气进口量猛增,使得泰国面临越来越严重的能源安全压力。因此,泰国能源局在《2012~2030 年泰国电力发展计划纲要》中提出,2012~2021 年,将替代能源占能源组合的比例从 7% 提高到 20%,并将天然气发电比例从目前的约 70% 降至 50%。

2014 年,泰国的电力峰值需求量为 2694.2 万千瓦,全年发电量为 1775.8 亿度。从目前来看,泰国电力基本能满足生产和生活的需求。不过,随着泰国社会经济的发展,电力供需矛盾正在不断加剧。根据泰国电力公司(Electricity Generating Authority of Thailand,EGAT)估测,泰国的电力峰值需求量将于 2017 年超过 4000 万千瓦,并于 2021 年超过 5000 万千瓦。对此,泰国一方面在国内不断投建新电厂,并计划在 10~15 年内投建核电站,另一方面通过合作开发的方式,从周边邻国购买水电。

20 世纪 90 年代以前,泰国电力工业是国有垄断行业,泰国电力公司是唯一的政府代理机构。泰国电力公司成立于 1969 年,由原然禧电力局、褐煤电力局和东北电力局 3 家地区电力管理机构合并而成,现隶属能源部。其主要职责是生产、获取、输送电力给京都电力局(MEA)、地方电力局(PEA),以及其他法律许可的电力消费者及邻近国家,以及从事各种与电力有关的业务活动。京都电力局主要负责曼谷及相邻的暖武里府和沙没巴干府的配电与零售业务，其用电量约占全国用电总量的 35%；地方电力局主要负责泰国其他地区的配电与零售业务，其用电量约占全国用电总量的 65%。

1992 年泰国政府颁布《国家企业私有化法令》后，电力工业的产电领域向私人部门开放，泰国政府允许小型私营电厂（SPP）和独立私营电厂（IPP）出现。不过，目前泰国电力公司仍是输电领域的唯一代理机构，除小型私营电厂可将自产电力直销给终端客户之外，各类发电厂都必须首先将电力出售给泰国电力公司，再由其转售给京都电力局、地方电力局以及政府法令规定的部分大型工业客户。

2015 年，泰国全国电力系统总装机容量已达 3487 万千瓦，其构成为：泰国电力公司所辖发电厂总装机容量为 1548.2 万千瓦，占比44.4%，其中包括火电站 3 座，总装机容量为 364.7 万千瓦，占比10.46%，联合循环发电站① 6 座，总装机容量为 838.2 万千瓦，占比24.04%，水电站 23 座，总装机容量为 344.4 万千瓦，占比 9.88%，燃油电站 1 座，总装机容量为 4400 千瓦，再生能源电站 8 座，总装机容量为4550 千瓦；独立私营电厂总装机容量为 1316.7 万千瓦，占比 37.76%；小型私营电厂总装机容量为 381.5 万千瓦，占比 10.94%；从邻国老挝与马来西亚购入电力 240.5 万千瓦，占比 6.9%。

石油天然气工业 20 世纪 50 年代以前，泰国的石油工业是一片空白。直到 1950 年，泰国才首次在北部开采出石油，但年产不足 2 万吨。为缓解国内日益增长的石油需求压力，1971 年 2 月，泰国政府在 1961 年《石油开采条例》的基础上，修订颁布了新的《石油法》，放宽了开采限制，规定"取得开采权的石油公司勘探期限为 8 年，期满后可延长 4 年，发现油气后的开采权为 30 年，期满后可续约 10 年"。随着 70 年代国际石油价格的飞涨，各国际石油公司相继入驻泰国，开始在暹罗湾勘探开采石油，原油产量有所增加。不过，泰国本身石油储量并不丰富，2014 年探

---

① 全称燃气汽轮机 – 蒸气汽轮机联合循环发电站，使用天然气作燃料，属新型高技术火电站，能通过能量的梯级利用得到高达 55.4% 的天然气能源利用率。

明储量仅 4.49 亿桶，这在很大程度上限制了产量的提高。近年来，泰国的日产原油保持在 45 万桶左右，根本无法满足国内的原油消费需求。目前泰国的原油炼化能力已超过每天 100 万桶，产品主要由壳牌（泰国）公司、泰国国家石油公司、埃索标准（泰国）公司等公司所辖的 8 座炼油厂生产。这就使得泰国每年都需要进口大量原油。2014 年，泰国原油进口额高达 332.16 亿美元，占到泰国进口总额的 14.6%。

泰国的天然气资源较丰富，2014 年已探明的储量约为 9 万亿立方英尺，天然气是泰国重要的自产能源。1973 年，泰国首次在泰国湾发现天然气。1977 年，泰国政府制定了天然气发展计划并开始探采。1981 年 9 月，泰国湾的气田首次供气。1988 年由法国道达尔（Total）石油集团与泰国国家石油公司勘探和开发分公司（PTT Exploration and Production, PTTEP）联合开发的泰国湾 Bongkot 气田是目前泰国最大的气田，该气田位于曼谷以南 640 千米，产量占到泰国天然气总产量的近 1/3。20 世纪 90 年代以来，虽然泰国天然气产量增长很快，但由于发电厂对天然气需求不断增加，因此泰国天然气依然供不应求。从 1999 年起，泰国天然气消费量开始超过生产量。2013 年，泰国天然气产量达到 1.48 万亿立方英尺，但国内需求超过 1.84 万亿立方英尺。这使得泰国每年都要从缅甸、马来西亚、印尼、阿曼等国大量进口天然气。为此，泰国还特地铺设了天然气输送管道。其中较大的有两条：一是泰缅天然气输送管道，该工程于 1999 年竣工，总投资 10 亿美元，全长 416 千米，连接了安达曼海的缅甸耶德纳（Yadana）气田和泰国叻武里电站；二是泰马天然气输送管道，投资 7.2 亿美元，全长 366 千米。2014 年，泰国进口天然气 46.3 亿美元。

泰国国家石油公司（Petroleum Authority of Thailand, PTT）是泰国政府控股的上市公司，代表政府在国内行使石油及天然气等资源的管理权，其主要业务包括：负责政府所拥有的石油资源的勘探和开发；负责石油炼制及油品的储存和销售；负责石油的利用、管理输送及天然气的加工处理等。PTT 的前身是泰国国家石油管理局。该局成立于 1978 年，是泰国工业部下属的石油和天然气工业管理机构和经营实体。该局成立后，原泰国天然气局、石油燃料局和 Bangchak 炼油厂先后并入。2001 年，泰国石油管理体制改革，实行政企分开。泰国利用原属泰国国家石油管理局的业务和资产组成 PTT，并使其在泰国证券交易所上市。PTT 拥有泰国大部分的石油和天然气资源、2600 多千米的天然气管线、4 大炼油厂的股份和泰国国内最大的加油站网络，并连续 10 年占据泰国成品油零售市场的最大份额。2003 年，PTT 首次进入美国《财富》杂志评选的世界 500 强企业，2015 年排名第 93 位。

四 建筑业

从 20 世纪 80 年代中期到 90 年代中期，随着泰国经济进入高速发展阶段，各类建设项目不断增加，而缺乏有效引导的短期外资更是大规模地涌入房地产业，在催生经济泡沫的同时也推动了建筑业的迅速发展。建筑业产值从 1986 年的 20.81 亿美元猛增到 1996 年的 127.12 亿美元，10 年间增长 5 倍多，而占国内生产总值的比重也从 5.44% 提高到了 7.95%，建筑业成为泰国经济的支柱产业之一。但是，1997 年爆发的金融危机却对建筑业造成严重冲击，当年产值就降至 81.95 亿美元，此后更是一路下滑，2001 年建筑业产值仅为 34.8 亿美元，占国内生产总值的比重也降至 3%。

为重振建筑业，泰国政府不但在公共投资领域启动了多个大型基础设施建设工程，如曼谷第二国际机场、曼谷地铁等，而且在私人投资领域也出台了一系列的优惠政策，如将房地产商的营业税由 3.3% 降至 0.11%，将抵押登记和所有权转移的手续费由 0.11% 降为 0.01%，并免除了二手房转让个人所得税，以推动房地产业的复苏。从 2001 年起，泰国建筑业开始恢复活力。2014 年产值已回升至 94.2 亿美元，占国内生产总值的 2.52%，行业从业人员也从 1999 年的 140 万人增至 226.9 万人。

第四节 商业与旅游业

一 商业

泰国目前有各类进出口商、代理商、批发商等 2 万多家，大多集中在曼谷，其中 200 多家大型商业企业控制着泰国市场。大宗货物的进出口基本上被欧、美、日的企业所掌握，不过中泰贸易多由中小型贸易商所承揽。泰国是东南亚国家中商业发展较快的国家之一，政府奉行自由主义，对企业的商业活动不加干预，仅通过宏观政策和法律制度予以督导。目前泰国的商业立法主要有《民法》、《商法》、《进出口商品管制法》、《商品标准法》、《固定价格与反垄断法》、《商品控制法》、《商会法》、《产业联合会法》和《仓库所有权法》等。

在泰国商业的发展过程中，商业团体起着重要作用，提供了实现私企与政府直接对话的有效渠道。目前泰国主要的商业团体有以下几个。

（1）泰国商会（Thai Chamber of Commerce）。该商会始创于 1954 年，1966 年根据《商会法》重新组建，现有泰国商业工会、外国人商业工会、行业协会和国家企业（包括全国农业合作社）4 个团体会员，此外还有 2 万多个普通会员和 500 多个非正式会员。主要职能是向工商界提供各种服务，促进国内工业、农业、商业、金融业的发展，向会员提供有关贸易、工业、农业、金融及经济方面的信息，向政府提供有关国民经济发展的决策咨询和建议等。

（2）泰国工业联合会（Federation of Thai Industries）。该联合会的前身泰国工业协会成立于 1967 年，曾是泰国商会的一个团体成员，1987 年根据《泰国工业联合会法》改组成立，下设 24 个专业协会，现有 2000 多个会员。主要职能是促进工业企业的发展，对企业生产过程中的问题进行调研，提出解决方案，进行产品检验，颁发原产地证明和产品质量合格证，向企业会员提供有关调研、分析、试验、培训等服务。

（3）泰国中华总商会（Thai-Chinese Chamber of Commerce）。该商会于 1910 年成立，是泰国华人工商企业的全国性最高组织，历届会长或主席均为华人富商、著名企业家和社会活动家，其中较著名的有蚁光炎、张兰臣、黄作明、郑明如等。1996 年，郑午楼和谢慧如被选为永远名誉主席。主要职能是协助会员开展贸易往来，向会员提供经贸信息和咨询服务等。

近年来，泰国商业批发零售业正逐渐由传统经营模式向现代经营模式转变。随着家乐福（Carrefour，法国）、特斯可（Tesco，英国）、万客隆（Makro，荷兰）等国际零售业巨头的进驻，泰国批发零售市场的传统杂货店迅速被大型超市和小型便利店所取代，近年来各类连锁商店的成长率一直保持在 30% 以上，易初莲花、BigC、家乐福、万客隆、Boots、FoodLion、Tops、屈臣氏等连锁店四处开花，最大的连锁零售商"7 – 11"更是遍布泰国城乡。目前，泰国批发零售业参与现代经营模式的比例已超过 45%，高于东南亚其他国家。这一转变大大推动了泰国批发零售业的增长，2014 年产值已达 490 亿美元，占泰国国内生产总值的 13.1%，批发零售业已成为拉动泰国内需增长的有力引擎。

二　旅 游 业

泰国旅游业起步于 20 世纪 60 年代初，现在已成为泰国的重要经济支柱和主要创汇行业。旅游业收入在 1962 年仅为 3.1 亿泰铢（约合1485 万美元），到 2014 年已增至 1.13 万亿泰铢（约合 348 亿美元），占国内生产总值的 9.3%。此外，旅游业每年还为泰国提供了 200 多万个就业机会。

泰国政府一直十分重视旅游业，早在 20 世纪 60 年代就开始拨专款用于发展旅游业。从第五个国民经济与社会发展计划（1982～1986）开始，泰国政府就将旅游业正式列入计划项目，对旅游业各类发展目标和增长指标均做出了具体规定。2006 年，泰国政府出台《可持续旅游国家议程》，明确提出：第一，旅游应该是所有泰国公民有权享受的一项基本权利；第二，应对旅游进行统一、综合的管理，以便为子孙后代保护好泰国的旅游资源遗产；第三，必须把旅游作为教育年轻人和向民众提供学习机会的一种手段，同时也使旅游业成为保护而不是破坏民族文化的方式；第四，旅游业必须建立一套创造就业机会、增加收入以及赋予农村社区权利的办法；第五，必须利用现代技术保持泰国旅游业在国际舞台上的竞争力，提高公有和私有部门的服务与管理标准。近年来，泰国旅游业呈高增长态势。国际游客人数从 2005 年的 1151.7 万人次，猛增到 2013 年的 2654.7 万人次，8 年间翻了一番多，成功跻身全球 10 大旅游目的地。

2014 年,由于受到国内政局动荡尤其是军方全国戒严的影响,赴泰国际游客降至 2478 万人次,同比下降 6.7%。其中,来自东亚的游客最多,约占 60%;来自欧洲的次之,约占 24%;来自南亚的约占 5%;来自北美的约占 4%。近年来,随着国民收入水平的提高和旅游意识的增强,中国内地赴泰旅游人数迅速增加,从 1987 年的 2.1 万人次增至 2014 年的 462.4 万人次(18.7%),中国已超过马来西亚(10.6%)、日本(5.1%)、韩国(4.5%)等传统海外客源大国,成为泰国第一大海外客源国。此外,近年来俄罗斯赴泰旅游人数也呈高增长态势,从 2006 年的 18.7 万人次增至 2014 年的 160.4 万人次,俄罗斯成为仅次于马来西亚的泰国第三大海外客源国。

第五节 交通与通信

一 交通运输

泰国交通网以曼谷为中心,由河运、海运、公路、铁路和航空五部门组成。

(一)河运

泰国的河运相当发达,曾是历史上最主要的运输方式,20 世纪以来虽然逐渐为陆路交通所取代,但大宗货物如沙、石、水泥、稻谷等的长途运输仍广泛使用河运。泰国雨季可通航的河道有 4000 千米,全年均可通航的河道为 3701 千米,但大多只能通行吃水在 0.9 米以内的船只。中部平原密集的天然河道和运河构成了泰国的主体水网,其中湄南河更是河运的主动脉。雨季时,吃水 2 米以内的船只可由泰国湾沿湄南河上溯约 700千米直抵乌达呐滴,不过旱季时仅能到达那空沙旺,通航能力只有雨季时的一半。汇入湄南河的巴塞河、挽巴功河、他真河和夜功河也具备较强的通航能力。此外,泰国东北部的湄公河尽管水浅流急,但仍有部分河段可以通航小型船只。

（二）海运

泰国东临泰国湾可出太平洋，西接安达曼海可入印度洋，具备良好的海运条件。目前海运承担着泰国 95% 的国际贸易货运。泰国现有海港 26 个，国际港口 21 个。其中主要的国际深水港有曼谷港、廉差邦港（Laem Chabang）、宋卡港（Songkhla）、北大年港（Pattani）、普吉港（Phuket）、梭桃邑港（Sattahip）、席拉差港（Si Racha）和玛达普港（Mab Ta Phut）。

随着集装箱运输成为国际海运的主要方式，近年来泰国集装箱港发展迅速。目前泰国最主要的集装箱港有曼谷港和廉差邦港。曼谷港于 1947 年开港，位于泰国湄南河下游，距河口约 16 海里，濒临泰国湾北侧，曾是泰国最大的港口。港区主要由东、西两个码头组成，西码头停靠普通船，东码头以集装箱为主。港区主要码头泊位的岸线长 1900 米，最大水深为 8.2 米，拥有 13 万平方米的货棚、31 万平方米的露天堆场和 2.9 万平方米的集装箱货运站。但曼谷港码头水浅，大型集装箱船无法直接入港，再加上曼谷港紧邻城市中心，交通拥挤混乱，因此自 20 世纪 90 年代以来发展较慢。2013 年，曼谷港集装箱吞吐量为 150.9 万标箱，全球排名第 88 位。廉差邦港位于泰国湾东岸及曼谷市东南方。该港北距席拉差港约 5 海里，距曼谷港约 60 海里；南距梭桃邑港约 50 海里，距宋卡港 376 海里，距新加坡港 791 海里；东北距中国香港约 1450 海里。廉差邦港于 1991 年开港后，很快就取代曼谷港成为泰国最大的国际港口，目前其集装箱运输量占全国的 52%。2013 年，廉差邦港集装箱吞吐量为 603.2 万标箱，全球排名第 22 位。

（三）公路

二战前，泰国仅有的几条公路主要是被用作辅助铁路运输的。20 世纪 50 年代以后，由于军事的需要和美国的支持，再加上廉价的汽油价格，泰国的公路建设迅速发展起来。到 60 年代末 70 年代初，公路已取代铁路成为泰国最重要的运输部门。目前泰国公路承担着全国货运量的 85%、客运量的 90.5%。泰国公路网覆盖城乡各地，公路总里程达到 51360 千米，其中一级公路 7100 千米，二级公路 10780 千米，省级公路 33200 千米，城际公路 280 千米。由于泰国交通主要依靠公路，因此交通事故问题已成为泰国最重要的社会问题之一（见表 4 - 2），尤其在宋干节、水灯节等重要节庆期间更是如此。

表 4 - 2　2008 ~ 2013 年泰国交通事故统计情况

年份	2008	2009	2010	2011	2012	2013
交通事故数（起）	89472	93393	84951	75259	60631	62922
道路使用者						
肇事行人（人）	1764	1839	2192	2564	221	2306
肇事车辆（辆）						
自行车	282	294	386	418	365	394
三轮车	24	29	19	17	18	19
摩托车	17992	17779	20973	20056	20395	20426
嘟嘟车	219	214	218	259	294	281
私家车	15013	15499	16515	16923	16902	16827
面包车	600	699	813	897	931	912
皮卡车	6775	7237	8716	9076	9359	9587
公共汽车	878	852	967	991	1014	835
六轮卡车	788	714	939	1016	1137	1096
重型卡车	756	672	883	983	1030	1004
出租车	2954	2692	2677	2975	3021	2539
其他	982	958	1280	1369	1522	1591
损害情况						
财产损失（泰铢）	115185057	153804223	361101087	577230370	649152504	707649826
人身伤害（人）						
死亡	4578	5104	7200	9552	9007	7944
重伤	2754	2863	3511	4138	3954	3666
轻伤	13772	12479	15136	17258	18656	18037
肇事者（人）						
被捕者	38528	42363	46786	45548	38141	35411
逃逸者	689	525	546	643	699	610
情况不明	1449	937	1097	1081	1232	800

资料来源：泰国国家统计局。

（四）铁路

泰国的铁路系统始建于 19 世纪末，迄今已有 120 多年的历史。1892 年，从曼谷到大城府的第一条铁路建成通车。泰国铁路最初以湄南河为界，东侧是 1.435 米的标准轨，西侧是 1 米的窄轨。1930 年，泰国铁路全部改为窄轨。到 1946 年，泰国已建成铁路 3285 千米，初步形成覆盖全国的铁路网。但是，二战后泰国的交通基础设施建设受美国影响，大力发展公路和航空，使得铁路建设备受冷遇。在这 70 年间，泰国仅新建铁路 1000 千米。到 2014 年，泰国建成铁路 4043 千米，而且除了曼谷周边拥有 251 千米的复线铁路和 107 千米的三轨铁路外，其余的 3685 千米铁路都是单轨铁路。

以曼谷为中心的北线、东北线、东线与南线构成目前泰国铁路的主干网。其中，北线至清迈府，约 751 千米；东北线分为两条支线，一条至泰老边境的廊开府，约 624 千米，一条至乌汶府，约 575 千米；东线至泰柬边境的沙缴府，约 255 千米；南线沿泰国湾蜿蜒而行，中途有两条支线，一条至北碧府，约 210 千米，一条至素攀府，约 157 千米，南线主线至素叻他尼府，约 678 千米。

泰国铁路设备老旧，管理维护不良，行驶速度与安全性都不尽人意，客运速度仅 50 千米/小时，货运速度更是低至 29 千米/小时，而且行车普遍延误，脱轨事故也时有发生。因此，为配合地区经济合作的发展，近年来泰国政府积极推动铁路建设，计划升级窄轨，新建复线铁路和高铁，并将国内的铁路网与中国和印度的铁路网相连，构建联通中国、老挝、泰国、缅甸、印度的交通大动脉。

（五）航空

1951 年，泰国政府通过并购 3 家小型私营航空公司，组建了国营的泰国航空公司（Thai Airways Company）。1960 年，泰国航空公司与北欧航空公司（Scandinavian Airlines System）合资，组建泰国国际航空公司（Thai Airways International，简称泰航），负责海外航线，而泰国航空公司则继续负责国内航线。1977 年，泰国政府通过购买北欧航空公司的泰航股权，使泰航完全国有化。1988 年，泰国航空公司并入泰航，使泰航成

为全国最主要的航空公司。目前，泰国共有 8 家航空公司，其中有 3 家
（One-Two-Go，Thai Air Asia，Nok Air）成立于 2003 年，主要经营国内的
低成本航空客运。现有 53 个国家的 80 家航空公司设有赴泰固定航线，而
泰航的 89 条国际航线可达欧、美、亚及大洋洲的 40 多个城市，泰国国内
航线遍布全国 21 个大中城市。

　　泰国现有民用机场 37 处，其中国际机场 8 处，主要有清迈、清莱、
普吉、合艾、曼谷廊曼及素万那普国际机场。廊曼国际机场（Don Muang
International Airport）位于曼谷北郊，于 1914 年启用，曾是泰国最大的国
际机场，目前是泰国最大的国内航班起降机场。2013 年，廊曼机场客运
量约为 2750 万人次。对素万那普国际机场（Suvarnabhumi International
Airport）的可行性研究于 1960 年开始，但直到 2001 年 12 月该机场建设
项目才破土动工，并于 2006 年 9 月正式投入运营。"素万那普"是泰国
普密蓬国王钦定的机场名称，意为"黄金遍地的地方"。素万那普国际机
场坐落于曼谷以东 26 千米处，占地 32 平方千米。机场指挥塔高 132 米，
创世界之最，而占地 56.3 万平方米、整体呈 H 形的航站楼的面积在亚洲
也是排名第一。机场停机坪可同时停泊 120 架飞机。机场拥有两条主跑
道，每小时能同时起降 76 架飞机。2014 年，素万那普国际机场起降飞机
29 万架次，运送旅客 4642.3 万人次，其中国内旅客 828 万人次，国际旅
客 3814.3 万人次。

（六）曼谷轨道交通

　　曼谷市区面积约为 1568 平方千米，2014 年居住人口约有 828 万，人
口密度高达每平方千米 5300 人。长期以来，交通拥堵始终是困扰曼谷的
重要难题。为了缓解交通压力，泰国政府早在 1975 年就开始研究城市轨
道交通的可行性，但是直到 1999 年，曼谷第一套轨道交通系统——曼谷
大众运输系统（Bangkok Mass Transit System，简称 BTS）才正式投入运
营。BTS 采取高架轻轨方式运输，全长 36.45 千米，设计运力 60 万人次/
天。该系统包括两条支线：素可威线（Sukhumvit line，亦称浅绿线）全
长 22.25 千米，1999 年设 17 个站，2011 年增设 5 个站，共 22 个站；石
隆线（Silom line，亦称深绿线）全长 14.2 千米，1999 年设 6 个站，2013

年增设 6 个站，共 12 个站。2004 年，曼谷第二套轨道交通系统——城市快捷运输（Metropolitan Rapid Transit，简称 MRT）正式投入运营。MRT 采取地铁方式运输，目前运营中的蓝色线全长 20 千米，沿途设 18 个站，设计运力 24 万人次/天。2010 年，曼谷第三套轨道交通系统——机场快轨（Airport Rail Link，简称 ARL）正式投入运营。ARL 全长 28.6 千米，全程设 8 个站，设计运力 4.7 万人次/天，设计时速最高达 160 千米/小时。近年来，泰国政府为进一步改善曼谷交通，相继提出了 BTS 扩建工程，以及 MRT 的紫色线、橙色线、黄色线、棕色线、粉色线等新建工程。根据曼谷大众快捷运输的总体规划，到 2029 年，曼谷城市轨道交通将建成由 8 条主干线和 4 条辅助线组成的城市轨道交通网，总里程将达到 506 千米。

二 信息通信

泰国的信息通信起步于 1875 年，最早是电报服务。泰国信息通信网络曾长期为政府所掌握，并由政府提供电报、电话、广播、电视等服务。时至今日，泰国政府尤其是军方依然掌握着大量的广播和电视频谱资源。私人电信运营商必须通过国有企业获得特许经营权，方能开展相关业务。

20 世纪 90 年代以来，泰国开始推动信息通信市场化进程。1997 年宪法规定，所有频谱都"属于国家通信资源，应为公共福利服务"，并要求建立独立机构管理和分配频谱资源。1998 年，泰国国会通过法案，计划设立两个独立管理机构，即国家通信委员会（National Telecommunication Commission，NTC）与国家广播委员会（National Broadcasting Commission，NBC）。2001 年他信政府上台后，相继推动完成了泰国电话组织（Telephone Organization of Thailand，TOT）、泰国通信管理局（The Communications Authority of Thailand，CAT）、泰国大众通信组织（Mass Communication Organization of Thailand，MCOT）等国有企业的改制工作，并于 2005 年组建了国家通信委员会。不过，由于利益冲突和政治分歧，国家广播委员会始终未能组建。2006 年政变后，军政府决定将电信与广播的监管合二为一。2010 年，泰国政府出台了《广播、电视、通信频谱分配与管理组织法案》（The NRA Organization Act of 2010），并于同年成立了国家广播与电信委员会（National Broadcasting and Telecommunications Commission，NBTC），从而取代了国家通信委员会。根据规定，国家广播与电信委员会主管的频谱特许权分配，都要进行公开招标。2012 年电信委员会举行的 3G 通信 2.1GHz 频谱特许权招标，以及 2013 年广播委员会举行的 DTTV 特许权招标，连续刷新了泰国特许权的价格记录。根据规定，国家广播与电信委员会有权保留频谱特许权的相关受益，但在 2014 年政变后，巴育政府随即修改了相关法律，要求将频谱特许权受益上交国库。与此同时，巴育政府还提出"数字经济"发展理念，准备将信息与通信技术部改组为数字经济部，对国家广播与电信委员会的重组也被列入改革计划。

泰国最早的固定电话系统是 1881 年由国防部铺设的，随后，运营权一度移交给邮政与电报局。1954 年泰国电话组织（TOT）成立后，接管了固定电话运营权。不过，20 世纪泰国的固定电话发展较慢，直到 1992 年，固定电话普及率仅为每百人 3.3 条电话线。1991 年，泰国政府授权两家私人企业特许权参与固定电话服务：一家是亚洲电信（Telecom-Asia，后更名为 True Corp.），负责曼谷地区；另一家是泰国电话与电信（Thai Telephone & Telecommunications，TT&T），负责外府地区。20 世纪 90 年代以来，固定电话业务稳步增长。2014 年，泰国固定电话用户数为 568.7 万。

泰国的移动通信业务起步较晚，但由于运营商采取更为合理的低价计时收费方式，因此业务发展已远远超过固定电话。2014 年，泰国移动用户注册数达 9760 万，6 岁及以上人口（6228.7 万）之中，实际移动用户为 4806.6 万（见表 4-3），普及率为 77.2%。目前泰国移动通信市场主要为三大私人公司垄断：最大的运营商 AIS 公司（Advanced Information Services）的市场占有率为 46.52%，该公司创立者是前总理他信·西那瓦；第二大运营商 DTAC 的市场占有率为 28.5%；第三大运营商 Truemove 的市场占有率为 24.26%。此外，泰国电话组织与泰国通信管理局改制后成立的 TOT 公司与 CAT Telecom 分别占 0.57% 与 0.15% 的市场份额。

表 4 – 3　2009～2014 年泰国各年龄段移动电话使用情况

单位：人

年份	2009	2010	2011	2012	2013	2014
6～10 岁	171373	247231	347496	527764	535695	526151
11～14 岁	974113	1295434	1546243	1842028	1982515	1906675
15～19 岁	3664111	4003639	4293700	4394143	4475823	4335071
20～24 岁	3955615	4228615	4426143	4590931	4715432	4604830
25～29 岁	4064236	4262931	4561484	4614384	4712272	4460217
30～34 岁	4161834	4344260	4577334	4595033	4773970	4695013
35～39 岁	4145956	4371526	4576424	4641357	4742275	4948359
40～49 岁	7208647	7840328	8511689	8855395	9308293	9813507
50～59 岁	4430557	5129039	5703414	6415967	7041275	7520092
60 岁及以上	2049996	2520146	2888975	3618234	4113490	5255727
合　　计	34826438	38243149	41432902	44095236	46401040	48065642

资料来源：泰国国家统计局。

互联网于 1996 年首次进入泰国，近年来发展较快。2014 年，泰国 6 岁及以上人口之中，互联网用户为 2172.9 万（见表 4 – 4），普及率从 2001 年的不到 2% 增至 34.89%，曼谷市区更是增至 54.46%。尽管如此，泰国互联网发展水平与周边国家，尤其是普及率较高的新加坡（82%）、马来西亚（67.5%）、中国（49.3%）、越南（48.3%）等国相比，还是存在一定差距。随着接入技术的发展、服务费的进一步降低，以及信息内容变得多元化，泰国互联网发展还将进一步加快，但是服务费依然偏高、技术设备落后，以及泰语网络资源的匮乏，仍将是长期制约泰国互联网发展的重要因素。

表 4 – 4　2009～2014 年泰国各年龄段互联网使用情况

单位：人

年份	2009	2010	2011	2012	2013	2014
6～10 岁	600674	852690	953661	1316168	1639587	1531612
11～14 岁	1929223	2260320	2338496	2653986	2929258	2894826
15～19 岁	3398561	3561664	3627570	3702497	3801827	3853478
20～24 岁	1576674	1673500	1782439	1960948	2180208	2857694
25～29 岁	1285233	1443857	1536531	1651566	1849606	2486751
30～34 岁	1023590	1182792	1293307	1499523	1685169	2271810
35～39 岁	798912	916039	966377	1145505	1328287	1909587
40～49 岁	1116005	1292261	1367083	1650320	1723326	2336079
50～59 岁	539675	580546	742776	886499	983901	1266751
60 岁及以上	65670	80453	165163	165896	191234	320795
合　　计	12334217	13844122	14773403	16632908	18312403	21729383

资料来源：泰国国家统计局。

第六节　财政与金融

一　政府财政

二战前，泰国的财政收支数额较小，且一般有所盈余。二战后，在美国的影响下，泰国的军费开支猛增，政府财政开始出现赤字。1949/1950财政年度政府收入 21.4 亿泰铢（约合 0.96 亿美元），支出 22.7 亿泰铢（约合 1.02 亿美元），赤字 1.3 亿泰铢（约合 600 万美元）。20 世纪 60 年代以后，为推动国民经济的发展，泰国政府长期实行扩张性财政政策，使得收支持续出现赤字。1984/1985 财政年度政府收入 1606.5 亿泰铢（约合 59.15 亿美元），支出 2000.3 亿泰铢（约合 73.65 亿美元），赤字393.8 亿泰铢（约合 14.5 亿美元）。80 年代后期，泰国经济进入高速增长期，财政收入随之猛增。从 1988 年起，泰国政府开始摆脱长期赤字局面，并连续 9 年实现财政盈余。1994/1995 财政年度盈余甚至高达

1345.6 亿泰铢（约合 54 亿美元）。但金融危机的爆发使泰国财政陷入困境：一方面财政收入随着经济的衰退锐减，从 1995/1996 财政年度的 8532 亿泰铢（约合 336.7 亿美元）骤降至 1997/1998 财政年度的 7178 亿泰铢（约合 173.55 亿美元）；另一方面财政支出却随着刺激经济复苏的扩张性财政政策的实施而持续上升。从 1997 年起，泰国财政再次出现赤字，且连续 5 年超过 1000 亿泰铢。随着泰国经济的复苏，从 2003 年起财政状况有所好转，并出现小额盈余，约为 163.9 亿泰铢（约合 3.95 亿美元）。2006 年，泰国政局动荡，多项政府计划遭到搁置，因此财政盈余多达 1090 亿泰铢（约合 28.8 亿美元）。2007 年，军人政变集团为争取民意支持，相继推出多项扶贫举措，使得财政开支猛增到 16291 亿泰铢，同比上升 27.35%，从而形成 1683.3 亿泰铢（约合 48.5 亿美元）的财政赤字，创历史新高。2008 年以来，泰国他信派系与"反他信"阵营都在积极采用草根政策争取中下层民意和选票，但在国民经济增速放缓的情况下，财政收入无法满足开支增长，使得财政赤字逐年上升。尤其是英拉政府上台后推行的"大米保护价收购"政策，更造成至少 5180 亿泰铢的财政损失。2012/2013 财年，泰国财政赤字高达 4980 亿泰铢（约合 160.6 亿美元）。2014 年军事政变后，巴育政府一方面停止了"大米保护价收购"等他信派系的草根政策，另一方面推出了新的替代政策，使得政府财政依然面临严峻的赤字压力。2014/2015 财年，泰国财政收入 23280 亿泰铢，财政支出 25970 亿泰铢，财政赤字 2680 亿泰铢（约合 82.5 亿美元）。巴育政府为改善财政状况，已将开征房产税、遗产税与调升增值税列入议事日程。

泰国财政收入主要来源于税收，税收收入一般占岁入的 90% 左右。此外，国企收入也是财政的来源之一，约占 5% 左右。

泰国的财政支出主要用于经济事务、社会服务（主要包括社会保障、文教卫生、科技研发）、行政开支、国防建设等方面（见表 4-5）。2013/2014 财政年度的财政支出主要包括：教育 22.62%、经济事务 19.68%、一般公共服务 18.23%、医疗卫生 11.15%、社会保障 10.69%、国防 7.53%、公共秩序与安全 6.4%。

表 4-5   2008~2014 年各财政年度泰国财政开支情况

单位：百万泰铢

财政年度	2008/2009	2009/2010	2010/2011	2011/2012	2012/2013	2013/2014
政府财政支出总额	1849230	1825181	1929564	2489148	2424207	2371493
一般公共服务	378613	395149	439730	445730	444802	432235
国防	158712	161476	164541	172824	179590	178605
公共秩序与安全	113773	120350	118207	138640	143645	151755
经济事务	380436	340225	366919	499347	573455	466706
环境保护	4475	2766	2125	1806	2161	3254
住宅与社区	44359	32567	43227	230444	85717	63415
医疗卫生	182642	196582	199317	252527	235679	264465
娱乐、文化与宗教	14089	13670	12345	20425	20994	21070
教育	387629	396452	412912	495396	504115	536381
社会保障	184502	165944	170241	232009	234049	253607

资料来源：泰国（中央）银行。

近年来，泰国政府为了推行扩张性财政政策而不断举债，政府债务总额已从 1997 年年底的 3255.37 亿泰铢攀升至 2014 年年底的 39544.26 亿泰铢。

二   外债

20 世纪 90 年代以来，泰国经济的高速发展主要靠大规模外资，尤其是短期借贷资本的流入推动。由于缺乏政府的有效监管，泰国外债尤其是短期外债的水平迅速上升。从 1989 年年底到 1996 年年底，泰国的外债总额从 228.5 亿美元增至 1087.42 亿美元，占国内生产总值的比重由 31.6% 攀升至 59.7%；其中短期外债从 59.49 亿美元猛增至 477.43 亿美元，占外债总额的比重由 26% 升至 44%。过高的外债水平和失衡的长短期外债比例，是引发 1997 年金融危机的重要原因之一。21 世纪初，随着泰国经济的复苏和政府监管力度的加强，泰国外债水平正在逐年下降，而债务结构也有了明显改善。但是受 2008 年全球金融危机的影响，以及 2006 年以来政局不稳的冲击，近年来泰国外债水平呈上升趋势，国

际储备占短期外债的比重也基本呈持续下降趋势。根据表4-6，2014年
年底，泰国外债总额为1407亿美元，占国内生产总值的34.52%，其中
短期外债566.2亿美元，占外债总额的40.2%，长期外债840.7亿美
元，占外债总额的59.8%。

表4-6 2009~2014年泰国外债情况

单位：百万美元，%

年份	2009	2010	2011	2012	2013	2014
外债总额	75306.14	100561.38	104333.51	130746.77	141932.85	140697.84
短期外债	33276.12	50654.90	47283.78	58178.67	61896.32	56624.03
长期外债	42030.02	49906.48	57049.73	72568.10	80036.53	84073.81
一般政府外债	3883.00	7782.91	11008.37	17767.93	20250.80	22102.40
短期外债	364.09	194.53	0.00	61.13	0.57	0.00
长期外债	3518.91	7588.38	11008.37	17706.80	20250.23	22102.40
中央银行外债	2047.81	4879.57	5178.30	8467.04	4975.96	3177.27
短期外债	418.71	2574.37	1446.53	4074.28	1295.99	873.98
长期外债	1629.10	2305.20	3731.77	4392.76	3679.97	2303.29
其他存款性公司	10754.85	20803.42	20266.28	33541.44	39079.92	34960.98
短期外债	8569.54	16687.77	13664.15	22140.69	24555.62	19942.65
长期外债	2185.31	4115.65	6602.13	11400.75	14524.30	15018.33
其他部门	58620.48	67095.48	67880.56	70970.36	77626.17	80457.19
短期外债	23923.78	31198.23	32173.10	31902.57	36044.14	35807.40
长期外债	34696.70	35897.25	35707.46	39067.79	41582.03	44649.79
外债总额/GDP	28.81	35.23	33.68	38.04	38.73	34.52
国际储备/短期外债总额	417.83	339.83	370.37	312.16	270.18	277.46
偿债率	7.57	4.65	3.44	4.22	3.99	4.91

资料来源：泰国（中央）银行。

三 汇率

1949年，泰国与国际货币基金组织签订协议，正式加入布雷顿森

林体系。自此，泰铢币值开始与美元挂钩，并在此后的 20 多年间一直保持着 21 泰铢兑 1 美元的汇率水平，上下波动从未超过 1%。到 20 世纪 70 年代后期，以美元为中心的货币体系逐渐解体，泰铢币值波动逐渐增大。1984 年 11 月，泰国财政部和泰国（中央）银行宣布泰铢不再钉住单一美元，而改为钉住世界一揽子主要货币，泰铢币值当月就贬值了 20.9%，从 23 泰铢兑 1 美元跌至 27 泰铢兑 1 美元。不过，从 80 年代后期到 90 年代中期，由于外资的大规模涌入，泰铢币值基本上一路走强，到 1995 年已升至 24.9 泰铢兑 1 美元，泰铢币值被明显高估。1996～1997 年，国际投机商不断狙击泰铢，尽管泰国一开始成功捍卫了泰铢币值，但却耗尽了外汇储备。1997 年 7 月，泰国政府宣布放弃钉住汇率制，允许泰铢币值自由浮动，泰铢开始大幅贬值，到年底已跌至 53 泰铢兑 1 美元。21 世纪以来，由于受国内外经济形势与泰国国内政局变化的影响，泰铢币值的短期波动较大，但总体走势随着经济复苏趋于坚挺，2013 年年初泰铢币值一度升至 29 泰铢兑 1 美元。但从 2013 年下半年开始，由于泰国政局动荡愈演愈烈，以及 2014 年政变后泰国经济走势不明朗，再加上美联储放弃量化宽松政策后美元币值持续走强，2013 年下半年以来泰铢币值持续小幅贬值，到 2015 年 8 月已跌至 35 泰铢兑 1 美元。

四　国际储备

20 世纪 80 年代中期起，泰国的国际储备水平随着外资的大规模涌入而迅速提高。1983 年年底泰国的国际储备仅为 25.55 亿美元，到 1990 年年底已增至 142.73 亿美元，而到 1996 年年底更增至 387.25 亿美元。但是，1997 年金融危机中，泰国政府为了维持泰铢币值而动用了大量外汇，造成国际储备水平大幅下降，到年底已降至 269.68 亿美元。自进入 21 世纪以来，随着经常项目的持续盈余和外国资本的回流，泰国国际储备水平逐渐回升。2012 年 9 月，泰国国际储备曾创下 1836.3 亿美元的历史新高。随后，泰国国际储备开始呈小幅下降趋势，2015 年 7 月降至 1569.4 亿美元。表 4-7 为 2009～2014 年泰国的国际收支情况。

表 4 – 7 2009～2014 年泰国国际收支情况

单位：百万美元

年份	2009	2010	2011	2012	2013	2014
经常账户	21895.78	10023.64	8901.59	-1498.77	-3881.00	13411.92
货物与服务贸易	26265.79	19044.23	6419.32	3316.58	10391.27	26685.21
货物贸易	32619.68	29750.56	16988.76	6670.27	6661.17	24582.69
出口	150818.62	191647.19	219118.43	225744.96	225409.46	224777.05
进口	118198.93	161896.62	202129.67	219074.70	218748.29	200194.35
服务贸易	-6353.88	-10706.32	-10569.44	-3353.69	3730.10	2102.52
服务收入	30157.38	34318.16	41571.32	49646.33	58641.00	55280.69
服务支付	36511.27	45024.49	52140.76	53000.02	54910.90	53178.17
基本收益	-9718.01	-15067.89	-8340.35	-17039.68	-24760.43	-22103.00
次要收益	5347.99	6047.29	10822.61	12224.33	10488.15	8829.70
资本与金融账户	-2532.91	25053.52	-8310.01	13024.41	-3881.27	-14162.97
资本账户	67.61	244.59	-40.87	234.43	281.23	100.33
金融账户	-2600.52	24808.93	-8269.15	12789.99	-4162.50	-14263.30
直接投资	700.68	4495.29	-4702.08	-1361.53	2139.96	4959.78
证券投资	-5530.22	9827.79	6163.26	3398.28	-4766.36	-12086.33
金融衍生品	1112.53	-102.22	-610.24	538.77	-341.06	430.93
其他投资	1116.49	10588.07	-9120.09	10214.47	-1195.04	-7567.68
误差与遗漏	4763.73	-3752.76	622.03	-6260.95	2713.17	-459.15
国际收支平衡	24126.60	31324.40	1213.60	5264.70	-5049.10	-1210.20
国际储备	138417.59	172128.90	175123.77	181607.96	167288.74	157107.60

资料来源：泰国（中央）银行。

五 金融

金融政策 20 世纪 80 年代中期，泰国金融体系仍然处在政府的严格管制之下。此后，泰国政府开始顺应国际金融自由化趋势，改革金融体制。措施主要包括四个方面。第一，放松外汇管制。1989 年，泰国

（中央）银行开始允许居民不经批准将价值1万泰铢的外汇自由携带进出国境，而不经批准可以汇出国的最大限额也从原来的250泰铢增至2500泰铢，同时还允许商业银行向顾客直接收购价值1000美元以内的外币。第二，放松利率管制，允许商业银行根据市场需要自主决定利率水平。第三，准许开办新银行。泰国政府早在1955年就颁布金融法规严格限制新银行的开设和外国银行分支机构的进入，并从20世纪70年代起就再没有发放过新的银行执照。90年代初，泰国政府开始允许本土银行开设分行，并同意具备条件的财务公司转成商业银行，同时也放宽了对外国银行在泰国设立分行的限制。第四，成立曼谷境外金融体系，准许外资银行经营离岸金融业务。1997年金融危机后，尽管泰国的金融自由化进程总体而言并未出现倒退或停顿，但步伐有所放缓，并且在调控方面更为谨慎。随着2002年以来泰国经济的迅速复苏，国际热钱开始流入泰国。2006年12月18日，泰国（中央）银行宣布，为阻止外汇投机炒作，自次日起，国内商业银行冻结2万美元以上的新增外汇存款账户的30%，为期1年，但用于货物或服务贸易的交易，以及泰国居民自海外汇回的投资，则不受此限。尽管次日的股市动荡促使泰国（中央）银行于20日宣布，用于直接投资和流入股市的海外资金，无须冻结30%，但对其他短期流入的外币，尤其是投资债券市场的资金，仍实行管制政策。

银行　泰国在1997年亚洲金融危机后，针对金融体系进行了结构性重组，进一步完善了以泰国（中央）银行为领导，商业金融机构为主体，政策性金融机构为补充的现代金融体系。

泰国（中央）银行（Bank of Thailand）成立于1942年10月，主要职能是发行货币，制定并执行货币政策，管理公债汇兑，经理国库，并代表政府与国际金融机构进行往来合作。泰国（中央）银行负责管理商业银行和其他金融机构，是最后贷款人和全国票据清算中心。泰国（中央）银行与政府关系密切，其理事会必须按照政府意愿行事，支持政府推动国家开发计划，并为政府提供长期贷款。

商业银行是泰国最重要的金融机构，其资金主要依靠各类存款，以及同业借款或出售大额存单，资金运用主要有贷款、贴现和透支。融资重点在于满足贸易和制造业需求，农业贷款比例相对较低。泰国目前有 10 余家商业银行，其中最大的 4 家是：盘谷银行（Bangkok Bank），拥有 1123 家分支机构；泰京银行（Krung Thai Bank），拥有 1206 家分支机构；汇商银行（Siam Commercial Bank），拥有 1202 家分支机构；泰华农民银行（Kasikornbank），拥有 1132 家分支机构。

政策性金融机构主要有农业和农业合作社银行、政府住房银行、泰国工业金融公司以及小企业金融局等。泰国农业和农业合作社银行是依据《农业和农业合作社银行条例》于 1966 年在原合作社银行基础上设立的，由财政部直接管理，主要职责是直接或间接地向农业部门提供信贷，旨在以政府资金为主直接地支持或间接地引导、鼓励社会资本流向农业部门。政府住房银行是依据《政府住房银行条例》于 1953 年设立的，为政府全资所有，归属财政部管理，宗旨是为居民购买住房提供资助，其资金主要是依靠存款、借款、发行债券等。泰国工业金融公司是依据《泰国工业金融公司条例》于 1959 年设立的，为股份制公司，股票在泰国证券交易所上市，宗旨是"促进工业发展，开辟泰国的资本市场"。在其股份持有人中，机构持有人占绝对优势，主要包括泰国本土银行、外国银行在泰国的分支银行、金融和证券公司、保险公司等。由于不能接受存款，因此其资金来源是借款，尤其以国外借款为主。小企业金融局于 1964 年设立，原名小工业开发贷款局，后于 1970 年改为现名，隶属工业部工业促进厅，主要职能是为小工业提供优惠贷款和技术指导，其资金来源于政府预算和泰京银行，由工业促进厅从年度预算中拨付资金，并将资金存放在小企业金融局在泰京银行开立的特别账户中，泰京银行按照 3∶1 比例提供 3 倍资金相配套，由此形成其可贷资金总量。

2008 年 8 月，泰国《存款担保机构法》生效。根据规定，该法生效后第一年内存款能得到全额担保，但存款担保额将逐渐下降，并于 2012 年降至每家金融机构仅为同一客户提供 100 万泰铢的存款担保。不过，由于全球经济危机加剧，因此在 2011 年存款担保额从全款降至 5000 万泰铢。在此之后，英拉政府为增强储户信心，缓解存款市场的竞争压力，尤其是通过汇票和非基金债券进行借贷融资的商业银行的压力，于 2012 年决定延长每位储户在每家金融机构的存款担保额为 5000 万泰铢的政策的实施期限。巴育政府上台后，于 2015 年决定从该年 8 月 11 日起，每名储户在每家金融机构获得担保的存款额从 5000 万泰铢降为 2500 万泰铢，并于 2016 年 8 月 11 日起将存款担保额进一步降至 100 万泰铢。据统计，2015 年降低存款担保额后，泰国获得担保的存款账户数量占金融系统存款账户总数的 99.95%，获得担保的存款额度为泰国人均国民收入的 127.4 倍，超过本地区其他国家及美国等西方发达国家。

证券市场　泰国的现代证券市场可分为两个发展阶段，先是私有性质的曼谷证券交易所，后是官方的泰国证券交易所。1962 年 7 月，一家私有集团投资设立了有限合伙制的证券交易所，后该交易所改组为有限责任公司，并于 1963 年更名为曼谷证券交易有限公司。不过，该公司的经营并不理想。1968 年的全年营业额仅为 1.6 亿泰铢，到 20 世纪 70 年代初该公司倒闭时营业额更是降至 0.26 亿泰铢。关于建立泰国官方证券市场的建议最早见于第二个国民经济与社会发展计划（1967~1971），其目的在于动员资金进行泰国的工业化建设。1972 年，泰国政府修订"执行委员会第 58 号关于指导影响公众安全与福利的商业行为的通告"，从而扩大了政府管理金融和证券公司运作的职能。1974 年 5 月，泰国证券交易所的立法程序获得通过。1975 年 4 月，泰国股票交易所（The Securities Exchange of Thailand）正式运营。1991 年 1 月，该交易所正式更名为泰国证券交易所（The Stock Exchange of Thailand）。

泰国证券交易委员会是对泰国资本市场进行宏观管理的主管机构，由财政部长、央行行长、财政部次长、商业部次长及有关专家组成，主要负责证券监督、促进、开发及运作方面的法律法规的制定，以确保资本和金融市场的公平发展，提高运行效率，保持市场的长期平稳发展，以及增强泰国资本市场的国际竞争力等。

泰国证券交易所是泰国进行普通股、优先股、债券和信托基金交易的场所，亦称一板市场，承担的主要职能包括：为上市证券进行交易提供必要的证券交易系统；从事与证券交易有关的业务，如票据交换、证券保管、证券登记及其他服务等；从事证券委员会批准的其他业务。新生股票投资市场是从属于泰国证券交易所的二板市场，主要为中小企业上市募集资金提供机会。2008 年 6 月，泰国证券交易所的上市公司已达 549 家，其中在新生股票投资市场上市的公司有 49 家。

泰国证券市场自 20 世纪 80 年代后期起发展很快，泰国曼谷指数从 1985 年 12 月的 134.95 点迅速上涨（1975 年 4 月 30 日泰国证交所指数为基准 100 点），并曾攀升至 1993 年 12 月的 1682.85 点。此后，曼谷指数在波动中不断走低，1996 年 12 月已降至 831.57 点。1997 年金融危机爆发后，曼谷指数更是一路下滑，到 1998 年 8 月仅余 214.53 点，回落至 80 年代后期的水平。经过 1999~2001 年的调整后，随着泰国经济逐渐复苏，曼谷指数自 2002 年起再次走高，从 2002 年 9 月的 331.79 点一路升至 2006 年 1 月的 762.63 点。尽管 2006 年泰国政局的动荡引起了泰国证券市场的波动，但并未导致曼谷指数大幅下跌，年底曼谷指数以 679.84 点报收。2007 年，随着 2007 年宪法于 9 月正式颁布，投资者信心逐渐恢复。尽管存在国际油价上涨、美国次贷危机等不利因素，但曼谷指数还是于 10 月攀升至 907.28 点，创下 10 年来的新高。2008 年，泰国政局从 5 月起再次陷入动荡，导致投资者信心瓦解，曼谷指数从 5 月的 833.65 点猛跌至 10 月的 384.15 点，跌幅过半，成为同期东亚地区跌幅最大的指数。2009 年阿披实政府上台后，泰国经济形势趋稳，曼谷指数开始回升。尽管 2010 年泰国出现了大规模的政治动荡，但这并未影响曼谷指数的走势。2011 年 8 月英拉政府上台时，曼谷指数已升至 1070 点。此后两年，相对稳定的政治环境与经济形势，推动曼谷指数持续走高。2013 年 5 月，曼谷指数一度攀升至 1643.43 点的高位。但是，随后的"反他信"政治运动却使得曼谷指数一路震荡下行，2014 年 1 月甚至一度跌至 1255.45 点。2014 年 5 月政变后，曼谷指数止跌回升，年底报收 1597.76 点。不过，2015 年的泰国经济形势不明朗，再加上巴育政府修宪矛盾重重，造成投资者信心不足，使得曼谷指数呈震荡下行。2015 年 7 月底，曼谷指数报收 1440.12 点。

第七节 对外经济关系

一 对外贸易

20 世纪 60 年代以前，泰国对外贸易结构基本上是以国内初级农矿产品交换国外工业制成品，大米、橡胶、柚木和锡这四大传统出口品是当时的主要创汇项目。泰国于 60 年代开始工业化进程后，对外贸易结构也随之改变，劳动密集型工业制成品逐渐取代初级农矿产品成为泰国的主要出口项目，而进口则以原材料、半制成品和生产设备为主。从 80 年代中期开始，随着泰国产业结构的升级，资本密集型工业制成品开始成为泰国出口的主要项目，出口总额迅速增长，从 1985 年的 70.7 亿美元猛增到 1995 年的 557.3 亿美元，10 年翻了近三番。但是，由于泰国基础工业薄弱的问题一直没有得到解决，所以对生产设备和半制成品的进口也随之增加，再加上奢侈品进口也随着国民收入的提高而增加，结果同期进口总额增速更快，从 84.1 亿美元猛增到 633.6 亿美元。结果，泰国对外贸易长期逆差的局面非但没有改善，反而进一步恶化，1996 年贸易逆差已增至 91.6 亿美元，这成为引发金融危机的原因之一。

1997 年金融危机爆发后，由于进口随着国内经济的衰退而下降，泰国对外贸易从 1997 年开始实现顺差，1998 年贸易顺差甚至高达 163 亿美元。目前，对外出口已成为拉动泰国经济复苏的重要引擎。2014 年泰国出口总额占国内生产总值的比重高达 61%，而在 20 世纪 80 年代初这一比重还不到 20%。近年来，泰国出口增长很快，不仅对传统的美、日、东盟市场的出口在增加，对新兴的中国、南亚、中东、非洲市场的出口也在迅速上升，逐渐形成了全方位的多元化出口布局。为拓宽出口渠道，泰国政府一直奉行多层次的对外经贸发展原则：在全球层面上，泰国参与世贸组织，融入全球经济一体化；在地区层面上，努力推动亚太经合组织、东盟自由贸易区、"10 + 3"合作、"10 + 1"合作、湄公河次区域合作等的发展，以顺应区域经济集团化趋势；在国家层面上，则主动与各国谈判并签订自由贸易协定。此外，泰国政府还与世界主要农产品生产国组建农产品卡特尔，共同抬高国际农产品价格。2002 年 8 月，泰国与印尼、马来西亚成立了天然橡胶出口联营公司。同年 10 月，泰国与中国、越南、印度、巴基斯坦成立了大米贸易合作委员会。

2014 年，泰国出口额为 73130.7 亿泰铢，进口额为 74039 亿泰铢，贸易逆差 908.3 亿泰铢（见表 4 - 8）。出口品中，食品占 12.65%，原材料占 4.5%，矿物燃料与润滑油占 5.26%，化学制品占 10.88%，工业制成品占 12.61%，机械占 42.89%，杂项制成品占 9.01%。其中，位列出口单项前三位的依次是计算机零部件、石化产品、汽车零部件，所占比重分别为 6.78%、5.82%、5.76%。进口品中，消费品占 8.7%，资本货物占 24.2%，原材料与中间产品占 59%，其他项目占 8.1%。其中，位列进口单项前三位的依次是原油、电子零部件、化学制品，所占比重分别为 14.58%、11.54%、5.76%。

表 4 - 8　2009 ~ 2014 年泰国对外贸易情况

单位：百万泰铢

年份	2009	2010	2011	2012	2013	2014
出口总额	5194596.73	6113335.52	6707988.28	7078420.23	6909741.16	7313066.41
食品	724874.94	757600.60	895450.56	885508.43	822987.61	924914.88
饮料与烟草	17793.86	21122.29	26729.04	34120.85	38735.41	46148.47
原材料	221571.13	352374.69	511582.17	394054.59	369356.86	328961.02
矿物燃料和润滑油	264879.68	304440.77	386948.64	460791.52	433698.38	384531.55
动植物油和脂肪	8652.24	10512.70	21437.35	18554.04	22294.92	16285.91
化学制品	424857.82	536243.02	689061.05	716157.00	738371.65	795722.72
工业制成品	670775.46	752992.95	825178.36	887284.25	893422.34	921915.66
机械	2105971.65	2604047.54	2572920.01	2865853.20	2879102.15	3136347.05
杂项制成品	560435.50	569430.56	599315.20	607569.22	607828.80	659099.56
杂项交易和大宗商品	194632.75	204438.55	179228.28	208369.40	101696.09	90972.62
转口	151.70	131.85	137.62	157.73	2246.95	8166.97
进口总额	4601981.80	5856591.28	6982719.14	7786132.18	7657345.58	7403898.06
食品	203557.16	226870.17	268932.80	324355.02	332548.03	341348.28

续表

年份	2009	2010	2011	2012	2013	2014
饮料与烟草	10617.09	11757.56	13732.32	15297.09	16792.56	18227.50
原材料	140605.84	180669.15	226041.18	224126.20	185726.43	201102.74
矿物燃料和润滑油	857142.95	1027224.60	1334587.84	1496095.03	1609367.33	1562648.74
动植物油和脂肪	4253.81	6068.40	11290.09	10501.77	7514.91	9783.42
化学制品	493266.75	640079.87	724064.09	749852.60	723780.18	765030.67
工业制成品	762318.39	1060649.14	1196707.85	1298637.31	1218538.28	1225554.21
机械	1677405.81	2057566.64	2278865.10	2798896.64	2642685.82	2584006.49
杂项制成品	322483.39	390987.06	425997.81	482646.29	460921.84	481104.44
杂项交易和大宗商品	673.69	435.69	235.59	446.87	437.07	685.32
黄金	129656.92	254283.00	502264.47	385277.36	459033.13	214406.25
净出口	592614.93	256744.24	-274730.86	-707711.95	-747604.42	-90831.65

资料来源：泰国（中央）银行。

2014 年，泰国前七位的出口市场依次为东盟（26.11%）、中国（11.02%）、美国（10.5%）、欧盟（10.27%）、日本（9.56%）、中国香港（5.54%）、中东（5.16%）；前六位的进口来源地依次为东盟（18.02%）、中国（16.9%）、日本（15.59%）、中东（12.76%）、欧盟（8.55%）、美国（6.4%）。

金融危机后中泰经贸关系发展迅速，目前中国已超过日本、美国和欧盟，成为仅次于东盟的泰国第二大贸易伙伴。两国间贸易额从 1998 年的 35.67 亿美元猛增到 2014 年的 726.7 亿美元，16 年内翻了四番多。两国间的贸易范围也在不断扩大，目前泰国对华出口除了传统的大米和天然橡胶外，主要有初级形状塑料、纸及纸板、计算机及其部件、对苯二甲酸、成型钢材等，而自华进口则主要有机电设备、轻纺产品、集成电路及微电子组件、初级钢材等。2012 年，中泰两国建立了全面战略合作伙伴关系，从而为中泰经贸合作的进一步深化发展铺平了道路。

二 外国投资

泰国的招商引资始于 20 世纪 60 年代末。70 年代成效不大，年均外国直接投资额仅为 0.815 亿美元。从 80 年代起，外国直接投资规模有所上升，1980～1987 年的年均投资额为 2.76 亿美元。80 年代末，随着日元的升值，外国直接投资规模骤然提高，从 1987 年的 3.54 亿美元猛增到 1990 年的 25.42 亿美元。90 年代前期的外国直接投资规模基本稳定，1991～1996 年的年均投资额为 19.2 亿美元。金融危机后，由于泰铢大幅贬值，外国直接投资骤掀高潮，投资总额从 1996 年的 22.70 亿美元猛增到 1997 年的 36.27 亿美元，并进一步升到 1998 年的 51.42 亿美元。此后，尽管随着泰铢币值的走稳，外国直接投资有所回落，但从 2002 年起，泰国经济呈现强劲的增长态势，使得外国直接投资再次回升。近年来，尽管泰国政局持续动荡，但长期以来政经分离的"不粘锅"效应，使得外国直接投资并未受到明显影响。到 2014 年年底，泰国的外国直接投资净额累计已达 2078.5 亿美元，其主要投资来源地为：日本 710 亿美元，占 34.16%；欧盟 325.8 亿美元，占 15.67%；新加坡 308.7 亿美元，占 14.85%；美国 171 亿美元，占 8.23%；中国香港 112.4 亿美元，占 5.41%。

1972 年成立的泰国投资促进委员会是泰国的投资主管部门，由委员会和办公厅两部分组成。委员会由总理任主席，工业部长任副主席，主要职责是制定投资奖励优惠政策，并向投资者提供奖励和相关服务。办公厅是办事机构，负责投资政策的具体执行，最高行政长官是秘书长，总部设在曼谷。办公厅在全国有 6 个分支机构，在海外有 5 个分支机构，分设于纽约、巴黎、法兰克福、东京和上海。

2015 年，泰国投资促进委员会根据国内外经济和投资形势的最新发展趋势，制定并颁布了"2015～2021 年投资促进战略"，其核心理念是推动对"引进来"和"走出去"的有价值项目的投资，提高竞争力，规避"中等收入"陷阱，遵循知足经济原理，迈入可持续发展的未来。

新投资促进政策有以下要点：第一，鼓励投资，提高国家竞争力，即通过鼓励研发、创新，推动农业、工业和服务业创造价值，促进中小企业发展公平竞争，实现全面增长；第二，鼓励对环保行业投资，提倡节省能源或者使用替代能源以实现均衡和可持续发展；第三，促进新区域产业集群形成，与具有潜力的地区相结合，提升产业链的稳固性；第四，促进对南部边境地区投资，加强地方经济发展，提高地区稳定性；第五，促进经济特区发展，尤其是边境地区的发展，以支持东盟共同体进程；第六，促进企业海外投资，提高商业竞争力，加强泰国在国际舞台上的影响力。

原先的投资促进政策主要是按项目所在区域给予优惠权益，但特别重视的项目，无论设在何区域均享受最高优惠权益。与此相对，新的投资促进政策主要是按行业类别给予优惠权益，并按项目的价值给予额外优惠权益。泰国投资促进委员会将行业分为六个类别，并给予不同优惠政策。例如，A1类别是知识型产业，以增强国家竞争力的设计和研发行业为主，包括垃圾发电或以垃圾生产燃料，以及创意产品设计及开发中心、电子设计产品等，该类别能够享受免八年企业所得税（无上限）、免机器/原材料进口税及其他非税收优惠权益。此外，如果项目具有提高竞争力、促进内地繁荣或促进工业地区发展的重要价值，还将获得额外优惠权益。

中泰之间的投资合作始于1979年。最早进入泰国的中资企业是中国建筑工程总公司（正式注册是1983年）。1985年3月，中泰签署《促进和保护投资协定》，此后双向投资活动得到进一步发展。近年来，中资企业对泰国的投资在"走出去"战略的指引下增长迅速，净额累计已从2006年的3.7亿美元增加到2014年的46.16亿美元，八年间翻了近四番，中资企业开始成为泰国社会经济发展的重要推动力。中国对泰直接投资主要涉及纺织、铸造、有色金属、承包工程、金融、海运、航空、电信等行业。泰国对华直接投资一直较为积极，2014年净额累计已达41.1亿美元（见表4-9），占泰国海外直接投资净额累计总额的5.6%，主要涉及农副产品综合加工、饲料生产、摩托车制造、零售业、银行、房地产开发等领域。目前在华投资的泰国公司主要有正大集团、协联集团、暹罗机械集团、泰国中华总商会、泰中促进贸易商会、盘谷银行等。

表 4 - 9 2009 ~ 2014 年泰国海外直接投资情况

单位：百万美元

年份	2009	2010	2011	2012	2013	2014
东盟	6127.96	9557.81	14872.03	16989.84	18038.40	21688.90
柬埔寨	188.19	189.28	378.48	460.95	537.94	723.57
印度尼西亚	279.23	476.41	1605.71	2205.01	2675.60	2772.04
老挝	563.60	763.42	910.88	1053.69	1188.67	1592.66
马来西亚	1225.51	1526.33	2110.74	2455.75	2800.65	3151.48
缅甸	519.74	702.31	1198.89	1482.78	2186.11	2634.99
菲律宾	197.72	259.79	482.77	387.29	445.05	571.63
新加坡	2541.98	4891.78	6576.65	7200.92	6215.70	8048.14
越南	611.99	748.49	1607.91	1743.45	1988.68	2194.39
欧盟	1007.58	1583.29	2679.04	4967.08	5555.88	5206.51
奥地利	15.27	12.80	12.18	12.63	11.27	11.55
比利时	51.82	125.61	156.07	171.22	266.22	250.82
丹麦	2.36	3.86	3.75	13.34	16.06	11.32
法国	43.22	59.27	86.13	150.31	472.89	385.91
德国	42.78	40.00	203.96	1119.14	455.16	459.51
爱尔兰	0.31	65.32	0.35	0.44	0.51	14.95
立陶宛	161.98	275.30	309.65	403.53	438.81	401.62
荷兰	205.79	255.29	596.59	972.01	1284.73	1340.85
英国	340.89	570.20	1025.78	1704.59	2186.52	1881.96
其他欧盟国家	143.16	175.64	284.58	419.87	423.71	448.02
澳大利亚	57.09	242.36	996.03	1659.79	2572.06	2527.19
孟加拉国	64.23	95.66	120.95	156.25	169.82	200.26
英属维尔京群岛	1050.01	1052.04	1378.67	2366.72	2948.97	2842.97
加拿大	31.05	48.03	317.89	442.25	917.34	921.13
开曼群岛	2260.62	2697.57	4098.18	5462.77	6741.42	8287.60
中国	1927.81	2050.14	3386.51	3857.00	4145.84	4113.65
埃及	465.07	509.79	292.66	168.57	159.54	180.57
中国香港	1296.15	1862.17	3317.14	5327.35	5177.11	6123.41
印度	205.91	281.92	631.40	633.01	844.92	879.21
日本	961.83	877.70	1866.64	2641.87	2696.24	2906.19

续表

年份	2009	2010	2011	2012	2013	2014
毛里求斯	622. 10	731. 19	1342. 67	2587. 26	5207. 51	6201. 22
韩国	3. 20	20. 56	179. 11	295. 80	410. 56	408. 49
瑞士	54. 29	85. 22	194. 33	177. 57	196. 31	153. 10
中国台湾	56. 00	65. 87	190. 27	251. 33	295. 96	315. 41
阿联酋	25. 63	136. 00	224. 62	299. 02	335. 40	354. 93
美国	891. 53	1085. 16	2397. 09	3590. 40	4330. 76	3815. 44
其他国家	926. 60	1598. 91	3568. 70	5189. 34	6194. 76	6335. 25
合　计	18034. 66	24581. 39	42053. 93	57063. 22	66938. 80	73461. 43

资料来源：泰国（中央）银行。

第五章

军 事

第一节 概 述

一 军事简史

19 世纪中叶，朱拉隆功国王推行西化改革，仿效西方建立了近代陆海军。陆军是在传统的象兵、骑兵和步兵编制的基础上发展起来的，所以发展较快，装备也较好。海军则由于依赖从西方购买舰船，因而发展较慢。为推动军队建设，朱拉隆功国王于 1887 年设立了泰国第一所现代军事学校——朱拉中高皇家军事学院（Chulachomklao Royal Military Academy）。1894 年，泰国国防部成立。1904 年，《征兵条例》的颁布标志着泰国军事进入现代阶段。1910 年，军队建制首先在陆军推行。1912 年，拉玛六世成立了以自己为首的最高军事决策机构——国防会议。泰国空军成立较晚，并一度附属于陆军。1913 年，泰国向法国购买了 8 架飞机，组建了陆军司令部工兵监察厅航空局，后又成立了国防部航空厅。1914 年 3 月泰国成立陆军飞行大队，并于 1915 年将其扩建为飞行团。1937 年泰国成立空军署，空军自此成为独立兵种。

泰国的西式军队自建立之后的首次重大行动，就是在 1917 年远征欧洲，参加第一次世界大战。1914 年一战爆发后，泰国一开始为避免受牵连表示严守中立。但是在形势明朗化特别是在美国于 1917 年参战后，泰国随即于 1917 年 7 月宣布加入协约国参战，并派出了一支包括陆军和空军在内的 1200 多人的远征军。泰国国王拉玛六世还特地改制了国旗。①
这支远征军于 1917 年 8 月到达法国，但此后只有陆军参与了协约国战备
物资的运输工作，而空军事实上直到一战停战协定签字时仍在接受训练，
根本没有参与实战，不过这并未妨碍泰国获得战胜国地位。泰国也因此得
以逐步废除与西方殖民国家间的不平等条约。

泰国军队对泰国政治和社会发展的影响力很大。事实上，1932 年泰
国的民主革命就是在进步军人的支持下获得成功的。但是，此后泰国军队
却在镇压保皇党的叛乱中，逐渐被专制的军人集团所控制，沦为靠政变上
台的泰国军人独裁政权对内镇压、对外侵略的工具。面对日本帝国主义在
东亚地区的势力扩张，泰国军人独裁政权却走上了与虎谋皮的道路，与日
本发展军事合作，妄图借助日军势力扩张泰国领土，建立大泰族国家。
1941 年 1 月，泰国趁法国本土被德国占领之机，出兵法属印支，试图武
力夺取柬埔寨领土。当时泰国海军拥有 2 艘日本制造的 2500 吨级岸防炮
舰（配 4 门 203 毫米火炮）、2 艘英国制造的 1000 吨级炮舰（配 2 门 155
毫米火炮），以及 12 艘鱼雷艇和 4 艘潜艇，原本实力与法军不相上下，但
却因为将官指挥不力而士兵又缺乏训练，结果在海战中惨败，海军损失殆
尽。不过，由于日本的插手，泰国在随后的谈判中，仍然如愿获得了湄公
河沿岸约 6.5 万平方千米的土地。

1941 年年底，日军偷袭珍珠港，对英美开战。为了获得进攻英属缅
甸和新加坡的通道，南路日军即日本 25 军在山下奉文中将的指挥下在泰
国南部的北大年、宋卡、巴蜀等地登陆，而东路日军则由柬埔寨越过边
界，直逼泰国首都曼谷。面对日本帝国主义的不宣而战，号称拥有东南亚
最强陆军的泰国，却只进行了零星的抵抗，就立即宣布停止抵抗，同意日
军通过，随后又与日本签订了《日泰同盟条约》，加入了轴心国。1942 年
1 月，泰国向英美宣战。1942 年 5 月，泰国派出 2 个师即约 2 万余人配合

---

① 1917 年之前的国旗是由红色旗面和居中的一头象征王权的白象组成的，但是由于常被倒
挂，造成白象倒置，有损国王威严，因而在泰军参战时，国王钦命换用现在的泰国国
旗。

日军侵略缅甸的景栋等地。不过，由于泰国军队战斗力相当弱，日本一般只要求泰军协助完成战俘管理、交通线守备、治安维护等低强度的任务，著名的桂河大桥就是这时由泰军协助监管修筑完成的。

二战后期，泰国背弃日本，投向美国，并在美国的军事援助下，以美式装备、美式训练模式、美式战略理论重新武装了泰国三军。从二战后到20世纪70年代初，泰军一直追随美国，服务于美国的亚太战略。1950年10月，泰国派出1个加强步兵营及部分海空军共1500余人参加了朝鲜战争。1960年10月起，泰国在美国的授意下插手印支战争，派出军事人员帮助老挝政府军作战，兵力最多时达到30个营共1.7万人。1964年9月起，泰国开始陆续派出部分海空军部队参加美国发动的越南战争，1968年又增派地面部队1个师共1.2万人。但这些军事行动多数以失败告终。

20世纪70年代以后，随着美国军事力量从中南半岛的撤出，泰军开始摆脱美国的控制，走上独立自主的发展道路。80年代，泰军在抗击越南侵略军的边境自卫战中经受住了考验，并因支援柬埔寨人民反抗越南的侵略，为泰国赢得了地区各国的赞誉。

从20世纪90年代后期起，成为全球唯一超级大国的美国，为了实现其全球安全战略部署，开始试图重返东南亚。不过，在经历了80年代的印支危机后，泰国已形成了独立自主的国家战略安排。因此，尽管近年来泰美军事同盟关系在不断加强，每年都要举行多次联合军事演习，2001年"9·11"事件后两国在非传统安全领域的合作更是迅速深化，2003年12月美国还赋予泰国"非北约主要盟国"的地位，但是，泰国在军事安全上始终坚持国家利益原则，并非一味追随美国。

二　国防体制

根据宪法，泰国国王是全国武装力量的最高统帅。然而，国王仅是泰国名义上的三军统帅，实际上是国务院通过国防部和最高司令部对全国武装力量实施领导和指挥的。国家安全委员会是泰国最高国防决策机构，负责制定国防政策、规划、措施，并监督执行，隶属国务院，由政府总理兼任主席。国防部是最高军事行政机关，负责武装力量的建设和运转。国防部下设国防委员会作为咨询机构，负责对有关问题进行研究并提出建议。最高司令部成立于 1960 年 3 月，是泰国军队的最高军事指挥机关，隶属国防部，直接指挥和协调海陆空三军的行动。

三　国防政策

20 世纪 90 年代以来，为适应冷战后安全环境的变化和现代战争的需要，泰国调整了国防政策。主要内容包括：加强军队建设，保持一支规模适当、有进攻能力和机动性、有高效指挥系统的武装力量，以应付来自国内外的威胁；建立一个高水准的、现代化的军事训练和教育体系，提高军人素质；发展国防工业，依靠自身的力量促进国防生产，使之接近国际水平；调整后备兵员系统，使其朝着面向公众的方向发展，获得人民的合作与支援；保卫国家经济利益和自然资源，维护边境地区安全；加强福利保障，提高军人及其家属的生活水平；开展与友好国家的军事合作，积极支援联合国维护和平行动。

1997 年，泰国国防部出台了《1998～2007 年军队十年发展规划》，具体部署了泰军编制体制调整方案。规划指出：泰军应完成国防部机构改革，理顺国防指挥机制；重组最高司令部，使之从三军协调部门向指挥实权部门转变；仿效美军组建参谋长联席会议，加强对军队的指挥、控制和协调。据此，泰国国防委员会于 2003 年推出了新的国防部工作规则，重新调整了国防部的机构和职能。泰军最高司令部改组重建，并陆续将下属 8 个联合指挥中心合并为边境协调国际反恐、扫雷执勤及禁毒等 5 个指挥中心，负责具体作战指挥事务。2004 年，泰军在对近年来世界爆发的现代局部战争进行深入研究后，再次提出，为适应新时期军事力量的编组运用以及"统一指挥、分散行动"的作战理念，泰军应尽快将现有指挥体系由"垂直结构"调整为"水平结构"，减少指挥层级，缩短指挥链条，并进一步明确指挥机构及指挥人员的职能和任务，确保指挥行动更加快速、高效。

泰国武装部队实行"总体防御战略"。冷战后，泰国适时调整了军事战略：在战略目标上，已从"本土防御"向"海洋和本土综合防御"转变，将保卫经济建设和维护海洋权益作为重要目标；在防御重点上，从东北部泰柬、泰老边境地区向东南部沿海新兴工业区和能源基地转变，将防御纵深从陆地向海洋扩展，由沿海向近海延伸；在作战对象上，将"来自陆地的对手"改为"来自海上的潜在对手"；在防御体制上，从依赖美国保护逐渐向增强本国防御力量与加强联盟军事合作相结合的总体防御转变。

2001 年"9·11"事件后，非传统安全问题日益突出，恐怖主义成为影响国际安全的最大威胁。泰国南疆地区的马来穆斯林分离运动死灰复燃，而且愈演愈烈，对泰国的国家社会安全形成严重影响和冲击。2004年，泰国国防部制定新"国防战略"，正式提出当前威胁国家安全的主要因素已由原来的"共产主义威胁"转变为"种族、宗教极端主义的威胁"，并明确今后泰军的首要任务应由应付较大规模战争转变为维护国内安全稳定和开展反恐斗争。泰国空军同年出台的《2004～2013 年空军十年发展远景规划》亦强调将重点转变空军备战模式，即从原来的投入较多兵力应付较大规模战争，转变为投入小部分兵力应付突发性的小规模冲突，同时积极参与国家建设，协助解决社会问题和维护国内稳定。

四　国防开支

泰国国防开支在财政总开支中的占比，随着地区和国际形势的改变而不断变化。20 世纪 50 年代初期到 70 年代中期的军人独裁统治期间，泰国紧跟美国扩充军备，国防开支的比重一直在 18% 左右。70 年代后期到 80 年代后期，由于越南的军事威胁，泰国国防开支的比重更进一步上升到 20%。自 80 年代末以来，随着冷战结束和泰国军人统治的瓦解，经济建设成为泰国政府的首要任务，因此国防开支比重开始逐渐下降。而 1997 年金融危机的爆发，更促使泰国政府大幅削减国防开支。2001 年他信政府上台后，进一步削减国防开支，旨在借此推动军队国有化进程。2005 年，他信成功连任政府总理，使得泰国 2006 年的国防开支在财政总开支中的占比进一步降至 6.32%，创历史新低。这也是泰国军方成为"反他信"阵营中坚力量的重要原因。2006 年 9 月的政变推翻他信政府后，2007 年泰国国防开支猛增 1/3 至 1150 亿泰铢（约合 33.1 亿美元），在财政总开支中的占比升至 7.34%。近年来，军方在泰国政坛的话语权明显增加，从而使得国防开支始终保持在较高水平，占 GDP 的比重也从 2006 年的 1.1% 增至 2% 左右（见表 5 - 1）。

表 5 - 1   2009 ~ 2014 年泰国国防开支情况

年份	2009	2010	2011	2012	2013	2014
国防开支（百万泰铢）	158712	161476	164541	172824	179590	178605
占财政开支比例(%)	8.58	8.85	8.53	6.94	7.41	7.53
占 GDP 比例(%)	2.07	1.96	1.98	1.94	1.96	1.93

资料来源：泰国国家统计局。

五　军衔

泰国军官的军衔分为 4 等 10 级，依次是元帅、将官（分上将、中将、少将 3 级）、校官（分上校、中校、少校 3 级）、尉官（分上尉、中尉、少尉 3 级）。

泰国军队的军官人数众多，仅将军就有 500 多名，主要来自军事院校的毕业生，也有少量来自军队的下级士兵。此外，根据 1928 年颁布、1954 年修订的《文官服务法》，部分政界高级官员可以直接被授予将军军衔并担任军队中的重要职务，而不必经过军训和由低级到高级的逐级晋升。根据泰国《军事服务法》规定，所有军官年满 60 岁都必须退出现役。

进入 21 世纪，为配合裁军计划，泰国军队在每年例行的高级军官职务调迁中，严格贯彻"少提多退"的原则，逐步减少新晋升将官的数量。此外，泰国军队还推行鼓励军官提前退休的政策，主要内容包括：军官年龄 45 岁以上或服役时间满 25 年以上者可以提前退休；自愿提前退休的军官，从退休当年的 10 月 2 日起，可以一次性领取退休补助，金额为退休前最后 1 个月的薪金数乘以所剩余的军龄月数（即法定的 60 岁退休年龄减去提前退休时的年龄）再乘以 2.5。这一政策旨在精简过于庞大的泰国军官队伍。

第二节　军种与兵种

一　陆军

泰国现有陆军总兵力 19 万人。

陆军司令部驻曼谷，设司令 1 人、副司令 1 人、助理司令 2 人、参谋长 1 人、副参谋长 2 人，以及分管兵员、情报、作战、战勤和民政事务的助理参谋长 5 人；编有作战厅、情报厅、通信厅、军需厅、战略教育厅等机构；下辖 4 个部域军、2 个小军、2 个骑兵师、3 个装甲师、2 个机械化师、1 个轻型步兵师、2 个特种作战师、1 个炮兵师、1 个高炮师（6 个高炮营）、1 个工程兵师、4 个经济开发师、8 个独立步兵营、4 个侦察连、3 个空中机动连和 1 支正在组建的快速反应部队。

部域军相当于军区，重点部署在中部和东南部地区，通常编有 1 个作战支援指挥部、1 个防空中心、1 个飞行中队、1～3 个步兵师、1 个骑兵师、1 个预备师、1 个经济开发师、1 个小军、2～4 个府军区、4～7 个猎勇团、5 个营（工程营、通信营、炮兵营、宪兵营、特战营）和 5 个连（心战连、巡逻连、运输连、骑兵连、指挥连）。

小军一般仅编有 1 个混合戒备营、1 个边警连、1 个控制组等单位，不编有作战部队。发生战争时，小军从各部域军抽调兵力，小军司令部负责指挥辖区内 2 个师以上的作战行动。

步兵师是泰国陆军的基本战术单位，编有 3 个步兵团、1 个炮兵团、5 个营（坦克营、侦察营、通信营、工兵营、医疗卫生营）和 3 个连（炮兵连、宪兵连、补给连），人数约 1.4 万人。

特种作战师编有 3 个特种作战团、4 个营（侦察营、战斗支援营、通信营、医疗卫生营）和 3 个连（技术维修连、宪兵连、补给连），人数在 1 万左右。

炮兵师编有 5 个炮兵团、1 个独立火箭营、1 个独立炮兵侦察营和支援分队，人数近 1 万人。

高炮师主要承担泰国首都曼谷地区的防空任务，编有 2 个高炮团和 5 个独立连（通信连、勤务连、宪兵连、医疗连、卫生连），人数约为 3300 人。

泰国陆军的主要武器装备包括：各型主战坦克 333 辆；各型轻型坦克 515 辆；装甲侦察车 32 辆；各型装甲运输车 950 辆；各型牵引炮 553 门；自行火炮 20 门；各型迫击炮 1900 门；反坦克导弹 318 枚；各型无后坐力炮 180 门；各型高炮 202 门；地空导弹若干枚；侦察机 40 架；运输机 10 架；联络机 10 架；教练机 33 架；直升机 212 架，其中武装直升机 5 架。

20 世纪 90 年代，泰国陆军为适应现代战争的需要，对陆军进行了较大范围的改编，重点是提高部队的现代化程度，将传统步兵师改编为机械化师或装甲步兵师，发展空中机动部队，并计划组建装甲骑兵师和陆军航空兵师，并为此在 90 年代初集中购置了大批 M - 60 型坦克和 M - 48A5 型坦克，以及一批轻型坦克、装甲运输车、火炮（主要是 155 毫米）和武装直升机。不过，由于泰国军费开支有限，而且泰国总体的国防战略已从陆防转向海防，因此用于陆军武器升级的经费相对较少。1997 年金融危机后，给泰国陆军的武器装备拨款更是仅够必要的更新和弹药的补充，不少装备已超龄服役。2005 年，泰国从中国北方兵器工业集团公司购进 96 辆单价 30 万美元的 WMZ - 55B1 型 6×6 轮式装甲运兵车，甚至采用了"以货易货"的方式，以 10 万吨龙眼（桂圆）干作价购得。2006 年 9 月泰国军事政变后，军费得到大幅提高。2007 年 9 月，泰国国家安全理事会宣布了 2.42 亿美元的采购案，包括 96 辆乌克兰制 BTR - 3E1 型装甲运兵车、992 挺以色列制冲锋枪、1.5 万支以色列制突击步枪，以及若干中国制反坦克导弹。同年 10 月，泰国国家安全理事会再次宣布，决定斥资 11 亿美元从瑞典购进 12 架"鹰狮"多功能战机和 2 架"爱立眼"空中预警机。12 月，泰国政府批准 2008~2018 年的两个五年阶段的军费开支计划。军方要求在第一个五年阶段中，将军费占 GDP 的比例从 1.5% 增加到

1.8%，在第二个五年阶段中，将军费进一步提高到 2%。增加的军费将用于增购潜艇、战机、导弹，以及推进三军的现代化进程。

陆军是泰国最主要和最基本的军种，人数占泰国军队总数的 6 成以上，实力在东南亚首屈一指，而且还拥有自己的银行和电台，这使得陆军高层往往成为泰国政界极具影响力的实权人物。1932～1991 年，泰国先后发生 18 次军事政变，其中 10 次成功；有 20 位总理相继组建 48 届政府，其中 24 届是军人政府，8 届是以军人为主的政府，16 届是文官政府；泰国 80% 的时间处在军人统治之下，其中执掌实权的多是陆军司令，而且在相当长的时期里，泰国最高司令在习惯上也是由陆军司令兼任的。1992 年，泰国军方势力退出政治舞台后，尽管陆军高层的影响力已大不如前，但仍有不可忽视的作用。2006 年以来，泰国"反他信"与"挺他信"政治冲突不断，从而为泰国军人集团的政治回归铺平了道路。2006 年的"9·19"政变与 2014 年的"5·22"政变，使得泰国陆军再次成为政局走势的决定力量。

二　海军

泰国现有海军总兵力 7.06 万人（含海军航空兵、海军陆战队和海军岸防部队）。

海军司令部驻曼谷，设司令 1 人、副司令 1 人、助理司令 1 人、参谋长 1 人、副参谋长 1 人，以及分管兵员、作战、情报、战勤事务的助理参谋长 4 人；编有作战厅、情报厅、通信厅、航保厅和船坞厅等机构；下辖3 个作战舰队、1 个陆战指挥部、1 个防空护岸指挥部、5 个海军基地（曼谷、宋卡、攀牙、梭桃邑、达叻）。

海军作战舰队由分舰队和海军航空兵组成，主要负责泰国湾、安达曼海及湄公河的巡防任务。5 个分舰队主要部署在各海军基地，其中反潜分舰队编有 3 个舰艇大队（巡航舰大队、护卫舰大队、巡逻艇和护卫艇大队），水域警卫分舰队编有 3 个快艇大队（导弹快艇大队、巡逻艇大队、护卫艇大队），扫雷分舰队编有 2 个舰艇大队（扫雷舰大队、扫雷艇大队），登陆分舰队编有 3 个舰艇大队（登陆舰大队、登陆艇大队、辅助船只大队），内河巡逻分舰队编有 5 个舰艇大队。分舰队的主要武器装备包括：直升机航母"却克里·纳吕贝特"号 1 艘、导弹护卫舰 8 艘、护卫舰 2 艘、小型护卫舰 9 艘、巡逻艇 89 艘、扫雷舰艇 19 艘、两栖舰艇 9 艘、后勤支援舰船 19 艘。

海军航空兵共 1940 人，驻扎在乌塔堡和宋卡，编有 4 个航空中队（反潜机中队、搜索救生机中队、混编航空中队、教练机中队），主要武器装备包括作战飞机 17 架、武装直升机 10 架。

海军陆战队共 2.3 万人，编有 1 个师、2 个步兵团、1 个炮兵团、1 个两栖攻击营和 1 个侦察营，驻扎在梭桃邑海军基地，主要武器装备包括：装甲输送车 57 辆，牵引炮 105 毫米 36 门、115 毫米 12 门，高炮 127 毫米 14 门，"龙"式反坦克导弹 24 枚。

海军岸防部队编有 2 个空防团、1 个海防团、1 个防空护岸中心。

20 世纪 90 年代以来，随着印支危机的解决，泰国将国防重点从陆上转向海上，率先在东南亚各国中推行海军现代化建设，开始实施"蓝水海军"发展计划。泰国政府首先集中财力采购了一批数量可观的海军装备，其中包括新型导弹护卫舰、巡逻艇、两栖战舰艇、水雷战舰艇，以及陆基巡逻反潜机和舰载直升机等，使泰国海军的作战范围跳出了传统的泰国湾，实现了从近岸到近海作战的战略转移。随后，在国内经济持续高速增长的鼓舞下，泰国政府决心置备航空母舰，将航空兵与水面舰艇有机结合起来，进一步增强泰国海军的立体攻防能力和远程打击能力。1992 年，曾建造了"阿斯图里亚斯亲王"号轻型航母的西班牙巴赞造船公司在竞标中一举中标，与泰国政府签订了总值 2.85 亿美元的建造合同。1996 年 2 月，舷号 911 的"却克里·纳吕贝特"号轻型航母下水，1997 年 8 月开始正式服役，成为东南亚的第一艘航空母舰。同时，泰国政府还特地购置了两艘美国"诺克斯"级导弹护卫舰（舷号 461、462），并从中国购置了泰国海军建军百余年来最大的舰艇——排水量 2 万多吨的综合补给船"锡米兰"号，准备组建完整的航母战斗群。

"却克里·纳吕贝特"号的具体信息如下：全长 182.6 米，宽 22.5 米，吃水 6.25 米，标准排水量 7000 吨，满载排水量 11485 吨，是世界上最小的航空母舰；动力装置为柴－燃联合形式，2台LM－2500燃气轮机的功率为44250马力，2台MTU16V1163TB83柴油机的功率为11780马力，配有双轴双桨，最大航速为26节，巡航速度为16节（使用柴油机时），航速12节时续航力为1万海里；飞行甲板长174.6米，宽27.5米，前部为上翘12度的滑跃跑道，飞行跑道偏向甲板左舷，跑道中线与舰体中线形成一个向右的3度小斜角，"鹞"式飞机离舰时从左舷后方沿着跑道向舰首的跃飞甲板急速滑跑起飞，而返航着舰时则采用垂直降落方式，此外飞行甲板上还设有5个直升机停机区，可供5架舰载直升机同时起降；飞行甲板下面为机库，全长100米，中间一道防火帘将其分为前后两部分，最多可以搭载12架AV－8S"鹞"式垂直起降攻击机或15架中型的SH－3H"海王"直升机；从航母首部到尾部，有13道水密横隔壁将舰体划分为14个舱段，使该舰具备了较强的抗沉性；为了提高航母的稳定性，确保舰载机起降安全，该舰在舭部安装有防摇龙骨及2对减摇鳍装置，因而增强了舰体的抗风浪性能；为提高航母的生存能力，全舰共分成3个损害管制区，各区均设有独立的消防系统、损害管制系统和应急发电设备。

"却克里·纳吕贝特"号计划装备的武器主要立足于本舰防御，特别是对空防御：对空防御主要包括1座8单元MK41"海麻雀"防空导弹垂直发射装置、4座MK15"密集阵"6管20毫米近程防空炮，以及2座单管30毫米速射炮，而对舰和对潜防御则主要交由舰载机和护航舰艇负责；同时还设计了作为辅助防御的4座MK－36干扰火箭发射器和1部SLQ－32拖曳式鱼雷诱饵系统；作战指挥系统则以UYK－3/UYK－20计算机为核心，计划装备SPSS－2C型三维远程对空雷达、SPSS－64对海雷达，以及休斯公司的1105型导航雷达。不过，由于经费问题，部分武器装备和电子设备至今未能装备到位。

舰载机是航空母舰最重要的进攻和防御武器，其优劣是反映航空母舰作战能力的重要标志，但为了节省经费，"却克里·纳吕贝特"号采取了高低档搭配的方案：低端机是向西班牙采购的7架单座AV－8S"鹞"式垂直短距起降攻击机和2架双座TAV－8S教练机，二者均属于西班牙海军的二手货，总值仅 9000 万美元；高端机是向美国西科斯基公司采购的 6 架 S－70B "海鹰" 直升机，系目前世界上最先进的旋翼飞机，总价 1.38 亿美元，单机价格高达 2300 万美元。"却克里·纳吕贝特" 号航母的舰员编制为 455 名，其中军官 62 名，另有航空人员等 150 名，总人数 605 名。

泰国军方在解释航母的作用与目的时声称，"却克里·纳吕贝特" 号的主要任务是近海巡逻、抢险救灾及保护国家海洋资源。但泰国海军置备航母的着眼点显然在于应付可能的地区战事，主要包括以下四个方面。其一，扼守泰国湾。泰国湾紧邻泰国首都曼谷和经济最为发达的中东部地区，不但密布着众多泰国重要的海港，而且是泰国进入太平洋的唯一通道。一旦泰国湾失守，不但泰国对外联系会被截断，而且泰国的内陆腹地也将完全暴露在敌军的威胁之下，因此泰国湾一直是泰国海军防御的重点海区。具备远洋作战能力的航母战斗群不但能在泰国湾中取得海战优势，甚至能在泰国湾外就将敌军的海上有生力量摧毁，真正实现御敌于国门之外。其二，防御安达曼海。安达曼海拥有丰富的油气和渔业资源，是泰国未来经济发展的重要战略区域，但是泰国在这一海域的海军力量却一直十分薄弱，而邻国印度却拥有相当强的海军实力。泰国计划定期派遣航母进驻西海岸的攀牙海军基地，以航母战斗群配合部署在沿海的泰国空军的 F－16 战斗机，形成强有力的立体攻防网，确保西海岸港口、基地、海上石油平台和海上航运的安全。其三，确保战时航线安全。对外进出口贸易已成为泰国经济发展的支柱，这使得泰国对海上航运的依赖性越来越大。于是，泰国航母战斗群的重要任务之一，就是战时在关键海区和交通线上为本国的运输船队护航。其四，支援两栖作战，强袭地面目标。发生战事时，航母战斗群可以护送和掩护泰国海军陆战队航渡和登陆，并可使用 "鹞" 式攻击机轰炸岸滩敌方的防御工事、敌方的岸基战略和战术目标（如机场、交通枢纽、基地等），以及支援陆上作战。必要时，航母甚至可以临时改为两栖舰艇使用：只要将舰载机停放在飞行甲板上，将机库改为临时住舱，航母就可搭载约 700 名海军陆战队员和地面部队，航渡至登陆滩点，实行登陆作战。

三 空军

泰国现有空军总兵力 4.6 万人。

空军司令部驻曼谷，设司令 1 人、副司令 1 人、助理司令 1 人、参谋长 1 人、副参谋长 2 人，以及分管兵员、作战、情报、战勤事务的助理参谋长 4 人；下辖作战、训练、资源 3 个指挥部和 13 个空军基地。作战指挥部编有作战厅、情报厅、后勤厅、空中管制厅、空中巡逻厅，空中作战部队和地面指挥部队系该部的直属部队；训练指挥部编有人事厅、档案厅、监察厅、财政厅、战略教育厅、空中航校及武器开发研究中心；支援指挥部编有兵源厅、运输厅、通信厅、电子厅、军需厅、军械厅、医疗厅、工程技术厅、航空技术厅。

空军作战部队编有 4 个航空师、1 所飞行训练学校、9 个攻击战斗机中队、1 个电子侦察机中队、1 个皇家飞行中队、3 个运输机中队、1 个联络机中队、1 个测量机中队、2 个直升机中队，分别部署在廊曼、柯叻、打卡里、华富里等 13 处空军基地。主要武器装备包括：攻击战斗机 121 架，其中 F-16 型 50 架；电子侦察机 5 架；航测机 6 架；各型运输机 43 架；教练机 58 架；联络机 21 架；直升机 33 架；空空导弹若干枚；地空导弹若干枚。

1997 年金融危机后，泰国空军经费受到限制，为保证空军的现代化建设，泰国空军制定了全新的发展计划，其宗旨是建立一支精干高效的部队，内容包括以下四点。第一，精简整编。2000～2007 年泰国空军将原有的 5 万编制裁减 20%，使人机比例基本达到 150：1，将原有的 30 个机关缩编为 17 个，分指挥、作战、保障、教育和特勤五大类，以减少机关重叠和中间环节，理顺作战指挥程序，增强机关职能。第二，培养高素质人才。空军装备多属高精设备，对人员素质要求较高。为此，空军计划修订空军学校和空军技术学校的课程，选派人员赴国外进修深造，并对预备役进行专门训练。第三，完善武器装备。空军已拟议购买新型装备，其中包括多功能战斗机、空中加油机和空中预警机，同时注重改进空对空、空对地武器，升级预警、指挥和控制系统。第四，提高福利待遇。为鼓舞士气，泰国空军不但为兵士提供低价消费品和职业教育，还制订了主要面向下层军官的长期购地和建房计划，以保证他们在退役后能获得自己的住房。

四　准军事部队

泰国现有准军事部队 16 万人，主要由以下部分组成。

警察部队　泰国警察起源于阿瑜陀耶王朝，至今已有 500 多年的历史。

1860 年，拉玛四世任命英国人伯尔德·艾姆斯船长首任警察队队长，设立了警察管理机构。1915 年 10 月 13 日，内务部地方警察厅正式成立，这一天后来被定为警察节。1932 年地方警察厅改为警察厅，设以下管理人员：厅长 1 人，警衔上将；副厅长 3 人，警衔中将；厅长助理 5 人，警衔中将。泰国警察中能参与作战的部队主要包括边境巡逻警察 4.1 万人、地方警察 4.5 万人、海上警察 2200 人、航空警察 500 人。

边境巡逻警察成立于 1953 年，是泰国警察部队中装备最精良的警种，在军事上受最高司令部指挥，主要任务是守卫边境、缉私禁毒和收集邻国情报。边境巡逻警察以"排"为基本执勤单位，装备有 M16 步枪、M79 掷弹筒、V150 型装甲车和部分轻型支援飞机，是泰军最重要的辅助力量。

地方警察成立于 1897 年，是历史最长、人数最多的警种，隶属警察厅，主要任务是维持地方治安、看守监狱、缉私禁毒等。

"猎勇"部队　"猎勇"部队属地方性武装，在泰国由来已久，但直到 1978 年 7 月，陆军才正式成立"猎勇军"，而海军陆战队则到 1980 年 9 月才正式成立"猎勇军"。泰国现有"猎勇"部队约 2 万人，最大编制为团，基本作战单位为连，每个连约为 70 ~ 80 人。其中，陆军下辖约 200 个连，海军陆战队下辖约 30 个连，陆军各部域军和海军陆战队均设有猎勇特遣指挥部，这些指挥部统一隶属陆军司令部执勤中心特别执勤指挥部。"猎勇"部队的成员必须是意志坚定且具备小学 4 年级以上文化程度的 18 ~ 29 岁泰籍公民，主要在当地招募，经过 45 天的军事和政治培训后即投入执勤，主要任务是协助泰军巡逻边境、收集情报、缉私禁毒、打击犯罪、进行心战宣传，此外也负责帮助贫困地区发展生产，在战时则承担部分预警、牵制和袭击任务。"猎勇"部队熟悉当地情况，而且具有精简灵活的特点和较强的野外生存作战能力，是泰军主要的辅助力量之一。

保卫国土自愿队　保卫国土自愿队组建于 1954 年 2 月，是一支不脱产的民兵组织，现有约 5 万人，隶属内政部。成员是 17 ~ 60 岁的泰籍居民，他们经过 2 个月的军事训练后即返乡，在从事生产的同时承担收集情报、维持治安、管理难民营、进行乡村开发等任务，战时则临时征召，是泰军重要的后备兵源。

第三节　军事训练和兵役制度

一　军事训练

冷战结束后，因地区局势和国内形势的变化，泰军从加强自身建设和需要出发，逐步改变了效仿美军的单一训练模式，形成了一套适合泰军自身特点的、切实可行的训练模式。此外，泰国还建立了包括各层次、各军种、各兵种的完善的军事院校体系。设在曼谷的国防学院是全国最高军事学府，主要对军队、警察和政府高级官员进行有关国家安全事务的政策、规划、措施等方面的培训。军事参谋学院则主要负责培养三军高级参谋人员。在各军种院校中，最著名的是那空那育的朱拉中高皇家军事学院、北榄的泰国皇家海军军事学院和廊曼的泰国皇家空军军事学院，学制均为 5 年。泰国除通过国内军事院校培养初、中、高级军官外，每年还选派军官赴美国、澳大利亚、德国、英国、法国等国进修深造。

陆军训练　20 世纪 90 年代以来，泰国陆军为了提高部队适应现代化战争的能力，对部队训练内容进行了大幅度调整。其一，突出多兵种协同作战训练，这主要通过举行陆海空三军联合军事演习来实现，以防御外来威胁、保卫沿海重要工业区为目标，重点提高陆空协同作战能力。其二，加强特种科目的训练，主要包括跳伞、复杂地形作战、丛林作战、河川作战、城市作战、营救人质、反恐作战。随着欧美装备的不断引进和对外交往的增加，泰国陆军决定将英语作为外语训练的主训语种，在全体官兵中推广运用，并要求外语训练由以往仅学习战争、军事术语的低层次向现代科技、军事科技的高层次转变。

陆军特种部队训练　泰国陆军特种部队队员来自伞兵或参加过实战的部队，主要任务是在敌后实施非常规战、城市破坏战、丛林反游击战等特种作战。其主要训练科目包括：第一，热带丛林生存训练，传授队员热带丛林中各种野生动物的习性和制服毒蛇猛兽的方法，并要求队员置身野生动物园中，与毒蛇猛兽共同生活，以培养其热带丛林生存能力，有时甚至要求队员在养有千余条毒蛇的水池中，凭借所学的技能闯过 200 米长的蛇阵；第二，陆地渗透训练，传授队员发现、识别、排除或避开杀伤性陷阱和机关的方法，演练如何快速通过布满锐利竹签、木桩、铁钉等机关的道路；第三，空降训练，传授队员高空跳下、低空开伞技术，要求队员能利用冲压空气伞秘密降落在指定目标，且人与人之间的着陆点仅保持数米距离，并要在一分钟内收好降落伞，重新编队，进入战斗状态；第四，徒手格斗训练，要求队员熟练掌握一套由泰拳改编而成的、肘膝拳脚并用的军用拳术，以便在突发情况下徒手制敌。

海军训练　随着国防重点由陆地转向海洋，泰国海军为提高防御作战能力，不断加强训练工作。其一，重视院校培训。泰国海军条例规定，各级军官（包括士官）必须经过军事院校培训，毕业合格后方可晋升。泰国海军各类初级军官主要由皇家海军尉官学校培养，学员从士兵和高中毕业生中招收，入学前要经过两年预备军官学校学习。其二，加强与外国军队的联合军事演习。为提高实战能力和战术技术水平，泰国海军每年除自行组织海上演习外，还分别与美国、澳大利亚、新加坡、印尼、马来西亚等国海军举行各类联合演习，部分演习已经制度化。演习科目包括海上防御、海上监视、机动支援、扫布雷、登陆与抗登陆、反潜、防空警戒等。

海军特种部队训练　泰国海军特种部队队员主要来自海军实战部队和海军陆战队，主要任务包括在敌后进行海上突击、非传统战和心理战等。海军特种部队的基础训练目标可以概括为体能、意志和团队合作：体能训练使队员的身体素质足以承担艰苦的军事任务；意志的训练旨在确保队员能在最恶劣和最孤立无助的情况下仍能坚守岗位并继续执行任务；团队合作的训练则是为了培养队员相互信赖、分工配合的战斗默契，发挥团体战的优势。海军特种部队的基础训练长达 2 年，分为 3 个阶段。第一阶段的训练重点是体能，训练口号是"特种部队的字典里没有'我'"和"最轻松的日子是昨天"。游泳作为海军特种部队完成任务的基本技能，是这一阶段的主要训练科目，队员必须达到的要求包括在水面自由泳 20 分钟以上、迅速下潜和上浮 5 分钟以上、带氧气瓶在水中倒立 5 分钟以上，以及在腕膝被捆的情况下从水中脱困等。该阶段的最后 1 周被称为"地狱周"，队员将以 5~7 人为 1 组，在连续 6 天缺乏正常睡眠的情况下，超强度地检验各项体能和游泳训练成果，最终的淘汰率高达 70%，甚至更高。第二阶段的训练科目主要是水下潜泳和自助式水下呼吸，队员将在宋卡海军训练基地的潜泳训练池中学习各种水下呼吸设备的使用。在该阶段后期的 8 周实战演练中，队员将被带到当地的港口，对港湾设施、客轮甚至私人游艇进行实战渗透演练。第三阶段主要进行陆战技巧和水中战术的结合实践，训练科目有基本武器的使用、爆破、夜战、伏击、巡逻、远程侦察、小组战术和集结战斗等。该阶段后期，队员将开始与国内外其他特种部队的队员一起受训，并将接受水下艇具的配合训练。

空军训练 泰国空军十分重视人力资源的开发，重点是培养现代科技知识和战术技术水平较高的飞行人员。泰国空军训练的主要特点是：以国内院校培养为主，国外培养为辅；以军官训练为主，士兵训练为辅。泰国国内目前有皇家空军尉官学校、航空学校、参谋学校、士官学校等 8 所院校，负责培养空军的各类人员。同时，泰国空军还每年从各部队中选拔飞行员和专业技术人员出国深造，学习高级参谋业务、现代空战战役战术理论、航空工程技术，以及现代化武器装备的使用、保养和维修，以提高军事素质和专业技术水平。他们回国后多担任教官或业务骨干，这有效地提高了泰国空军的整体素质。

二 兵役制度

泰国实行义务兵役制。宪法规定每个公民都有保卫国家的义务。《军事服务法》规定：凡年满 18 周岁的泰籍男性公民均须进行兵役登记；21～30 岁的男性公民则应征入伍，服役期为 2 年；30 岁以上公民转入预备役；但经医院确诊身体不合格者、僧侣、在职教师、在校大学生、曾被判处 10 年以上徒刑者均免征，正在供养父母的独生子、家庭中年幼儿童的唯一抚养者和在校的中学高年级学生均缓征。泰国应征入伍的士兵，在服役 2 年后，如果没有延期服役或被选入军事院校受训，即退伍加入预备役。从 1991 年开始，泰国政府决定对服 10 年预备役的人员分 3 个阶段进行训练。第一阶段为期 3 年，每年训练 1 次，每次 21 天，受训的预备役人员接受国防教育、军事常识、兵力动员和基本战术技术等科目的训练。第二阶段为期 3 年，每年训练 1 次，每次 2～3 天，主要进行战时紧急动员训练。第三阶段为期 4 年，期间除出现国家处于紧急状态和爆发战争等特殊情况外，一般不组织训练。泰国政府十分重视发展青年学生成为预备役的生力军，规定高中以上的学生必须进行军训，每年训练时间为 80 小时，3 年毕业后，凡体检和体能测试合格者即可编入预备役，获下士军衔，不必再服 2 年兵役。升入大学的学生，继续参加 2 年共 160 小时的军训，合格后获预备役少尉军衔。泰国现有预备役部队 20 万，编有 4 个陆军预备役师。全国受过军事训练的人员约有 800 万。

第四节　对外军事交往

一　概况

　　二战结束以来，美国一直是泰国最主要的盟友，甚至可以说，战后的泰国军队主要是在美国的援助下发展起来的。1950 年 3 月，泰美签署了《军事援助协定》，随后又签署了《双边防御协定》等军事同盟条约。根据泰美同盟条约，美国在泰国设立了军援司令部和联合顾问团，负责对泰国提供军事援助和帮助泰军进行军事训练。1951～1973 年，美国通过军事援助计划对泰国的军事援助高达 10 亿美元。泰国军人集团借助美国的军事力量维护自身在国内的独裁统治，而美国则将泰国作为武装干涉印支地区的后方基地。泰国东海岸的旅游胜地帕塔亚，就是在这一时期被美国士兵当作度假地，才迅速发展起来的。

20 世纪 70 年代中期以后，随着美国势力逐渐撤出东南亚，尽管泰美军事同盟仍然存在，但军事合作关系却开始变得松散。在这一时期，泰国与地区其他各国的军事合作开始逐渐发展起来，而且，随着泰中于 1975 年正式建交，泰中的军事交往也开始进入试探阶段。1979 年，越南在苏联的支持下，出兵柬埔寨，引发印支危机，随后又把战火烧到了泰柬边境。面对越南的威胁，泰国在立足本国军事力量自保的基础上，积极开展对外军事合作。其一是联合东盟其他国家，共同抵御越南的军事威胁。不过，尽管其他东盟国家纷纷声讨越南，表示将全力支持泰国反抗霸权的正义事业，并将泰国称为东盟的反霸"前线"，但是这些东盟国家实际上是说的多却做的少，对减轻泰国的实际压力并未起到多大的作用。其二是要求美国给予援助。作为泰国的盟国，美国在 1979 年当年就提供了 4000 万美元的军事援助，1982 年援助增加到 8000 万美元，1984 年和 1985 年均超过 1 亿美元。但是，由于有苏联在背后支持越南，而美国又已撤出中南半岛，出于国际战略的考虑，美国不愿直接插手东南亚事务，因而未能提供泰国最需要的直接援助。其三是加强与中国的军事交流。泰中在 20 世纪 80 年代的军事合作开展得非常顺利，两国军政高层频繁互访，为冷战后两国关系的进一步发展打下了良好的基础。中国以"友谊价格"向泰国提供各类武器装备。

从 20 世纪 90 年代开始，随着越南从柬埔寨撤军，泰中两国间密切的军事合作关系逐渐松散。泰国向中国定购武器装备的活动也迅速减少，这是因为中国的武器装备在规格型号上与在泰军中占主流地位的美式装备并不匹配，在弹药补给和维护保养方面存在问题，而且中式装备在整体性能上也不及美式装备。不过，中国制造的舰艇却以良好的性价比颇得泰国海军的赞赏，至今仍时有订货。而泰美的军事合作关系却从 90 年代后期起不断增强。为了遏制中国这一迅速崛起的潜在战略竞争对手，美国开始谋求重返东南亚，进而巩固美韩、美日、美澳、美菲、美泰、美新（加坡）同盟，甚至深入中亚，设立军事据点，从而形成完整的东亚军事安全网，确保美国在亚洲的利益。泰国在这一战略中虽非至关重要的一环，但却也是必不可少的。此外，在泰美军事关系升温的同时，泰国与邻国特别是新加坡的军事交往也在美国的亚太安全框架下迅速发展。从1995年起，美泰新每年都在泰国北部举行代号为"擒虎"的空军联合演习。而且，新加坡还从2000年起开始参与泰美的"金色眼镜蛇"年度联合军事演习。"9·11"事件和巴厘岛爆炸案发生后，美国以反恐为名，加快了重返东南亚的步伐，而泰美间以防范非传统安全为内容的军事合作也在迅速加强。2003年12月，布什政府给予泰国"非北约主要盟国"的地位。根据美国1996年通过的《1961年对外援助法案》的修正案，泰国在获得"非北约主要盟国"的地位后，就可以优先获得美国的额外军事物资，可以购买美国的贫铀反坦克武器，可以在其领土上的美国军事设施以外的地方储存美国为盟国准备的战备物资，可以在与美军联合演练时享受费用上的优惠，同时，美国公司在向泰国出口商业卫星及其技术和部件时，美国国内的审批手续也将更为简便。这标志着泰美的军事合作进入了一个全新的更紧密的发展阶段。

不过，2006年与2014年的两次军事政变，都对泰美军事合作产生了明显的负面影响。2006年政变后，美国一度停止对泰军事援助，直到2007年泰国军方"还政于民"后才恢复合作。2014年政变后，美国再次停止对泰军事援助。面对以美国为首的西方民主国家施加的国际压力，巴育政府坚持要在推动完成泰国"国家改革"后才"还政于民"，结果使泰美关系进一步恶化。与此相对，2014年以来，中泰安全合作取得明显进展。2014年，巴育访华期间与李克强总理达成共识，双方将进一步加强战略合作，并发表声明指出，中泰两国将扩大国防工业领域，以及军事演习、军事训练和教育、地区安全和反恐行动上的双边合作。2015年，中国国防部长常万全访泰期间，中泰双方商定，未来5年将进一步加强从情报共享到打击跨国犯罪在内的军事合作，并增加联合军事演习次数。

二 "金色眼镜蛇"联合军事演习

20世纪90年代以来，泰军与外军的联合演习逐年增多，包括：一年一度的联合演习，主要有"金色眼镜蛇"多国联合演习；泰美"对抗虎"、"对抗雷"空军演习，"卡拉特"、"泰国海"海军演习和"平衡火炬"特战部队演习；泰新（加坡）"星暹"海军演习和"空新泰"空军演习；泰马"空中魔术师"空军演习；泰印（尼）军队演习；泰澳特战部队反恐演习。两年一次的演习有泰澳陆军演习、泰美空军"罗杰斯"后勤补给演习。

其中，"金色眼镜蛇"联合军事演习是东南亚地区规模最大的联合军事演习，自1982年以来每年举行一次。"金色眼镜蛇"一开始是仅限于泰国与美国的双边联合军事演习，2000年新加坡加入后，扩展为多国联合军事演习。2004年，"金色眼镜蛇"演习先后接纳菲律宾和蒙古参加，参加国数量由3个增至5个，参加人数也增至1.6万。而且，美国还将"金色眼镜蛇"联合军事演习与美菲的"肩并肩"联合军事演习、美澳的"前后推进"联合军事演习纳入同一体系，合称为"协同挑战"系列军事演习。近年来，随着美国全球反恐的需要和重返东南亚步伐的加快，"金色眼镜蛇"联合军事演习的规模和范围也在迅速扩大。中国自2002年起，以观察员身份参与"金色眼镜蛇"联合军演，并于2014年首次派出17人的分队参加人道主义救援演习，但未参与任何战斗性演习。不过，由于对巴育政府不满，美国在2015年的第34次"金色眼镜蛇"联合军演中仅派出3600人，相较于2012年的参演规模，人数削减近2/3。

第六章

社　会

第一节　国民生活

一　就业

2014 年，泰国劳动力人口为 3857.6 万。泰国失业率在金融危机后曾大幅上升，从 1997 年的 1.5% 猛增到 1998 年的 4.35% 和 1999 年的 4.19%。进入 21 世纪以来，随着经济的逐步复苏，泰国失业率一直呈下降趋势，2007 年已降至 1.38%，恢复到金融危机前的水平。2008 年全球金融危机爆发后，泰国失业率在 2009 年小幅升至 1.5%，但随后就恢复下降趋势。近年来，泰国失业率一直保持在 1% 以下。2014 年，泰国失业率为 0.84%（见表 6-1）。

表 6-1　2011~2014 年泰国劳动力状况

单位：千人，%

年份	2011	2012	2013	2014
15 周岁以上人口	54003.96	54514.03	55024.16	54843.08
劳动力人口	38921.50	39408.98	39383.78	38576.24
就业人口	38464.66	38941.10	38906.88	38077.43
非充分就业人口	383.58	348.08	336.22	256.29
农业从业者	14883.10	15433.58	15406.95	12732.72

续表

年份	2011	2012	2013	2014
非农产业从业者	23581.59	23507.55	23499.97	25344.72
1）采矿和采石业	49.96	72.94	65.89	68.98
2）制造业	5301.37	5394.46	5435.25	6393.46
3）电、煤气、蒸汽和空调供应	101.29	94.75	99.07	117.09
4）供水；污水处理、废物管理和补救活动	88.78	66.41	88.57	105.45
5）建筑业	2371.90	2493.06	2542.59	2269.20
6）批发和零售贸易；机动车辆和摩托车的修理	6037.02	5993.81	6007.83	6184.87
7）运输和储存	937.32	925.94	947.92	1192.30
8）住宿和餐饮业	2545.71	2307.21	2299.98	2567.80
9）信息和通信业	181.42	213.82	199.21	247.95
10）金融和保险业	395.45	417.78	440.49	526.83
11）房地产业	105.83	131.12	131.72	159.15
12）专业和科技活动	268.18	238.72	257.27	316.66
13）企业管理和商务服务业	394.34	388.78	393.94	495.29
14）公共行政和国防；强制性社会保障	1596.39	1713.62	1639.95	1589.36
15）教育	1287.40	1201.15	1180.62	1152.72
16）卫生和社会福利业	671.01	660.20	645.30	683.68
17）艺术、娱乐和文娱活动	230.11	227.93	237.56	255.91
18）其他服务活动	739.56	677.60	630.43	736.09
19）家庭自我雇佣	247.29	253.02	203.60	216.30
20）境外组织和机构的活动	3.24	4.05	2.96	4.23
21）未知	28.02	31.18	49.82	61.40
失业人口	264.34	259.09	283.52	322.68
失业人口比例	0.68	0.66	0.72	0.84
新进入劳动力市场人数	90.81	105.33	132.06	149.68
季节性失业人口	192.50	208.79	193.38	176.13
季节性失业人口比例	0.49	0.53	0.49	0.46
15 岁以上的非劳动力人口	15082.45	15105.31	15640.37	16266.86
1）家庭工作	4649.35	4556.90	4715.50	4852.29
2）学习	4317.27	4243.74	4292.57	4378.36
3）由于过于年轻/年迈/丧失劳动能力	4745.08	4713.38	5021.73	5389.21
4）其他	1370.75	1591.29	1610.57	1647.00

注：根据国际标准产业分类第 4 版（ISIC REV. 4）规范分类。

资料来源：泰国（中央）银行。

二 收入

根据联合国开发计划署提出的人类发展指数核算,2014 年泰国得分为 0.722,全球排名第 89 位,属于高人类发展水平国家。尽管以购买力平价计算,泰国人均国民收入已增至 1.34 万美元,但泰国社会经济发展不平衡使得城乡差距、地区差距、贫富差距不断扩大,这已成为影响泰国社会稳定的重要因素。表 6 - 2 为 1996~2013 年部分年份泰国家庭平均月收入情况。

表 6 - 2 1996~2013 年部分年份泰国家庭平均月收入情况

单位:泰铢

年 份	1996	1998	2000	2002	2004	2006	2007	2009	2011	2013
全 国	10779	12492	12150	13736	14963	17787	18660	20904	23236	25194
曼 谷	21947	24929	25242	28239	28135	33088	35007	37732	41631	43058
中部地区	10907	12643	13012	14128	16355	19279	18932	20960	20822	26114
北部地区	8331	9779	8652	9530	10885	13146	13568	15727	17350	19267
东北地区	7388	8546	7765	9279	10139	11815	12995	15358	18217	19181
南部地区	9846	11461	11186	12487	14469	18668	19716	22926	27326	27504

资料来源:泰国国家统计局。

三 消费

泰国传统上就有超前消费的习惯,再加上 21 世纪以来泰国政府为刺激经济复苏,出台了一系列鼓励消费的政策,使得泰国家庭消费猛增。这一方面有效改善了泰国民众的生活水平,尤其是外府农村地区民众的生活水平(见表 6 -3),但另一方面在收入并未出现明显增加的情况下,也使泰国家庭背负了相当沉重的债务负担(见表 6 -4),开始在一定程度上影响到社会安定。

表6-3　2010年泰国家庭耐用消费品普及情况

家庭耐用消费品	全国		城市地区		非城市地区	
	拥有设备的家庭数(户)	普及率(%)	拥有设备的家庭数(户)	普及率(%)	拥有设备的家庭数(户)	普及率(%)
电视	19326131	94.9	9148404	94.5	10177727	95.3
VCD/DVD播放机	15010739	73.7	7339850	75.8	7670889	71.8
移动电话	18381659	90.3	8875504	91.6	9506155	89.0
个人计算机	5929095	29.1	3822005	39.5	2107090	19.7
电冰箱	17204185	84.5	8047741	83.1	9156444	85.7
微波炉	3962365	19.5	2725149	28.1	1237216	11.6
洗衣机	11684758	57.4	5801737	59.9	5883021	55.1
空调	4025089	19.8	2974060	30.7	1051030	9.8
汽车/皮卡/面包车	7422192	36.4	4018193	41.5	3403999	31.9
摩托车	15066209	74.0	6318557	65.2	8747652	81.9
四轮拖拉机	512319	2.5	124305	1.3	388014	3.6
两轮拖拉机	3091724	15.2	615285	6.4	2476439	23.2
有线电视	3294873	16.2	2526796	26.1	768077	7.2
卫星天线	5776565	28.4	2294072	23.7	3482493	32.6
互联网	2804967	13.8	2158445	22.3	646522	6.1

资料来源：泰国国家统计局。

表6-4　2004～2013年泰国家庭平均债务状况

单位：泰铢

年份	2004	2006	2007	2009	2011	2013
家庭平均债务	104571	116585	116681	134700	134900	163087
住房借款	38140	39298	36508	46253	45898	60061
教育借款	—	3982	3130	3545	2726	2413
家庭消费	30607	32156	38909	41470	50964	59876
商业借款	15888	21368	16766	21893	13912	17061
农业借款	16952	16507	17711	19085	19392	21945
其他借款	2984	3274	3657	2454	2008	1731

资料来源：泰国国家统计局。

四 物价水平

泰国的物价水平从 20 世纪 80 年代末开始随着经济的高速增长而不断提高，广义消费者价格指数（2011 年为基准 100 点）从 1988 年的 43 点增至 1997 年的 67.7 点，给国民经济带来明显的通胀压力。金融危机后，虽然物价一度在 1998 年猛增 8.07%，但随后就得到平抑。1999～2003 年，泰国的物价指数年均涨幅仅 1.47%，使得国民经济陷入通货紧缩的压力。从 2004 年起，随着国际原油价格的上涨，泰国的物价指数迅速走高。通货膨胀率从 2004 年的 2.7% 持续攀升至 2008 年 5.5% 的高位。由于受全球金融危机影响，再加上近年来国际原油价格下跌，2009 年以来泰国的通货膨胀率呈下降趋势，2014 年已降至 1.89%。从全国范围来看，泰国各地的物价水平差异不大，相比之下曼谷地区最高，东北部地区最低。

五 社会保障与福利

近几十年来，泰国经济高速发展，人民生活水平有了很大的提高，贫困人口的比例有所下降。按照世界银行 1985 年的贫困标准计算，1975 年泰国的贫困人口占总人口的 32%，1981 年这一比例降为 24%，2000 年进一步降到 13.1%。按购买力平价计算，泰国人均日收入不足 1.25 美元的人口仅占总人口的 0.37%。进入 21 世纪，随着泰国"草根政策"扶贫开发力度的加强，分配不均造成的贫困问题得到明显改善（见表 6-5）。

泰国的贫困人口状况有几个特点。第一，城市贫困率比农村贫困率低，城乡收入差距大。1975 年农村人口的人均收入为 3713 泰铢，城市人口的人均收入为 7927 泰铢，后者是前者的 2.13 倍。1981 年，农村人均收入为 8305 泰铢，城市人均收入为 18141 泰铢，后者是前者的 2.18 倍。1994 年城市人口收入高达 4.8 万泰铢，农村人口收入为 1.2 万泰铢，城乡收入差距已经扩大到了 4 倍。因此泰国的贫困问题主要是农村贫困问题。泰国农业从 20 世纪 80 年代初期占 GNP 的 22.3% 下降到 90 年代的 11.5%，但农业劳动力却占全国劳动力的 60% 以上。2003 年，在泰国北

表 6 – 5　2002 ~ 2013 年部分年份泰国贫困人口比例

年份		2002	2004	2006	2007	2008	2009	2010	2011	2012	2013
全国	贫困线（泰铢/人·月）	1606	1719	1934	2006	2172	2174	2285	2415	2492	2572
	贫困人口比例(%)	32.44	26.76	21.94	20.04	20.43	17.88	16.37	13.22	12.64	10.94
曼谷	贫困线（泰铢/人·月）	2200	2309	2512	2565	2694	2676	2756	2901	2994	3047
	贫困人口比例(%)	6.35	4.07	2.88	3.51	2.33	2.36	2.25	7.74	1.91	1.06
中部	贫困线（泰铢/人·月）	1825	1952	2165	2220	2390	2382	2490	2610	2696	2775
	贫困人口比例(%)	23.42	18.80	12.85	12.15	12.83	11.18	10.77	10.36	6.94	5.40
北部	贫困线（泰铢/人·月）	1433	1533	1712	1782	1936	1938	2040	2160	2226	2314
	贫困人口比例(%)	41.03	33.29	26.11	25.99	29.05	23.38	22.33	16.09	17.40	16.76
东北	贫困线（泰铢/人·月）	1346	1427	1630	1717	1882	1883	2005	2130	2188	2273
	贫困人口比例(%)	44.16	38.97	35.32	30.24	31.19	27.71	25.26	18.11	19.79	17.37
南部	贫困线（泰铢/人·月）	1605	1733	1979	2042	2219	2239	2344	2492	2577	2651
	贫困人口比例(%)	29.20	22.89	19.84	19.33	16.77	17.03	14.24	10.12	13.32	10.96

数据来源：泰国国家统计局。

部、东北部的一些贫困地区，有的乡村民众年收入不足 30 美元。第二，贫困地区分布不均，曼谷地区的收入远高于其他地区。2014 年，泰国的家庭月收入为户均 2.09 万泰铢。其中，最富裕的曼谷地区为 3.44 万泰铢，中部地区为 2.11 万泰铢，南部地区为 2.10 万泰铢，东北部地区是 1.63 万泰铢，北部地区为 1.53 万泰铢，不足曼谷地区的 1/2。产业集中于曼谷是导致泰国其他地区贫困的主要因素。第三，收入差距加大。1979 ~ 1992 年，泰国 20% 最富裕者所占国民财富的比重从 49.26% 升至 58.98%，而 20% 最贫困者所占比重则从 6.05% 降至 3.96%，两者差距从 8.14 倍扩大到 14.89 倍。1997 年金融危机后，两者差距有所缓和，2012 年已降至 6.9 倍。与此同时，泰国的基尼指数也从 1992 年的最高点 0.536 回落至 2012 年的 0.394，但依然偏高。

　　为了解决贫困问题，泰国政府也曾采取过一系列措施。首先，政府支持大规模开垦土地和实施农产品价格补贴。泰国政府认为，贫困实际上是农民的贫困，因此，只要农民的收入增加了，贫困问题就解决了。由于泰国有大量的可开垦土地资源，因此，20 世纪 70 ~ 80 年代，大规模开荒使农村贫困人口比例减少到 23%。但是由于 1985 年世界农产品价格下降，农村贫困人口比例迅速回升到 30%。在第五个经济发展计划中，泰国提出了发展的具体方案，将全国 12555 个村列为贫困村，并且政府保证向这些贫困村提供特别发展基金。但是，反贫困政策在政府发展计划中只是经济出口发展战略的一个次要部分，政府对反贫困项目的执行并不有力，如通过分配解决贫困问题就没有真正发挥作用。泰国已经成为世界上收入最不平等的国家之一。其次，泰国政府希望通过发展城市经济和加速城市化进程减少贫困。城市经济发展使劳动力需求扩大，农村劳动力向城市转移，就可以解决农村贫困问题。但是实际上许多农民到城市打工是临时性的，农村劳动力转移的规模有限。最后，泰国希望通过分散发展，建立和发展地区经济中心来消除贫困。具体措施是分散工业，减少地区差别，开发边远地区资源，解决边远地区的贫困问题。

泰国采取的这些反贫困措施的效果不明显。靠开垦土地，农业劳动生产率并没有得到很大的提高，农民收入增加很慢。政府对农产品发放的补贴不能到达农民手中，好处基本上被中间商攫取。另外，由于可开垦土地的减少以及人口的增多，农户经营土地的规模迅速缩小，农业规模经营的效益逐渐丧失。再有，新增加人口难以获得土地所有权，只能租种土地，因此无法通过抵押土地获得提高农业生产率所需要的贷款，所有权障碍限制了农业生产率的提高，也就不能从根本上减少农村的贫困。

政府希望分散发展，但由于产业分布的基本条件没有发生重大的改变，产业仍然大多集中在曼谷地区。城市具有广大的市场，收入水平较高，购买力较强。利润相同的情况下，企业建立在中心城市能够有效地降低交易成本。城市往往是政治、经济、文化和教育的中心。在政府干预的经济中，企业能够得到一些非经济利益。

不过，泰国政府也看到了这些措施的局限性，制定了新的长远规划和促进外国投资的激励措施，而且在社会领域内制定了许多旨在帮助弱势群体的有利于贫困人口脱贫的政策。2001 年他信政府执政后，提出新的农村发展思路——依靠财政扶持将农村经济纳入市场化轨道，通过城市和海外销售网，构建农村产业的特色生产和规模经济，从而逐步提高农民的生活水平。为此，泰国政府相继推出了一系列的"草根政策"，其中包括："负债农民三年缓债"计划——由农业与农业合作社银行负责实施，允许全国200多万农村债务人延迟三年偿还总值500多亿泰铢的贷款，并免除三年内的利息；"一乡一特产"计划——效法日本，鼓励各乡镇发掘本地智慧，开发特色产品，并由政府在宣传和销售方面给予扶持；"乡村基金"计划——由政府从财政开支中划拨种子基金，为全国每个村庄和城市社区提供100万泰铢的资金，以信贷方式支持农业技术改造、特色产品加工等项目；"三十铢治百病"计划——建立基本覆盖全国的医疗保障网络，确保农民仅需支付30泰铢就能够得到医疗服务和药品；"仁爱"系列计划——由政府财政出资，为农民和城市贫民提供廉价住宅、水电、生产资料，以及人寿保险项目；"资产化资本"计划——允许农民以土地所有权、承租权、国有土地使用权、知识产权、机器作为抵押，向国有指定银行贷款，用于生产性投资。尽管在政策实施过程中，各种学术质疑和舞弊丑闻不断，尤其是国家财政对农村发展倾斜，更使得曼谷城市中产阶级深感不满，并成为2006年以来"反他信"与"挺他信"政治冲突和社会分裂的催化剂，但从贫困地区特别是东北部地区的发展来看，政策成效颇为显著（见表6-5），深得中下层民众的拥护。2009年"反他信"阵营的阿披实政府上台后，推出"老年人补贴"等福利政策，旨在弱化他信派系"草根政策"的影响力。2011年他信派系东山再起，英拉政府上台后，进一步推出"大米保护价收购"政策，旨在提高稻农的收入水平，但却造成国家财政高达5180亿泰铢的损失，并成为2013年政治冲突的催化剂。2014年巴育政府政变上台后，一方面终止了他信派系的"大米保护价收购"等福利政策，另一方面将新"草根政策"提上议事日程，并推出了每莱稻田补贴1000泰铢的"农业直补"替代政策，从而为进一步解决收入差距问题创造了有利条件。

第二节　社会管理

一　社会结构

20世纪中后期以来，泰国一方面完成了从传统农业国向新兴工业国的跨越式发展，跻身中等收入国家行列，另一方面也经历了从威权体制向多元体制的政治转型。目前泰国除了占总人口近六成的中下层农民群体以外，最主要的社会力量包括以下方面。

王室－保皇派　长期以来，王室－保皇派一直是泰国政治现代化发展的重要参与者。20 世纪初，朱拉隆功改革的成功使该集团的政治力量攀上巅峰，成为泰国统治集团的主导与核心。但是，随着现代官僚体制和军队体制的完善与发展，该集团很快就因为固守君主专制的权力垄断而成为政治现代化的绊脚石。1932 年民主革命后，该集团在与军人集团的权力斗争中遭受重创。随着 1935 年拉玛七世退位，该集团的政治影响力跌落谷底，甚至在二战期间沦为军人集团的陪衬。

20 世纪 60 年代，拉玛九世普密蓬国王与军人独裁者沙立·他纳叻在政治上达成默契，王室－保皇派得以在军人威权政府的扶持下复兴。70 年代初，该集团在推翻军人独裁的斗争中发挥了重要作用，从而奠定了该集团在泰国政治权力结构中的核心地位。80 年代的"半民主"时期，该集团成为核心圈层的权力寡头一极，其影响力甚至在一定程度上凌驾于国会与政府之上，成为制衡军人集团和地方豪强集团的重要力量。

1992 年民主运动中，王室－保皇派从中斡旋，试图解决城市中产阶级与军人集团的政治冲突。这不仅有效化解了社会动荡，而且使拉玛九世俨然成为泰国民主体制的"中流砥柱"。20 世纪 90 年代以来，王室－保皇派的政治表现相对低调，但通过枢密院（国王的私人咨询机构）依然拥有重要话语权。2006 年以来，在各派政治力量联手压制新资本集团的过程中，王室－保皇派再次展现巨大的政治影响力，成为军人集团发动政变、城市中产阶级掀起街头暴力、地方豪强集团开展议会斗争的重要依托和后援。

军人集团　军人集团从 20 世纪 30 年代初到 80 年代末，始终主导并推动着泰国政治的发展，并且至今依然拥有重要的政治话语权。

1932 年的军事政变，推翻了泰国的君主专制，迫使拉玛七世下诏实行君主立宪，从而开启泰国的政治现代化进程。随后，军人集团于 1933 年发动政变，挫败王室－保皇派通过议会斗争重掌政权的企图，并且在镇压保皇派叛乱的军事行动中，彻底瓦解了保皇派的武装力量，确立了军人集团的政治主导地位。

二战后，虽然军人集团曾在政治上被边缘化，但很快就在美国支持下通过1947年的政变重掌政权，并通过1948～1951年的一系列政变和反政变行动，再次确立了核心圈层的政治主导地位。20世纪60年代，通过政变上台的沙立元帅，更是以备受争议的"泰式民主"模式构建了军人独裁体制。

20世纪70年代初，军人独裁体制在声势浩大的学生运动中崩溃。不过，随着1973～1976年的"民主实验"的失败，军人集团再次通过政变回归。在80年代的"半民主"时期，尽管军人集团已无法在国会遏止地方豪强集团对立法权的渗透，但在王室－保皇派的支持下，却始终把持着政府内阁的行政权，直到1988年才让出总理职位和组阁权力。

1991年，军人集团发动政变，推翻地方豪强集团主导的差猜政府，并试图通过立宪的方式重新掌控国会和政府。但是，军方此举遭到城市中产阶级的强烈抵制，并引发1992年的"五月流血"事件。在拉玛九世的调停下，军人集团被迫放弃政治主导地位。20世纪90年代，军人集团虽然在政治上保持低调，并未直接介入政治斗争，但却始终坚守军队的自主与独立，拒绝民选政府的"军队国有化"政策，从而保留了有效的政治资本。

2001年以他信为首的新资本集团掌握核心圈层的政治主导权后，开始不断加强对军队的渗透，甚至以削减军费预算为手段，干预军方人事权，结果引起军方强烈不满。2006年，军人集团在王室－保皇派的支持下，时隔15年再次发动政变，推翻了他信政府。不过，由于他信派系深得中下层选民拥护，因此在2007年军方"还政于民"后，他信派系很快就卷土重来，使得"反他信"与"挺他信"的权力斗争在随后数年内愈演愈烈，并多次引发流血冲突。2014年，军人集团在王室－保皇派支持下，再次发动政变，推翻了英拉政府，又一次掌握国家权力。

曼谷政商集团　该集团的形成和发展与军人集团的权力垄断密不可分。20世纪60年代以前，泰国奉行国家资本主义政策，各项稀缺资源都为军人集团主导的威权政府所掌握。因此，通过赠送干股或家族联姻等方式，建构与政府高官和军警显贵的私人关系与利益联盟，从而获得相应的政治庇护和商业关照，也就成为曼谷商业家族得以在国有企业的缝隙间生存和发展的保障所在。

20 世纪 60 年代初，泰国政府开始推行鼓励私人部门发展的"进口替代"政策，从而为该集团的蓬勃发展开辟了道路。通过政治游说与商业贿赂，该集团全面有效地利用了政府放松管制和鼓励投资的各项政策优惠与后门漏洞，逐步发展成为 70 年代泰国经济举足轻重的组成力量，并且以银行业为核心，建构起彼此交错的商业和家族网络。不过，由于该集团与军人集团和王室 - 保皇派有着千丝万缕的联系，而且老一辈政商都曾经历过威权时期的政治压制，因此该集团在政治方面相对保守，更倾向于通过游说和贿赂的方式影响政府决策，而不是直接参与政治主导权的争夺。

20 世纪 90 年代以来，该集团的政治态度开始逐渐变得积极。这一方面是因为新生代家族精英的参政意识要高于长辈；另一方面在于，该集团的经济基础——家族银行业、农产品加工业，以及其他劳动密集型和资源密集型传统产业面临"对外开放"政策的沉重压力，特别是在 1997 年亚洲金融危机中遭受重创后，更需要国家政策的扶持和庇护，以赢得家族产业转型和升级的宝贵时间。这也就是该集团在 2006 年以来的政治冲突中坚决抵制主张"对外开放"政策的新资本集团的原因。

城市中产阶级　随着 20 世纪 60 年代以来泰国经济的增长和城市化进程的加快，城市中产阶级逐渐形成与发展。作为新兴利益集团，城市中产阶级在政治方面有争取话语权的参政要求，对垄断政治权力的军人集团存在强烈不满。因此，左翼学生和知识分子在 1973 年掀起反对军人独裁的政治运动时，得到城市中产阶级的大力支持。随着 70 年代初左翼政治思潮的涌动，以及印支地区共产主义运动的发展，城市中产阶级在 1976 年的军事政变中，回归王室 - 保皇派和军人集团的保守阵营，成为遏制左翼学生运动的重要力量。

20 世纪 80 年代，随着社会经济的进一步发展，城市中产阶级的力量不断壮大。特别是在泰共衰落后，学生和知识分子逐渐放弃激进的革命要求，开始融入城市中产阶级，寻求渐进的政治改良途径。通信技术的发展和社会团体的形成，使得城市中产阶级拥有更有效的动员和组织能力，成为更具凝聚力的政治力量。1992年"五月流血"事件中，城市中产阶级积极介入军人集团与地方豪强集团的政治斗争，通过大规模的示威集会和流血冲突，迫使军人集团放弃重掌政权的企图，并放弃政治主导地位。

20世纪90年代以来，通过街头示威集会、传媒和学术舆论造势、社会团体游说等方式，城市中产阶级始终掌握着重要的政治话语权，从而有效固守"重城市，轻农村"的利己政策。2006年以来的泰国政治动荡中，以人民民主联盟（亦称"黄衫军"）为代表的城市中产阶级，坚定支持"反他信"阵营，甚至不惜在2008年诉诸街头暴力，采取攻占总理府和封锁国际机场的极端行动。其根源并不在于前总理他信有可能的贪污腐败行为或其执政作风的独断专行，而在于他信政府试图改变长期以来"重城市，轻农村"的政策导向，实行有利于农村发展的国家政策倾斜，从而影响到城市中产阶级的核心利益。

地方豪强集团 该集团的产生是泰国政治发展过程中传统与现代因素彼此交错的妥协结果。泰国现代行政体系的地方建构，止步于府和县，并未继续深入到乡和村。这就使得地方豪强能通过传统庇护制关系，长期把持村和乡的政治权力。在乡村社会被泰国政府"重城市，轻农村"的政策边缘化的过程中，他们形成了游离于政府的半自治体系。

从组织构成来看，地方豪强成分相当复杂，其中既有被称为"Chao Pho"（教父）的地方黑社会大佬，也有外府华商网络的地方富豪，还有通过承包政府工程牟取暴利的政治商人，以及地方职业社团的领袖人物。不过，他们在经济利益和社会认同方面具有一致性——前者表现为要求保持地方市场封闭以利于垄断，要求增加政府预算的外府拨款，特别是基建项目拨款以利于分肥；后者表现为强调乡村庇护制关系以巩固其社会地位——使得他们在政治方面拥有相似的意识倾向和政策要求，致力于对中央权力的垄断和财政预算的瓜分。

尽管地方豪强集团的参政方式是民主选举，但其形式上的现代性，难以掩饰其实质上的传统性。通过传统庇护制网络进行拉票和贿选，成为地方豪强集团赢得选举的关键手段。地方豪强集团对国会议席的垄断，使得泰国政党政治长期以来一直呈现"掮客政党"的特征，各政党不过是基于相互庇护的地方豪强之间的利益分配机制，根本不存在共同的政治理念或党纪约束。

地方豪强集团从 20 世纪 70 年代初开始崭露头角，并在 80 年代的"半民主"时期完成了对国会权力的渗透，成功跻身泰国政治权力结构的核心圈层，最终在 80 年代末迫使军人集团让出总理职位和组阁权力。随着军人集团的制衡不复存在，地方豪强集团缺乏政治责任感的缺陷暴露无遗。联合政府的脆弱、腐败与无能，成为 90 年代泰国政治的主旋律。

20 世纪 90 年代末以来，由于 1997 年宪法的制度约束和崛起的新资本集团的势力侵夺，地方豪强集团面临的生存压力不断增加，各中小政党相继被他信的泰爱泰党并吞。于是，在 2006 年的政治冲突中，该集团加入了"反他信"阵营，支持军人集团通过政变推翻他信政府。不过，由于缺乏政治认同，部分地方豪强在利益驱使下，开始寻求与他信派系的妥协与合作，试图在"反他信"与"挺他信"之争中谋取更大好处，从而使得泰国政局变得更为微妙和复杂。

新资本集团 该集团是 20 世纪 80 年代泰国经济转型的产物。得益于产业、融资、市场方面的优势，特别是泰国股市在 80 年代末到 90 年代初的爆炸式增长，新资本集团在短短十数年内完成了曼谷政商集团数十年的资本积累，从而拥有了雄厚的经济实力与社会资源，为其参政提供了保证。

对于新资本集团而言，技术开发引进以及金融市场筹资都不是难题，唯有市场规模才是制约其发展的关键所在。因此，对外开放拓展海外市场，对内改革启动农村市场，也就成为事关新资本集团根本利益的重要政策要求。但问题在于，前一项要求会影响曼谷政商集团利益，后一项要求会损害地方豪强集团利益，因此新资本集团的改革开放要求，很难得到倾向于保持现状的两大集团的认可。于是，以前总理他信·西那瓦组建泰爱泰党为标志，新资本集团改变了以往渐进的政治参与，掀起全面重组泰国政治权力结构的激进风暴，试图以政治主导者的身份，直接推动改革开放进程。

新资本集团通过"草根政策"赢得了草根群体特别是外府农民群体的拥护，同时凭借雄厚的政治资金，拉拢地方豪强集团的部分外围派系，从而在选票和国会议席方面占据主动。2001年选举中，初次参选的泰爱泰党成为泰国首个拥有众议院简单多数席位的政党，他信出任总理；2005年选举中，泰爱泰党横扫众议院3/4议席，使得他信不仅成为泰国首位通过民选实现连任的总理，而且组建了泰国首届"一党"内阁。

新资本集团掌握政治主导权后，采取激进的政治改革和体制重组，试图构建以他信为首的权力垄断体系，从而引起了各派力量的强烈不满。从2006年起，城市中产阶级、地方豪强集团、王室－保皇派、曼谷政商集团、军人集团先后加入"反他信"政治运动，并于9月19日通过军事政变推翻了他信政府。尽管新资本集团遭受重创，但他信派系却依然拥有雄厚的经济实力和政治资金，并得到农民群体的拥护。2007年与2011年泰国众议院选举中，他信派系都以明显优势赢得选举，并先后将他信代理沙玛、他信妹夫颂猜、他信幺妹英拉推上总理宝座，从而有力印证了新资本集团的政治与社会影响力。

二　社会治安

泰国民众崇尚佛教，民风淳朴，因此少见在公众场合吵架、打架、偷抢财物的现象。泰国南部地区由于存在马来穆斯林极端分离主义势力，因此"9·11"事件后，持续发生针对政府官员、教师、军警等人员及其家属的爆炸、枪击、抢劫等暴力事件，迄今已造成4000多人伤亡。此外，2006年以来，泰国"反他信"与"挺他信"政治冲突不断激化，甚至引发街头流血冲突，造成上百人伤亡。街头爆炸也偶有发生，但很少造成人员伤亡。2015年8月17日，曼谷四面佛景点发生了有史以来最严重的炸弹袭击事件，造成上百人伤亡，其中7名中国公民丧生。此事有可能对泰国旅游业造成严重冲击。不过，总体来看，泰国社会治安情况良好（见表6-6）。

表 6 - 6 2009 ~ 2014 年泰国刑事犯罪报案及破案基本情况

单位：起

年份	2009	2010	2011	2012	2013	2014
侵犯人身权利						
报案数	32671	29253	23993	25040	23944	23613
故意杀人	3703	3654	3176	3217	2927	2648
过失杀人	287	257	577	660	681	674
意外死亡	194	169	224	249	263	245
故意杀人未遂	5452	4852	4141	4331	4421	4112
攻击	18359	16066	12338	13152	12349	12966
强奸	4676	4255	3537	3431	3303	2968
破案数	18675	16805	12044	13649	15643	15307
故意杀人	1811	1765	1476	1742	1806	1634
过失杀人	209	197	332	449	509	483
意外死亡	154	135	151	177	192	177
故意杀人未遂	2694	2370	1850	2132	2734	2456
攻击	11223	9941	6694	7428	8157	8683
强奸	2584	2397	1541	1721	2245	1874
侵犯财产权利						
报案数	59497	56798	47285	49895	50245	46264
盗窃	50412	48790	41446	43294	43142	38966
抢夺	2446	2081	1618	1929	2256	2037
敲诈（非暴力）	14	14	11	8	13	16
勒索	222	198	167	191	151	153
抢劫	1415	1167	791	951	1182	919
团伙抢劫	579	471	285	383	345	371
收受赃物	165	203	142	180	198	200
故意破坏	4244	3874	2825	2959	2958	3602
破案数	25736	26840	20370	22082	24230	23190
盗窃	19945	21682	17023	18140	19664	18256
抢夺	1627	1385	988	1213	1449	1311
敲诈（非暴力）	9	9	8	2	7	9
勒索	131	119	85	111	93	101
抢劫	892	811	512	631	835	640
团伙抢劫	386	335	186	271	259	283
收受赃物	131	148	108	132	144	148
故意破坏	2615	2351	1460	1582	1779	2442

资料来源：泰国国家统计局。

三　非政府组织

泰国非政府组织的发展经历了三个阶段。第一阶段是 20 世纪 70 年代的兴起阶段。泰国的非政府组织最早以公益组织的形式出现，高校学生、学者和社会活动家是其主要组成力量，工作范围主要集中在社会福利领域。第二阶段是 80 年代中后期的探索阶段。非政府组织不仅在数量上出现大幅增长，活动能力也不断提升，其活动范围开始扩展到环境保护、妇女权利、农村建设、儿童教育等各个领域，其内部管理更加完善，对活动的开展也有了更加丰富的经验，而且还加强了与其他非政府组织之间的交流与合作。第三阶段是 20 世纪 90 年代以来的成长阶段。其活动范围已经拓展到社会各个方面，组织形式日趋多样化。与此同时，非政府组织也改善了与政府的关系，不仅加强了与政府在公共领域的合作，而且有部分非政府组织成员还担任了泰国政府的行政职务，甚至成为参议员，通过融入体制进一步加强了非政府组织的话语权。根据泰国内政部统计，目前泰国非政府组织数量已超过 2 万家，大致可分为协会、基金会、公益组织和外国非政府组织 4 种类型。

泰国政府对非政府组织的管理相对宽松，始终未采取实质性限制，对其活动也持默认态度，甚至在一定程度上给予支持。泰国法律对非政府组织有一定的限制和管理，但在确保国家安全不受威胁的前提下，通常持放任态度。例如，非政府府组织只要符合自身的目标，可以融资，并且在超过 180 万泰铢时才会被要求缴纳增值税款，在特定条件下还可以免税。总体来看，泰国的非政府组织是在政权比较稳固进而开放政治集会的背景中涌现的，其活动实现了国家与社会的相互增权，达到了社会团结的目的，从而展现出"温和国家－温和社会"的国家与非政府组织的良性互动。

第三节　医疗卫生

一　发展概述

素可泰时期以前，传统医药已经被泰国人民用于治疗常见病和一些慢性病。自拉玛五世创办泰国第一所医院以来，泰国已经全面确立了现代医学体系和制度。在此之前，泰国传统医学一直占统治地位。泰国传统医学是集佛教哲学思想、印度吠陀（Ayurveda）医学体系和中国医学体系为一体，信仰超自然、神秘术和占星术的医学体系，其基本思想更侧重于佛教哲学思想，即保持四元素（风、火、水、土）之间的平衡的理论。

泰国传统医学的发展分为三个时期。

第一个时期是素可泰时期（1238～1377）。当时，泰国已有泰医学、古代孟医学、印度医学及中国传统医学。据泰国兰甘亨石碑的记载，当时，素可泰建立了一个规模较大的药园，以提供治疗疾病所需的药材。

第二个时期是阿瑜陀耶时期（1350①～1767）。据文献记载，1659～1661年，由众多泰医集体编纂的泰国第一部本草处方集《纳耐处方集》问世，该书收集的处方均为植物、动物和矿物类药。1767年夏，在泰缅战争中，部分宫廷官员及大量俘虏被送到缅甸，其中包括泰国传统医生。古老的贝叶经和教科书被毁，只有23种药物的记载被保存下来。

第三个时期是曼谷王朝时期（自1782年起②）。拉玛一世执政期间出版了一些收载较多药物的本草著作，王宫中还建立了一个药房。拉玛二世在位期间，在王室的指导下，医学部门收集了更多的处方，用以补充泰缅战争中流失的泰医药文献，此举推动了泰医药的发展。1816年王室颁布了管理王室药物的法令。

拉玛三世曾命令将1000多个处方及对疾病的诊断和治疗方法刻在卧佛寺的大理石碑上，并将碑镶在寺中主要建筑物的墙上。同时，在佛寺院内种植了大量常用的药用植物（包括部分稀有药用植物）。这是泰国药用植物首次被移植的记录。

拉玛四世期间，随着泰国与西方交往的增加，一些西方医生进入泰国，其中，桑姆·罗纳德·亨斯医生将现代助产学引进了泰国，不过，泰国传统医学仍在民间发挥着重要的作用。

---

① 阿瑜陀耶时期与素可泰时期出现时间交叠是因为此时南北政权并存。
② 此时期与阿瑜陀耶时期出现间隔是因为两时期之间存在一个短命王朝。

1888 年，拉玛五世建立了泰国第一所西医医院，该院由现代医学和传统医学两部分组成。1895 年，泰国的第一套医学教科书出版，该书共分 3 册，既包括西医内容也有泰国传统医学的内容。1904 年，该套教科书再版并改为 4 册，再版后的教科书中泰国传统医学的内容实际上已被删除。此后，泰国相继出版了一系列有关泰医药方面的图书。

1929 年，泰国通过法律，将泰国医学分为现代医学和传统医学。传统医学医生系指那些根据其观察和经验及传统医学教科书进行医疗实践的行医者。第二次世界大战期间，由于现代药品的短缺，泰国政府鼓励医疗机构从本国的植物中提取药物，对泰药进行临床研究，使泰医学得到了保存并发展。

1936 年以来，泰国完善了现代医学体系。泰国建立了国有医院和大量的健康服务中心。现代医学的医生数量增加，现代药品使用增多，在城市地区几乎取代了传统医药。不过，传统医药在泰国农村仍然具有很强的生命力。现代药品和药物工业原料的进口需求上升，这在泰国贸易赤字中占有相当大的比例。1977 年，泰国政府认识到传统医学在初级卫生保健和治疗常见病方面具有西药不可取代的优势，因而将传统医药列为初级卫生保健的卫生资源之一，鼓励从传统药物中研究和开发现代药物、出口传统药物和在初级卫生保健中使用传统药物，随后宣布允许在国有健康服务中心使用传统药物。

二　民众健康状况

经过半个多世纪的发展，泰国人民的健康状况有了较大的改善。泰国人口的平均预期寿命从 1950～1955 年的 47.0 岁延长到 1995～2000 年的 68.8 岁。2013 年，男女平均预期寿命分别为 71.1 岁与 77.8 岁。泰国的婴儿死亡率从 1950～1955 年的 132‰下降至 2011 年的 6.6‰。2011 年，获得安全卫生设施服务的人口占总人口的 99.6%，获得安全饮用水的人口占总人口的 99.4%。以亚洲的标准判断，泰国的公共卫生水平相当高。死亡率的下降反映了泰国在与疟疾做斗争方面取得了巨大的成功，公共卫生体系的发展和改进在改善泰国人的健康状况方面也功不可没。

历史上，对泰国人威胁最大的几种疾病是急性传染性疾病、寄生虫疾病和营养不良类疾病。随着经济的发展和生活水平的提高，泰国人的疾病结构发生了变化。一些慢性和退化性疾病逐渐成为主要疾病。当今对泰国人健康威胁最大的疾病是艾滋病。自1984年泰国发现了第一例艾滋病病例后，艾滋病的患病人数不断增加。根据泰国的官方统计，1984～2010年，泰国先后有37.3万人感染了艾滋病病毒。通常认为，泰国艾滋病患者的人数要多于官方的统计数字。艾滋病已经对泰国社会构成了巨大的威胁。不过，从1990年开始，为了遏制艾滋病的肆虐，泰国政府提出了控制艾滋病传播的国家级发展计划。由于防治工作卓有成效，艾滋病感染率开始呈下降趋势。

泰国艾滋病预防工作分为两个阶段。20世纪90年代为第一阶段，重点在于改变人们加速艾滋病传播的行为和习惯。据调查，在1990年，泰国85%以上的艾滋病患者都是通过商业性性行为被传染的。因此，泰国卫生机构在艾滋病预防工作的第一阶段一直致力于减少成年男性光顾商业性性场所的人次和增加使用避孕套的比例。90年代中期之后，泰国艾滋病的感染状况发生了变化，艾滋病病毒携带者所进行的非商业性性行为所引起的传染占到了首位。自此，泰国艾滋病预防工作进入了第二个阶段。泰国卫生机构提出了新的家庭和社区防治计划，即由政府牵头，发动民间组织、宗教团体乃至艾滋病患者本人，建立一个深入到每个村镇的体系，通过照顾、治疗艾滋病病毒携带者，并给他们提供教育和就业机会，使其回归社会，控制病毒的再度传播。泰国在北部的清莱府引入这种体系后，新感染艾滋病病毒者的数量从1998年的1903人下降到了2001年7月底的901人，死亡人数由614人降至157人。泰国的艾滋病防治成就受到了联合国人口基金和世界卫生组织的高度评价，泰国公共卫生部还因此获得了联合国颁发的奖章。2010年，泰国新增艾滋病患者已降至5058人，每10万人中死于艾滋病的人数也降至5.71人。

近年来，由于泰国人缺少锻炼和不正确的食品消费行为，癌症、高血压、心脏病的发病率呈明显上升趋势，已成为泰国人的三大"杀手"。2006～2013年，泰国每10万人中死于恶性肿瘤、高血压与脑血管疾病、心脏病的人数分别从83.14人、24.41人、28.38人增加到104.75人、43.96人、38.06人（见表6－7）。这三种疾病排在泰国死亡原因榜的第一、第三和第四位。排名第二的是意外事故与中毒，2013年每10万人中有50.18人死于意外事故与中毒。

表6－7　2008～2013年泰国每10万人中死亡人数及主要死因

单位：人

年份	2008	2009	2010	2011	2012	2013
死亡总数	628.53	620.77	645.73	646.10	645.97	659.30
心脏病	29.77	28.96	28.88	31.36	32.98	38.06
意外事故和中毒	55.13	55.63	51.59	52.77	51.61	50.18
恶性肿瘤	87.64	88.34	91.17	95.17	98.45	104.75
高血压与脑血管疾病	24.67	24.66	31.42	35.75	37.43	43.96
自杀、他杀及其他伤害	10.97	10.47	11.09	10.62	10.83	10.81
肝脏与胰腺疾病	13.82	13.49	13.80	14.04	14.64	16.63
肺炎及其他肺部疾病	23.00	22.92	25.70	26.31	26.10	33.54
肾炎及并发症	22.52	20.79	21.61	22.99	22.87	23.46
肺结核	7.63	7.20	7.01	7.45	8.33	8.50
艾滋病	7.41	6.38	5.71	5.86	6.28	8.79
其他	345.97	341.93	357.75	343.78	336.45	320.62

资料来源：泰国国家统计局。

此外，药物滥用与环境污染对泰国民众的身体健康也产生了很大危害。泰国虽然有管理麻醉品的相关法律，并在麻醉品管理方面做出了很大的努力，但滥用麻醉品的趋势并未得到有效控制。广泛流行的麻醉品有安非他命、大麻、吸入用的海洛因等。由于泰国紧邻金三角，走私麻醉品活动十分猖獗。泰国北部边境地区是麻醉品走私的主要出入地。近年来，泰国破获的毒品案件中，涉及"疯药"（安非他命片）的占到79%，而在戒毒所内接受治疗的青少年中，"疯药"上瘾的占到47%。随着毒品的不断流入，泰国深受其害，吸毒人员占到全国总人口的5%以上，严重上瘾者超过70万人。环境污染则是导致过敏、呼吸道疾病、癌症，以及与空气内有毒物质相关的疾病的重要因素。2011 年，泰国环境部污染控制厅对主要河流质量的监测报告显示，全国 39% 的河流存在水质问题，泰国最重要的河流湄南河的水质更是严重恶化。

三　医疗保健制度

（一）医疗人力资源

泰国医疗人力资源主要分为医生、牙医、药剂师和护士。长期以来，泰国一直面临医疗人员短缺的难题，再加上多数的医疗人员都集中在曼谷及中部地区，使得边远地区的医疗人员短缺现象更为严重。2011 年，泰国共有医生 2.2 万名、牙医 0.48 万名、药剂师 0.9 万名、护士 12.07 万名。其中，多数医疗人力资源配置在公立医院。不过，从 20 世纪 90 年代以来，随着私立医院的快速发展，医疗人力资源从公立医院向私立医院的流动速度也在进一步加快，而且兼职现象相当普遍。目前，私立医院医疗人力资源所占比重，已从 20 世纪 70 年代的不到 10%，增加到近 30%。

（二）医疗体制及设施

泰国政府在医疗领域占据主导地位，泰国现有公立医院 1000 多所，这些公立医院拥有床位 11 万张。泰国公立医疗机构均由卫生部全权负责，实行人员、经费和资产的垂直管理，而私立医疗机构也要接受卫生部的监察与管理。卫生部成立于 1990 年，主要职责包括规划全国医疗卫生发展战略，对地方医疗服务进行宏观调控、监督和技术指导，制定相关法律法规，以及进行财政补贴分配。地方的医疗管理是以府为单位进行的，每个府均设有卫生局，并由卫生部常务秘书办公室任命的医疗服务官负责执行卫生部的决定，管理辖区内的公立医疗机构。

泰国的公共医疗机构分为四级。农村的志愿医疗服务人员是最基础的一级，全国共有志愿人员约 7 万人。医疗志愿者的工作是实行防疫、提供急救、发布卫生和营养信息、做出临时诊断等。第二级是医疗服务中心。泰国现有近万个医疗中心，其中约 1700 个是大型医疗中心。医疗中心配备护士和助产士，经费部分来自政府预算，70% 来自病人的缴费。虽然大多数医疗中心分布在中部地区，但是地区之间的差距在逐渐缩小，而且穷人可以在医疗中心享受免费服务。第三级是社区医院，泰国现有 700 多所社区医院，各医院有 10～60 张床位，少数医院的床位超过 90 张。社区医院的从业者为 2～5 名。与医疗中心一样，社区医院也要收取费用，穷人仍然可以享受一定的优惠服务。第四级是地区医院和府级医院，泰国有 25 所地区医院和 76 所府级医院，分别有床位 500～1000 张。中央政府负责 60% 的成本开支，其余 40% 的开支医院通过收费服务解决。各级医院引进了价格竞争机制，自行决定收费标准。药物销售是医院经费的一个重要来源，占泰国整个医疗经费的 35%。药物消费的年增长率平均为 23%。

20 世纪 90 年代以来，随着医疗市场自由化程度的不断加深，私立医疗机构的地位也在提高。泰国现有私立医院 300 多家，拥有床位 3.3 万张，占到全国总床位数的 23%。不过，泰国私立医院半数在曼谷地区，而且几乎全部都在城市地区，但泰国半数以上人口居住在农村，因此泰国私立医院的蓬勃发展，对改善泰国民众的整体医疗条件而言，作用相对有限。

（三）医疗保健开支

20 世纪 80～90 年代，随着泰国经济的高速增长，国民医疗卫生开支也有显著提高，从 1980 年的 253.15 亿泰铢增加到 1998 年的 2835.76 亿泰铢。同期人均医疗开支从 545 泰铢增至 4663 泰铢，实际年增长 9.1%，增长率远高于一些发达国家，也高于人均 GDP 增长率。不过，快速增长的医疗开支主要来自病人和家庭的自费支出。1980 年，家庭医疗开支占整个医疗开支的 68.6%，1989 年这一占比升到 80.1%，然后逐渐下降到 1997 年的 62.1%，1998 年再次升到 65.2%。公共财政在国民医疗卫生支出方面只起了很小的作用。1990～1998 年，泰国的医疗卫生支出占 GDP 的 6.0%，其中公共医疗卫生支出占 GDP 的 1.9%，个人医疗卫生支出占 GDP 的 4.1%。

1997 年金融危机后，国民医疗卫生支出有所下降。不过，2001 年他信政府上台后，开始推动全民医疗保障计划，因此政府医疗卫生支出的总额和预算比重都有大幅提高，政府医疗卫生支出逐渐成为国民医疗卫生支出的主体。2014 年，泰国公共医疗卫生支出 2644.7 亿泰铢（约合 81.4

亿美元），占财政总开支的 11.1％，占 GDP 的 2.17％。

　　泰国虽然在医疗保障方面取得了很大的成绩，但是也存在一些问题。首先是卫生资源分配不平等。尽管床位/人口的比例和专业人士/人口的比例正在改善，但曼谷和其他地区尤其是和东北部地区的差别仍然非常突出。2011 年，曼谷的床位/人口的比例是 1∶266，医生/人口的比例是 1∶1052，牙医/人口的比例是 1∶7865，药剂师/人口的比例是 1∶3871，护士/人口的比例是 1∶282；而全国的平均比例分别是 1∶475、1∶2893、1∶13252、1∶7072 和 1∶531；东北部地区比例则分别是 1∶704、1∶4947、1∶18940、1∶10735 和 1∶766。

　　其次是医疗保障覆盖面过窄。2002 年以前，泰国曾先后实行过多种社会医疗保障制度，其中主要包括：①公务员医疗保险，主要面向政府雇员及其家属，由政府财政进行补贴，人均约 2100 泰铢，覆盖面约占总人口的 7％；②企业职工的强制性社会保险，主要面向企业的正式职工，保费为工资收入的 4.5％，由企业、职工和政府各承担 1/3，覆盖面约为总人口的 11％；③自愿性健康卡制度，是面向所有家庭的自愿性医疗保险制度，实施办法是家庭可自愿购买健康卡，每卡售价 500 泰铢，而后购卡家庭的任何成员均可持卡到定点的政府医疗机构免费就诊或住院，但由于就诊或住院的次数与服务项目都有严格的限定，因此购卡者多为高危人群，该健康卡制度难以推广，覆盖面约为总人口的 10％；④社会救助制度，按规定凡是收入在低保线以下者、60 岁以上的老人、12 岁以下的儿童、残疾人、退伍军人都可以申请免费医疗，但由于政府的财政补贴相当有限，一般仅为人均 300 泰铢左右，因此实际保障程度较低。这些社会医疗保障制度不仅在保障能力方面存在较大差异，而且覆盖面都相当有限，使得直到 2000 年仍有约 30％的民众得不到任何形式的医疗保障，致使民众因病致贫的情况时有发生，引起不少社会矛盾和问题。

　　针对社会医疗保障体系存在的问题，泰国政府于 2002 年颁布了《全民健康保险法》，并开始在全国推行名为"三十铢治百病"的全民医疗保险计划。该计划面向除国家公务员和企业正式职工之外的所有泰国公民，覆盖面约为总人口的 80％，2002 年的人均补贴约为 1200 泰铢（约合 30

美元）。公民只需前往指定的社区卫生中心登记，并领取保险卡，即成为保险计划的受益人。受益人每次就诊时只需缴纳 30 泰铢（约合 6 元人民币），而且月收入低于 2800 泰铢（约合 70 美元）的公民还可申请免缴，即可得到以下服务：①预防保健服务和健康促进服务，包括健康体检、计划免疫、计划生育、妇女和儿童保健、艾滋病及口腔疾病预防等；②门诊和住院服务，包括医学检查、治疗和医学康复，以及《国家基本用药目录》规定的药品和医疗用品；③不多于 2 次的分娩；④正常住院食宿；⑤常见口腔疾病的治疗；等等。不过，住院超过 15 天的精神疾病治疗、戒毒治疗和康复、不孕症的辅助生殖和人工授精、美容手术、器官移植、实验研究性治疗、肾透析治疗等项目，并不包括在保险计划之内。

为有效落实"三十铢治百病计划"，泰国政府特别成立了以卫生部长为首的国家卫生委员会，负责相关政策的制定，并设立了国家健康保障办公室，负责管理和分配由财政划拨的"三十铢计划基金"。此外，泰国政府还在各府成立了地方"卫生委员会"，具体负责与政府及私立的医疗机构的合同签订事宜，通过市场竞争的方式确保受益人能够得到最好的医疗服务。

2006 年以来，尽管泰国政局动荡，"反他信"阵营对他信政府的"草根政策"深感不满，并中止了多项他信执政期间的"草根政策"，但却并未影响到"三十铢治百病"的医疗计划。2011 年他信幺妹英拉执政后，进一步加大了对全民医疗服务的支持力度，并取得了明显成效。2014 年政变后，巴育政府明确表示将继续加强全民医疗服务，以提高国民满意度和幸福感。

第七章

文　化

第一节　教育

一　教育简史

公元 1283 年素可泰王朝兰甘亨国王创立了泰国文字，但 19 世纪以前，泰国并没有形成正规的教育体系，更谈不上培养教师的专门学校了。19 世纪初，美国和英国的传教士把欧洲的教育体制引入了泰国，特别是王宫。当时的泰国国王拉玛五世朱拉隆功将僧侣教育与西方教育相融合。他命令自己同父异母的兄弟丹隆亲王设计了一种新教育体系，并引入了西方的教师制度。直到 1921 年拉玛五世颁布了强制教育法，泰国才有了现代意义上的教育制度。

从教育史来看，泰国的教育发展分四个时期：19 世纪以前的旧式教育时期、19 世纪初期近代教育的开创时期、19 世纪中期教育的振兴时期、20 世纪至今的改革发展时期。

19 世纪以前的旧式教育时期　这个时期的教育与佛教的关系十分密切，教育活动主要是在寺庙中进行的。教育形式是僧侣给男孩子传授经文和语言文字，寺庙就是学校，僧侣就是教师。

19 世纪初期近代教育的开创时期　19 世纪初外国传教士进入泰国，他们在泰国一边传播基督教，一边开办学校。传教士设立了男子学校和女子学校，创办了报纸，发展了印刷业。这个时期泰国诞生了近代意义上的学校。

19世纪中期教育的振兴时期　当时曼谷王朝的国王拉玛五世特别重视教育。1871年，拉玛五世学习西方教育制度，在王宫建立了泰国第一所具有现代意义的学校。该学校的学生都是贵族子弟，主要课程是泰语、算术和官方法规。学校的目标是培养政府官员。这个时期，泰国各地都开始兴建学校。高等学校也是在这个时期建立起来的，如1917年初创建的泰国第一所大学——朱拉隆功大学，该大学至今仍然是泰国最好和最著名的大学。

20世纪至今的改革发展时期　1932年政变以后，新宪法规定只有识字的人才能够参加政治选举，这对泰国的教育是一个很大的促进。这个时期，政府努力发展初级和中级教育，曼谷地区和少数几个省城的私立学校则是进行中级教育的主要机构。然而这个时期的教育并没有取得很大的成效，当时只有曼谷的少数精英受过一定教育。二战以后美国开始对泰国的教育制度施加影响。到20世纪80年代中期，受益于美国政府的教育援助计划，约有10万名泰国学生留学美国。泰国政府通过发展教育，不仅加快了社会发展的步伐，同时也维护了国家的政治稳定。

进入20世纪以后，泰国将教育作为国家建设的重要支柱，在政府的鼓励下，泰国的教育制度开始逐渐完善，教育设施更加齐备。为了促进教育的发展，泰国开始制订教育五年计划。20世纪50~60年代，泰国因经济发展急需大量的人才，但是旧的教育体制不能适应经济发展的需要。为了保障国民经济的需求，1960年泰国颁布了第一个教育发展五年计划，强调培养技术人才。泰国的每一个教育发展五年计划都有明确的目标。例如，第一个五年计划重点是发展中等职业教育；第二个五年计划重点是建立开放大学，着重解决大批高中生无法进入大学的问题；第五个教育发展计划重点在促进高等教育的发展。通过实施教育发展计划，教育部门培养了大批经济人才，为泰国的经济起飞提供了宝贵的人力资源，同时泰国在科学技术方面也取得了可喜的成就。

正是因为泰国强调教育的作用，泰国的总体教育水平较高。20世纪

60 年代，只有 400 万泰国儿童在公立学校注册，但是到 80 年代后期，有近 80% 年龄在 11 岁以上的人口接受了正规教育。1983 年，估计有 99.4% 的年龄在 7～12 岁的儿童入学。80 年代中期，泰国的成人识字率在 85.5% 以上。1984 年，泰国规定每年的 9 月 8 日为识字日，以减少文盲人口数量。但是，泰国的经济和社会发展并不平衡，在一些边远的地区和少数民族山区，文化教育仍然落后于国家教育的整体发展水平。为了解决这个问题，政府采取了一系列措施，如派遣志愿人员到边远地区开展扫盲活动，在全国建立图书捐献中心，把募集到的图书赠送给贫困地区。经过长期不懈的努力，扫盲工作取得了很大的成效。泰国 15 岁以上人口的识字率从 1970 年的 78.6% 提高到 1999 年的 93.8%，以及 2010 年的 96.7%。目前，泰国所有年龄为 7～14 岁的儿童都必须上学。泰国识字率提高和学生入学率提高的重要原因是政府对教育的重视、教育投资不断增加，以及外国的教育援助。

表 7－1 为 2010 年泰国公民受教育的情况。

表 7－1　2010 年泰国公民受教育情况

单位：人

年龄段	全部	3～5	6～11	12～14	15～17	18～21	22～24	25～29	30～34
总人口	63822305	2388902	5059651	3077870	2898699	3964624	2728770	5092611	5394912
文盲	3535929	1637808	121397	8994	24476	108069	96988	199418	150427
小学以下	2034217	750468	1242039	122	545	1156	1192	3115	3384
小学教育	31326486	—	3694726	1729754	243739	498926	452425	1011243	1781666
初中教育	9269406	—	4	1334462	1726030	859276	606888	1062058	964406
高中教育	5778205	—	15	660187	1094971	424349	795684	694445
中专教育	2024103	—	—	222801	390797	147780	258708	225768
大专教育	1952406	—	1	1678	226987	189953	392845	367378
大学教育	7063103	—	5	2978	709810	747225	1240926	1098689
宗教教育	125743	—	57	2850	5242	5961	4621	8145	9109
其他教育	21438	—	—	150	345	1673	1276	2411	2344
教育水平不明	672756	592	1412	1470	10493	66046	55337	116979	95912
情况不明	18505	34	16	47	185	952	736	1079	1384

续表

年龄段	35～39	40～44	45～49	50～54	55～59	60～64	65～69	70以上
总人口	5614850	5672021	5266073	4588030	3567083	2765392	1933367	3809450
文盲	104059	71957	116630	136326	112813	101682	93245	451639
小学以下	3478	4643	5031	4699	3843	3190	2382	4931
小学教育	2678880	3290265	3305386	3165963	2727724	2187861	1548655	3009273
初中教育	861122	647368	456331	321066	177804	126246	60196	66149
高中教育	607375	548803	350621	222340	121832	94985	80185	82413
中专教育	178321	181986	190847	114995	54293	28567	14419	14822
大专教育	233530	176318	166050	88334	46964	25852	17036	19483
大学教育	85939	675436	614529	486611	287380	162277	89044	88255
宗教教育	10054	10275	10205	9975	8266	7678	7180	26126
其他教育	2160	2201	1982	2014	1569	1128	712	1474
教育水平不明	74319	61427	46867	33892	22993	24568	19373	41077
情况不明	1613	1342	1594	1815	1602	1358	940	3808

资料来源：泰国国家统计局。

根据"2002～2016 年国家教育规划"，目前的泰国教育工作主要包括 3 项政策目标和 11 项实施方针。第一，多方面的、均衡的人类发展目标。方针包括：为所有人提供学习机会；有益于学习者的教学改革；培养和增强道德品质；提高科学技术。第二，构建道德、智慧和好学的社会目标。方针包括：促进学习型社会的发展以培养民众的学识、品行和道德；加强对提高泰国社会和国民素质的研究；促进知识与技术的发现、实践和传播。第三，改善社会环境目标。方针包括：增加对社会和文化建设的资本投资；减少和消除妨碍社会正义的结构性问题；重视对教育方法的研究；系统性地加强对教育、宗教、艺术和文化的资源储备和投资。

当前，泰国教育进入了一个新时期。在全球化浪潮中，人才成为各国在竞争中制胜的关键。因此，泰国将人才的培养作为教育的主要原则和目标，提倡终身教育及全社会参与办教育，发展继续教育，确定教育质量标准，提高教师的专业水平，使教育资源平衡流动。具体而言，泰国教育是希望学生在智慧发展、精神发展、身体发展和社会发展这四个方面达到平衡与和谐。在智慧方面，受过教育者应该具有认识因果关系的能力，有一定的技能，可以了解和欣赏泰国民族文化。在精神发展方面，受过教育者应该自律、自谦，具有工作和生活必需的专注和坚韧精神。在身体发展方面，受过教育的人应该体魄强健。在社会发展方面，受过教育的人应该具有社会交往的能力，认同泰国民族，保护泰国文化，尊重别人的权利与自由，承担相应的社会责任等。

二　管理机构与经费

管理机构　泰国政府对教育行政管理实行的是"中央—教育行政服务区—教育机构（学校）"三级管理体系。以往泰国教育的中央级管理是由教育部、大学部、国家教育委员会三个部门分别负责的，但在 2002 年，根据《国家教育法》（1999）和《机构改革法》（2002）的有关规定，大学部和国家教育委员会并入了教育部，结束了长期以来教育行政的重复管理，转而由教育部统一负责全国的教育工作。根据 2003 年《教育部行政组织法》的规定，目前泰国教育部的下设机构包括部长办公室，以及 5 个常设行政部门：常务秘书办公室，负责开展国际合作，提供法律咨询，维护教职人员权益等；教育委员会办公室，负责制定教育发展计划，评估教育管理质量，草拟教育立法，制定教育衡量指标等；基础教育委员会办公室；职业教育委员会办公室；高等教育委员会办公室。

教育经费　20 世纪 90 年代中期以来，泰国的教育经费一直占国民预算的 20% 以上，居国家预算的首位。2014 年泰国教育支出 5363.8 亿泰铢（约合 165 亿美元），占国家财政支出的 22.6%，占国内生产总值的 4.41%。通常情况下，在泰国公共教育日常经费方面，各类学校所占比例情况如下：基础教育占 70%，高等教育占 15%，其他占 15%。

泰国的教育资金来源有两类：一类是政府拨款兴办公立学校，一类是私人或社会团体依照民主学校法规捐款创办民办学校。2013 年，泰国共有民办学校 4001 所，其中普通学校 3543 所，职业学校 458 所。

泰国高等教育的经费主要来自政府的财政拨款。泰国公立大学主要由政府拨款。泰国的一些著名大学，如朱拉隆功大学、清迈大学、玛希隆大学每年都得到政府的大量拨款。

三 教育制度

泰国教育分普通教育、职业教育和成人教育三大类。普通教育又分学前幼儿教育、初等教育（分初小和高小）、中等教育（分初中和高中）、高等教育 4 个阶段。泰国人一般要接受 12 年的基本教育，分别是 6 年初等教育、3 年初中教育、3 年高中教育。

（一）初等教育

泰国政府十分重视教育事业，特别重视初等教育的普及。初等教育是强制性的义务教育。政府希望适龄儿童都能接受初等教育，即所有年满 6 岁的儿童都必须接受普通教育至 11 岁。小学毕业后，学生可以进入中学接受普通教育，也可以进入职业中学接受职业教育。泰国政府在普及初等教育方面做得比较成功。2013 年，泰国有小学 3.1 万所，适龄儿童小学入学率已基本达到 100%，在校生有 490.5 万人，其中 79% 就读公立学校，21% 就读私立学校。

泰国小学教育的课程包括 8 个方面：泰文、数学、科学、社会科学、健康与体育、艺术与音乐、技术、外语。初等教育总的教学时间为 6 个学年，每学年上课时间不少于 40 周，每周上课时间至少为 25 小时或 75 节课，每节课的教学时间为 20 分钟。每学年的学习时间不少于 200 天。5 ~ 6 年级还要增加 200 小时的兴趣体验课程。

泰国在初等教育方面还进行了实验性的改革。1999 年，泰国修改了教育法，以法律形式认可家庭也可以作为一种教育机制。教育部进行了由家庭来承担教育孩子责任的"家庭学校"制度的教育改革实验。只要家长提出申请，并通过对家长教育理念、家庭教育环境的考察，就可以开办家庭学校，课程由家长设置。学生完成了小学、初中、高中的学习，就可以视为毕业。但目前对学历的认同还存在分歧。

（二）中等教育

泰国中等教育是非强制性的义务教育。泰国从事中等教育的学校有两类：一类是普通中学，另一类是职业技术学校。泰国中学的分布不很合理，它们大多分布在曼谷和其他的大城市中。为了解决学校分布不合理的问题，泰国政府鼓励私人和民间团体集资办学。2011 年，泰国初中和高中的入学率分别约为 98.6% 和 71.6%。2013 年，泰国全国的初中在校生为 239.1 万人，其中 87% 就读公立学校，13% 就读私立学校；高中在校生为 214.4 万人，其中 81% 就读公立学校，19% 就读私立学校。

泰国中等教育课程分为 3 个部分：必修课、选修课和活动课程。初中和高中的课程都采用学分制。初中课程中必修课占 57 个学分，其中核心必修课（包括泰语、理科、数学、社会、健康与体育等）占 39 个学分，可选必修课（包括社会、健康与体育、职业教育等）占 18 学分。选修课占 33 个学分，选修课有外语、理科课程、社会课程、品德课程、工业与职业等课程。活动课程占 15 个学分，主要包括童子军、红十字会、女童指导、宗教等活动。初中课程需要 3 年 6 个学期。每学年分 2 个学期，每学期 20 周。每周教学时间不少于 5 天，每天 7 节课，每节课 50 分钟。泰国中等教育除了教授知识和理论以外，还注重基本技能、生活经验、道德教育和劳动教育等 4 个方面的教育。

泰国高中教育课程也分为必修课、选修课和活动课程 3 个部分。高中课程中必修课占 30 个学分，其中核心必修课占 15 个学分（包括泰语 6 个学分、社会 6 个学分、健康与体育 3 个学分），可选必修课占 15 个学分（包括健康与体育 3 个学分、理科 6 个学分、职业教育 6 个学分）。选修课程占 45 个学分，选修课程包括以下 5 个方面：语言、社会、品行、理科与数学、职业教育。活动课程占 9 个学分，内容与初中相同。教学时间与初中也大体一致。

每年都有大量的中学生在毕业后直接进入劳动力市场。为了使他们获得谋生的技能，泰国中等教育重视学生的职业训练，开设了许多职业训练课程，如农艺、电器修理、建筑工艺、缝纫、打字、理发、修理汽车等课程。训练时间为 300 学时，职业教育课程占教学计划时间的 20%。

泰国公立大学的入学竞争相当激烈。为了取得好成绩，许多学生从高一就开始请家教补习功课。按泰国目前的高考制度，学生高考时如果总分未达录取线，可以保留某门较好的成绩，下年度再考时此门可以免考，该门成绩可连续保留3年。其他科目再考的成绩如果还不如去年，主考部门允许以该门去年的成绩为准。这样，反复参加高考的学生就可以逐年减少科目，集中精力攻少数科目。这对需要全面复习的应届高中毕业生不利。不过，应届高中生也有优势。自1999年开始，高中3年中的各科最佳成绩可以累计以10%～20%的比例计入高考成绩。

泰国目前的高考是全国统考，文、理科均需考5门课程，但有一定的选择余地。可供选择的课程有数学及其他外语。填报志愿时，考生可以根据考试成绩选报4个志愿。

泰国大学没有保送制度，但对特长生可以放宽录取标准。所谓特长生仅指有体育特长并在重大比赛中取得优异成绩的学生。

（三）高等教育

泰国的高等教育比较发达。泰国的高等教育机构分为公立和私立两类。2013年泰国已有92所公立高等院校和72所私立高等院校，且高等院校数量呈逐年增长态势。

泰国高等教育学制为4年，其教育制度比较接近美国的教育体制。2013年，泰国高等教育在校生为218.7万，其中84%就读公立高等院校，16%就读私立高等院校。

泰国高等教育的功能分层特别清楚：大学的教育是国际性的，目的是进行特种教育，促进国家的全面发展；学院进行的教育是地方性的，目的是促进地方的发展；高等职业技术学校的教育是社区性的，目的是促进社区的发展。

泰国政府将公立高等院校作为贯彻高等教育政策和战略的基本机构，并投入了大量的科研经费。尽管如此，泰国私立大学的作用也逐渐在加强。1969年以前，泰国的高等教育完全为政府所垄断。随着经济的发展，政府放开了教育市场，1969年泰国颁布实行了《私立大学法》，私立高校获得了较大的发展。在政策上，泰国私立大学也获得了较大的扶持。1995年，政府根据《私立教育投资援助计划》，为私立高校设立了400多亿泰铢的发展基金和奖学金贷款。泰国政府还允许私立大学每年在全国统考之前自办入学考试，提前招生。泰国私立大学在高等教育中的比重还在继续增加。

泰国的开放大学也颇具特色。泰国有两所开放大学：一所是建于1979年的素可泰大学，另一所是建于1971年的号称是世界最大的兰甘亨开放大学。开放大学可授予学士和硕士学位。泰国开放大学入学自由，凡有高中文凭及相应学历的泰国国民，不论其年龄、性别、身体状况，都可以注册入学，在8年内任何时候只要修满学分，便可获得学位，8年内不能毕业者还可以重新注册。开放大学的学费低廉，授课灵活，为大量贫寒子弟提供了受教育机会。国家甚至王室对开放大学，特别是兰甘亨开放大学采取支持的态度，社会也不歧视开放大学的文凭。

泰国的主要大学都集中在曼谷，各个府也有自己的大学，但学生人数较少。以下为泰国的主要大学。

朱拉隆功大学 泰国的第一所高等学府，位于首都曼谷，建立于1917年，是世界知名大学。朱拉隆功大学现有18个系及一些学院和科研所，设有健康学、科学技术、社会学及人文学等342个专业，其中有26个授予学士学位的专业、159个授予硕士学位的专业、57个授予博士学位的专业。朱拉隆功大学本科教学的实力雄厚，该大学近年来把学校教学发展的重心落在了对研究生的培养上。学校馆藏图书18万册。

泰国国立法政大学 位于曼谷，始创于1933年，是泰国历史最悠久的大学之一。1934年，法政大学只是法学与政治学方面的一所开放大学，1952年才正式成为泰国国立法政大学。1960年，法政大学结束开放大学的历史，成为要求严格并必须通过考试入学的一所正规大学。1962年，法政大学建立了泰国的第一个文科系。现今，法政大学已成为主要从事法学、社会科学、人文科学的教学和研究的著名大学。法政大学现有21个系、6个学院、7个研究中心。法政大学教学用语为泰语，馆藏图书40多万册。

国立玛希隆大学 是一所具有百年历史的高等学校，前身是诗里拉皇家医学院，是泰国第一所高等医科院校，由拉玛五世朱拉隆功创办于1889年。玛希隆大学于1943年正式成为医科大学。1969年，泰国国王普密蓬陛下为了纪念其父王——被誉为泰国现代医学之父的玛希隆王子对泰国现代医学卫生事业做出的卓越贡献，颁布王室诏令，将医科大学改名为"玛希隆大学"。

玛希隆大学是以医学为主的综合性、多学科、国际性知名大学。学校设有3个附属医院、14个系、7个研究所、6个学院，以及多个国际学术研究中心。该校授予3个专业高等进修结业证书、10个专业学士学位、51个专业硕士学位和28个专业博士学位，并全部采用英文授课。此外，除医学及与医学相关的专业外，该校还设有自然科学、工程学、社会科学、人文学和管理科学等专业。

玛希隆大学和世界上30多个国家的近200所大学建立了校际友好合作交流关系，与世界卫生组织及下属的9个合作中心、联合国教科文组织、联合国粮农组织、联合国开发计划署、世界银行、亚洲开发银行及世界贸易组织等国际性机构有着紧密的联系，并得到了美国洛克菲勒基金的有力支持，使学校的学术成就在国际上得到广泛的认可。

亚洲理工学院 位于曼谷北42千米，占地160公顷。亚洲理工学院始创于1959年，1967年11月开始正式使用目前的学院名称。亚洲理工学院是一个独立的国际性研究学院，大部分学生来自亚洲地区，教学用语为英语，藏书超过13万册。

亚洲理工学院是由4个学院构成的：高新技术学院、土木工程学院、环境资源学院和管理学院。每个学院都具有授予博士学位、硕士学位、毕业证书以及专业证书的资格。学院共有33个国际专业课程，如工程投资管理、国际金融与管理、国际市场营销学、国际管理、战略与商务发展、农业工程、农业系统、水产养殖与水产资源管理、能源经济与计划、电力系统管理、能源工程、生物加工技术、采摘后食品加工工程、纸浆与造纸技术、性别与发展研究、自然资源管理、地区与农村的发展计划、水与废水处理工程、环境工程管理、城市环境管理、环境毒理工程与管理，其中重点专业是设在技术学校的计算机科学与信息管理、工业系统工程、电信工程、空间技术应用与研究、微电子学等。

亚洲理工学院一直得到多方的国际捐助，如亚洲开发银行、欧盟等国际组织，以及美国、日本、法国、瑞士、丹麦、德国、荷兰、挪威、芬兰、瑞典等国政府的支持，并与世界上很多国家的著名大学建立了校际合作关系。

农业大学　位于首都曼谷，建于 1943 年。该大学为国立大学，教学语言为泰语和英语，藏书 12 万多册。该大学设有 11 所学院及食物研究与产品发展研究所、玉米高粱研究中心等研究机构。

艺术大学　位于首都曼谷，建于 1943 年。该大学为国立艺术大学，教学语言为泰语，有绘画和雕刻学院等 7 个学院和 1 所研究生院。

诗纳卡琳威洛大学　位于首都曼谷，建于 1954 年。该大学为国立师范大学，教学用语为泰语，藏书 16 万多册，设 7 个学院及研究生院。

清迈大学　位于清迈市，建于 1964 年。该大学为国立综合大学，教学语言为英语和泰语，设有人文科学院等 11 个学院，有近百个专业。

孔敬大学　位于东北部孔敬府，建于 1964 年。该大学为国立综合大学，教学语言为泰语，藏书 21 万多册，设有 10 余所学院。

宋卡亲王大学　位于合艾市和北大年市，建于 1964 年。该大学为国立综合大学，教学语言为泰语。合艾校区设有工学院、理学院、管理学院、医学院、自然资源学院、药学院、护理学院、牙科学院；北大年校区设有教育学院、人文和社会科学学院、研究生院。

国家管理发展学院　位于首都曼谷，建于 1966 年。该学院为国立大学研究生院，教学语言为泰语、英语，藏书 11 万多册，设有工商管理研究生院、公共管理学研究生院等学院。

蒙固国王理工学院　位于首都曼谷，建于 1971 年，教学语言为泰语，设有工程学院、理科学院、工业技术学院等学院。

（四）成人教育

成人教育又被称为非正规教育。泰国成人教育是教育系统的组成部分，它为泰国人民特别是为那些早年没有受过正规教育的人提供终身学习的机会。随着泰国经济的发展，正规教育已经不能满足人民接受教育的要求。为了适应高技术工业发展的需要，政府鼓励和支持正规教育之外的成人教育。泰国的成人教育分为基础教育、成人职业教育和广播电视教育。

基础教育　分为扫盲教育、扫盲后继续教育。泰国文盲约占人口的10%左右。泰国1970年开始实行《识字纲要》，所有不识字的成年人都必须参加扫盲班。

泰国成人教育从扫盲教育入手，教育部、卫生部、农业合作部和其他公立和私立机构相互配合，在全国范围内展开了扫盲工作，并取得了很大的成效。

成人职业教育　分为职业教育、兴趣小组、新技术和新工艺推广、强化培训。泰国的职业教育开始于1912年，现有公立职业学校421所，私立职业学校458所。泰国的两所开放大学也为人们提供职业教育。职业教育在泰国国家的经济体系中占有重要地位，可以为国家提供大量的合格劳动力，因此，泰国政府十分重视职业教育的发展。泰国职业教育范围广泛，大体上分为工业、农业、商业、家政和手工业5大类。职业教育的时间分为长期和短期两种。短期职业学校是初级职业教育训练班，为城市服务业培训工人，如理发师、木工、印刷工、缝纫工以及各种修理工。长期职业学校分中级职业学校和高级职业学校。中级职业学校只招收初中毕业生，培训3年，学生毕业后可获得职业培训的毕业证书。在高级职业学校，具有高中文化程度的人经过2年培训后可成为技术工人，并可以获得高级职业培训的证书。受培训者可以根据其证书的不同等级找到不同的工作。

广播电视教育　这是一种大众性的成人教育手段，人们可以通过廉价、方便的途径获取教育技术知识和信息。广播电视成人教育的主要内容有：广播电视教育节目、信息传播、远程成人高等教育。泰国有两所提供广播电视教育的开放大学，入学不需要考试，学生修完规定的课程和学分就可以获得与其他大学同等地位的学位。不过，开放大学的考试严格，淘汰率较高。建于1971年的兰甘亨大学是一所公立大学，由皇家慈善机构出资兴建，是世界上最大的开放大学，每年招生数十万人。兰甘亨大学的教育方法主要是运用某些远程学习的手段，比如提供优质教材，通过广播电视直接教学。由于开放大学很受泰国人民的欢迎，1978年，泰国又建立了第二所开放大学，即素可泰大学。素可泰大学采取单一的远程教育模式，全面遵循不设传统课堂的远程教育理念。大学以音频磁带、广播电视节目、面授辅导、计算机辅助教学为辅助手段，采用专门设计的、全方位的、以印刷资料为基础的远程教育模式。素可泰大学有文学、教育、管理科学、法学、经济学、国内经济学、政治学、医学、农业扩展与合作、通信技术、科学技术和工程学等12个学院，实行院长全权负责制，大学还设有6个服务部门即行政机构（级别相当于学院或协会），主任为第一把手。与其他大学不同，开放大学的12所学院以学科而不以系来细分，以使整个大学现有的人力资源得到全面利用。

2002年3月14日，大学委员会执行新出台的远程教育体系，即开放大学2000年规划。新推出的2000年规划运用平行的也就是双轨制的远程教育模式：①对没有可能接触互联网的学生群体提供以印刷资料为基础的教学手段；②对以信息技术为导向的学生群体提供以计算机为基础的教学手段。

上述各种形式的成人教育由教育部负责管理。目前，泰国已经形成包含各级各类教育的成人教育网络。泰国成人教育主要依靠学校办学，如利用正规学校的校舍和设备，在晚上和中小学的假期开展成人文化和职业培训。成人教育的内容根据社会和职业的需要来进行。如春武里府农业学校的职业教育内容是科学施肥、生物灭虫、除草等。

随着教育形式的多样化发展，泰国的劳动力素质正在逐步提高。2011年，泰国民众的平均受教育时间增至8.2年，在15岁以上劳动力人口中，未受过教育者占4.3%，小学以下文化水平者占29.1%，小学文化水平者占19.7%，初中文化水平者占18.2%，高中文化水平者占14.1%，函授大专文化水平者占4%，大学及以上文化水平者占10.1%。

（五）师资

在泰国，并不是任何人都能从事教师职业。一个人要想成为教师首先必须经过学习和资格认定。泰国教育部在第八个全国教育发展规划（1997～2001）中对教师培养和进修做了明确的规定。

师范学校是培养泰国教师的主要机构。泰国教育部共有师范院校36所。师范院校分为初级师范、高级师范和学士师范3种。初级师范招收初中毕业生，学制 3 年，学生毕业后获得小学教师资格。高级师范招收高中毕业生或初级师范毕业生，学制 2 年，学生毕业后获得初中教师资格。学士师范招收高级师范毕业生，学制 2 年，学生毕业被授予学士学位，可以担任中学教师。泰国现有小学教师 31.3 万人、中学教师 15.1 万人，其中普通中学教师有 12.6 万人，其余为中等师范学校和职业中学教师。泰国小学教师与学生的比例为 1∶20。中学教师与学生的比例为 1∶22。泰国高等学院的教师大多数拥有博士或硕士学位，很多人都是留学生。2013 年，泰国高等院校教师共有 5.04 万人：公立学校共有教师 4.47 万人，近六成拥有硕士学位，超过 1/4 拥有博士学位；私立学校共有教师 0.57 万人，超过 65% 拥有硕士学位，约 15% 拥有博士学位。大学教师实行聘任制。泰国之所以能够吸引具有高学历的人才加盟，除了是因为大学教师的社会地位较高之外，还因为教师的收入要高于普通职业的收入，到贫困地区任教甚至还可以获得 10% 的津贴。正是由于这些原因，在泰国从事教育是一件令人称羡的事情，大多数教师也安心于做好自己的工作。泰国国王普密蓬曾经说："我们泰国十分尊敬老师，并把老师尊为仅次于父母的启蒙者。"为了提高教师的社会地位，让全社会形成尊师重教的良好社会风气，泰国规定每年的 1 月 16 日为教师节。

然而，泰国政府每年的科研投资一般只占 GDP 的 0.3%，难以满足教学和科研的需要，再加上大学普遍缺乏有效的质量监督体系，使得部分教师的科研和学术水平相对较低。

四 存在的问题和改革措施

虽然泰国在教育发展方面取得了可喜的成绩，但是仍存在一些问题。

首先，高等教育的学科设置不合理。这是泰国教育的主要问题。泰国高等教育偏重于培养财经、政法、工业和尖端科技方面的人才，这与泰国经济发展的需求分不开。但泰国是一个农业国家，农、林、渔业生产在国民经济中占有重要的地位，高等院校的农业科学专业的设置和招生人数都与现状不相吻合。农业科学学生少主要是因为农村劳动力市场没有吸引力。由于学科设置问题，泰国出现了大学毕业生的结构性失业现象。在研究生阶段，学科文理失衡的现象更加严重。多年来泰国培养了大量的人文社会科学博士，以至于人们把博士、人妖和汽车戏称为"泰国三多"。

其次，泰国教育资源分布失调。受教育机会主要集中在城镇和中部地区。泰国的教育机构分布不合理，职业教育机构数量仍然不能满足经济发展的需要。1960 年以前，泰国只有曼谷有大学。20 世纪 70 年代中期，曼谷人口占全国人口的 10%，却拥有 45% 的中学生，北部和东北部的人口加起来占全国人口的 55%，但只有 26% 的中学生。泰国大学的分布也不平衡。尽管从地理分布来看，似乎泰国每个地区都有大学，但实际上，曼谷的大学才真正具有竞争力，其他地区只有个别大学可与之抗衡。政府通过以下措施——改善管理结构，使教育与社会经济的发展相结合，增大对公立和私立学校的质量和数量的支持力度——力图改变教育不平等的状况，但中部地区和边缘地区教育资源分布不平衡的状况并没有得到真正的改变。资源分布的失衡导致受教育的机会不平等。农民和体力劳动者的子女升入高中和大学的机会寥寥。

最后，学校教育方式和学生学习方法欠佳。泰国的学校教育强调死记硬背，却不强调自我学习，学生不是出于解决问题的目的学习，教育质量不高。教育测试大多是考查学生对所学内容的记忆，使得学生在创造性思维、分析、系统性方面的综合能力较弱。根据某些国际组织对学生在数学和科学方面的测试，同其他亚洲国家比较，泰国学生处于下风。由于教育质量不高，许多中学生毕业后考不上大学，中学毕业生也不容易找到合适的工作。农村地区职业学校的毕业生所学的技能并不能满足农业劳动力市场的需求。

为了使泰国教育适应新形势的需要，克服教育中存在的这些弱点，泰国政府采取了一系列措施。首先，泰国对教育机构和教育管理机构进行了改革。其次，泰国还积极推动高等教育的私有化进程。除了提倡兴建私立大学，泰国还决定将公立大学私营化。不过，国家将继续给予预算支持。再次，为了提高教育质量，泰国组织人力修改现有的教学大纲，对教师进行培训。教师和专业管理人员必须有专业许可证方可上岗。最后，泰国从2004 年起取消全国统考，由各高校自定学生入学条件和录取标准。但应届高中毕业生仍要参加语言表达、数学、分析能力等基本技能测验。除此之外，泰国还不断增加教育经费和科研经费。

第二节　科学技术

一　科技发展概况

20世纪80年代以来，泰国政府十分重视科技在社会经济发展中的作用。1982年，泰国首次把科技发展计划列入国民经济与社会发展第五个五年计划（1982~1986）后，泰国的科技水平有了长足的提高。泰国在高科技，如计算机、卫星、生化、核研究等方面取得了重要的成就。1993~2014年，泰国先后有7颗通信卫星升空，目前仍在正常运作的有4颗，分别是泰空四号（亦称iPSTAR，2005年升空）、泰空五号（2006年升空）、泰空六号（2014年升空）、泰空七号（2014年升空）。

泰国努力促进科学技术在农业和工业中的应用，这一点在治理污染方面表现得特别突出。为了有效治理工业废水，泰国进行了石油制品分解的微生物用途的研究。在实验室条件下，细菌可以在3~7天内分解石油，而在自然条件下，分解也许需要数月或若干年。这种方法可以帮助人们处理生活污水和被石油污染了的工业废水。为了使农民减少化肥的使用，并用本地化肥取代进口产品，泰国科学、技术和环境部开发了从蓝藻细菌中提取生态化肥的技术。目前这项技术已经由科技部转移给了私营部门，以便更好地进行商业开发。

在污染控制方面，泰国启动了水质量检测项目，在5个地区进行环境基本数据的调查和采样，以确定污染源，为管理水质量和治理17个主要河床的污染做准备。所收集的数据将进入地理信息系统数据库，以便应用和升级。

泰国建立了空气质量监测网络体系，制定了监测空气质量的5年规划，建立了一个空气监测网络，包括全国的54个周边环境监测站和6个气象站。人们可以通过计算机收集空气质量和气象数据，并将其储存在数据库中，经过分析后，再以图表、数据和报告的形式表现出来。空气传播模型也可以描述大范围内的空气质量条件。这些结果对制定控制空气污染和改善空气质量的政策和行动方针十分有用。

泰国是联合国气候变化框架协议的签字国。为了履行签字国的责任和义务，泰国有关部门编辑和分析所收集的信息，以便国家有各种技术和政策的选择，减少热量排放。

由于泰国正在迅速地实现工业化，构成泰国十分重要的生态系统的湿地出现了严重恶化的迹象。根据国际保护和可持续利用湿地的条约，泰国同意对现有的湿地加以保护。

在自然资源和环境发展方面，泰国也开展了大量的科研工作并采取了行动。首先是自然水资源管理和环境质量保护。在自然水资源的管理方面，泰国实施了一些与自然水资源相关、使农业和工业受益、改善人们的生活条件的项目，如为了改善东北部地区缺水的状况，泰国从湄公河引水灌溉当地农田。此外，为了使退化的河床得到恢复，泰国启动了大量的项目，如抽水灌溉项目、综合水资源管理项目的湿地管理项目。人们在水源岸边设立电力水泵站进行灌溉，而以前一直是由政府灌溉部门负责提供农业的水利灌溉。泰国已有 61 个府设立了电力水泵站。在设立了水泵站的地区，农作物产量提高了，农民的收入也增加了。该项目还提供了就业机会，减少了农民向城市流动的数量。

泰国积极进行生物多样性的研究和开发工作，不仅制定了生物多样性保护和可持续利用的政策和法规，还制订了各种生物多样性保护的规划，如制定生态区目录①、生态电子地图和数据库。泰国是 1987 年世界文化和自然遗产条约的签字国。到目前为止，泰国有 5 个文化和自然遗产被列入了世界遗产的保护名单。它们是班清考古遗址、素可泰历史公园和其相关地区、阿瑜陀耶历史公园、童－艾－纳雷松野生动植物保护中心和东巴耶延－考艾森林保护区。

为了避免绿地的退化，改善环境质量，提高人民的生活水平，科技部

---

① 生态区分为海洋生物区、昆虫生物区、苔藓类植物区、藻类区。

还设立了需要加以特别保护的环境地区。为此，泰国引进了限制经济发展的分区制度，把各个地区按功能分为不同区域，如农业地区、工业地区、居民区、植物花园和公共花园区等。

为了满足国内对国家自然资源和环境的信息需求，泰国科技部启动了建立国家自然资源和环境的信息系统项目。项目分为两部分：地理信息系统和自然资源管理信息系统。所有信息系统都由计算机运作，并与政府的其他部门联网。

泰国在柯叻府建立了环境研究站，将物质生产和社会经济联系起来，研究生态系统的变化，如人类行为和环境的关系等。农业、森林、土地开发、速生树木、森林环境的变化和气象变化都是环境研究站关注的重点。泰国还建立了海洋监督和信息体系，由分布在泰国湾的固定数据浮标网络组成，专门收集气象学和海洋学的数据。数据的连续性对预报和研究海洋环境有很重要的价值。

二　科研管理体制和科技政策

（一）管理体制

1959 年，泰国政府依据《泰国国家研究理事会法》组建了泰国国家研究理事会（National Research Council of Thailand，以下简称 NRCT）。NRCT 直属总理府，由总理和副总理分别任主席和副主席，理事会成员由内阁提名，政府各部部长和副部长为理事会顾问。NRCT 主要负责向总理和内阁提出推动国家科学（包括自然科学和社会科学）发展的政策和规划建议，同时负责全国基础研究、应用研究和开发研究的经费匹配和管理，其职能相当于政府科技顾问。

2002 年，泰国政府为强化对科技的整体协调能力，组建了科学与技术部。其职能是制定国家的科学技术及创新政策和制订相关的计划，发起和推动研究开发，发展科技基础设施和人力资源，为知识的创造建立支撑体系，为科技和创新提供产品和服务。科技部是泰国科技的总体协调部门，其他政府部门也都有与科技相关的主管机构，例如教育部、公共卫生部、工业部、商务部、信息通信技术部等，它们都具有对各自领域内科技的管理职能。

（二）科技政策

近年来，泰国政府为增强科技在社会经济发展中的作用，提出了四项发展科技的基本策略：其一，大力培养和发掘各个层面的科技人才；其二，积极推动国有和私营企业的科技研发工作；其三，加速应用新型技术，特别是信息技术，提高政府和私营企业的管理水平；其四，加强科技立法。

2004年，泰国出台了《国家科技发展10年战略规划（2004～2013）》，提出了明确的科技发展重点领域。随后，泰国陆续出台了促进信息技术、纳米技术、能源等领域发展的专项计划，主要包括以下五点。第一，出台政策和法规，积极扶植和发展信息技术，扶持信息技术相关企业。第二，持续加大对生物技术领域的研发投入，结合本国特点，将生物技术应用于农林牧渔、食品加工和医药卫生等领域，开展广泛研究和国际合作，推动水稻基因图测序、生物塑料、大米基因银行等项目的发展。第三，成立隶属国家科学技术发展署的国家纳米技术中心，并出台《2006～2013年国家纳米技术政策和战略规划》，积极推动纳米生物技术、纳米材料和纳米电子研究。第四，加强传统医药的推广力度，推出重振泰国医药的研发政策，努力将泰国草药纳入国家药典，加大泰国医药发展步伐，争取逐步打开国际市场。第五，制定《国家替代能源15年发展计划（2008～2022年）》，重点推进生物能源发电，计划2022年替代能源超过能源总需求量的20%，并加大对清洁能源尤其是太阳能与核能的研发力度。

2011年，泰国政府发布"第十一个国家经济社会发展计划（2012～2016）"，明确提出到2016年，每万人中科技研究人员要达到15人，研发投入要从当前占GDP的0.3%达到1%，政府研发支出与私营企业研发支出的比例从目前的60∶40变为30∶70。

2012年，泰国政府批准《国家科技与创新政策和计划（2012～2021）》，提出5项科技与创新政策：加速发展知识社会；加速培养科学家、研究人员和理科教师，满足国家需要；推动国营和私营企业的投资和合作；提高科研管理系统的效率；推动空间技术与地理信息利用。

此外，泰国政府非常重视国际科技合作。泰国不仅从发达国家引进技术和资金，还同国外展开合作和交流，包括开展国际技术培训和技术合作。泰国同 60 余个国家建立了技术合作关系。目前与泰国建立合作关系最多的国家是美国，其次是日本和英国。泰国与美国合作较多的领域是临床医学和免疫学，与日本合作最多的领域是微生物学和化学。泰国开展国际合作最活跃的单位包括玛希隆大学、朱拉隆功大学和清迈大学等。

泰国促进科技发展的具体措施如下：

1. 对科研部门给予技术与财政支持

科技部的技术支持包括技术转移、标准检测和质量控制。此外，科技部还提供技术管理方面的培训，以及商业和科技方面的总体信息。在财政上，科技部主要采取低息财政贷款、软贷款、捐赠和联合投资等形式。科技部通过技术和财政支持，提高泰国科技在国际上的竞争力。

2. 大力发展科技基础设施

科技部建立了度量衡发展规划，目的是维护国家的测量标准。泰国的测量标准与国际标准一致。此外，该项目也向政府和民营部门的测量技术提供技术支持。科技部设置的放射能度量衡实验室由 3 个标准实验室组成：①放射量标准测量实验室，主要任务是为公众和在辐射条件下工作的工人提供保护；②高剂量放射物测量标准实验室，为放射物应用提供计量标准；③放射能测量标准实验室，主要测定在放射性同位素生产环境下的放射能的水平。

泰国在曼谷东郊建立了卫星接收站，以接收卫星远程信号。卫星信号主要有 5 个来源，分别是美国的 LANDSAT、法国的 SPOT、日本的 MOS - 1 和 JERS - 1，以及欧洲的 Space Agency's ERS - 1。卫星接收站还可以处理一些远程数据，制作电影、相片和计算机录像，这些数据可以根据需求被传送给国内外用户。卫星远程数据包括土地使用、农业、森林、地质状况、海洋地质、水文地理等内容。

泰国在离曼谷东北 60 千米的地方建立了一个新的核物理研究中心，该中心占地 50 公顷，于 2000 年投入运行。核物理研究中心的主要任务是促进核科学技术的研究、发展，并开展一些培训工作，以满足 21 世纪的需要。该核物理研究中心拥有 3 个主要的核设施：1 个核反应堆、1 个放射性同位素生产设施和 1 个放射性废物处理和储存设施。主要的研究活动包括：适用于基础应用研究的中子束实验，如中子散射实验、中子射线相片和中子激活分析；用于医学和工业的放射性同位素的生产；核分析技术的发展；反应堆物理学和工程学的研究和培训。

3. 积极发展科技人力资源

当前，世界经济竞争越来越激烈，单靠廉价劳动力刺激经济发展已不可能。唯有提高人口素质，经济才可能在全球竞争中立于不败之地。泰国目前的技术教育体系难以满足经济发展需要，每万人中研发人员仅为 8.6 人，泰国存在严重的科研技术人员缺口。

为了促进人力资源开发，泰国设立了国家科技人力资源发展委员会，副总理任委员会主席。委员会负责制定人力资源发展的政策和策略，并直接监督政策的实施情况。为提升人力资源水平，泰国还设立了科技奖励制度，表彰在科技方面取得成就的人员。泰国一共有 4 项国家级科技奖励：国家发明奖、国家杰出研究人员奖、国家突出研究工作奖、国家优秀论文奖。

国家发明奖设立于 1978 年，奖励分 4 等，第 4 等是安慰奖。获奖数及奖金额分别为：一等奖 1 个，奖金 50 万泰铢；二等奖 2 个，奖金各 20 万泰铢；三等奖 2 个，奖金各 10 万泰铢；安慰奖 8 个，奖金各 5 万泰铢。国家发明奖按学科领域分为 4 类：科技和工业类、农业和农产品加工业类、医药和卫生类、社会和文化发展类。每类领域的奖金不超过 60 万泰铢。每年的 2 月 2 日，泰国总理以国家研究理事会主席的身份向获奖者颁发奖金、奖章和证书。

国家杰出研究人员奖设立于 1984 年，用于奖励在以下 12 个学术领域中做出杰出贡献的科研人员：物理学和数学、医学、化学和药物学、农业与生物、工程与工业研究、哲学、法学、政治学与公共管理、经济学、社会学、信息技术与电信、教育学。按照奖励条例，评审委员会每年从上述领域各评出 1 名获奖者，奖金为 30 万泰铢。当年若无人入选，奖项可空缺。

国家突出研究工作奖设立于 1984 年。评审委员会从前述 12 个领域中各评出 1 个获奖者（小组或个人），奖金为 20 万泰铢。

国家优秀论文奖设立于 1998 年。评审委员会从前述 12 个领域中各评出 1 名获奖者，奖金为 8 万泰铢。

这些奖金制度的设立促进了泰国人力资源的发展。奖金获得者大多是金属和材料技术、电子和计算机技术、生物技术方面的人才。泰国还采取了一些使人力资源回流的措施，如与泰国在美国、加拿大、欧洲和日本的专业人士协会合作，使这些机构促进泰国技术人才回国。

1982 年泰国科技促进基金会还设立了杰出科学家奖，表彰在基础科学研究方面做出杰出贡献的科学家。

泰国还为年轻人设立了下列奖项。

（1）第三世界科学院青年科学家奖。该奖设立于 1997 年，由第三世界科学院资助，宗旨是对在生物、化学、数学和物理领域中做出突出贡献的青年科学家进行奖励。该奖项对候选人的要求较高，规定候选人必须经由政府部门、科研机构或专业协会的推荐，且应符合以下的条件：年龄在 40 岁以下的泰国公民；在本国从事上述领域的科研活动至少 5 年以上；以个人而非集体的名义申请；申请人道德品行端正。

（2）青年科学家奖。该奖由泰国科技促进基金会于 1991 年设立，旨在表彰在研究领域中做出突出贡献的年轻泰国科学家。

（3）学生发明奖。泰国政府为鼓励学生发明创造而设立的一个奖项。

此外，泰国国家研究基金会联合大学部、国家科技开发署共同于 1996 年建立了"博士生奖学金计划"。除政府奖励政策外，泰国民间也有一些奖励措施。泰国科技开发署和日本东丽集团（TORAY）于 1994 年在泰国建立了"泰国 TORAY 科学基金会"。该基金会设有科技奖、科技研究奖和科学教育奖。泰国一些大学和公司也各有自己的一些奖励制度。

4. 制定并颁布环境保护政策

近年来，泰国的环境问题比较严重。为了有效地保护环境，泰国颁布了改善和保护国家环境的新法规。该法规更新了国家的环境政策框架，对制定保护环境的决策和采取相应的行动提供了更好的指导。该法规的独特之处是将环境管理权力下放给地方政府，让其根据本府情况自行制定环境保护法规。环境保护资金来源于政府预算和一些环境保护基金。泰国科技部还宣布了一些"污染控制地区"和"环境保护地区"，这些地区主要是一些受到严重污染，对人民的身体健康带来严重威胁的地区，这些地区可以在环境保护方面得到较多的政策优惠。

在具体措施上，首先，泰国建立了环境研究和培训中心，推动了泰国全国对环境的研究和保护。环境研究和培训中心非常关注环境管理的一些实际问题，特别是水、空气、噪音污染以及固体废物和有毒物质的管理问题。获取的信息被用于确认国家的环境质量标准和确定改善环境质量的指导方针。其次，政府成立了环境研究和培训中心，对政府雇员和非政府雇员提供专业培训，使他们掌握环境管理的必要技术。再次，为了提高公众对环境的认识和对环境的关注，泰国科技部组织开展培训、学术讨论会、青年露营活动，还设立专事环境教育的媒体。最后，根据环境法，泰国还于 1992 年设立了环境基金，目的是通过贷款支持地方政府、国有企业和私营部门对污染治理的投资。基金由环境基金委员会管理，并由国家环境委员会监督。

5. 促进信息技术的发展

泰国积极推动电子信息技术的发展。2001 年，泰国政府出台了一系列政策和规划，积极扶植与信息技术相关的企业，以缩小差距，增强竞争力。首先，为了统一规划信息产业发展，泰国成立了国家信息科技委员会，由该委员会会同国家科技发展署、国家电子和计算机中心、知识产权厅及教育部等有关部门共同制订了泰国发展信息技术的十年计划。2001 年，泰国首次将发展信息产业列入国家经济和社会发展五年计划。

尽管泰国政府近年来大力发展电子信息技术，但泰国在发展信息产业方面仍存在着研究开发落后、基础设施薄弱和人力资源缺乏等问题。在亚洲，泰国的信息产业不仅落后于软件大国印度，与新加坡、马来西亚等邻国相比也存在不小差距。泰国要赶超本地区信息产业先进国家，任重而道远。

三　主要科研中心和国家科技博物馆

以下为泰国主要的国家级科研中心。

国家生物控制研究中心　泰国国家生物控制研究中心是学术机构和政府的合作研究机构。中心的主要工作包括科技研发、预防、培训、信息收集，以及用生物过程而不是化学手段控制有害物质的形成和扩散。

泰国陶瓷研究和开发中心　该中心的主要任务是研发新材料和新产品，以及开展咨询和培训工作。中心将自己开发的骨瓷、瓷器、装饰瓷器的生产工艺转移给私营部门，以提高陶瓷工业的出口潜力。

泰国放射中心　1989 年以来，该中心主要服务于工农业，同时也为医疗部门提供服务。该中心为政府机构和私营部门提供了许多服务，特别是在食品和农产品改良方面做出了很大贡献。

稀土研究和发展中心　该中心的主要工作是独居石砂（monazitesand）的开发和利用。独居石砂是泰国南部的一种自然资源。泰国建立了工厂，用自己生产的设备和技术进行研究。这个项目几乎包括所有的冶金学内容，如矿物分解、筛选、结晶化、溶媒提取、离子交换处理等。其产品包括磷酸盐和稀土，如铀和钍，这些产品在核能源生产中具有重要的作用。

泰国现有国家级科技博物馆 4 家：国家科学博物馆、自然历史博物馆、环境与生态博物馆、航空与通信博物馆。

国家科学博物馆　该博物馆于 2000 年正式开馆。该馆建筑面积为 1 万平方米，总投资 10 亿泰铢。博物馆共 6 层：第 1 层为接待大厅，第 2 层为科学历史展览厅，第 3 层为基础科学和能源资源厅，第 4 层为泰国科技发展厅，第 5 层为日常生活科技厅，第 6 层为泰国传统发展厅。展览项目以通俗易懂的方式介绍高深的科学原理，观众还可以自己动手操作，使这些项目深受人们的欢迎。

自然历史博物馆　该馆总投资 2600 万泰铢，于 2002 年建成，主要以收藏珍稀动物标本、古代生物化石，向公众宣传自然历史知识，进行学术研究为宗旨。泰国政府准备将其建成东南亚地区的自然历史研究中心。

环境与生态博物馆　该博物馆建于 1995 年。该项目是为了庆祝普密蓬国王登基 50 周年而建的，还得到了加拿大国际发展署的资助。建馆目的是让人民充分了解 21 世纪的环境问题，以及地球生态环境的脆弱性。

航空与通信博物馆 该博物馆于 2003 年开馆，建筑面积为 9000 平方米，主要展出航空力学和通信技术方面的模型和展品。

上述 4 个博物馆均位于曼谷东北部的巴吞他尼府的科技基地。

四　科技发展存在的主要问题

泰国虽然在科研中取得了巨大的成就，但是仍然存在一些问题。

第一，泰国的科技人员严重短缺。泰国有研发人员 5.72 万（企业仅占 0.87 万），每万人中研发人员为 8.6 人。这一问题长期得不到有效解决的原因在于泰国还没有形成专门的科研人力资源开发体系。泰国的教育机构不能满足经济日益发展的需要。泰国的教育配置、教学内容、专业设置都存在不合理的问题，以至于培养出来的人才不能尽快地独立从事科研开发工作。

第二，科研投入较低。2009 年，泰国研发支出总量为 6.27 亿美元，仅占 GDP 的 0.24%，其中政府投入占 60% 以上，私人部门投入明显不足。

第三，科技基础薄弱。以信息技术为例，泰国信息产业基础设施薄弱，各地区在基础设施方面的差距也非常大。2014 年，泰国全国移动电话、计算机、互联网的普及率分别是 77%、38%、35%；在发展水平最高的曼谷地区，这三者的普及率分别是 89%、54.6%、54.5%；在发展水平最低的东北部地区，这三者的普及率分别是 70.7%、32.5%、26.8%。

第四，盲目引进技术。这也是在经济发展中，发展中国家容易犯的急躁冒进的通病。为了促进经济高速发展，发展中国家往往用巨资引进技术和设备，但缺乏掌握技术和使用设备的人才和能力。

第三节　文学艺术

一　文学

泰国文学与泰文的发明和创造分不开。13 世纪中叶，素可泰王朝的兰甘亨国王在孟文和高棉文的基础上创造了泰文，奠定了泰国文学的基础。人们公认泰国最早的文学作品是素可泰王朝时的兰甘亨碑铭的碑文。这份碑文记录了兰甘亨王的身世、治理素可泰王国的业绩、泰文的产生、泰人的宗教信仰和风俗习惯。碑文用语精练，其中一些句子已经成为数百年来人们口口相传的名言佳句。与其他的艺术形式一样，泰国文学也带有浓郁的宗教色彩。

泰国人几乎都是天生的诗人，一些目不识丁的农民在传统集会上都可以即席演唱自编自创的歌曲，这些歌曲的歌词有诗歌格律的脚韵和头韵。农民演唱的歌曲是泰国口头文学的一部分。泰国的某些书面文学就是从民间诗歌中发展起来的。

泰国传统的书面文学有很多是以宗教为内容的，即使是描写国王与王后、巨人与神仙的故事也来源于宗教。泰国文学的另一种形式是传奇文学，它讲的是神仙和鬼怪的故事。这些文学以诗歌的形式出现，文学价值较高，流传也比较广。

素可泰时期最有代表性的作品是宗教文学著作《三界经》。《三界经》是素可泰王朝的利泰王根据 30 部佛经编撰而成的，专门用于宗教节日和仪式。《三界经》用平淡而优美的散文笔触阐发了泰国人的宗教观、哲学观，是泰国古代文学作品中不可多得的精品。全书共 10 章，描写了众生所在的三界，即欲界、色界和无色界，讲述了佛教的创世说和天堂的美好情景，劝说人民弃恶从善，以免受三界轮回之苦。《三界经》是泰国家喻户晓的作品。

阿瑜陀耶王朝统治的 400 多年间（1350~1767），泰国文学得到了进一步发展，有 3 种主要的文学形式：民间口头文学、宗教文学和宫廷文学。这一时期诞生了泰国非常著名的长篇叙事诗歌《坤昌坤平》。《坤昌坤平》是口头文学，曼谷王朝一二世期间才成书。这是一本爱情小说，描绘的是阿瑜陀耶时代泰国青年坚贞不渝的爱情故事。全书情节复杂跌宕，人物刻画栩栩如生，语言优美耐读、通俗易懂，题材适合朗诵，使该书成为泰国文学专业学生的必读教材，在泰国文学史上具有重要的地位。该书除了有较高的文学价值外，还有许多关于泰人古代社会观念、信仰、传统以及习俗的描述。它描述了泰国西化以前的真实生活。

这一时期还产生了泰国歌颂国王业绩的第一部赋体文学作品《水咒赋》。人们还非常喜爱叙述帕罗王和公主的爱情故事的长诗《帕罗赋》。《帕罗赋》具有独特的文体，情节复杂，让人爱不释手。阿瑜陀耶时期泰国人民还创作了其他许多优秀的作品，如《大世赋》、《大世词》、《拉玛坚》、《銮巴塞本阿瑜陀耶纪年》等。今天，泰国的许多学校仍然采用《大世赋》的简写本作为教材。

《拉玛坚》是根据印度的著名史诗《罗摩衍那》写成的，不同的是它加入了许多原著没有的动人情节。《拉玛坚》最初是由曼谷王朝的第一位国王拉玛一世创作的。《拉玛坚》有多个版本，其中拉玛二世创作的版本最为有名。由于受到与缅甸战争的破坏，它们大部分都没有能以书籍的形式保存下来，而是以口头形式流传了下来。《拉玛坚》的故事曾被许多泰国诗人作为典故引用，并写成多种体裁的泰文作品。人们在生活中也常常引用《拉玛坚》的一些名句，因此有人说要想更好地了解泰国文学和泰国语言，必须了解《拉玛坚》一书。《拉玛坚》的重要价值还在于，它也是研究泰国中世纪宫廷生活的重要资料来源。在泰国，人们经常可以看到与《拉玛坚》有关的绘画、雕塑和壁画，曼谷皇家玉佛寺长廊壁画的主题也是《拉玛坚》。

吞武里王朝存在的时间短暂，在文学上没有大的造诣，值得一提的只有《伊瑙》、《树屯和玛诺拉》、《十二姑娘》、《广东纪行》等。史家通常不太注意这一时期的文学发展状况。

《伊瑙》描述的是著名的班集冒险传奇故事。班集是爪哇的英雄国王，在公元13世纪曾经名扬天下。据说，故事的内容是阿瑜陀耶王朝后期的两位马来血统的女仆向两位公主讲述的故事。这两位公主以诗歌形式将这个故事写成两个版本，故事情节虽然有一定区别，但是人物是一个。两位公主书写的班集故事已经不复存在，现在人们看到的版本是拉玛一世和拉玛二世创作的本子，拉玛二世的本子因为字句高雅，被改编成乐曲在泰国广为传唱，最为著名。

《三国演义》的泰文译本也是这个时期泰国最重要的文学作品之一。

《三国演义》是 1802 年被译成泰文的。当时的曼谷王朝拉玛一世对《三国演义》的翻译做出了很大的贡献。他指派贸易和对外关系大臣，即当时泰国最著名的诗人昭披耶·帕康组成班子翻译《三国演义》。由于当时泰国没有精通泰汉文字的专家，翻译班子在翻译过程中遇到不少的困难。《三国演义》共有 4 位翻译者，首先由精通中文粗通泰文的中国人将其口译成泰文，再由泰国作家写成泰文并加工润色。该书的翻译是散文体，于是创造了"三国文体"，这种方式不仅体现了写作艺术上体裁的多样性，也对泰国的文学、戏剧产生了重大影响。"三国文体"的重要特点是行文流畅、简洁明快、比喻生动。

在贵族社会中，《三国演义》被认为是一部治国用兵的经典，也被学校当作历史教科书和学生写作的范本。今天，泰国的一些大公司在训练行政管理人员的时候，仍规定要熟读中国古典名著《三国演义》。《三国演义》的一些故事、情节、语言在泰国人民中广泛流传，这对传播中国历史和文化，增进两国人民之间的了解起到了重要的作用。

拉玛一世国王创作的诗歌《抗缅甸疆场的长歌》、《拉玛坚》，以及拉玛二世国王创作的《预言长诗》、《赴六坤抗击缅军诗》、《卡威》等都是泰国文学宝库中的明珠，对泰国社会产生了一定的影响。

曼谷王朝拉玛二世时期，诞生了一位在泰国文学历史上占有重要地位的诗人，他的名字叫顺通蒲（1786～1855）。顺通蒲创作了大量的诗歌、寓言、故事、剧本和游记，代表作是长篇叙事诗《帕阿派玛尼》。《帕阿派玛尼》创作于 1828 年之前，有 25500 多行。诗歌结构宏大，人物众多，情节复杂，韵律和谐，词句凝练，被公认是泰国文学史上不朽的作品之一。顺通蒲最大的贡献在于敢于创新，他改进和丰富了泰国的诗歌格律，在格伦诗中加入了句内韵，使格伦具有更加悦耳动听的音乐。他也因此被称为"格伦之父"。顺通蒲的创作继承了泰国古代诗歌的传统，同时又兼收并蓄、博采众长，吸收了印度、中国和阿拉伯国家的文学特长。他的作品通俗易懂、自然洒脱，对泰国的诗歌创作有不可低估的重要影响。因此，他不仅被泰国人民誉为泰国最伟大的诗人，而且被联合国教科文组织列为世界文化名人，成为泰国人民的骄傲。《帕阿派玛尼》描述的是一位王子的爱情和冒险生活。这位王子离开宫廷，向森林中的一位隐士求教法术。在愿望被满足后，他又四处历险，最后遇到一位美丽的姑娘，并同她喜结良缘。

进入 20 世纪，泰国文学受到了西方文化的影响，具体表现在泰国新文学的诞生。新文学作者大多是平民，有憎恶权贵、反对封建的民主思想，其代表人物是西巫拉帕（1905～1974）。西巫拉帕是泰国现实主义流派的代表，被称为泰国现代文学的奠基人。他的代表作是《向前看》、《男子汉》、《生活与战争》、《画中情思》，后两部作品是他的成名作。他的作品大多以揭露黑暗、向往美好生活为主，笔法细腻，深受人民喜爱。1958 年西巫拉帕曾经访问过中国，1974 年因病在北京逝世。这一时期文学的另外一个代表人物是克立·巴莫亲王。巴莫亲王是泰国著名的政治家、作家和诗人，他的代表作长篇小说《四朝代》描述了一个封建贵族家庭的兴衰，历史地再现了拉玛五世到拉玛八世 4 个朝代的社会、政治生活。小说描写的场面宏大，人物众多，为读者展现了一幅波澜壮阔的历史画卷，被誉为泰国当代最伟大的文学作品之一。1985 年，中国翻译出版了该书的中译本。

泰国有影响的当代作家还有：高·素郎卡娘，代表作有《妓女》、《豪华世家的虚荣心》；都迈索，代表作为《老实人》、《百人之首》、《第一个错误》；初拉吉安克拉蓬亲王，代表作为《国王和王》、《生活的主宰》；素婉尼·素坤塔，代表作为长篇小说《他的名字叫甘》；马莱·初披尼，代表作为《终身伴侣》、《无声的美》、《娜拉的心》；劳·康洪，代表作为短篇小说《政客》等。

二 戏剧

泰国的戏剧艺术起源于宗教仪式和民间庆典，印度佛教和印度尼西亚文化都对泰国的民间戏剧影响较大。泰国最古典的民族戏剧是孔剧（khon），该剧来源于泰国的皮影戏、古典暹罗舞蹈和泰国武术，表演时，演员们要戴上假面具，所以该剧又称"假面舞剧"。孔剧专门演出泰国古典文学名著《拉玛坚》等作品。角色分为 4 种：男主角、女主角、罗刹和神猴。面具分为王子面具、猴子面具和罗刹面具 3 种，每一种面具表现一种特殊的身份。表演时没有语言，由乐队用音乐和诗歌伴奏，演员用手势和 68 种舞姿来传达心情。孔剧融舞蹈、音乐、诗歌、绘画、武术于一体，是泰国民间戏剧的精华。孔剧最早见于阿瑜陀耶王朝的那莱王时期（1657～1682），在庆祝暹罗与葡萄牙、法国交往的盛会中，泰国王室就曾以戏剧《拉玛坚》招待客人。《拉玛坚》是泰国历史最长、最著名的面具舞剧，起源于印度古代两大史诗之一的《罗摩衍那》，描述的是罗摩与妻子悉多悲欢离合的故事。泰国人民将这部史诗加以再创作，改编成戏剧，在泰国广为流传。

18 世纪后半叶曼谷王朝时期，泰国的戏剧有了较大发展。此时除了假面舞剧《拉玛坚》外，在泰国还产生了几种戏剧形式：无面具舞剧、娘剧和哑剧。

无面具舞剧有 3 种：民间戏剧、宫内剧、宫外剧。民间戏剧是最流行的无面具舞剧，在泰国南部地区又被称为"玛洛拉戏"，演员只有男性，没有女性，表演手段为舞蹈、唱曲、音乐、对白等，剧目取材于史诗和宗教作品。宫内剧又称为"内洛坤"，该剧在宫廷和贵族府内演出，是由外洛坤发展演变而来的一种宫廷戏剧。内洛坤表演的内容主要是帝王将相的生活和佛教故事。其舞蹈造型、语言非常讲究，艺术表现力较强。宫外剧是在宫廷外演出的戏剧，又称"外洛坤"，是流行于民间的戏剧，演出形式比较自由，演员也比较少，内容主要反映民间的社会生活。宫内剧和宫外剧都只有男性演员。洛坤剧与孔剧不同，演员不用戴面具，表演的空间比较大，人们可以通过语言、动作来表达舞蹈的精神。剧目取材于神话故事、民间传说和现代生活。

娘剧就是影子戏、灯影戏。娘剧来源于印度。

哑剧是戴着面具演出的无言戏剧，演员数量多，演出时只有形体表演，没有对白和唱曲，人物的性格和职能由各种不同的面具来表示。剧中的台词由后台的朗诵员代念，音乐由台边的乐队演奏。

泰国戏剧在发展过程中表现出了很强的包容性，在题材选择和舞台艺术上不同程度地接受了印尼、中国、西方等文化的影响，印度的史诗、中国的《西游记》、欧洲的木偶戏都对泰国戏剧产生过深刻的影响。泰国戏剧并不是单纯地引入外来文化，而是对外来文化进行了再加工和再创作，使之本土化，因此更容易受到泰国人民的欢迎。

今天，泰国传统戏剧的生命力仍然十分旺盛，但新的艺术形式也在与外界的交流中不断涌现。泰国的戏剧舞台因加入了外来文化的内容和形式变得更加光彩夺目。泰国戏剧在服装设计、化装、灯光和音响、剧院设计和建设方面都吸收了西方的精华，使现代戏剧与传统戏剧如孔剧相结合，使泰国戏剧吸引了更广泛的观众。

三 电影

电影进入泰国与王室有很大的关系。1890 年卢米艾尔兄弟发明电影后不久，一位泰国公主就把摄影机引进了泰国，为她的父亲拉玛五世拍摄皇家庆典。1890 年，国王朱拉隆功的弟弟摄制了泰国的第一部电影。

1922 年，好莱坞导演亨利·麦克雷在泰国执导了第一部由泰国人担任主角的影片《苏婉姑娘》，该片于 1924 年上映。1927 年曼谷电影公司拉开了泰国本土电影工业的帷幕，第一部国产无声影片《重复运气》上映。直到 20 世纪 60 年代，无声影片在泰国一直比有声影片更受欢迎，1969 年泰国还有新的无声影片出品。

20 世纪 60 年代是泰国电影的黄金时代，当时泰国年产影片约 75 部，这些影片的票房收入要好于欧美影片。但是，这一阶段的电影艺术成就不高，其原因是影片题材局限于爱情、喜剧、侦探和探险等内容。进入 80 年代，泰国电影依然沉浸在低成本的动作片和爱情剧的浪潮中，大部分影片都成了过眼云烟。1983 年拍摄的现实主义题材影片《东北之子》，因为真实刻画了居住在干旱的泰国东北部人的艰苦生活，打破了影院里莺歌燕舞、才子佳人的幻影，成为泰国电影艺术史上的标志，这部影片开创了泰国电影的现实主义流派。1985 年的《蝴蝶与花》讲述了一个南部少年为穷困所迫，不得不在泰国和马来西亚边界走私大米的故事。这部影片继承了现实主义的风格，并首次在银幕上展现了本土佛教信徒与穆斯林之间的隔阂，引起巨大的轰动，获得当年在夏威夷举行的"东西方电影节"的最佳影片奖。

此后，在西方影片的冲击下，泰国影片开始走下坡路。在 1997 年的金融危机后泰国的本土电影业更是跌入谷底，从以前每年拍摄影片多达 100 多部，下降到仅出产 10 部影片左右。不过，这种濒临死亡的打击，也给了泰国电影人再生的契机。由于竞争，国产影片开始关注质量而不是数量，在国内找不到工作的电影人开始大量走出国门，为国外摄制组打工，正是这些当年被迫出走的"学徒"掀起了泰国电影的"新浪潮"运动，其特点如下：秉承现实主义的创作原则，甚至不惜把现实的残酷性发挥到极点；在拍摄手法上强调利用先进技术，实现美术设计和摄影的唯美感与创新性；在内容上则以商业化的外壳包装展现泰国民族文化的本土认同。这些特点有时融合在一起，有时又在某一部影片中有侧重地突出体现。由于其鲜明的艺术特点，泰国电影已受到世界影坛的关注，被认为是继日本、韩国、伊朗、越南之后，新的亚洲电影的代表。

1999 年泰国影片《鬼妻》以完全现代的手法和理念，演绎了一个在泰国电影史上被翻拍过无数遍的老故事，获得了巨大成功。本地票房成绩刷新了泰国票房纪录，使得同期上映的《泰坦尼克号》也相形见绌。同时，该影片还赢得了当年亚太电影节最佳导演、最佳艺术执导、最佳音响效果 3 项大奖。这部影片直接影响了其后拍摄的"泰国式鬼片"《三更》和《见鬼》。

随着《鬼妻》的成功，2000 年的《人妖打排球》也创下了泰国票房新纪录，而且在亚洲、欧洲和美国的艺术影院上映后得到了巨大的商业效益和好评。这部影片取材于现实故事，又加入了更多的喜剧元素，为之后的许多泰国影片在题材和手法上提供了样本。

2001 年，泰国投资 1500 万美元，耗时 40 个月，制作了《素丽瑶泰》（The Legend of Suriyothai，亦翻译为《暹罗皇后》）。该片上映后引起了广泛的重视，并刷新了泰国票房纪录，使原本计划同期上映的好莱坞大片被迫推迟放映。

《素丽瑶泰》描述的是 16 世纪泰国阿瑜陀耶王朝时的故事。阿瑜陀耶王朝建于 1350 年，于 1767 年灭亡，历时 417 年。影片的时间跨度从 1526 年至 1549 年。故事描述的是有王位继承权的帕贴拉差王子不愿卷入宫廷之乱，出家为僧。15 岁就嫁给他的素丽瑶泰是个坚强正直的女人，爱丈夫，爱孩子，更爱自己的国家，在宫廷中深得人心。1546 年，与大臣通奸的素达赞王后用药酒谋杀了平定叛乱归来的丈夫帕猜拉差国王，立自己 10 岁的儿子为王。1548 年她又谋杀了儿子，让姘夫坤钦叻篡位。42 天后，素丽瑶泰和她的支持者发动政变把坤钦叻和素达赞王后斩首示众，迎接丈夫帕贴拉差还俗为王。7 个月后，邻国缅甸举兵来犯。素丽瑶泰王后女扮男装，随夫君御驾亲征。在御敌战斗中，素丽瑶泰为保护国王，战死在疆场，时年 35 岁。

这部战争历史片，既不同于传统的美式大片如《勇敢的心》，也不同于黑泽明在《乱》中营造的东方战争场面。整部影片情节复杂跌宕，制作精细逼真。影片动用了约 70 位主要演员、2000 多名群众演员、80 头大象和 70 余匹战马。其中描写宫廷内讧、国内平叛、抵御外敌的许多场面非常壮观，血光剑影令人生畏。影片中穿插着动人的爱情故事，让人感叹不已。影片色调以朱红、赭黄为主，颇具古朴色彩。

这部电影自始至终得到了泰国王室的大力支持。具有深厚艺术造诣的诗丽吉王后亲自指定编剧、导演，选定扮演素丽瑶泰等主要角色的演员，并积极为拍片筹资。有 50 多位泰国著名演员参加了演出，此外制片商还专门聘请了法国著名摄影师和英国电影配乐师。为再现真实的历史，在该片历时 5 年的筹备过程中，泰国历史学家、考古学家查阅了大量资料，使片中所有人物的服饰、语言、举止、场景，甚至敌对双方的军服、武器、战象、战马的鞍甲都尽量与当时保持一致。其中负责服装的 3 位设计师用 3 年时间考证了 16 世纪泰缅两国贵族、平民的服饰，为演员制作了 2800 套服装，仅素丽瑶泰的华贵服装就有 20 套。

《素丽瑶泰》使泰国民族电影业重放光彩，被泰国人誉为"国片"，不仅在泰国，也在国际上赢得了声誉。

从 2001 年起，泰国电影工业得到了迅速发展。2001 年泰国拍摄了 12 部本土影片，2002 年拍摄的影片达到了 30 部，2003 年突破了 40 部。而在本地票房上，单片票房的平均水平已经与美国大片差不多。不少影片还赢得了国际影坛的认同与赞誉。朗斯·尼美毕达的《晚娘》（Jan Dara,

2001），改编自泰国 20 世纪 60 年代的同名小说。该片不仅在内容上大胆而深刻地探讨了"性"的价值，而且在拍摄技术和叙事风格上也都具有国际水准，曾入选威尼斯电影节。彭立·拉塔拿域安执导的《走佬唱情歌》（Monrak Transistor，2001），以轻喜剧的风格讲述了一名乡下歌手进城淘金的悲惨遭遇。该片不仅获得了 2002 年西雅图电影节最佳亚洲影片奖和 2002 年维也纳电影节最佳影片奖，而且还得到了在戛纳电影节"导演之夜"放映的荣誉。六位导演联手执导的儿童题材影片《小情人》（My Girl，2003），改编自网络文学《一封阿捷给泰娜的信》（Want To Tell You，My First Love），以怀旧温馨的风格，讲述了小孩子两小无猜的纯真初恋，曾获得 2004 年上海国际电影节亚洲新人奖之最佳导演奖。普拉奇亚·平克尧执导的动作片《拳霸》（Ong-Bak，2003）以其不用任何特技的刚健写实风格，不仅在东亚各国备受推崇，掀起了泰拳风潮，而且在欧洲也广受好评，获得了 2004 年法国杜维尔亚洲电影节的最佳亚洲动作片/剧情电影大奖。该片的主角托尼·贾更是一跃成为国际动作影星。阿彼察邦·韦拉斯哈古执导的文艺片《热带病》（Tropical Malady，2004），以其印象派的叙事风格，获得了 2004 年戛纳电影节评委会奖。颂耀司·素格玛卡南执导的温情恐怖片《鬼宿舍》（Dek hor，2006），以校园里流传的恐怖故事为线索，从一个内向小男孩的视角，描述了一段关于童年友谊与成长的故事，获得了 2007 年柏林国际电影节水晶熊奖。阿迪塔雅·阿萨拉特执导的《奇妙小镇》（Wonderful Town，2007），通过讲述陌生的外地人与地方小镇女子不幸的爱情故事，以诗意如画的细致影像，反思了印度洋海啸给幸存者灵魂留下的伤痕烙印，获得了 2008 年拉斯帕尔马斯市国际电影节评委会特别奖，以及 2008 年鹿特丹国际电影节金虎奖。2010 年，阿彼察邦·韦拉斯哈古执导的《能召回前世的汶密叔叔》（Uncle Boonmee Who Can Recall His Past Lives，2010），再次以印象派的叙事风格，讲述了患严重肾病的汶密叔叔在乡村度过最后时光的奇特经历，从而获得了第 63 届戛纳电影节最高奖——金棕榈奖，成为首部获此殊荣的泰国电影。

迄今为止，泰国已拍摄了数千部电影，并且建立了国家电影档案馆。

四　音乐

　　泰国的传统音乐与佛教文化有着密切的关系，音乐的曲调和乐器都与佛教的盛典仪式有关。泰国的乐器主要是笛、鼓、排铃、木琴、锣等，这些乐器都是佛教祭祀活动中常用的乐器。泰国的音乐分为宫廷音乐和民间音乐。拉玛九世普密蓬国王也是一个音乐爱好者，他身体力行，亲自谱写歌曲并演奏，促进了泰国音乐事业的发展。

　　西洋音乐传入泰国是在 19 世纪末。泰国的第一支西洋乐队是拉玛六世在宫廷中组建的皇家管弦乐队。1920 年，泰国正式组建了皇家军乐队，使其担负在重大活动和庆典中演奏的任务。1982 年，曼谷成立了第一支交响乐团，演奏西方的古典作品。西方音乐对泰国的音乐发展有很深的影响，特别是 20 世纪 90 年代以来，西方文化大举入侵泰国，一些通俗音乐也登陆泰国，引起泰国音乐界人士的忧虑。

五　舞蹈

　　泰国人民是能歌善舞的民族。泰国人民经常在一些重要的民间活动和节日中载歌载舞，用舞蹈和歌声表达对美好生活的热爱。泰国的舞蹈具有悠久的历史。与其他的艺术形式一样，泰国的舞蹈同样也受到了佛教艺术的影响。早期的泰国舞蹈大多是佛教祭祀活动的一部分。按照其表现形式，泰国的舞蹈分为两大部分：古典舞剧和民间舞蹈。古典舞剧是一种以宗教神话为题材的舞蹈，对戏剧的影响较大。民间舞蹈又分为季节舞和社交舞。季节舞是人们欢庆丰收的集体舞。社交舞也是一种集体舞，形式比较正规，主要在城市中的舞厅进行。

　　泰国是多民族国家，因此泰国的民间舞蹈也是多种多样。最具特色且流传最为广泛的民间舞蹈要数南旺舞。南旺舞在泰语中为圆舞的意思，人们围成一个圆圈，伴随着鼓声和民族乐曲载歌载舞。在一些重大的民间节日，如宋干节或婚庆、生日等欢乐场合中，人们都要欢聚一堂跳南旺舞。南旺舞有固定的舞步和表演程序，每套动作都有相应的歌曲。舞蹈不限人数。男女的舞蹈动作有所不同，女子动作轻盈灵巧，男子动作则刚硬、洒脱。南旺舞简单易学，富有生活气息，流传极广，不仅受到泰国男女老少的欢迎，而且还流传到了周边国家，如柬埔寨、老挝和缅甸等邻国。

在泰国的不同地区，民间舞蹈有不同的表现形式。中部地区流行达兰舞、丰收舞、特腾舞。这些舞蹈的特点是节奏鲜明、欢快，表现了劳动给人们带来的欢乐。丰收舞表现的是农民丰收时的劳动场面。特腾舞是背长鼓的男演员和女演员相对而舞。达兰舞是男女演员对唱的同时所跳的舞蹈。北部地区流行蜡烛舞、长甲舞、玛拉舞。蜡烛舞和长甲舞是少女集体舞蹈。跳蜡烛舞时，婀娜多姿的青春少女身穿色彩斑斓的民族服装，头戴花束，两手各执一支点燃的蜡烛。跳长甲舞的青春少女十指戴有 8 厘米长的金色假指甲，少女们在欢快的音乐中翩翩起舞，歌颂美好的生活。东北部地区则流行笙舞、竹竿舞等。笙舞是南旺舞的前身，种类很多，表演形式自由，没有专门的舞蹈语言，表现内容大多是东北部人民的劳动和生活。南部流行的是玛诺拉舞，该舞对泰国古典戏剧有较大的影响。

六 绘画

泰国的绘画分为传统画、现代画和抽象画。传统画的绘画手法比较简单，画面由线条组成，没有立体感，更谈不上透视效果。色彩的应用也比较简单，大多为赭色和土色。传统画受到佛教艺术的深刻影响。很多著名的寺庙中都有许多反映佛教内容的绘画。传统画的代表是泰国寺庙中普遍存在的壁画，画的内容生动易懂，具有很强的故事性，如描述佛祖经历的壁画等。现代画和抽象画反映泰国绘画技巧的发展和提高，画家们受到西方绘画的很大影响，在水彩画、油画、素描等方面颇有进步。

七 雕塑

泰国的雕塑艺术深受佛教和婆罗门教的影响。雕塑作品大多是供奉在寺庙中的佛像，可以说泰国在佛像雕塑方面确实技艺高超。至今，在许多寺庙中人们仍然能目睹许多栩栩如生、神采各异的佛像。20 世纪初，在西方文化的影响下，泰国的现代雕塑艺术有了一定的发展。最值得一提的是意大利的雕塑家卡拉多·费洛诗，他在泰国政府的支持下建立了艺术学院，培养现代的绘画和雕塑人才。不仅如此，他还为泰国的一些著名的民族英雄塑像，如拉玛五世、拉玛六世等。卡拉多·费洛诗后来加入了泰国国籍。鉴于他对泰国现代雕塑艺术的贡献，他被泰国人民誉为"现代泰国艺术之父"。

第四节 体 育

一 传统体育项目

泰拳 泰拳是一种泰式拳术，也是一种自卫术。泰拳具有悠久的历史，它始于素可泰王朝时期，在阿瑜陀耶王朝盛行一时，是泰国传统的体育运动项目。古时候，泰国经常和邻国因领土问题而交战。泰拳是由战争中赤手空拳消灭敌人的格斗演变而来的。阿瑜陀耶王朝著名的武术天才——纳黎萱大帝把泰拳作为战斗时使用的格斗招数加以完善和普及。第二次世界大战以后，泰拳和拳击结合演变成了体育项目，并被认为是世界上最激烈的格斗体育项目之一。泰语俗称："十个男人九个学拳。"精神力量在泰拳格斗中十分重要，这种力量来源于比赛前对神灵的膜拜。腰带是泰拳手必须佩戴的，职业选手身上文有的图腾标志也非常重要。图腾在泰国是魔力的象征，人们相信图腾可以抵御子弹或利器的伤害，还能引人注目。拳手们在头上绘上佛像，在胸膛和臂上绘上凶猛的野兽图案。图腾要经过特定的仪式才能成为身体不可分割的一部分。泰拳师教授给选手的不仅有泰拳的规则和技巧，而且还有基本的道德准则：辨明是非，自制，准确地思考，远离暴力、毒品和犯罪。现在泰国有 3000～4000 人在专职学习泰拳。

今天，泰国的年轻人把泰拳视为勇于接受生活挑战的一种象征。在泰国每周都有泰拳比赛，电视对泰拳比赛经常进行直播，吸引了成千上万的泰拳爱好者。泰拳与西方拳击的最大不同之处是泰拳手除了不能咬人或用头部做攻击对手的武器之外，可以用身体的任何一部分来攻击对手，因此泰拳比一般国际拳击比赛更为激烈、紧张。泰拳比赛分 5 个回合，每个回合 3 分钟，回合之间休息 2 分钟。比赛时运动员必须赤脚光背，头戴发箍，手上缠有布条，他们穿不同色彩的短裤，以便观众和裁判识别。拳手的年龄限制为 17～40 岁，拳手按体重分等级进行较量。比赛前，赛场要演奏泰国国歌。之后，在泰国传统音乐的伴奏下，拳击手进场向赛场守护神敬礼，并在拳击台上跳起名为"哇伊·科鲁"的舞蹈。舞蹈结束之后，拳手们才随着比赛开始的钟声登台揭开激战的序幕。第一回合开始前拳手们还要向王宫的方向敬礼，表示对国王的尊敬。拳击台为正方形，四周用绳子围住，台面铺有松软垫子，防止拳手受伤。

古代泰拳曾经是一种野蛮和血腥的竞技运动，后来也作为娱乐项目在庙会上进行表演。1921 年，泰国完善了泰拳比赛的规则，使昔日的野蛮比赛变得规范化。泰拳不仅是深受泰国人民喜爱的一种民族体育运动，而且还吸引了外国拳击爱好者，他们纷纷到泰国学习泰拳，使泰拳这种民族体育运动走向了世界。泰国训练外国拳击手的主要基地在帕塔亚。

藤球 藤球不仅是泰国的一个男子专项传统体育项目，也是亚运会和东南亚运动会的正式比赛项目。东南亚国家还有藤球协会，每年组织藤球循环比赛或表演赛。藤球是在泰国农村占主导地位的体育项目。

泰国藤球已经有上千年的历史。藤球由晒干的藤条编制而成，周长约 42 厘米，重约 100 克。藤球不受场地、时间、气候的限制，设备要求也简单，因此藤球在泰国的农村和城市都非常流行。藤球运动员除了不允许用手触球外，可以用身体的其他部分触球，如用头顶、膝顶、脚踢、胸挡等，使藤球围绕身体旋转而不掉地，这就要求比赛者有相当高超的技巧。藤球分为过网藤球、入篮藤球和单人藤球等 6 种踢法。

斗鱼 斗鱼是泰国喜闻乐见的民间娱乐活动，几乎每个县都设有斗鱼场，该活动在农村尤为盛行。一般每年 5～12 月为斗鱼季节。斗鱼鱼种是不能食用的生性好斗的热带雄鱼，每年雨季来临河水上涨时，人们纷纷到河中捕捞这种鱼。

斗鱼时，人们将两条大小相同、颜色各异的雄鱼装在一个玻璃缸中，这时两条鱼便如临大敌，立刻警惕起来：鱼鳍舒张，鱼鳃鼓起，鱼身和鱼鳍变成蓝色或红色，并有光带，十分鲜艳美丽。然而它们并不马上搏斗，而是面对面地盯着对方，相持至少几秒钟后才向对方发起攻击，有时甚至能相持几分钟。攻击的部位通常是鱼鳍，鱼鳍往往被咬得七零八落，甚至只剩一点残根，偶尔也有嘴咬嘴的情况，但这种动作会妨碍各自的呼吸，故两条鱼不能相持太久。当它们感到筋疲力尽时，就要暂停一会儿，游到水面透透气。斗鱼似乎也很讲比赛道德，从不乘机偷袭对方，所以人们把这一时间称为"斗鱼的道德换气时间"。

斗鱼的胜负不取决于双方受伤的轻重，而取决于两条鱼战斗力和战斗精神的强弱。如果一条斗鱼失去战斗力，不想继续搏斗而游走，这条鱼即为败方，另一条斗鱼则为胜方。斗鱼时间不限，由斗鱼者双方商定，有时一场比赛长达两个小时。泰国的斗鱼比赛往往具有赌博性质，每次比赛前，人们要商定好赌金，只有交齐赌金，才能放鱼搏斗。为了躲避警察的搜捕，设赌者经常是进行一次斗鱼即转换一个斗鱼场。

放风筝　这也是泰国传统的体育项目之一。放风筝在泰国已经有几百年的历史了。旱季是放风筝的最好季节。泰国风筝队经常参加国际比赛。每年的 3 月和 4 月，泰国都要在曼谷的王家田广场举行风筝比赛。

泰国民间还广泛流传着兼具娱乐和竞技性质的活动，如农村收获季节时人们最喜爱的斗鸡活动、盛行于泰国南部的斗牛活动，这些活动均表现了泰国民族热情奔放的性格，也展现了泰国浓郁的民族色彩。

二　现代体育运动

除了传统体育项目外，泰国还比较重视发展现代体育运动。体育不仅可以增强人民的体质，而且能够振奋民族精神。泰国在游泳、篮球、足球、羽毛球、赛马、网球、自行车等体育项目中都取得过佳绩。

1996 年以来，泰国体育代表团先后在第 26 届亚特兰大奥运会、第 27 届悉尼奥运会、第 28 届雅典奥运会和第 29 届北京奥运会分别夺得了 1 枚、1 枚、3 枚、2 枚奥运金牌，泰国成为东南亚表现最为突出的国家。在 2012 年伦敦奥运会上，泰国体育代表团夺得 2 枚银牌与 1 枚铜牌。

泰国迄今为止举办过 4 届亚运会。第 5 届亚运会于 1966 年 12 月 9 日在泰国曼谷举行。在此次运动会上，泰国获奖牌总数位列第3名，其中包括金牌12枚、银牌14枚、铜牌11枚。第6届亚运会于1970年12月9日在泰国曼谷举行，泰国获奖牌总数同样位居第3名，其中包括金牌9枚、银牌17枚、铜牌13枚。第8届亚运会于1978年12月9日在泰国曼谷举行。第13届亚运会于1998年12月6～20日在泰国首都曼谷举行，泰国运动员在此次运动会上参加了多项比赛，获得了24枚金牌、26枚银牌和40枚铜牌，泰国在"中、日、韩"三强之后居亚洲第4位。在2014年第17届仁川亚运会上，泰国体育代表团共夺得12枚金牌、7枚银牌和28枚铜牌，位居金牌榜第6位，仅次于中国、韩国、日本、哈萨克斯坦、伊朗。

泰国还于1959年在首都曼谷举行了第1届东南亚运动会。东南亚运动会原被称为"东南亚半岛运动会"，亦称"黄金半岛运动会"。它是由各参加国按国名第一个英文字母排序而轮流主办的地区性综合运动会，每两年举办一届，迄今已举办过28届。2007年12月6～15日，第24届东南亚运动会在泰国举行。为庆贺泰国国王普密蓬的80寿诞，泰国东南亚运动会筹委会共设立了43种竞技项目，使得该届运动会成为历届规模最大的一次。泰国选手共夺得183枚金牌，使得泰国在多年后重登金牌榜首位。在2015年第28届新加坡东南亚运动会上，泰国体育代表团共夺得95枚金牌、83枚银牌和69枚铜牌，再次荣登金牌榜首位。

泰国不仅积极开展各项正式的体育运动，而且还倡导全民健身运动，宣传体育锻炼的重要性。全民健身运动包括健美操、马拉松等多种活动。2001年11月23日，泰国在曼谷举行了有7万多人参加的大型健美操活动，泰国总理他信带头参加。此次活动的参加人数超过上一次在墨西哥举行的类似活动的参加人数，因而被载入了吉尼斯世界纪录。

三　体育设施与国际交流

泰国有一批设施良好的体育场馆，最著名的有法政大学体育中心、孟通他尼体育中心、华目体育中心。

法政大学体育中心　法政大学体育中心坐落于法政大学校内，由主赛场、水上中心、体育馆、国际区和运动员村等建筑设施组成。主赛场有2

万张座椅，水上中心可容纳 5000 人，体育馆主要有羽毛球馆、手球馆、空手道馆、跆拳道馆、武术馆、篮球馆、摔跤馆、柔道馆、乒乓球馆、击剑馆和藤球馆等。国际区是一个设施及服务完备的供运动员和体育官员休息放松的娱乐中心。运动员村设有 5000 套客房，可接纳 1 万名运动员。

孟通他尼体育中心 该中心占地约 300 公顷，包括：1 个拳击馆，可容纳 1 万人；1 个体操馆，可容纳 5000 人；1 个举重馆，可容纳 5000 人；1 个排球馆，可容纳 3000 人；1 个台球和斯诺克球馆；1 个橄榄球场，可以作为运动员的训练场，有 8 条跑道和 5000 个座位；12 块网球场地和 1 块中央场地；12 个游泳池。

华目体育中心 该中心由泰国体育局负责管理，分为 5 个部分：①拉乍曼甲叻国立体育场，该体育场曾经是亚运会的主体育场，高出地面 5 米，共有 6 万个座位，由一块标准足球场和 8 条 400 米跑道组成，正面看台下面是一个用途广泛的开放区，被划分为办公室、运动员室和官员室等区域；②室内体育馆，设有 1.2 万个座位，可作为藤球运动的比赛场馆；③自行车馆，设有 2000 个座位，供自行车比赛使用；④射击场，设有 2000 个座位，并提供各种比赛训练设备；⑤射击靶场，设有 500 个座位。

其他主要体育场馆有清迈体育场、那空沙旺体育场、颂叻体育场、西沙叻体育场、素叻他尼体育场、董里体育场、素帕差拉塞体育场、曼谷丁当体育场、素攀武里足球场、曼谷图巴代米体育场、诗丽吉王后 60 诞辰体育场、戈艾国家公园戈艾 - 里达风景区（自行车比赛）、那空那育府斯里那卡林威罗大学（手球、垒球、卡巴迪）、曼谷甲社沙大学（曲棍球）、春武里玛巴占水库（皮划艇、划船）、沙拉武里阿提颂堡马术俱乐部（马术）、帕塔亚大使城宾馆体育中心（壁球）、帕塔亚 - 东丹宗滴恩海滩（帆船）、曼谷 P.S. 邦甲比保龄球馆（保龄球）、曼谷阿尔派恩高尔夫和体育俱乐部（高尔夫球）、曼谷泰国皇家军队体育场（橄榄球）、素万那翁 - 金哈艾沙体育场（藤球）、董里府市政体育场（藤球）。

泰国大力开展体育国际交流活动。除举办了多次亚运会和东南亚运动会外，泰国还多次举行大规模的单项国际运动会，如羽毛球赛、泰拳赛、田径运动会等。2001 年 5 月，泰国在曼谷法政大学体育中心举办了本国历史上规模最大的国际田径锦标赛。20 多个国家和地区的 1433 名田径选手参加了比赛，其中包括悉尼奥运会 100 米栏冠军、哈萨克斯坦名将奥莉加·希希金娜。这些比赛不仅锻炼了泰国选手，而且为他国运动员了解泰国文化提供了非常好的机会。

第五节　新闻出版

泰国宪法保障新闻自由。泰国法律规定，除了"维护国家安全或自由、他人的尊严和名誉，或维护公共秩序或良好道德，或维护公众的精神和健康"等理由，任何人不得干预新闻工作。因此，泰国的新闻享有相当多的自由。泰国的记者、编辑实行自我审查制度，避免法律禁止的事务。总理办公室下辖的公共关系局负责对大众媒体进行监督和管理。该局也是政府新闻和信息的主要发布机构，每天都要发布文字和电子的国内外重要新闻公报。政府的其他部门也发布新闻公报，如 1976 年建立的泰国新闻社，它也是总理办公室管辖之下的国有企业。现有制度使泰国警察总监拥有很大的职权，如关闭和吊销违规出版社的执照，并根据问题的敏感度，给予不同的处罚。

一　报纸与通讯社

泰国的新闻出版业已有 100 多年的历史。1941 年，泰国政府颁布了《新闻出版条例》，对新闻出版业进行严格管制。1956 年，政府取消了有关禁令，新闻界一度活跃。但总体来看，20 世纪 80 年代以前，政府对新闻报刊管制较严。1980 年以后，泰国的民主气氛有所增强，对报刊广播的限制逐步减少，除了仍然执行"不得亵渎国王或污蔑、蔑视和侮辱王室成员"和"不得直接或间接鼓励亲共和信仰共产主义"等规定外，已经不再强调其他的规定了。目前，泰国的报刊言论大胆，敢于抨击时弊，也能较客观地报道国际新闻，新闻记者的采访也较少受到限制。

泰国的日报大多聚集在曼谷，至少有 65% 供成人阅读的日报在曼谷出版。曼谷现有 21 份泰文日报、6 份中文和 3 份英文日报。报纸一般是独立的，从报纸销售到广告代理都自主经营。法律规定政府不得对私人报纸进行补贴。出于对国家安全的考虑，外国人不得拥有报纸的所有权。20世纪80年代，由于读者的眼光越来越挑剔，泰国报刊的标准在不断提高，报刊更强调内容和形式的统一。泰国报纸和期刊的发行量都不大，它们大都是民营的，主要有以下几种。

《泰叻日报》1958年创刊，是泰国发行量最大的泰文报纸，每天出版4大张，日销几十万份。该报侧重报道社会新闻，敢于暴露、抨击时弊。该报辟有几个专栏报道上层人物的活动。

《每日新闻》1949年创刊，是版面最多的泰文报纸之一，每天出版3大张12版，发行几万份。该报侧重报道影坛、文艺界的活动，政治、经济报道较少。

《民意报》1978年创刊，为泰文报纸，每天出版3大张12版，发行数万份。该报主要刊登政治新闻，消息较多，言论大胆，主张新闻自由。

《商情日报》1949年创刊，为泰文报纸，每天出版3大张12版，发行数万份。该报主要报道泰国经济消息，刊登政府经济公报，定期刊载经济统计资料。

《暹叻报》1950年创刊，为泰文报纸，每天出版3大张12版，发行数万份。该报在泰国有一定影响，创办人为前总理克立·巴莫。

《曼谷邮报》1947年创刊，为英文报纸，每天出版8大张32版，发行1万份。该报报道及时，经常反映美国等西方国家的观点，由英国一家联合企业控制。

《民族评论报》1976年创刊，为英文报纸，每天出版6大张24版，发行1万份。该报经常刊登有特色的独家新闻，消息多而快。

《星暹日报》1950年创刊，为中文报纸，除报道泰国的政治、经济、泰国华人社团的情况外，还注重报道中国内地的情况。该报经常编发中国新闻社和中国新华社的稿件。

《世界日报》1954年创刊，为中文报纸，每天出版4大张16版，发行几千份。该报除报道政治外，还报道世界商情。

《中华日报》20世纪50年代初创刊，为中文报纸，每天出版6大张

24 版，发行 2 万多份。中泰建交后，该报介绍中国情况和促进中泰友好的报道增多，该报是泰国日报中报道中国最多的报纸。

《泰叻日报》和《每日新闻》占泰国报纸总发行量的 75%。这两份报纸在白领中很受欢迎。英文日报如《曼谷邮报》和《曼谷世界报》在受过良好教育和社会地位较高的成员中很受欢迎，被认为是报道内容最可靠的报纸。《曼谷邮报》和《曼谷世界报》的一些编辑本身就是外国人，大多是英国人。

泰国英文日报的读者在逐渐增多，中文日报的读者自 20 世纪 80 年代以来则一直在减少。中文日报的总发行量在 7 万份左右，两份主要的中文日报是《星暹日报》和《中华日报》。

泰国只有一家通讯社，即泰国通讯社，简称泰通社。泰国通讯社成立于 1974 年 4 月，属于国家所有。泰国通讯社主要负责发布国内新闻，每天向该机构管辖下的电台和电视台及国内外新闻机构发布 3 次泰文新闻稿和 1 次英文简明新闻稿。泰通社是亚洲通讯社组织的成员，与国外通讯社经常互换新闻。

二 广播、电视、期刊

广播 泰国的广播事业发展很快，广播电台数量也很多。除了政府和军队主办的广播电台外，泰国还有民办的广播电台。目前泰国的广播电台已超过 200 个。

泰国最大的广播电台是泰国国家广播电台，该电台属于国家中央广播电台，建于 1930 年 2 月，由总理府民众联络厅管理。泰国国家广播电台在全国各府设有 58 个分台，是全国发射功率最大、设备最完善的电台。泰国国家广播电台每天广播 3 套节目：第 1 套是新闻节目，第 2 套是教学节目，第 3 套是曼谷交通节目。除了泰国国家广播电台以外，泰国还有亚洲自由之声广播电台及一些民办的电台。

泰国的广播电台主要用泰语广播，不懂泰语而懂英语的人可以收听泰国广播电台的英语节目。主要内容是泰国国内外新闻、体育消息、商业信息、新闻特写、音乐节目等。广播播出的时间、内容、广告和技术标准都由总理办公室下属的广播指导委员会决定，并由副总理领导。

泰国有 275 个国家和地方的无线电发送站。总理办公室下属的公共关系局负责泰国广播电台和泰国国家广播服务公司的管理工作。泰国广播服务公司是政府的官方广播站，向全国播放地方和国际新闻，并用 9 种外语播报。

电视　泰国现有 6 家免费收视的模拟地面电视台。电视节目除国内外新闻外，还有音乐、舞蹈、体育等节目和电视片及影片。广告在泰国电视中占有很大的比重。作为官方信息渠道，所有的电视台都避免在节目中发表有争议的观点和政治评论。

泰国第 3 电视台，建于 1970 年，为泰语电视台。节目以中国香港、中国台湾摄制的爱情、武打及古装戏为主。播出时间从下午 4 点到午夜。该电视台由泰国大众通讯组织（Mass Communication Organization of Thailand，以下简称 MCOT）改制后成立的 MCOT 公司主管。

泰国陆军电视 5 台，建于 1958 年，为泰语电视台。节目以反映军队情况为主，也播发政治新闻和娱乐节目。播出时间为下午 4 点到午夜。该电视台由泰国陆军主办。

泰国陆军电视 7 台，为泰语电视台。节目内容与陆军电视 5 台的内容相近。播出时间从下午 4 点到午夜。该电视台在北部的清迈和东北部的乌汶府建立了两个分台，并通过卫星将一些节目从曼谷传送到外地。

Modernine TV（原泰国第 9 电视台），建于 1955 年，为泰语电视台。纪录片和知识性节目占 31%，新闻和体育节目占 27%，娱乐节目占 34.5%，广告和其他节目占 7% 左右。该电视台每月播发 360 小时的节目，播出时间是上午 6 点到午夜。该电视台由 MCOT 公司主管，是一个设备较完善的国家电视台。

NBT 电视台（原泰国第 11 电视台），建于 1988 年，为泰语电视台。2008 年，泰国第 11 电视台重组成立 NBT（National Broadcasting Services of Thailand，泰国国家广播服务）电视台，并提供全天 24 小时的节目播送服务。该电视台由泰国总理府公共关系局主管。

Thai PBS 电视台（原 iTV 电视台），为泰语电视台。1992 年"五月流血"事件后，泰国社会要求建立私人电视台，以改变政府对电视媒体的垄断。1995 年，私人电视台 iTV 成立，主要播送新闻和信息节目。1997 年亚洲金融危机后，面临债务危机的 iTV 被"电信大亨"他信·西那瓦拥有的西那瓦公司收购，随后开始转变节目风格，更多地播送娱乐节目，并成为他信政府的重要宣传阵地。2006 年军方政变推翻他信政府后，iTV 于 2007 年被收归国有，并且更名为 TITV，但播送的节目延续了 iTV 的原有风格。2008 年，泰国政府出台公共广播服务条例（Public Broadcasting Service Act），并据此将 TITV 改组为 Thai PBS，使其成为公益性国家电视台，主要播送纪录片和儿童节目，播出时间是每天凌晨 5 点到午夜。

近年来，随着信息技术的发展，卫星电视、有线电视、网络电视等新形式的付费电视播送方式开始日益为民众所认知和接受，从而极大地丰富了泰国国民的社会生活。

期刊 泰国的主要期刊有以下几种。

《政府公报》1958 年创刊，为泰文月刊，刊登政府颁布的政策法令和有关文件，属于政策法令汇编类期刊，由总理府主办。

《经济与社会发展》为泰文月刊，主要刊登政府的经济政策和措施、发展计划、方案、设想及建设成就等内容，由总理府国家经济和社会发展委员会办公室主办。

《沙炎叻评论》创刊于 1953 年，为政治性周刊，语言为泰文。该周刊主要刊登一周内的国内外重大消息、新闻，着重报道事件，也发表一些评论，由《沙炎叻日报》创办。

《太阳》1977 年创刊，为综合性政治周刊，语言为泰文。该周刊主要刊登政治性方面的消息、事件及评述，也常报道国际问题，并发表评论。该周刊受军方支持，军方人员还为其撰稿，经常透露一些军队内幕和派系情况。

第八章

外　交

第一节　外交政策的演变和特点

综观泰国历代的外交活动，我们不由地惊讶于泰国在历史上特别是近代所获得的一系列外交成功，其中最突出的无疑是泰国在西方列强的虎视眈眈之下却能保持独立，成为东南亚唯一没有沦为殖民地的国家。这在一定程度上要归功于泰国杰出的外交家们对地区局势敏锐的洞察力，但更主要的却是直到今天仍在发挥作用的泰国传统外交原则，那就是在面临威胁时充分利用对手之间的矛盾，并始终与强势者保持一致的方略，简而言之就是"以夷制夷"。这一原则早在泰国第一个王朝——素可泰王朝时期就已经确立了，不过，得以全面完善与发展却是在西方列强入侵东南亚之后。

一　阿瑜陀耶王朝时期的外交政策

16 世纪以前，泰国的对外活动是地区性的，主要是与邻国如缅甸、柬埔寨和老挝等为领土而进行的连续不断的战争。16 世纪初，当伊比利亚国家为争夺香料和胡椒的海上贸易权来到东南亚之后，泰国才开始了与西方的接触。1511 年，葡萄牙占领了马六甲，并于同年派遣了使者杜阿尔特·费尔南德斯出访泰国。这是欧洲人第一次到达阿瑜陀耶王朝都城阿瑜陀耶。随后，两国的交往逐渐增多。1516 年，阿瑜陀耶王朝与葡萄牙缔结商业条约，允许葡萄牙商人定居泰国。1555 年，第一批葡萄牙传教士到达泰国。

不过，伊比利亚国家给东南亚带来的却不仅仅是和平的贸易机会和文化交流，更多的则是侵略野心与连绵战火。葡萄牙在控制了马六甲的满刺加王国后，又不断入侵香料群岛。西班牙则在 1565 年占领了菲律宾，开始了长达 300 多年的殖民统治。16 世纪下半叶，西、葡两国多次入侵文莱，使得 16 世纪初曾辉煌一时的文莱日渐衰败。但是，来自缅甸的威胁却使阿瑜陀耶王朝无暇顾及葡萄牙势力的扩张。等到纳黎萱国王成功将缅甸势力逐出泰国的时候，葡萄牙在泰国的势力扩张已经是一个必须认真应付的问题了。

不过，需要指出的是，当时处于前殖民主义时期的葡萄牙的战略重点只是运输香料的海上航道和贸易站，对并不处于交通要冲的泰国倒并没有领土野心，感兴趣的只是更多的贸易特权，而且当时阿瑜陀耶王朝的军事力量也足以自保。所以，决定是否对外开放的主动权基本上掌握在泰国统治者的手中。为了从货物贸易和文化交往中获得好处，阿瑜陀耶王朝的国王明智地选择了对外开放。然而，对于强大的外国势力，阿瑜陀耶王朝仍是充满顾虑。阿瑜陀耶王朝不希望发生正面冲突，因为这首先无益于贸易的发展，其次也会给当时既要抵御缅甸又在征服柬埔寨的泰国增加不必要的麻烦。于是，"以夷制夷"的外交方略得到了巧妙的运用。

当纳黎萱的继任者厄迦陀沙律王了解到新崛起的海上强国荷兰与葡萄牙不和时，便开始着力发展与荷兰的友好关系，引导荷兰势力进入泰国。1602 年和 1608 年，荷兰分别在北大年和阿瑜陀耶建立了商行，而这两地正是对中国和日本贸易的重要中心。1609 年，在荷兰与西班牙缔结安特卫普停战协定并取得事实上的独立后，厄迦陀沙律王还派出使节团出访荷兰，使节团还在海牙受到了莫里斯亲王的接见。这也是泰国人对欧洲第一次有记载的访问。17 世纪中期，荷兰逐渐取得了东南亚的控制权，并于 1641 年将葡萄牙逐出了马六甲。但日渐强大的荷兰却又成为阿瑜陀耶王朝新的问题，1649 年和 1654 年荷兰甚至两次试图以武力相威胁要求在泰国获得更多的商贸特权。为了牵制荷兰，阿瑜陀耶王朝的那莱王又主动与正逐渐参与海外扩张的法国发展友好关系，允许法国传教士在泰国除王宫以外的地方自由传教，甚至向法国国王路易十四表示自己可以改信天主教，并在 1680 年、1684 年两次派遣外交使团出访法国。而法国对此也给予了友好的回应，1685 年路易十四派遣了谢瓦利埃·德肖蒙为正式大使回访了泰国。

"以夷制夷"外交方略的成功运用使阿瑜陀耶王朝在有效化解外部势力影响的同时，也在各国的贸易竞争中获得了最大的好处。泰国一度成为东南亚贸易的中心，而那莱王统治期间则被普遍认为是泰国历史上最开放的时期之一。

但是，那莱王死后，阿瑜陀耶王朝的对外开放进程突然中止了，原因是多方面的。1687 年，法国派遣军队入驻曼谷并要求阿瑜陀耶王朝割让墨吉及其附属岛屿，引起了阿瑜陀耶王朝统治者的警惕，这无疑是导致泰国闭关自守的原因之一。但考虑到外国威胁以前也出现过，然而并没有导致泰国闭关自守的这一事实，一般认为那莱王长期优待天主教传教士引起泰国佛教高级僧侣的不满才是泰国突然放弃对外开放的主要原因。从 1688 年起，泰国的国门就一直紧闭，直到 19 世纪中叶才被迫再次打开。

二 曼谷王朝时期的外交政策

近代的泰国一直在夹缝中求生存。与阿瑜陀耶王朝统治者基本上自主选择"以夷制夷"方略并实行对外开放不同，曼谷王朝再次采取相似举动完全是迫于无奈。当曼谷王朝拉玛三世继位时，地区局势已经与一个半世纪前大为不同。18 世纪初凭借商业资本曾盛极一时的荷兰衰落了，取而代之的是以工业资本为后盾的英、法两国在世界范围内的殖民争霸。随着工业革命的推进，西方列强需要更多的原材料供应地和产品倾销地。在紧邻东南亚的南亚次大陆，英国在 1757 年普拉西战役中击败了亲法国的印度穆斯林统治者，并在 1761 年迫使法国交出了在印度的所有据点，完成了对印度的独占。随后，英国以印度为基地开始了对马来亚和缅甸的一系列殖民扩张。当看到地区强国缅甸也在第一次英缅战争中败于英国，甚至连仰光也在 1824 年被英国占领后，曼谷王朝拉玛三世决定放弃闭关锁国政策，开始与英国接触以避免冲突。1826 年，拉玛三世与英国签订了商贸条约，修改了原先旨在阻止外贸的进口税收制度，东印度公司再次回到泰国。东印度公司早在 1612 年就曾在阿瑜陀耶设立商行，但后来曾被葡萄牙和荷兰的势力排挤出泰国。其实，拉玛三世并不打算借英国之手除掉宿敌缅甸，相反他希望缅甸能尽量与英国纠缠，拖住英国殖民扩张的步伐，以便减轻英国对泰国控制下的马来半岛的威胁，所以他委婉地拒绝了英国的联手进攻缅甸的提议。但是，英国很快就在第二次英缅战争中再次击败了曾经称霸中南半岛的缅甸。1852 年，当英国控制了缅甸紧邻泰国的勃固地区后，就开始将矛头指向泰国。对于正处在殖民主义上升阶段的英国而言，泰国开放的程度远远不够。1855 年，英国代表、香港总督鲍林强迫泰国签订了第一个不平等条约《英暹通商条约》（即《鲍林条约》），导致泰国丧失了部分主权。为了避免泰国沦为英国的殖民地，精通英语的拉玛四世蒙固王被迫再次采用"以夷制夷"方略，希望其他列强势力能牵制英国的独占野心。为此，蒙固王很快与法国（1856）、美国（1856）、丹麦（1858）、葡萄牙（1859）、荷兰（1860）、普鲁士（1862）签订了类似条约。1868 年，拉玛四世还委托鲍林代为签订了和比利时、意大利、挪威、瑞典等国的条约。

蒙固王在 1867 年给驻巴黎使节素里旺·瓦耶瓦达那的信中写道："像我们这样一个不大的国家，两三面都被强国包围，有什么办法呢？……唯一能真正保护我们的武器只有我们的一张嘴和充满着健全思想与智慧的一颗心。"到了拉玛五世朱拉隆功时期，局势变得更为严峻。马来亚已基本被英国所控制，而缅甸则在 1886 年成了英属印度的一个行省。同时，法国也开始了在印支地区的势力扩张，柬埔寨（1863）、越南（1884）、老挝（1893）先后沦为法国的保护国。1893 年，法国甚至将军舰开进湄南河，以武力逼迫朱拉隆功王割让了湄公河左岸包括琅勃拉邦在内的所有领土。英、法两国从东西两面形成了对曼谷王朝的夹击之势，都妄图独吞泰国。维护国家的独立变得十分困难。为此，朱拉隆功王一方面在国内推行社会改革，努力增强国力，给英、法的殖民入侵制造障碍；另一方面则充分利用英、法的竞争均势和列强间的矛盾，"以夷制夷"进行外交周旋，并发展出了"中间路线"的外交方针。朱拉隆功王解释说："我们是一个小国，人力有限，不能与列强进行战争，必须八面玲珑与人无争，不能过分亲近某一个强国，亦不可过分疏远某一强国。"这一方针在聘请社会改革顾问时得到了很好的体现，如司法部顾问聘请法国人，财政部和海关顾问聘请英国人，陆军顾问聘请德国人，而总顾问和对外政策顾问则聘请了美国人。在朱拉隆功王的外交努力之下，1896 年 1 月 16 日英、法两国签订条约，决定将泰国作为法属印度支那和英属缅甸的缓冲区，并共同保证泰国的独立地位。由此，泰国最终成为东南亚唯一没有沦为殖民地的国家，这不能不说是泰国外交的伟大成功。

不过，需要指出的是，尽管泰国在形式上保全了国家的独立，但事实上却没能摆脱任人宰割的命运。1904 年英、法再次签订条约，划定湄南河以西为英国势力范围，以东为法国势力范围，这在事实上瓜分了泰国。1907 年，法国迫使曼谷王朝割让马德望、暹粒、诗梳风三地给法属柬埔寨。而英国则在 1909 年 7 月 15 日迫使曼谷王朝将对吉打、吉兰丹、丁加奴、玻璃市四州及其附近岛屿的全部权利转让给了英属马来亚。

三 一战与二战期间的外交政策

在 1914～1918 年的第一次世界大战期间，泰国的外交策略可以被概括为"明哲保身"和"见风使舵"，这充分体现了小国的生存智慧。一战初期，泰国为了避免卷入战争并防止西方列强借机入侵，严守朱拉隆功王既定的"中间路线"方针，发表了中立宣言。尽管 1915～1916 年俄、法两国不断劝说曼谷王朝放弃中立，加入协约国阵线，但泰国却始终显得态度暧昧，模棱两可。随着战局的明朗化，特别是美国于 1917 年 4 月宣布参战并加入协约国后，曼谷王朝迅速改变了外交姿态。在 1917 年 5 月签署的诏书中，拉玛六世宣布放弃中立地位，加入协约国，并于 7 月 22 日派出了一支 1200 人的远征军开赴法国战场，向德、奥宣战。1918 年第一次世界大战结束后，泰国以战胜国的身份出席了巴黎和会，不但废除了与德国签订的各种不平等条约，没收了德国在泰国的财产，还取得了国际联盟成员国的资格，从而能利用外交手段逐渐废除与其他列强的不平等条约，恢复国家的独立和主权的完整。

相比之下，二战前期泰国的外交政策就显得不那么灵活了。虽然当时泰国政府仍明显坚持"以夷制夷"的外交道路，但是却在很大程度上放弃了"中间路线"方针，期望利用日本压制英、美等国。这种外交倾向在 1933 年国际联盟就伪满洲事件谴责日本的决议投票时得到了充分的体现，当时唯一投弃权票的国家就是泰国。泰国采取一边倒政策的原因大致有两个。外部原因是日本加入轴心国使亚洲直接卷入了两大军事阵营的冲突，泰国无法像一战那样因为远离欧洲战场而拥有足够的外交回旋余地。事实上，在日本的威胁下泰国只能敌友分明，不能再采取模棱两可的态度。内部原因则是泰国军人政权的利益选择。1932 年泰国发生民主革命，建立了君主立宪政体，军人集团则在镇压复辟的活动中逐渐掌握了政权。少壮派军人代表披汶·颂堪于 1934 年 9 月进入内阁，兼任了最具实权的内政和国防两部部长，从而实际控制了国家政权，开始了军人专政。披汶·颂堪曾在法国枫丹白露留学，深受德意法西斯和国家社会主义的影响，在外交态度上倾向于日本的军国主义。这期间，泰国国内民族主义盛行，陆军及社会中涌动着一股抵抗英法的思潮，或称收复失地运动，目的是收复 19 世纪末 20 世纪初割让给英、法殖民强权的土地。在很大程度上泰国军人政权正是依靠这一思潮才得以维持其统治的正当性，所以在外交上不大可能站在同盟国一边。此外，当时的泰国军界普遍对同为亚洲国家却能与西方列强相抗衡的日本心存仰慕，对长期欺凌泰国的英、法等国十分敌视。二战初期，披汶政府倚仗日本与狼共舞的外交举动确实给泰国带去了不少好处。

1941 年初，泰国为夺回当年割让给法属印度支那的土地进行了军事冒险，遭到法军的抵抗，泰国惨遭失败。不过，凭借日本的支持，披汶政府在随后的外交和谈中占尽上风。由于英美的一再退让，法国维希政府最终向日本屈服，满足了披汶政府的要求。1941 年 5 月在东京签署的《泰法条约》中，法国向泰国割让了湄公河沿岸约 6.5 万平方千米的土地，其中包括柬埔寨的马德望、暹粒和诗梳风（吴哥窟除外），以及老挝的琅勃拉邦和占巴塞。但是，披汶政府很快就为跟随日本政府的行为付出了代价。尽管披汶政府极力想保持独立，但日本还是在 1941 年发动太平洋战争后武装入侵了泰国，并迫使披汶政府签订了《日泰同盟条约》和一个附加秘密议定书，实际上将泰国变成了日本的附庸。

出于维护国家主权的目的，泰国开始分化出明暗两条外交路线，即以披汶政府当权派为代表的亲日路线和以摄政王比里·帕侬荣等为代表的亲美路线。比里·帕侬荣创立并领导了泰国本土的抗日"自由泰运动"。亲美路线的另一位领军人物、泰国驻美大使社尼·巴莫则拒绝向美国政府递交宣战书，并领导了"自由泰运动"在美国的活动。值得注意的是，由于日本的殖民经济政策严重损害了泰国资本家和大地主的利益，所以，即便是在亲日统治集团内部对亲日路线的执行也绝不是一心一意的。而且，泰国"以夷制夷"方略的关键就是始终与强势者保持一致，对这一点泰国的领导层是有共识的。披汶本人就曾在1942年对其参谋长明确表示："哪一方在战争中溃败，哪一方就是我们的敌人。"因此，二战期间有为数不少的政府官员参加了"自由泰运动"，并利用自己的特殊身份开展抗日活动。

随着日本在战场上的失利，亲美路线逐渐由暗转明，泰国再一次转变其外交政策。1943年11月，披汶借故拒绝参加在东京举行的大东亚会议，尽管此前日本首相东条英机于同年7月还专程访泰，并将马来亚的玻璃市、吉打、吉兰丹、丁加奴和缅甸的景栋、孟板割给泰国。1944年7月，为给外交转向铺平道路，泰国政府进行了平稳的政权交接，披汶内阁辞职并将权力交给了亲美派的摄政王比里·帕侬荣。亲美派组成的反日政府在驻泰日军的监视下表面上宣称继承前政府的政策，但却秘密与同盟国取得联系，积极配合盟军的行动。

四 二战后的外交政策

二战后世界政治格局风云变幻，为了生存，泰国也在不断变换其外交政策，但是传统的"以夷制夷"外交思想却一直得到延续，并逐渐演变为现在的"大国平衡"外交政策。

1. "向美国一边倒"时期（1946～1973年）

二战后，新政府外交的第一个难题是如何避免成为战败国。1945年8月16日，也就是日本天皇宣布投降的第二天，比里·帕侬荣代表国王向同盟国发表了和平宣言，宣称军人政权对同盟国的宣战无效。英美两国对于这一有悖于国际惯例的声明的反应截然不同。英国根本不承认这一声明，坚决要求严惩与日本结盟的泰国。这一方面是由于英国的殖民利益在二战中因泰国支持日本而遭受严重损失，比如日本借道泰国得以进攻缅甸、新加坡等；另一方面英国也想利用严惩战败国之机全面控制泰国，这从英国力图使不定期占领泰国合法化并以最后通牒形式向泰国提出的21条就可以清楚看出。假如泰国接受21条，英国就能对泰国的进出口、航运和经过曼谷的商业航空线拥有监督权，并能获得在泰国战略据点驻扎军队、建立军事基地的权利。美国则完全认同该声明。1945年8月美国国务院发表声明："在最近4年期间，我们认为泰国不是一个敌对的国家，而是一个应该从敌人手中解放的国家。……泰国将作为一个自由的、主权独立的国家重新在国际社会拥有自己的位置。"美国的目的十分明显，那就是借机排挤英、法在东南亚的势力，扩大自己的影响。泰国抓住了英美之间的矛盾冲突，不失时机地运用了"以夷制夷"的策略，努力向美国靠拢。1945年9月，与美国关系密切的原驻美大使社尼·巴莫被任命为总理，全权负责与英美的交涉。事实上，并不擅长国内政务的社尼·巴莫的唯一任务就是在对英磋商中争取美国的支持，所以他在《英暹条约》签署后不久就下台了。在美国的压力下，英国最终放弃了控制泰国的企图。在1946年1月1日签订的《英暹条约》中，泰国除赔偿英国臣民的财产损失及归还所占的马来亚和缅甸的领土外，并没有承担更多的义务。泰国成为唯一加入轴心国而没有在二战后被确定为战败国的国家，这可以说是泰国"以夷制夷"外交政策的又一次成功。

随着英国势力的退出，美国迅速控制了泰国。不过，在以比里·帕侬荣为首的文官统治的民主时期，泰国的外交政策仍表现出多边性质。一个明显的例子就是，泰国为在加入联合国问题上争取苏联的支持而与苏联建交，并取消了国内的反共法令。但是，1947年年底随着披汶军人政权的上台，泰国外交很快完全倒向美国。原因很简单，由于当时军人集团是顺应了国内资产阶级和地主阶级对外抵御来自缅甸、越南、马来亚的共产主义影响，对内镇压共产主义运动的要求才得以再次掌权的，所以，反共就成为军人集团维持专政的唯一理由。而要应付苏联支持的东南亚共产主义运动,投靠美国就成了唯一的选择。20世纪50年代初,披汶政府对美国一直是唯命是从,但随着美国对泰国控制的逐渐加强,披汶也不甘心成为美国的附庸。而且,跟随美国的反共政策使泰国的军费开支不断增加,美国的援助却在减少,这使披汶政府面临严重的财政危机。1952年泰国财政的预算赤字是9.43亿泰铢,1954年预算赤字已增加到10.44亿泰铢。于是,"以夷制夷"思想出现了短暂的复苏,披汶政府开始试图摆脱美国的束缚,尝试多边外交。1955年4月万隆会议期间,泰国外交部长旺·威泰耶康亲王与周恩来总理进行了会晤。1955年12月,中泰代表在中国驻缅甸大使馆经过秘密谈判签署了一项发展友好关系的联合声明,但碍于形势该声明没有得到公布。随后,中泰交往发展很快,1956~1958年,泰国访华的各类代表团多达20多个。但泰国的这一外交努力却在美国的干涉下中断了。1958年,美国借泰国军人集团分裂之机,支持国防部长沙立发动政变夺取了政权,披汶被迫流亡国外。此后,在沙立-他侬军人独裁统治时期,亲美反共成为泰国贯彻始终的既定外交政策。泰国成了美国在东南亚坚固的反共堡垒。

2. 大国平衡的多边外交时期(1974~1988年)

从20世纪70年代开始,泰国逐渐改变了向美国一边倒的外交政策,转而开展多边外交合作。泰国外交的这一转变主要是由两方面因素促成的。在国内,随着国内民主力量的增强,坚持亲美反共外交路线的军人独裁政权逐步瓦解,最终在1973年的民主运动中倒台。在国外,随着国际形势的变化和美军在越南战场的失利,尼克松上台后在全球范围内推行战略收缩的尼克松主义,美国的势力逐步从东南亚撤出,不再像过去那样任意干涉泰国的外交活动。

在这一时期,泰国政府采取了独立自主的全方位外交路线,坚持尊重独立和领土主权、平等、互不侵犯和互不干涉内政的原则,努力与不同政治制度的国家建立良好关系。20世纪70年代中后期,泰国先后与中国、越南等国建交,与老挝、柬埔寨和缅甸等邻国改善了关系,并逐步发展了与苏联和东欧国家的联系。由于当时美苏仍在继续争霸,中国的影响力也在迅速扩大，泰国开始采取明显包含"以夷制夷"传统外交思想的"大国平衡政策"，即在立足本地区、加强东盟内部的团结与合作的基础上，努力发展与美国、苏联、中国的友好关系，但在具体政策上又以对美外交为重点，利用美国牵制苏、中。这样泰国既能获得美国的经济、军事援助，又能在和平稳定的地区环境中发展国家经济。泰国的这一外交思想在解决柬埔寨问题的过程中得到了很好的检验。1978年年底，越南入侵柬埔寨，泰国成为印支三国与东盟对峙的前线。1980年6月起，侵柬越军多次入侵泰国，严重威胁了泰国的安全。为此，泰国实施了一系列外交努力：依靠东盟，步调一致对越，增加集体发言权；求助美国，通过外交途径获得军事、经济援助，加强防御力量；借助中国，争取中国的同情与支持，利用中国从后方牵制越南。泰国的外交努力为最终解决柬埔寨问题做出了重要贡献。

3. 强调以东盟为基石、以经济为重心的全方位外交时期（1989年至今）

这一时期泰国外交的大政方针仍然是独立自主的大国平衡策略。但是，冷战结束引起的国际环境变化也使泰国的外交政策表现出新的特点。其一，更加重视本地区的合作，把进一步加强同东盟各国的政治、经济关系作为外交基石。为了应对冷战后美国一超独霸、世界多极并立的国际政治新格局的挑战，泰国在国际事务的处理上非常注重东盟的整体作用，力求东盟以一个声音说话，从而提高东南亚地区在国际上的影响力。其二，在制定外交政策时，更加重视经济因素，意识形态色彩逐渐淡化。事实上，从20世纪70年代末泰共活动基本结束后，意识形态对泰国外交的影响就已经不那么明显了。80年代初，炳·廷素拉暖任总理的泰国政府制定了外交为经济服务的"经济外交"政策。但是，由于美苏冷战格局仍然存在，所以泰国的经济外交活动受到很大制约。随着冷战的结束及苏联和东欧的剧变，意识形态问题不再是影响国际关系的主要因素。而泰国国内也在1992年"五月流血"事件后彻底解决了军人干政问题，进入了民主政治时期。经济发展成为泰国外交的重心。差猜政府提出了变印支战场为商场的口号，努力发展与印支三国和缅甸的政治经济关系。川·立派上台后更是积极推动地区经济合作，除继续促进东盟自由贸易区的发展外，还在 1993 年年初建议在泰国南部建立泰国、马来西亚和印尼的成长三角区，在北部成立泰国、缅甸、老挝和中国西南地区的四角经济合作区，即现在正在蓬勃发展的湄公河次区域经济合作。他信政府上台后，为了刺激国内经济，更把开展经济合作，特别是建立自由贸易区作为政府外交工作的重中之重。之后，泰国国内"反他信"与"挺他信"阵营的政治冲突不断，但双方在坚持"经济外交"的总体方向上存在共识。其三，实施"大国平衡"外交更加灵活，努力避免卷入大国利益冲突。泰国虽然在安全和经济上仍依赖美国，仍然是美国在东南亚地区的重要盟国，但在对国际问题的态度上却表现出更多的自主性，美泰关系也更加松散。

泰中关系也随着中国经济的崛起而不断加强，泰国甚至努力将中国影响力引入东南亚。在泰国的倡导和推动下，2003 年 10 月中国加入《东南亚友好合作条约》，成为东南亚地区外第一个加入该条约的大国。此外，泰国还开始注意与诸如印度这样的地区大国加强联系。2003 年泰国与印度签订了自由贸易协定。

近年来，泰国政府在外交政策方面强调，要根据形势的变化及时调整有关外交政策，尤其是要重视发展与亚洲邻国的友好关系，具体内容包括：重视美、中、日等大国在地区和国际事务中的作用，加强与东盟成员国在政治、经济、安全等各个领域的全方位合作；重视国际和区域合作，积极参加亚太经济合作组织、亚欧会议、世贸组织、东盟地区论坛和博鳌亚洲论坛等国际组织的活动；积极支持"10 + 1"与"10 + 3"合作及东盟经济共同体的建立，发展并完善亚洲合作对话机制；重视经济外交，强调外交政策要与国际经济形势相适应并服务于国内经济建设；反对发达国家的贸易保护主义，主张建立平等互利的经济新秩序。

第二节　与美国的关系

一　二战以前的泰美关系

泰美的正式交往开始于 19 世纪初。1833 年，美国使者罗伯茨到达曼谷，与曼谷王朝的拉玛三世签订了一个商贸条约，以保证将来可能访问泰国的美国公民的待遇。虽然罗伯茨力图说服拉玛三世同意在泰国设立美国领事，但却没有成功。由于这份条约内容的局限性，泰美的商贸往来并没有因此得到太大的促进。1850 年，美国又派出了使者巴利斯蒂和一个政府委员会到泰国，试图订立一个对美国更有利的条约，但却遭到拉玛三世的拒绝。

1856 年，英国迫使泰国签订了不平等条约《英暹通商条约》后，美国再次来到泰国。由于拉玛四世有意实施"以夷制夷"方略，所以很快与美国建立了外交关系，并签订了类似于《英暹通商条约》的不平等条约。至此，美国开始了对泰国的资本投资和商贸往来。

总体而言，由于二战前泰国一直为英法两国势力所控制，所以美国除了部分商贸交往外，与泰国并没有太密切的联系。

二　二战时期的泰美关系

这一时期的泰美两国关系呈现出泾渭分明的两个阶段。二战初期，由于披汶政府奉行亲日外交，泰国与美国一直若即若离，并最终走向敌对。随着泰国对美宣战，官方交往基本中断，但摄政王比里·帕侬荣和驻美大使社尼·巴莫领导的"自由泰运动"抗日力量与美国政府的关系却变得更加密切，并逐渐成为泰美关系的主流。

太平洋战争爆发前，美国政府对披汶政府的外交政策一直摇摆不定。一方面，美国对于披汶政府借国内民族主义高涨之机推行"大泰族主义"心存疑虑，一直试图遏制披汶政府的扩张主义倾向。所以，当 1940 年披汶政府希望借法国战败之机收复湄公河左岸土地时，美国政府就曾努力加以阻止。1940 年 8 月，披汶政府授意副外长里禄·猜耶南向美国驻泰大使胡·格拉尼·格兰特试探：如果印度支那被其他国家瓜分或占领，美国政府对于泰国收回此前割让给法属印支的土地持何种态度？美国政府的答复是："这个问题应当通过'和平谈判和协议'解决，如果想使解决公平而持久的话，最好等到世界局势平静下来再说。"同年 9 月，美国政府进一步明确表示：泰国试图利用法国衰弱之机，通过威胁或使用武力收复印支领土的行为，会招致对印支的另一次侵略行动并扩大战争范围，这将危及泰国自身安全和美泰之间的友好关系。此外，美国还将泰国定购的且已运抵马尼拉的 10 架"北美"轰炸机调回并加以征用，随后又吊销了 6 架"北美"战斗机的对泰出口许可证。但另一方面，由于泰国在东南亚的战略地位极其重要，且是当时唯一的非殖民地国家，所以美国非常希望泰国能站在同盟国一边，担心过分强硬的外交遏制态度会使得披汶政府完全倒向日本政府。所以，美国在泰国最终执意出兵印支后，采取了牺牲法国、安抚披汶政府的绥靖政策，并没有阻止日本政府插手法泰停战谈判，甚至在维希政府屈服于日本的压力割让印支领土后，美国还发表声明赞成泰国收复失地。但是，正是美国这种事前不友好而事后又对日本退让的外交举动，使披汶政府在亲法西斯的道路上越走越远。

最后，美国一直避免与日本发生正面冲突的退让政策在关键时刻将披汶政府推向了轴心国。1941 年秋，披汶政府感到日本已将侵略矛头指向泰国，主动请求美国政府提供武器和其他军需品。但是，出于避免加深美日矛盾的考虑，美国并没有积极响应披汶政府的要求，只在 11 月送来了数量有限的野战炮、弹药和汽油。后来在英国驻美大使哈里法克斯勋爵的要求下，美国才勉强答应在泰国受到日本入侵时提供 1000 万美元的贷款。这使披汶政府依靠美国保持国家独立的希望完全落空。所以，在日本发动入侵后，披汶政府于 1941 年 12 月 8 日被迫与日本结盟以换取其对泰国"独立、主权和尊严"的保证。12 月 9 日，披汶政府查封了美国驻泰大使馆。

泰日结盟后，美泰关系面临着调整。在美国重新确定对泰外交政策时，泰国驻美大使社尼·巴莫的外交努力起到了重要作用。奉行亲美反日路线的社尼·巴莫对披汶政府的泰日同盟政策不予接受，并向美国国务卿赫尔表示，泰国的基本方针无论如何都是向着民主国家的，泰国人民期望在将来适当的时候在美国的帮助下把泰国从日本军国主义的控制下解放出来。社尼·巴莫声称"披汶政府已经不能代表泰国人民的真正意志"，只有"自由泰运动"才"代表一切泰人"，并在 1942 年 1 月 5 日代表泰国发表了加入以美国、英国、苏联、中国为首的同盟国的宣言。1942 年 1月 25 日，披汶政府对美宣战，社尼·巴莫拒绝向美国递交宣战书，并在美国组织和领导了"自由泰运动"的活动。而美国政府亦认同了社尼·巴莫的努力，故对美国而言，泰美在二战期间并未处于交战状态。美国没有将泰国看成交战国，而是把它当成需要盟军解放的法西斯占领国。社尼·巴莫的这一外交成功意义深远，不但有效保证了战时在美国的泰国人的利益，而且为泰国在二战结束时避免被列入战败国奠定了基础。

三　二战后的泰美关系

二战后，美国政府相信一个稳定、独立的泰国将有助于增强美国对东南亚的控制和抵御共产主义运动的影响，所以不顾英国的反对，坚决主张将泰国排除在战败国的名单之外。泰国为了维护国家的独立，避免被英国占领，也努力向美国靠拢。泰美关系得到加强，美国在泰国的影响范围逐渐扩大。1948 年，披汶军人政权再次上台。披汶清楚地看到，要巩固自己的专制统治就必须获得美国的支持，于是从二战时的亲日派摇身一变成了亲美派，开始实行亲美反共的外交政策。1950 年 2 月，披汶政府不顾国内的强烈反对，在美国的授意下承认了越南的傀儡政府，为此，当时的外长朴·沙拉信宣布辞职以示抗议。1950 年 5 月，为了迎合美国的要求，披汶又在与《纽约时报》记者苏兹贝格的谈话中表示：泰国政府准备向美、英、法政府提出建议，必须组建有东南亚国家参加的军事联盟。尽管这一提议没有得到其他任何一个东南亚国家的支持，但却得到美国的认同。1950 年 6 月，披汶政府通过决议，在朝鲜战争中出兵支持美国，并提供大米、木材和其他物资。对于美国而言，由于当时在东南亚包括缅甸、越南、马来亚在内的所有地区共产主义运动都在蓬勃发展，所以，地处战略中心位置且战后一直与自己关系紧密的泰国便成了在东南亚建立反共堡垒的最好选择。于是，自 20 世纪 50 年代初起，泰美开始紧密合作，或更准确地说是美国对泰国的控制不断加强，并一直持续到 70 年代。

1950 年 9 月 19 日，泰美签订了经济和技术合作协定，同年 10 月 17 日又签订了军事援助协定。到 1951 年年初，在泰国的美国军事顾问团达到 200 人。1951 年夏，在美国的压力下，泰国通过决议禁止与社会主义阵营各国进行战略物资贸易，其中包括锡、钨、铁、铅、锌等矿石，以及橡胶、蓖麻子、蓖麻油等。1954 年 9 月，为响应美国国务卿杜勒斯采取"联合行动"对付"共产主义在东南亚的威胁"的号召，披汶政府加入了在马尼拉成立的东南亚条约组织，并同意将该组织总部设在泰国，翌年又为该组织提供了军事基地。从东南亚条约组织成立到 1955 年 3 月底，泰国从美国获得的援助高达 6400 万美元，其中大部分是军事援助。从 20 世纪 60 年代开始，通过和泰国签订各种援助协定，美国逐步把泰国变为扩大印度支那侵略战争的重要基地。1951～1961 年，美国给泰国的军事援助为 2.989 亿美元，经济援助为 2.24 亿美元。1962～1972 年，军事援助略有下降，为 2.566 亿美元，但经济援助增加到 3.404 亿美元。1962 年 3 月，泰美交换了美军进驻泰国建立军事基地的备忘录。1969 年，驻泰美军人数已从 1964 年的 6300 人猛增到 4.9 万人。这一时期，泰国在国际事务上一直追随美国实行反共政策，参与了美国对越南、老挝、柬埔寨等国的一系列政治与军事干预。不过泰国主要的任务不是出钱出兵，而是利用地理上处于东南亚陆上中心的优势修建铁路、公路等交通设施，方便美国战略物资的运输，保证后勤补给。

20 世纪 70 年代初，随着泰国开始实行独立自主的多边外交政策，泰美关系逐渐变得松散。此时的美国由于在东南亚的反共行动受挫，特别是在越南战场上陷入困境，所以决定逐步退出东南亚。1969 年新上任不久的美国总统尼克松在关岛提出了"尼克松主义"，表示美国"鼓励和希望亚洲国家自己处理其国内安全及军事防务问题并承担主要责任"，美国将只限于海军支援，不再参与亚洲的地面战争。而在泰国国内，随着民主力量的兴起，美国扶持的他侬－巴博军人独裁政权终于在 1973 年的民主运动中倒台。泰国进入了军人与文官轮流执政的时期，政府不再像过去那样一味亲美反共。1975 年 1 月，民选总理克立·巴莫上台后宣布将同包括社会主义国家在内的所有对泰国持友好态度的国家建立外交关系。在克立·巴莫政府的要求下，美军开始分期分批从泰国撤退，并在 1976 年 7 月 20 日全部撤出。1975 年 6 月，泰国政府又与菲律宾政府达成了停止东南亚条约组织的协议。1977 年 6 月底，象征美国对东南亚影响力的东南亚条约组织正式宣布解散。不过，尽管这一时期泰美关系与以往相比变得疏远，但对美关系仍然是泰国多边外交特别是大国平衡外交中最重要的支柱。在冷战结束前，美国仍然是泰国抵御苏联威胁的最重要后盾。这在80年代初柬埔寨问题的解决过程中表现得最为明显。当时泰国主要是靠美国的军事援助加强武装力量来抵御越南军队的入侵。

在20世纪70~80年代，泰美外交关系也并非一成不变，而是经历了多次亲疏转变。这部分是由泰国军人集团与文官集团交替执政的政治现象引起的，一般而言，军人集团更倾向于实行亲美政策。但更主要的原因却是美国这一时期的东南亚政策缺乏连贯性。从尼克松到里根，美国历届政府对美国在这一地区的利益判断并不一致，造成每届政府上台后都会改变对东南亚的政策。福特政府更是在尼克松主义的基础上提出要退守东南亚海岛地区，并把援助重点转向印尼，甚至表示要放弃在菲律宾的军事基地。泰国自然属于弃守之列，泰美关系一度降温。卡特政府认为苏联在东南亚对美国利益的威胁不大，故将美国与东盟国家的战略关系降到极为次要的位置，将人权原则作为确定美国同东盟国家关系亲疏的重要因素，甚至试图以停止军事援助来迫使泰国改善其国内人权状况。里根政府实行的是对苏联的全球遏制战略，所以东南亚的战略地位再一次上升，于是，美国对泰国的军事援助大幅度上升，安全防务合作成为泰美关系的核心。

从20世纪90年代初开始，随着冷战的结束和泰国军人集团退出政治舞台，泰美关系的重心转到了经济合作方面。美国成为泰国最大的贸易伙伴国和投资来源国，泰美自由贸易区的谈判也启动了。不过，安全合作仍然是泰美关系中不可或缺的重要内容。泰国至今仍是美国在东南亚重要的盟国，美泰同盟与美日同盟、美菲同盟、美澳同盟一起构成了美国在亚太地区完整的安全防御网。

2001年"9·11"事件后，美泰两国在非传统安全方面的合作进一步加强。2003年伊拉克战争爆发后，泰国不仅明确表态支持美国，而且还派出地面部队协助美军驻防伊拉克。2003年12月，美国总统布什正式将泰国列为美国的"非北约主要盟国"，赋予泰国在美国对外援助和防务合作方面的特别待遇。

2006年9月19日泰国军事政变后，美国表示强烈不满，并于29日宣布中止对泰国政府的近 2400 万美元的援助，其中包括用于泰国军人培训、军备采购以及采取维和行动的费用，但是用于人道主义目的的款项不在其列。军人集团"国家安全委员会"掌权期间，美泰政府间关系陷入低谷。不过，随着 2007 年年底军人集团的"还政于民"，美泰关系再次回暖。2008 年 8 月，尽管曼谷发生大规模反政府示威运动，但美国总统布什还是如期到访泰国，并在诗丽吉国际会展中心发表演讲，重点阐述了美国的亚洲政策。

2009 年奥巴马政府上台后，美国在"亚太再平衡"战略指引下，迫切寻求和巩固在东南亚地区的战略支点，美泰军事同盟关系开始升温。2012 年 6 月，美国两大智库国会研究服务局和国家亚洲研究局曾分别提交有关强化美泰盟友关系的报告，建议加强军方高层人员互访、增加"金色眼镜蛇"军演成员国、提高泰国在东盟中的地位等。同年 11 月，美国国防部长帕内塔访泰，双方签署了《2012 年泰美防务联盟共同愿景声明》，标志着 1962 年以来两国首次升级双边军事关系。帕内塔明确表示，美国仍然致力于帮助泰国军队进一步发展其已经显著提升的军事能力，进而能够承担本地区更大的安全责任。与此同时，奥巴马也将泰缅柬三国作为赢得总统第二任期后的首访对象，于 2012 年 11 月访问泰国。但是，2014 年泰国军方再次政变，并在以美国为首的西方民主国家持续施压的情况下，明确表态要在推动完成国内改革后才"还政于民"，使得泰美关系再次降至低谷。美国不仅停止了对泰军事援助，而且大幅缩减了年度"金色眼镜蛇"联合军演的美军参演规模。不过，从长期来看，无论是泰国传统的大国平衡战略，还是美国遏制中国的战略诉求，都会促使泰美继续保持军事同盟关系。

第三节　与中国的关系

一　古代泰中关系

泰中交往已有一千多年的历史。早在泰国出现统一国家之前，泰中就已有了相当频繁的接触。据《汉书》卷八十三记载，西汉平帝元始年间（公元1~5年），中国使臣前往印度时曾途经泰国湾并跨越克拉地峡。这是泰中有史料记载的最早接触。

公元245年前后，三国时期吴国的康泰、朱应在出使东南亚时曾到过位于现泰国境内的金邻国。他们关于金邻的记述散见于《太平御览》中，"金邻一名金陈，去扶南可二千余里。地出银，人民多好猎大象，生得乘骑，死则取其牙齿。"

公元6世纪前后，泰国境内的盘盘、狼牙修、赤土等国由于处在当时的中西交通线上，所以与中国的交往日渐频繁。狼牙修与中国的官方交往最早见于《梁书》，据记载，公元515年狼牙修就曾遣使到访中国。盘盘国与中国的官方交往也早在南北朝时期就开始了，并一直延续到唐代。据《新唐书》卷二百二十二记载，贞观年间（公元627~649年），盘盘国使者访问中国，敬献象牙、佛塔、沉香、檀香、画塔、舍利、菩提树叶等物。赤土国与中国的官方往来主要见于《隋书》卷八十二《赤土传》。据记载，大业三年（公元607年），隋炀帝曾派常骏、王君政出使赤土。赤土国王以国礼接待隋使，并遣王子那邪迦随同回访中国。大业六年（公元610年），赤土王子在弘农（今河南灵宝）受到隋炀帝的接见。

公元7世纪，现泰国中部出现的堕罗钵底国与中国的交往逐渐增加。据《旧唐书》卷一百九十七记载，贞观十二年（公元638年）、二十三年（公元649年），堕罗钵底国两次遣使到达长安，敬献象牙与火珠，唐太宗则回赠了好马。

公元10世纪前后，罗斛国兴起。中国宋朝崇宁二年（公元1103年），宋朝使节访问罗斛国。宋徽宗政和五年（公元1115年）罗斛国首次遣使到访中国。1155年，罗斛国第二次遣使访问中国时敬献了一头大象。这是中国得自泰国地区的第一头大象。到元朝时两国关系更为密切，仅1289年一年罗斛国就曾先后5次遣使到访中国。公元1238年，被中国史书称为"暹国"的素可泰王朝在泰国北部建立。为了获得元朝的支持以摆脱吉蔑人的控制，兰甘亨国王十分注重与中国的关系。在元朝统治时期，素可泰王朝曾9次遣使访问中国，其中兰甘亨在位期间就有6次。据传，兰甘亨国王本人也曾亲自到过中国，并带回工匠发展出驰名东南亚的宋加洛瓷器，该瓷器类似于浙江龙泉窑的青花瓷和仿宋瓷。据《元史》记载，公元1299年，元朝皇帝曾赏赐兰甘亨国王"金缕玉衣"，赏赐其子"虎符"。

阿瑜陀耶王朝统一泰国后，同样以藩邦的身份努力与中国发展友好关系，以获得中国的支持，巩固其在中南半岛的统治。据《明实录》和《明史》的记载，在明朝统治的276年间，阿瑜陀耶王朝遣使访问中国多达110次，最多时1年6次。事实上，阿瑜陀耶王朝如此频繁地遣使访问，除政治原因外，更主要的是因为"朝贡贸易"带来的经济利益。朝贡本是中国古代诸侯定期朝见天子，贡献方物以示诚敬臣服的制度。但到了明朝，朝贡却成为海外各国与中国政府的重要官方贸易形式。明代初年，中国实行"海禁"，严禁非官方的海外贸易，但使者进贡时所携带的货物却不在此限，而且贡使还能在贸易中享受"俱免抽分"的免税待遇。此外，明朝为显示堂堂大国的身份，对朝贡之物一律加倍恩赏回赠。所以，为了获得官方垄断贸易中的巨额利润，阿瑜陀耶王朝的"朝贡贸易"规模很大。据《明实录》记载，洪武二十年（1387年）阿瑜陀耶王朝一次朝贡的贡品中就有胡椒一万斤，洪武二十二年（1389年）贡使所携货物中仅苏木、胡椒、降香三项合计就达17万多斤。明朝永乐以后，海禁废弛，朝贡贸易才逐渐被民间贸易所替代。1567~1644年的78年间，阿瑜陀耶王朝的朝贡只有14次。与阿瑜陀耶王朝以贸易为目的的访问不同，明朝使节的出访主要是为了稳定边疆、"抚谕"藩邦。明朝第一次遣使出访阿瑜陀耶王朝是在洪武三年（1370年）。洪武十年（1377年），明朝官方首次使用"暹罗"的称呼，明太祖朱元璋赐给阿瑜陀耶王朝国王一枚刻有"暹罗国王之印"的金印。明朝前后共遣使出访泰国19次，主要集中在明朝初年，仅1403年明朝就曾遣使4次，其中影响最大的是三宝太监郑和的两次友好访问。1407年，郑和第二次下西洋时首次访问阿瑜陀耶城，并协助解决了阿瑜陀耶王朝与满剌加等国之间的矛盾。第二次是在1409年。郑和的出访促进了贸易往来，更重要的是有效增进了两国的文化交流。

1644 年，中国清王朝建立。顺治九年（1652 年）阿瑜陀耶王朝遣使向清朝进贡，承认清王朝的宗主国地位。自此两国开始官方交往并一直保持良好关系。但是，随着阿瑜陀耶王朝被缅甸雍籍牙王朝覆灭，中泰交往一度中断。1768 年，郑信王恢复泰国独立并建立吞武里王朝后不久托华商陈美生向清朝转呈国书，请求册封，恢复官方交往，但由于清朝认为郑信王是篡位者未予承认。后在郑信王的友好外交努力下，中泰官方交往才于 1777 年恢复。

曼谷王朝建立后，为避免王朝的更替影响中泰关系，拉玛一世自称是郑信王之子郑华，并以此为惯例。此后的官方文书中，拉玛二世称郑佛，拉玛三世称郑福，拉玛四世称郑明。清朝于 1786 年承认了曼谷王朝，并在 1823 年赐给拉玛二世"永奠海邦"匾额以示嘉许。由于清朝初年重新实行"海禁"，所以"朝贡贸易"再次兴起。据文献记载，曼谷王朝初期在"朝贡贸易"中的利润高达 300%，所以当时泰国几乎每年都有贡船到中国，有时一年数次，除正贡船外，还有副贡船和探贡船等。后来随着海禁的逐渐解除，民间贸易往来也逐年增加。拉玛二世时，对外贸易中约有 86% 的泰国商品被销往中国，进入泰国的中国商船数也超过其他所有外国商船的总数。

二 近代泰中关系

1840 年鸦片战争以后，曼谷王朝虽然曾 4 次遣使向清王朝进贡（最后一次朝贡是在 1854 年），但宗藩关系却迅速破裂。曼谷王朝清楚地看到腐败落后的清王朝已不再是地区的主导力量，要想维护曼谷王朝的统治，就必须采取"以夷制夷"的策略周旋于西方列强之间，而不是像以前那样依附于中国这一宗主国。宗藩关系存在的政治基础就这样土崩瓦解了。随着民间贸易逐渐取代"朝贡贸易"，维系宗藩关系的经济锁链也自然断裂。同治八年（1869 年），曼谷王朝朱拉隆功国王遣使访华，要求废除朝贡，但被清政府拒绝。此后曼谷王朝要求订立平等的商贸条约的要求也被拒绝。1878 年，清朝驻英公使曾纪泽在去伦敦时曾奉命顺道访问曼谷，要求泰国继续入贡，但遭到曼谷王朝的拒绝。自此，近代中泰官方交往中断。不过，中泰民间的交往却不断增加，特别是大批中国劳工在这一时期移民泰国，为泰国的建设做出了重要贡献。仅 1900～1906 年，就有至少24 万潮州人到达泰国。值得一提的是，中国民主革命的先行者孙中山曾于 1905 年和 1908 年先后两次到泰国进行资产阶级民主思想宣传活动，并为中国革命筹款。孙中山的活动对民主主义在泰国的传播起到了巨大的推动作用，1912 年泰国最终未实施的政变的参与者中，有不少青年华裔军官就是孙中山民主思想的支持者。

三 当代泰中关系

二战后，中泰官方外交关系一度恢复。1946 年 1 月 24 日，泰国与中华民国政府正式建立外交关系。这一方面是由于当时的泰国政府希望在维护战后独立地位和加入联合国问题上获得中国的支持，另一方面也是出于美国部署亚太反共阵线的需要。不过，这一以反共为基础的中泰外交关系在蒋介石政府倒台后就自然结束了。

新中国成立后，中国把积极发展同亚非民族独立国家的友好关系作为新中国成立初期外交工作的指导方针之一，并一直努力建立与发展同泰国的友好关系。但在战后初期，由于政变上台的泰国披汶政府在外交上一味追随美国，并通过签订经济技术援助协定和军事协定与美结成了战略同盟，披汶政府不但在国际上拒不承认新中国，还在国内实行反共排华政策，所以中泰关系一直在低谷徘徊。

1955 年 4 月召开的万隆会议给中泰关系带来了转机。会议期间，周恩来总理与泰国外交部长旺·威泰耶康亲王进行了会晤，实现了新中国成立后中泰两国政府间的第一次正式接触。周总理向旺亲王建议，泰国可以根据中国和印尼解决双重国籍问题的原则，解决泰国华侨的国籍问题，并邀请旺亲王到中国访问。周总理与旺亲王的会晤，在泰国政府和人民中间产生了重大影响，增进了泰国对新中国的了解。1955 年 12 月，披汶政府秘密派出国会议员沙茵·玛兰恭等 4 人访问中国，他们受到了毛泽东主席和周恩来总理的热情接见。1955 年 12 月 16～17 日，借披汶访问缅甸的机会，秘密随行的练·播素旺和讪·帕他努泰代表泰国政府与中国驻缅甸大使姚仲明在中国驻缅甸大使馆举行秘密会谈。经过两天的会谈，双方签署了一项联合声明，表明中泰两国愿意在相互尊重领土主权完整、互不侵犯、互不干涉内政、平等互利、和平共处五项原则的基础上发展友好关系。同时两国还表示将尽快采取措施，增进相互交流，建立贸易和文化联系，以便最终实现关系正常化。但鉴于当时的特殊情况，这项联合声明没有公开发表。1956 年 1 月，由泰国国会议员和新闻工作者组成的泰国人民促进友好访华团对中国进行了正式访问。访华团在中国一个多月，从各方面加深了对新中国的了解。一部分成员还专门访问了西双版纳傣族自治州，使得美国所宣扬的建立傣族自治州意在损害泰国独立的谬论不攻自破。1956～1958 年，泰国来华访问的各类代表团多达 24 个。

然而，中泰关系的发展很快在美国的干涉下中断了。1958 年 10 月，国防部长沙立在美国的支持下发动军事政变夺取了政权，披汶被迫流亡国外。沙立政府上台后，在美国的授意下彻底摒弃了披汶政府的对华政策，宣布禁止同中国进行一切交往。从 1958 年 10 月到 1972 年 8 月的 14 年中，中泰两国政府与民间的往来全部停止，两国关系处于极不正常的状态。

20 世纪 70 年代初，国际形势开始向着有利于中国的方向转变。1971 年 10 月 25 日，联合国大会以压倒多数的票数通过了恢复中华人民共和国在联合国席位的提案。1972 年 2 月 28 日，中美联合发表上海公报，两国正式建交。同时，美国政府在尼克松主义的导向下从印支地区大规模撤军，在亚洲实行收缩政策。摆脱了美国控制的泰国开始逐渐调整对华关系。1972 年 8 月，泰国接受了亚洲乒乓球联盟的邀请，派出乒乓球代表团到北京参加了亚洲乒乓球锦标赛。中泰两国中断了 14 年的民间交往终于开始恢复。中泰双方通过乒乓球队的访问实现了直接接触。这一成功尝试被泰国舆论界称为"乒乓外交"。

1973 年，泰国爆发民主运动，亲美的泰国独裁军人政府倒台。新政府摒弃了向美国一边倒的外交政策，开始实行独立自主的多边外交，为中泰建交铺平了道路。1974 年，泰国受世界性石油危机的影响，经济出现困难。为帮助泰国渡过难关，中国以低于国际市场的价格向泰国提供原油，受到泰国各界的称颂。1974 年 12 月 6 日，泰国国会通过决议，允许泰中进行直接贸易。1975 年 3 月 15 日，泰国总理克立·巴莫在国民议会上公布泰国外交政策时宣布，泰国决定承认中华人民共和国，并与中华人民共和国建立外交关系。1975 年 6 月 30 日，克立·巴莫总理应邀对中国进行正式友好访问，他在讲话中说："承认中华人民共和国并同它实现关系正常化，在我的政府外交政策中占有很高的优先地位。"1975 年 7 月 1 日，中泰两国政府在北京签署了建交联合公报。公报指出，"泰王国政府承认中华人民共和国政府为中国的唯一合法政府，承认中国政府关于只有一个中国，台湾是中国领土不可分割的一部分的立场"，"中华人民共和国政府宣布他们不承认双重国籍。双方政府认为任何中国籍或中国血统的人在取得泰国国籍后都自动失去了中国国籍。对自愿选择保留中国国籍的在泰国的中国侨民，中国政府按照其一贯政策要求他们遵守泰王国法律，尊重泰国人民的风俗习惯，并与泰国人民友好相处。他们的正当权利和利益将得到中国政府的保护，并将受到泰王国政府的尊重"。建交联合公报解决了两国间长期悬而未决的问题，表达了中泰两国在和平共处五项原则基础上发展友好合作关系的愿望。中泰关系从此翻开了新的一页。

此后，两国各领域的交流与合作发展迅速。在经贸领域，两国先后签订了《海运协定及两个补充议定书》（1979 年）、《民用航空运输协定和对方全权证书》（1980 年）、《促进和保护投资协定》（1985 年）、《避免双重征税和防止偷漏税协定》（1986 年）、《贸易经济和技术合作谅解备忘录》（1997 年）、《双边货币互换协议》（2001 年）、《全面开放中泰国际航空运输市场的秘密谅解备忘录》（2004 年）、《中泰战略性合作共同行动计划》（2007 年）、《扩大和深化双边经贸合作的协议》（2009 年）、《经贸合作五年发展规划》（2012 年）、《关于在泰国建立人民币清算安排的合作谅解备忘录》（2014 年）等多个条约，为两国在经济建设方面优势互补、携手共进创造了良好环境。目前中国已是泰国最大的贸易伙伴国。而且随着中国 - 东盟自由贸易区的建立，两国经贸往来还将进一步加强。在科技、文化、卫生、教育、体育、司法、军事等领域，中泰两国签订了《科技合作协定》（1978 年）、《旅游合作协定》（1993 年）、《引渡条约》

（1993 年）、《民商事司法协助和仲裁合作协定》（1994 年）、《文化合作协定》（2001 年）、《刑事司法协助条约》（2003 年）、《教育合作协议》（2009 年）等条约，为两国的交流与合作提供了制度保障。此外，两国还成立了中泰经贸联委会（1985 年）、泰中友好协会（1976 年）、中泰友好协会（1987 年）等，为双方建立了坚实的合作平台。

中泰建交 40 多年来，两国领导人保持着经常互访。江泽民主席（1999 年）、李鹏委员长（1999 年、2002 年）、胡锦涛副主席（2000 年）、朱镕基总理（2001 年）、胡锦涛主席（2003 年）、温家宝总理（2003 年、2009 年、2012 年）、吴邦国委员长（2010 年）、习近平副主席（2011 年）、全国政协主席贾庆林（2012 年）、李克强总理（2013 年、2014 年）等先后访问过泰国。泰国方面，诗丽吉王后、哇集拉隆功王储、诗琳通公主和朱拉蓬公主等王室成员都曾对中国进行过正式访问。其中，诗琳通公主更被誉为"中泰友好使者"，1981～2015 年她先后访华 38 次，有力促进了中泰友好合作。泰国历届政府总理也都会在上任后访华。江萨·差玛南总理（1978 年）、炳·廷素拉暖总理（1980 年、1982 年）、差猜·春哈旺总理（1989 年）、川·立派总理（1993 年、1999 年）、班汉·西拉巴差总理（1996 年）、他信·西那瓦总理（2001 年、2004 年、2005 年）、素拉育·朱拉暖总理（2007 年）、沙玛·顺通卫总理（2008 年）、阿披实·维乍集瓦总理（2009 年）、英拉·西那瓦总理（2012 年）、巴育·占奥差总理（2014 年）等都曾访问中国，从而为两国高层的相互理解提供了有利条件。

由于泰国是东南亚地区华族与当地民族融合最好的国家之一，而且与中国没有领土或领海争端，所以两国关系自建交以来一直发展顺利。中泰两国间被誉为"中泰一家亲"的深厚传统友谊在新时期的外交中更被多次证实是最可靠的。

20 世纪 80 年代初，当越南军队入侵泰国时，中国不但在国际舆论上坚决支持泰国维护国家的领土完整，并从后方有效牵制住越南，为泰国提供了重要的援助。1997 年亚洲金融危机在泰国首先爆发后，中国除参与国际货币基金组织的援助计划外，还单独向泰国提供 10 亿美元的双边援助贷款，同时坚持人民币不贬值，帮助泰国渡过了难关。而泰国也为中国发展与东盟的合作提供了重要帮助。泰国一直是中国－东盟自由贸易区最为积极的推动者。

2000 年，中国与泰国签署了《中华人民共和国和泰王国关于二十一世纪合作计划的联合声明》。联合声明认为，中泰两国自 1975 年 7 月 1 日正式建立外交关系以来，在友好、平等、互利、互惠基础上，双方在政治、经济、贸易、军事、教育、科技等各个领域的合作都获得了顺利的发展。两国关系成为不同社会制度国家和睦相处的典范。双方一致认为应在共同利益和过去 20 多年友好关系的基础上，进一步拓展双方之间睦邻互信的全方位合作关系，从而使中泰关系进入一个新的发展阶段。

2003 年 6 月，在泰国的主动要求下，中泰两国签署了中国－东盟合作框架下的第一个实质性条约《中华人民共和国政府与泰王国政府关于在〈中国－东盟全面经济合作框架协议〉"早期收获"方案下加速取消关税的协议》，并于 10 月 1 日取消了两国间 188 种蔬果的关税。这起到了很好的先行者效应，极大地提高了其他东盟国家的积极性。

2007 年素拉育总理访华期间，中泰双方共同签署了《中泰战略性合作共同行动计划》，从而为未来的双边合作确定了具体目标。素拉育表示，深化泰中战略性合作关系符合两国人民的共同利益，泰方愿与中方一道，推动双边关系不断深入发展。

2012 年英拉总理访华期间，中泰双方决定将双边关系由此前的"战略性合作关系"提升至"全面战略合作伙伴关系"的新水平，并在联合声明中指出，双方同意就安全、贸易、交通、旅游、文化等 13 个方面采取适当和必要的措施，共同推动两国全面战略合作伙伴关系不断发展。

2014 年泰国军事政变后，巴育政府上台执政，明确提出在军方领导下进行国家全面改革的立场。此举引起美国方面强烈不满，使美泰关系降至冰点。于是，巴育政府为争取地区与国际舆论的支持，获得国内改革所需的动力与资源，执政伊始就表现出积极的对华战略合作意愿。2014 年 11 月，巴育总理在北京参加 APEC 领导人会议时明确表示，泰方正在探索走符合国情的发展道路，希望同中方交流互鉴，深化合作，特别是借助丝绸之路经济带和 21 世纪海上丝绸之路建设，推进农业、铁路合作，促进地区互联互通，扩大泰国农产品对华出口，促进民间交往，加强人才培训。同年 12 月，巴育总理再次访华，并在与习近平主席会面时重申，泰方愿意积极参与中方关于共建 21 世纪海上丝绸之路的倡议，深化铁路、通信、旅游等领域合作，促进区域互联互通，朝着建立亚太自由贸易区的目标迈进。

进入 21 世纪，由于中国经济正在崛起并逐渐成为东亚经济发展的引擎，搭乘中国经济"顺风车"，恢复并发展受亚洲金融危机打击的经济仍是泰国今后对华外交的重点。但随着"9·11"事件的发生和东南亚恐怖主义势力的抬头，包括反恐、扫毒、防治艾滋病等在内的非传统安全合作也正在成为两国合作的新焦点。同时，在传统安全领域，尽管泰国的主要合作者仍是美国，但泰国也在逐步引入中国的影响以实现"大国平衡"。2001 年 6 月，中方在泰方建议下，同意举行中泰年度国防会谈，并于同年 12 月举行首次会谈。此后，中泰两国国防会谈每年举行，并就"相互观摩军事演习"、"恢复对泰国军备出售"、"进行军事教育交流"和"举行联合训练和军事演习"四个方面达成一致。从 2002 年起，中国开始派遣军事观察员参与美泰"金色眼镜蛇"年度联合军演。从 2003 年起，泰国开始派遣军官参与中国的"北剑"军演和"铁拳"军演。2005 年 9 月，中泰两国海军在泰国湾举行了"中泰友谊 – 2005"联合军演，这次军演成为中国海军与东南亚海军之间的首次联合军演。从 2007 年起，中泰两国开始举行代号为"突击"的陆军特种部队反恐联合训练。2014 年泰国政变后，美泰关系陷入低谷，从而为中泰安全合作提供了重要契机。2015 年 2 月，中国国防部长常万全访泰，双方商定，未来 5 年将加强从情报共享到打击跨国犯罪在内的安全合作，并增加联合军演次数。

第四节　与日本的关系

一　古代泰日关系

泰国与日本虽非近邻，也没有陆上通道，但两国的交往却由来已久。

据史料记载，早在素可泰王朝时期，两国就已有官方交往和贸易往来。到阿瑜陀耶王朝时期，两国交往更趋频繁。据日本历史学家石井米雄对《历代宝案》等史料的统计，"在公元 1425 年至 1570 年的 145 年间，日本冲绳派往东南亚诸国的船舶约为 150 只，而其中以开往泰国的船为最多，达 58 只，超过总数的 1/3。其次是满刺加（马六甲）为 20 只。此外，位于现在泰国南部北大年的为 10 只，爪哇为 6 只"。15 世纪时日本从泰国进口的货物中以苏木为大宗，据安里延氏的考证，仅 1480 年的进口量就达 1.25 万千克之多。据史料记载，日本早在奈良时代（710 ~ 784）就开始从泰国进口苏木。由于可以作为多色性染料的苏木在日本是畅销的商品，在泰国却是贱如柴薪，所以高额的利润自然使商贩趋之若鹜。此外，胡椒也是日本的重要进口商品之一。而泰国从日本进口的商品则以武士刀和扇子为主。不过，当时泰国进口的武士刀主要不是用来装备军队的战刀，而是镶嵌了珠宝的贵族装饰刀。但是，由于当时航海的主要交通工具是帆船，所以两国商贸往来受到季节的限制。据日本史料记载，当时日本航船一般是在农历八月到十月间从日本乘秋季的东北季风南下泰国，然后在翌年的农历五月至六月间乘夏季的西南季风返回。到 16 世纪后期，随着航海技术和交通工具的改进，日泰贸易进一步扩大。据记载，16 世纪 80 年代日本商船已能直航泰国。在朱印船时期，从 1604 年日本最初发给航泰商船朱印证起，到 1636 年因日本德川幕府实行锁国政策而停发商船止，据日本官方记载，32 年间，至少有 56 艘日本商船出航泰国，这一数字远远多于出航其他东南亚国家的商船数量。两国交易的范围也不断拓宽，商品从原先的几种增加到几十种。17 世纪初，日本朱印船从泰国进口的商品主要包括苏木、鹿皮、虎皮、象牙、鲛皮（即鲨鱼皮）、水牛角、铅、锡、龙脑、印花布、棉布、藤、珊瑚珠、沉香等，其中以苏木、鹿皮和鲛皮为大宗，而铅、锡等矿产品次之。

随着日泰两国民间贸易的发展，不断有日本侨民定居泰国，17 世纪初还出现了一个日本移民的高潮。在阿瑜陀耶王朝都城阿瑜陀耶的湄南河沿岸甚至出现了日本人聚居的"日本街"。这一方面是由于纳黎萱国王在 16 世纪末击败缅甸恢复了泰国的独立，为商贸发展创造了一个稳定开放的社会环境；另一方面则是由于日本德川幕府（1603～1867）上台后因害怕天主教影响的扩大实行禁教政策，强迫天主教徒改宗（即放弃天主教信仰），并对不从者实行迫害，使得大批天主教信徒流亡海外。此外，德川幕府对丰臣氏和其他藩主的镇压也使得很多武士沦为浪人，被迫到海外谋生。根据《暹土战记》和《暹罗国山田氏兴亡记》的记载，石井米雄认为，"关原、大阪的流亡浪人搭乘去天竺国的商船……航来暹罗，并在此逗留"。由浪人组成的日本雇佣兵团在阿瑜陀耶王朝时期一度非常活跃。厄迦陀沙律国王也曾招募一批浪人组建宫廷卫队，并让日本人山田长政出任卫队长。但是，日本浪人集团并不安分，对权力的要求促使他们发动叛乱。山田长政就曾协助帕拉塞·东（1630～1656年在位）篡夺王位，不过后来却因为争权而被帕拉塞·东毒杀。1632年，由于矛盾激化，在阿瑜陀耶发生了血战，随后残存的日本浪人被驱逐出了泰国。

继日本德川幕府开始实行锁国政策，泰国也于1688年关闭了国门。因此在此后的一个多世纪里，两国的交往没有获得明显发展，直到两国先后被西方炮舰强行轰开国门后，情况才开始发生变化。随着交往的增加，两国关系逐渐密切。1887年，泰国与日本签订了平等互利的《暹罗与日本友好和通商条约》。在条约中，两国相互授予了平等的合法外交权和通商权，为两国关系的进一步发展铺平了道路。

但是，随着日本走上军国主义道路，日泰关系逐渐变得不再平等，而1894年中日甲午战争的胜利使得日本征服亚洲的野心进一步膨胀。1898年，日本强迫曼谷王朝签订了与《鲍林条约》同样性质的不平等商贸条约，即《1898年暹日贸易和航海友好条约》。此后，日本对泰国的经济入侵不断加深。到第一次世界大战前，日本商品已占到泰国商品进口总量的11%。一战后，日本更是基本占领了泰国的纺织品市场，泰国成为日本棉布的倾销地。尽管明知日本对泰国的野心，但曼谷王朝拉玛六世在"以夷制夷"外交思想的影响下，仍然尽量向日本靠拢，以便借用日本的力量牵制西方列强特别是法国对泰国的入侵。1920年，拉玛六世对日本进行了正式访问，正中日本军国主义者的下怀，他们希望借机扩大日本在泰国的影响，以便将泰国变为日本在东南亚扩张的基地。为此，日本舆论甚至在泰国广泛宣传泰族和大和民族拥有同一起源的谬论，力图灌输泛亚主义思想。20 世纪 20 年代，日本还发起设立了日暹协会，领导该协会和各个分会的，都是泰国和日本的亲王。尽管日方宣称该协会的宗旨是为了发展和巩固日本与泰国之间在道德、精神和经济上的联系，但事实上，该协会成了日本工商界进一步控制泰国市场的工具。

二　二战时期的泰日关系

20 世纪 30 年代，当披汶为首的军人集团掌握泰国政权之后，泰国与日本在外交上走得更近了。受法西斯影响颇深的披汶上台后，不但希望能借日本之力制约西方列强，而且企图在日本军国政府的支持下走上军国主义的强国之路，所以在外交上努力向日本靠拢。1935 年起，泰国开始仿效日本组织阅兵仪式，印发宣传战争的小册子，成立具有军国主义倾向的"青年党"，派军官到日本受训，并向日本定购军舰。披汶政府甚至提出了"日本第一，泰国第二"的口号。而在日本看来，泰国不但本身是倾销商品最可靠的市场之一，而且由于泰国扼守着英属马来亚、缅甸和法属印度支那的门户，所以无论是在转口贸易还是军事进取上都具有重要的地位。此外，泰国还是日本重要的食品和橡胶、锡等战略物资的来源地。因此，日本也在着力拉拢披汶政府。1940 年，当披汶政府试图趁法国战败之机迫使维希政府归还在 19 世纪占领的湄公河沿岸土地时，日本给予了泰国全力支持。在美国政府为遏制披汶政府的扩张主义倾向而扣留了出售给泰国的轰炸机并取消了对泰战斗机的出口许可证时，日本政府却将 10 架战斗机赠送给泰国，以示公开支持。尽管日本政府本身也十分希望独占法属印度支那，而且事实上也已在 1940 年 9 月迫使维希政府签约允许日军占领南至河内的印支北部地区，但为了拉拢披汶政府，日本内阁仍在 1940 年 11 月 5 日的会议上做出决议：利用泰法冲突，让维希政府部分满足泰国政府的领土要求以进一步削弱法国的势力，同时迫使泰国政府在建立"大东亚共荣圈"的问题上给予政治和经济协助。在披汶政府对法属印度支那的军事行动失败后，日本政府直接介入干预。1941 年 1 月 29 日，泰法双方在一艘停泊在西贡港的日本巡洋舰上开始了停战谈判。最后，在日本的压力下，维希政府于 5 月 9 日在东京签署条约，将湄公河沿岸包括柬埔寨的马德望、暹粒和诗梳风（吴哥窟除外），以及老挝的琅勃拉邦和占巴塞在内的领土割让给了泰国。与此同时，日本政府也成功迫使披汶政府签署了"关于安全和政治上互相谅解"的议定书，披汶政府承诺与日本保持友好关系，发展同日本的经济合作，并不与任何国家签订任何针对日本的经济和军事协定。泰国开始被纳入日本的东南亚侵略轨道。

随着日美矛盾的逐渐激化，日本决定对美开战，于是对东南亚的大规模侵略也就被提上日程。日本要以最快的速度清除英美势力并控制缅甸、新加坡、马来亚等地，就必须首先控制泰国作为军事进攻的跳板。1941年 12 月 1 日，日本驻泰国大使坪上贞二接到政府电报，日本政府指示他开始同披汶政府谈判缔结军事同盟的事宜，或至少通过谈判获许日本军队通过泰国领土进攻马来亚和缅甸。但日本的这一企图被披汶政府所拒绝。于是，日军在成功偷袭珍珠港后，于 12 月 8 日凌晨强行在泰国南部登陆，武力迫使披汶政府签订了允许日军过境的协议。12 月 21 日，出于维护自身统治的考虑，披汶政府与日本缔结了《日泰同盟条约》和一个秘密议定书。条约内容主要包括：①日本与泰国在尊重相互之间的独立与主权的基础上结成同盟；②日本或泰国与其他一个或两个以上国家发生武力纷争时，泰国或日本应立即在政治、经济、军事等一切方面支持与援助其同盟国；③在日本与泰国联合进行战争的场合，相互之间如未获得完全谅解，不能休战或讲和；④条约签订后立即生效，有效期 10 年。秘密议定书则规定：日本有义务协助泰国收回 19 世纪被英国夺走的领土。这份形式上平等的条约，实际上将泰国置于日本的控制之下，并将泰国拉入了二战的旋涡之中。1942 年 1 月 25 日，泰国向英美宣战。

二战期间，日本在经济和文化上不断加强对泰国的控制，将泰国变成了事实上的附庸国。日军在进驻泰国之初，就迅速抢占了原属于同盟国的银行、商行和工矿企业，还通过被占领的曼谷港向泰国市场大量倾销免税日货。掠夺政策很快遭到了泰国各阶层的联合抵制。为了不影响东南亚战局，日本被迫做出了部分让步。日军让出曼谷港，开始缴纳日货关税，并归还了银行和部分工矿企业。

尽管日本出于战略考虑没有全面把持泰国的经济部门，但却通过经济侵略将泰国彻底变成了日本的工业产品倾销地和原料来源地，并控制披汶政府，使其贯彻对日本有利的经济政策。1942 年 4 月 21 日，为了在贸易上进一步盘剥泰国，日本强迫披汶政府签订了关于泰铢和日元平价汇兑的协定，使泰铢贬值 30%。1942 年 9 月，日本制定的对泰国经济措施纲要充分暴露了其侵略本质。该纲要指出，"为使泰国恪守泰日同盟精神，其经济部门也应同心协力于大东亚战争之实施，同时分别缓急逐步完成其为大东亚经济有机体一员的经济体制"，并确保"不允许第三国取得新的特殊经济权利"。日本的经济政策严重扭曲了泰国经济，使传统的四大出口商品——大米、橡胶、柚木和锡矿的产量锐减。橡胶和锡因是战略物资被限制出口。大米产量减少则是因为出口利润小，农民被迫改种棉花，为日本纺织业提供原料。1945 年战争结束时，曾是大米出口大国的泰国的大米年产量只有 350 万吨，仅勉强满足本国居民的口粮需求。日本投降时，贫困、失业和通货膨胀已将泰国推向崩溃的边缘。

在文化上，日本也从未放松对泰国的侵略。1942 年 10 月，日本与泰国签订了文化协定，并就广泛交换大学生和教师达成了协议。1943 年，日本拨款 280 万日元在曼谷开办了日本文化学院，目的是在泰国传播日本文化并普及日语。此外，日本还利用佛教进行大肆宣传，妄图将广大下层民众置于自己的影响之下。

不过，面对日本侵略的事实，泰国民众根本不认同日本提出的所谓"亚洲人联合反对西方白种人"的口号。各种抗日群众组织纷纷涌现，其中影响最大的就是由摄政王比里·帕侬荣领导的"自由泰运动"。同时，泰国经济的持续恶化也使得泰国统治层中的反日情绪日渐增加，不断有政府官员加入"自由泰运动"，利用特殊身份进行抗日活动。随着日军在太平洋战场上的节节败退，亲美路线逐渐取代亲日路线成为泰国外交的主流。

为了安抚泰国统治集团，1943 年 7 月 3 日日本首相东条英机亲自访问泰国，与披汶·颂堪商谈有关"巩固大东亚共荣圈的措施"，并在联合公报中声明"东条以最坚决的言辞保证，日本永远尊重泰国的主权和独立，并希望泰国繁荣昌盛"。同时，东条英机还履行 1941 年日泰军事同盟的附加秘密议定书，不但将 20 世纪初泰国割让给英属马来亚的玻璃市、吉打、吉兰丹和丁加奴四个州重新转给泰国，还将缅甸的景栋和孟板也一并交给了泰国，并在 1943 年 8 月 20 日将这一内容写入条约。尽管日本为继续笼络披汶政府尽了最大努力，如作为首相，东条英机此前除对伪满洲国做过礼节性回访外，没有对任何独立国家进行过访问，但这仍然无法阻止泰国统治阶级转向亲美路线。1943 年 11 月，披汶借故没有出席在东京召开的大东亚会议。1944 年 7 月，亲美派比里·帕侬荣从披汶手中接过了政权。新上台的政府奉行亲美反日路线，与日本貌合神离，甚至准备配合盟军发动武装起义，但由于日本的投降而没有付诸实施。

三 二战后的泰日关系

战后泰日两国的关系发展有三个显著特点：其一，受美国亚太战略部署的主导，这在战后初期尤为突出；其二，自 1967 年东盟成立以来，两国交往就一直在日本 – 东盟的背景下开展，泰国力图以东盟为后盾确保对日外交的平等地位，而日本也以制定对东盟的外交政策为主，不凸显单独的对泰政策；其三，两国交往集中在经济领域，这主要是日本奉行"政经分离"政策的结果，同时日本的和平宪法也限制了日本在安全领域的合作范围，但这在近年日本国内修宪思潮涌动的影响下有所改变。

战后初期，日本作为战败国和被占领国，国内经济、政治、军事各方面都被美国控制，日本基本丧失了外交权，所以 1945 ~ 1951 年日本与泰国基本上没有官方交往。但是，在美国的安排下，日泰贸易却发展很快。1947 年年底，关于强制泰国向马来亚提供大米的协议期满，泰国恢复了向其他国家出口大米的自主权，泰国很快成为日本的主要粮食来源国之一。1950 年泰国已是继美国和澳大利亚之后对日出口的第三大国。

随着中国国民党政府的垮台和朝鲜战争的爆发，美国改变了原先弱化日本的打算，转而对日本采取扶植政策，并着手在东亚建立针对中国的反共包围网。1951 年 9 月 8 日，旧金山和会在美国的操纵下通过了《旧金山对日和约》，日本得以重返国际社会。日本恢复外交后的重要课题之一就是加强与东南亚国家的交往。这一方面是出于美国建立反共东亚联盟的需要，另一方面也是因为这是日本经济发展的当务之急。中国在二战前后一直是日本主要的产品销售地和原料来源地。据美国国家安全委员会的统计，二战前日本对华进出口额分别占其进出口总额的 25% 和 18%，即使在朝鲜战争爆发的 1950 年，中国仍是日本的第四大进口来源国。但是，美国为了贯彻对中国的遏制战略，在 1952 年 4 月迫使日本签订了《日台条约》，强制阻断了中日间的官方贸易，使得日本失去了廉价的原料来源。同时，日本在朝鲜战争特需中扩张的生产能力急需新的销售市场，而当时西欧却普遍对日本实行贸易歧视政策。于是，拓展东南亚市场就成为日本唯一的选择。

从 1953 年起，日本政府逐步利用战争赔款之机，通过"赔偿外交"打开了东南亚国家的大门，完成了对东南亚的经济渗透。日本利用《旧金山对日和约》中对"劳务赔偿"原则定义不明的漏洞，在支付赔款时采用了给付以资本货物为主的实物，即经济开发工程项目及关联机械设备、产业机械设备和社会基础设施等生产资料产品，以及提供日本企业劳务服务的替代方式，不但减轻了日本的外汇负担，还使日本商品和服务顺利进入东南亚市场。

尽管泰国不具备对日的战争索赔权，但为了进一步拓宽市场，日本仍在 1955 年 7 月 9 日与泰国签订了准赔偿性质的《日泰特别日元协定》，规定在 5 年内以英镑支付泰国 54 亿日元，并以投资和贷款的方式向泰国提供价值 96 亿日元的货物和劳务。

此外，为配合"赔偿外交"的贸易攻势，日本又加强了投资与援助力度。从 1951 年起，日本就开始对东南亚进行投资，主要目的是推动资源的开发和进口。1954 年 10 月，日本和泰国分别以援助国和受援国的身份加入了"科伦坡计划"，日本开始增加对泰国的援助性贷款。

由于日本的贸易、投资、援助三位一体的经济攻势完全符合美国的亚太战略部署，所以得到了美国的支持。乔治·凯南早在 1949 年 3 月就提出了建立日本、东南亚垂直分工体系的构想，认为美国应致力于发展"作为原材料产地的东南亚"与"作为制成品产地的日本"之间的经济依存关系，以强化美国遏制共产主义的东亚联盟。因此，美国控制下的泰国军人独裁政府自然要配合日本的行动，更何况当时泰国正处在工业化初期，也确实急需外国投资和生产设备。由此，日泰经贸合作迅速加强，日本很快成为除美国外泰国最重要的经贸伙伴。

但是，随着日本对泰国经济领域的不断渗透，泰国国内的反日情绪也随之增加。这主要是因为日泰贸易摩擦日益严重。日本在将工业品大量倾销至泰国市场的同时，却对本国市场特别是农产品市场实行高关税的贸易保护政策，致使泰国商品难以进入日本，造成泰国的对日贸易从20世纪60年代起就一直处于逆差状态。此外，日本商人与泰国特权阶层的勾结、日本政府对经济援助款项只能购买日货的限制性规定、泰国日资企业对泰国劳工存在歧视等问题也促使反日情绪进一步高涨。

1972年11月，由泰国11所大学联合成立的"全国学生中心"向全国发表了反日公开信，认为泰国经济已面临被日本殖民地化的危险。1974年1月，当日本首相田中角荣出访东盟5国抵达泰国时，曼谷爆发了声势浩大的反日示威活动，抗议"日本经济帝国主义"。20世纪70年代初的"排日运动"并非是泰国的个别现象，事实上包括马来西亚和印度尼西亚在内的东盟国家对日本以经济大国自居漠视别国经济发展的态度普遍存在不满情绪。

为了改善同东盟的关系，1977年8月日本首相福田赳夫出访东南亚时提出了具有里程碑意义的"福田主义"，即"东南亚政策三原则"：日本不做军事大国；建立互相信赖关系；以对等合作者的身份支援东南亚。日本采取了一系列措施改善日泰经贸关系，其中包括放宽日元贷款签约条件，取消日元贷款使用范围限制，帮助泰国兴修水库和炼油厂，弱化日资对泰国经济的控制（如日资在泰国工业中的总股份从1976年的49%逐步减少到1980年的25%），撤出部分严重污染企业等。

但是，日本却并没有从根本上改变对泰国的贸易歧视政策，例如20世纪80年代，日本对美国产的冻鸡征收的关税为11.3%，并从1987年起将这一关税降为10%，但是日本对泰国产的冻鸡的关税却一直保持18%。这使得日泰两国的贸易摩擦不但没有得到缓解，反而愈演愈烈，1979～1982年，泰国对日贸易逆差平均每年为9亿美元，到了1984年却猛增到17亿美元。结果，1984 年泰国再次爆发波及全国的"抵制日货"运动。"全国学生中心"再次发表公开信，声称"日本在泰国从事多种经济活动，企图把泰国置于日本的奴隶的地位。目前充斥泰国城乡的日本货不是泰国人民生活的必需品，而是奢侈品，这给泰国经济带来了巨大的损失"。

尽管日本高关税造成的贸易逆差问题至今仍没得到解决，但由于日元在 1985 年《广场协议》后的大幅升值使得大量日本资金涌入泰国，资本项目的盈余抵消了经常项目的赤字，两国紧张的经贸关系才得到缓和，泰国没有再次爆发大规模排日运动。

不过，20 世纪 80 年代日泰关系的发展总体来说仍相对顺利。日本历届政府都反复重申尊重东盟的主导精神、坚持和平发展路线、不做军事大国的方针，并努力将合作从经济领域拓宽到政治和安全领域。1983 年，日本首相中曾根康弘就明确提出，要把加强与东盟合作、争取东盟支持作为日本迈向政治大国的重要一步。而包括泰国在内的东盟各国都处于经济高速发展时期，急需日本的出口市场、直接投资及政府开发援助，所以也都主动与日本保持密切联系。

进入 20 世纪 90 年代后，日泰交往在新的地区与国际形势下开始在更多层面上展开。经济合作仍然是两国交往的重点。尽管日本经济从 90 年代初泡沫经济破裂后就一直处于萧条状态，但日本仍是世界第二大经济体，是泰国重要的贸易伙伴、投资和政府开发援助的来源。尽管在 1997 年亚洲金融危机爆发后的初期，日本的援助并不及时，甚至为了保护国内金融而放任日元贬值，造成危机进一步扩大，招致东南亚国家的普遍不满，但在其后的金融重建过程中日本却表现得相当积极，危机后泰国获得的大约 172 亿美元援助中，单日本就提供了约 80 亿美元：日本不但在国际货币基金组织提供的 40 亿美元中占了很大比重，还单独提供了约 40 亿美元。

而且，在危机后的泰国经济复苏过程中日本也不断提供财政援助。2001 年 5 月，泰日签署了旨在稳定金融市场的《货币互换协议》，合作防范危机再次爆发。同年 11 月，两国外长签署了 2001～2005 年泰日《经济合作伙伴协定》。日本内阁也批准日本国际银行对泰贷款 47 亿日元，用于在泰北兴建第二座湄公河大桥。

由于中国与东盟在 2001 年 11 月达成协议将在 10 年内建立自由贸易区，一直视东南亚为后院的日本加快了与东盟的经济合作步伐，与泰国的合作也随之加快。2002 年 1 月，日本首相小泉纯一郎专程出访包括泰国在内的东盟 5 国，旨在推动日本 - 东盟自由贸易区的建立。2002 年 4 月，小泉首相与泰国总理他信在博鳌亚洲论坛期间会晤，双方同意建立联合工作组探讨两国经贸合作中的具体问题，以及建立双边自由贸易区的可行性。2003 年 12 月，小泉首相在东京举行的日本 - 东盟特别首脑会议上正式提出要与泰国谈判建立双边自由贸易区。2005 年 9 月，泰日双方完成有关自由贸易协定的商谈，但由于泰国国内政局的动荡之后的工作被搁置。2007 年 4 月，泰国总理素拉育正式访问日本，庆祝泰日建交 120 周年。其间，双方正式签署《泰日经济合作伙伴协定》，泰国成为第六个与日本缔结经济合作伙伴协定的国家。根据协定，泰国将在协定签订之日起 5 年后，撤销对日本汽车征收的进口关税。此外，泰国还将立即免去从日本进口的钢铁制品 50% 的关税，并于 10 年后取消此项关税。日本方面则将立即取消部分从泰国进口的农作物和海产品的关税，包括荔枝、芒果、对虾等。日本还承诺帮助泰国培训汽车生产技术人员，并放宽对泰国厨师赴日本工作的有关条件。

日本目前是泰国最大的投资来源国。根据泰国促进投资委员会统计，日资企业在 1970 ~ 2012 年赴泰投资获准的促进投资项目申请共计 7302 个，累计投资价值达 2.7 万亿泰铢（约合 913 亿美元）。不过，随着泰国生产成本的上升，近年来不少日资企业开始从泰国撤资，转投印尼、越南等其他东南亚国家。

除经济领域外，日本与泰国在政治、文化、安全等领域的合作也都得到了很大的发展。随着东盟经济整体实力的增强和国际地位的逐步提升，日本对东盟的外交开始从以援助为中心的"奉献外交"转变为以对等合作为中心的"协调外交"。

1996 年 1 月桥本龙太郎出任日本首相后，同年便出访泰国。次年 1 月又相继对东盟其他国家进行了访问，并发表了题为《为迎接日本 - 东盟新时代而进行改革：建立更广更深的伙伴关系》的演说，提议在首脑对话、文化合作、解决全球课题三方面加强合作，把过去偏重经济的合作关系深化为包括政治与安全在内的全面合作关系。2002 年 1 月，小泉首相出访东盟 5 国时也一再强调要增进日本与东盟在政治和安全领域的合作。

值得注意的是，近年来日本与东盟在禁毒、反海盗、打击走私等非传统安全领域的合作发展很快，并有向传统安全领域扩展的趋势。"9·11"事件和巴厘岛爆炸案的先后发生，以及美国借反恐之机重返东南亚，都为日本进一步加强与东南亚国家的安全合作提供了机会，而"日美防卫合作新指针"和"有事三法案"则为日本的军事化铺平了道路。1997 年 1 月桥本首相在访问东南亚时，作为日本首相第一次没有提及对日本侵略历史的反省，也没有重申"不做军事大国"的承诺。而 2002 年 1 月小泉首相访问东南亚时，尽管在题为《东亚中的日本与东盟》的演说中强调了发展与东南亚关系时要以"福田主义"为基础，但在具体问题讨论中却刻意回避"福田主义"的第一原则——不做军事大国。对于一心想成为政治大国的日本而言，成为军事大国是必由之路，而与东南亚近邻首先开展安全合作则是迈向军事化的重要尝试。

2013 年，日本首相安倍晋三访泰，进一步显露日本欲调整东南亚外交战略的端倪，从强调"经济合作"转向重视"安全合作"。在一贯奉行"大国平衡"战略的泰国看来，在美国主导下与日本开展军事合作将有利于平衡地区势力，有益于地区稳定和自身的安全，所以并不反对日本重新武装。尽管日本宪法第 9 条规定了日本的非军事化原则，但在日本国内修宪思潮的影响和美国的支持下，日本正在不断突破和平宪法的制约，从目前来看，泰日两国在安全领域的合作还将进一步发展。

第五节 与周边邻国的关系

一 与东南亚海岛诸国的关系

（一）概况

在东南亚，人们习惯上把马、新、印尼、文、菲这 5 国称为"海洋国家"或"海岛国家",把越、老、柬、泰、缅这5国称为"陆地国家"或"半岛国家"。泰国与5个海岛国家的关系要明显好于其与半岛国家的关系。而且泰国在东盟内部的合作就目前而言也主要是与其他老东盟5国(即海岛国家)开展的,与4个新半岛成员国仍处于磨合阶段。这一现象是在多种因素共同作用下产生的,既有历史原因,也有现实利益。

泰国在历史上一直是陆权国家,其国家利益也主要在中南半岛,而且泰国自从17世纪末实行闭关锁国政策后,几乎退出了海上权利的争夺,所以,与其他半岛国家相比,泰国与东南亚海岛诸国的传统势力范围并不存在太大的冲突。不过,泰国与海岛国家间也并非没有冲突。泰国南部与马来西亚北部的相邻地区在历史上就一直是两国争执的焦点。泰国从阿瑜陀耶王朝开始就一直试图以宗主国的身份控制马来西亚北部,并不断镇压当地的反抗力量,直到19世纪英国控制了马来亚地区后,泰国势力才被迫撤出马来亚北部。1909年7月15日,迫于英国的压力,曼谷王朝签署条约放弃了对吉打、吉兰丹、丁加奴、玻璃市四州及附近岛屿的宗主权。英国将这些地区归入了英属马来亚。但是,泰国却并没有因此放弃对这些地区的领土要求。1941年12月泰日签订的《日泰同盟条约》的附加秘密议定书中,就明确规定日本将协助泰国夺回马来亚北部地区。1943年8月,日本为了稳住日渐离心的披汶政府,将占领区内的马来亚北部吉打、吉兰丹、丁加奴、玻璃市四州以条约形式划归给了泰国。不过,随着二战日本的战败,泰国最后还是退还了马来亚北部所有的被占领土。时至今日,虽然泰马两国的边界问题早已解决,但历史遗留问题却依然存在。泰国南部地区的居民多数是穆斯林,而泰国的主流信仰为上座部佛教。尽管泰国推行宗教信仰自由,但隔阂仍然明显,再加上南部经济发展速度远远落后于泰国中部的曼谷地区,南部分裂主义倾向相当严重,甚至多次发生诸如袭击警署、抢劫军火库的恐怖主义事件,而东南亚伊斯兰极端势力提出的建立包括泰国南部在内的泛伊斯兰国家的目标则更是对此起到了推波助澜的作用。不过,总体而言,交流与合作仍是历史上泰国与东南亚海岛国家关系的主流。

二战后,美国为了实现其亚洲战略部署,建立了东亚反共联盟,并努力推动成员国加强交往与合作，甚至为此组建了东南亚条约组织。同属于西方阵营的泰国和海岛国家的关系得到了迅速发展，并形成了以泰国的大米交换马来亚和印尼的石油为基本模式的经济互补关系。经济依存度的提高和政治互信的增强促使泰国与海岛国家尝试建立更紧密的联系。1961年7月，泰国、马来亚和菲律宾在曼谷成立了东南亚联盟。此后，为适应地区局势的变化和交流合作的深化，1967年8月7～8日，印尼、泰国、新加坡、菲律宾4国外长和马来西亚副总理在曼谷举行会议并发表了《曼谷宣言》，正式宣告了东南亚国家联盟即东盟的成立。同月28～29日，马来西亚、泰国、菲律宾3国在吉隆坡举行部长级会议，决定由东南亚国家联盟取代东南亚联盟。

尽管因受到产业结构雷同和协商一致原则的局限，东盟在推动地区经济合作方面与欧盟相比进展缓慢，但客观而言东盟还是取得了相当大的成绩。1977年，东盟外交部长特别会议签署了《东盟特惠贸易安排协定》，并于1978年1月1日起实行。1982年，东盟先后3次召开经济部长会议，决定增加1948种享受关税优惠的商品。1985年，享受海关优惠税的批发商品已从1977年的71种增加到18431种。

泰国一直是地区经济合作最积极的推动者。1990年10月，在马来西亚召开的东盟经济部长会议上，泰国首先提出在15年内建成东盟自由贸易区。1992年1月，在新加坡举行的东盟第4次首脑会议上，东盟6国[①]首脑签署了《1992年新加坡宣言》和《东盟加强经济合作框架协定》，而经济部长们则签署了为实现东盟自由贸易区铺路的《有效普惠关税协定》。东盟自由贸易区计划于1993年1月正式启动，并于2002年1月提前在东盟6个老成员国间建成。为了进一步提高地区合作水平，2003年10月东盟第9次首脑会议发表宣言，决定在2020年前建立"东盟共同体"，具体包括"东盟安全共同体"、"东盟经济共同体"和"东盟社会与文化共同体"。泰国对此极力支持，总理他信·西那瓦甚至建议将建成时间提前到2015年，并提出"2＋X"方式，即在不破坏东盟协商一致原

---

① 1984年，新独立的文莱加入东盟，使东盟成员国由5个增加到6个。

则的前提下，任意两个成员国都可以率先在共同感兴趣的领域实现整合，以起到示范作用。在东盟地区合作的框架下，泰国和海岛诸国的经济联系变得日益紧密。由于社会政治结构和经济发展水平相近，其他老东盟5国（即海岛国家）一直是泰国最为重要的经贸合作伙伴。2014年泰国与其他老东盟5国的贸易总额占泰国对外贸易总额的15.18%，超过中国（13.97%）、日本（12.57%）、欧盟（9.41%）、美国（8.45%），是目前泰国最大的贸易伙伴。

除经济外，泰国与海岛诸国在政治和安全领域的合作也在东盟框架下不断取得进展。东盟成立的本意只是要建立一个地区性的经济合作组织，所以在政治与安全合作方面并没有明确规定具体的内容，只是笼统地宣称要"促进本地区的和平与稳定"。但是，随着美国势力撤出东南亚，通过政治合作维护地区安全就成为东盟各国抵御苏联威胁的唯一行之有效的方式。1971年，东盟5国外长在吉隆坡签署了《东南亚和平自由中立区宣言》，决定使"东南亚成为一个不受外部强国以任何形式或方式干涉的和平、自由和中立的地区"，将政治与安全合作正式纳入了东盟合作框架。泰国与海岛诸国政治合作的成效在20世纪80年代初解决柬埔寨问题时得到了充分的体现。当越南在苏联的支持下占领柬埔寨并入侵泰国时，东盟各国团结一致，强烈谴责越南的侵略行径，并坚决支持泰国维护主权与领土完整的正义斗争，为泰国提供了坚实的后盾。同时，各国还协调步调以东盟的名义实施共同外交，积极配合联合国的行动，为最终妥善解决柬埔寨问题做出了重要贡献。1985年7月，东盟第18届外长年会发表了关于要求越南同民主柬埔寨联合政府就政治解决柬埔寨问题举行间接谈判的联合声明，该声明被联合国安理会在制定解决柬埔寨问题的框架文件时采纳。进入90年代后，随着冷战的结束，泰国与海岛诸国愈加注重在外交方面的合作，通过内部协调以东盟名义参与国际事务，从而提高与工业发达国家进行对话时的地位。

但是，由于东盟强调尊重各国主权，互不干涉内政，限制了政治合作的进一步深入，所以2003年东盟在提出建立东盟共同体计划时并没有像欧盟那样包括"政治共同体"目标。而政治合作的止步不前又必然限制了安全合作的深入开展，各国在传统安全领域一直彼此存有戒心，造成东盟军事合作难以开展。事实上，与东盟内部军事合作相比，新加坡等国更习惯于依靠美国这样的地区外大国提供安全保障。所以，东盟在定义"东盟安全共同体"时特别强调了几项基本原则：只能通过和平手段解决东盟国家之间的分歧，不许使用武力或以武力相威胁；尊重国家主权，各国有权采取独立的外交政策和国防措施，这一共同体绝不是军事同盟；遵守联合国宪章和其他国际法，以及东盟所确定的互不干涉内政、以协调一致为基础的决策；等等。

不过，东盟各国在禁毒、反走私、打击偷渡、清剿海盗等非传统安全领域的合作却一直得到广泛开展，并不断深化。2001 年的"9·11"事件和 2002 年的巴厘岛爆炸案相继发生后，在美国的推动下，泰国和海岛诸国以反恐为主要内容的地区安全合作迅速展开，并签署了地区反恐协议。可以说，对于在传统安全领域合作举步维艰的东盟而言，在非传统安全领域的合作方式开辟了一条全新的通往安全一体化目标的道路。

（二）与新加坡的关系

1965 年 8 月新加坡退出马来西亚联邦后，泰国与新加坡的外交关系由领事级升格为大使级。泰新两国关系的发展一直非常平稳，这主要是由两国的互利性决定的。作为城市国家，新加坡要生存并发展就必须与周边国家保持良好关系，更何况泰国还是新加坡最主要的粮食来源国。20 世纪 80 年代，新加坡每年要从泰国进口约 18 万吨大米；90 年代进口量增加到 20 万吨以上；目前新加坡市场中泰国大米的占有率约为 91% ~ 93%。而在泰国看来，新加坡作为东南亚最发达的国家无疑是最好的贸易伙伴和重要的资金、技术来源国。目前，新加坡是仅次于中国、日本、美国和马来西亚的泰国第五大出口市场。2014 年泰国对新出口 104.5 亿美元，占泰国出口总额的 4.59%，占泰国对东盟出口总额的 17.6%。此外，两国都依靠美国提供安全保障，且旨在自保的新加坡武装力量对泰国显然不构成威胁，这就为两国的政治互信创造了有利条件。1997 年，新加坡总理吴作栋访泰，双方达成建设 21 世纪新泰增进伙伴关系计划，内容涉及信息科技、教育、旅游、电信等多个领域。2000 年 1 月，新加坡副总理兼国防部长陈庆炎访泰，双方承诺将在各个领域加强持久与互惠互利的伙伴关系。2002 年 2 月，新总理吴作栋访泰并与泰国总理他信·西那瓦会晤，双方同意加强在旅游业、农产品与食品业、金融服务业、汽车制造业、交通运输业这 5 个领域内的合作，增进经贸联系。而且，吴作栋总理还提出，新泰的长远目标将是实现"一个经济体、两个国家"。除经济领域外，泰新两国在安全领域的合作也相当深入。自 1981 年起，两国每年都要举行联合军事演习。2014 年 9 月，泰国政变领袖巴育当选总理后，新加坡对巴育出任总理表示祝贺，并邀请巴育对新进行正式访问。新加坡驻泰大使对泰国新一届政府的成立表示祝贺，并希望泰国与新加坡两国保持良好的外交关系，对泰国社会恢复稳定表示赞赏，也对泰国在东盟起到的重要作用表示肯定，希望泰国与新加坡增加在商贸方面的往来，并在工业与旅游方面增加合作。可以说，新加坡是目前与泰国关系最好的东南亚国家。

（三）与印度尼西亚的关系

1951 年 3 月，泰国与印尼建立大使级外交关系。两国关系密切，领导人互访频繁，1967 年东盟建立后，两国关系一直发展平稳。

两国的经济在初级产品方面存在比较强的互补性，主要体现在泰国大米与印尼原油的互购贸易方面。但是，两国劳动密集型产业结构的相似性却制约了彼此经济合作的深化。20 世纪 90 年代以来，特别是亚洲金融危机后，两国经贸合作取得明显进展，双边贸易额从 1993 年的 5.83 亿美元，到 1996 年的 19.07 亿美元，再到 2001 年的 27.29 亿美元，已有明显增长，但与 2001 年泰国与新加坡贸易额 81.07 亿美元的水平相比仍相差甚远。为此，作为东南亚的人口和资源大国，泰国和印尼都在积极寻找能更有效推进经济合作的途径。2001 年，印尼的瓦希德总统和梅加瓦蒂总统先后访泰，两国就原油制炼、贸易、航空、旅游和天然橡胶加工达成合作协议，并重申了加强印（尼）马泰成长三角区的建设。两国外长还签署了《贸易和旅游合作协议》。2001 年 6 月，泰国外长素拉杰与印尼外长哈桑在泰国联合主持第 4 届泰印（尼）经济及学术合作联委会会议并发表联合声明，双方还签署了《避免双重征税协定》。2002 年 1 月，他信总理出访印尼，与印尼总统梅加瓦蒂举行会谈。两国就开展贸易、旅游、投资合作及协调橡胶出口价格达成共识，签署了渔业合作谅解备忘录，以及两国文化艺术、科技、电信、青少年事务和体育合作等多项协议。近年来，泰国与印尼双边贸易增长较快，到2014年已增至168亿美元，比2003年翻了两番。

作为东盟的中坚力量和地区大国，两国在安全领域的合作也较为密切。除了开展联合军事演习，两国还就地区政治安全及国际问题保持协商，尤其是在20世纪80年代政治解决柬埔寨问题的进程中开展了良好的合作。此外，两国在清剿海盗和打击走私等非传统安全领域的合作也开展得相当广泛。2002年巴厘岛爆炸案发生后，泰国与印尼进一步加强了在反恐问题上的合作。2006年10月，泰国总理素拉育对印尼进行正式访问，双方就发展双边关系及各方面合作进行了探讨。其间，素拉育表示，将借鉴印尼平息亚齐分离主义的经验治理泰国南疆，化解马来穆斯林的分离主义运动。2015年4月，泰国巴育总理与印尼佐科总统在亚非峰会会晤时，再次重申两国合作对地区局势和区域发展的重要性。

（四）与马来西亚的关系

马来西亚是唯一与泰国有领土接壤的海岛国家，而这也造成了两国在历史上一直存在着陆权势力范围的争端。泰国一度以宗主国的身份控制着马来半岛北部各邦，并以武力镇压各邦的反抗。英国入侵东南亚时的分化政策进一步加深了泰国与马来亚①的矛盾，使地区局势更趋混乱，在20世纪上半期，马来亚北部吉打、吉兰丹、玻璃市和丁加奴四州更是几经易手。四州曾是泰国的藩国，20世纪初，英国迫使泰国放弃宗主权，四州并入英属马来亚。二战时，四州被日本占领并被划归泰国。二战后，泰国向英属马来亚归还四州。由于历史原因，两国关系并不融洽。二战后，在印尼的调停下，泰马两国从1973年开始划界，到1985年划界基本完成。随着边界问题的解决和政治互信的增加，两国关系明显改善，1976年马来西亚撤回了驻留在泰国境内的军队。不过，泰国南部伊斯兰激进组织的

---

① 马来亚为该地区在马来西亚独立前的称呼。

分离主义运动和泰国首先发展中部地区的经济政策，使得两国接壤这一优势未能得到充分利用。

20世纪90年代以来，随着地区合作的不断深化，两国逐渐开始关注相邻地区的合作问题。2001年泰国他信政府上台后，十分重视与马来西亚特别是两国相邻地区的合作，因为这将有助于带动泰南经济的快速发展，从而不仅能有力支持泰国经济的复苏，还能从根本上瓦解南部分离主义运动，稳定泰南局势。2000年3月，马来西亚最高元首萨拉胡汀·阿卜杜尔·阿齐沙访泰，并会见了泰国国王普密蓬。2000年5月，马来西亚国防部长达图·纳吉布访泰，双方修订了边境合作协定。2000年10月，马来西亚贸工部长拉菲达女士访泰，与泰国副总理兼商业部长素帕猜签订了《泰马贸易协定》。2001年他信总理上台之初，就于4月和9月两次出访马来西亚，商讨泰马双边贸易和东盟自由贸易区等问题。同月，两国签署开放领空协定。2002年5月，他信总理批准了能显著提高两国能源合作水平的泰－马天然气管道建设计划。该计划早在1999年就已被提出，天然气管道原定于2001年开始铺设，但由于泰南地方环保组织的反对而搁置。管道计划全长352千米，总投资约10亿美元，双方石油公司各占50%的股份。该计划的实施将使泰马的能源合作迈上一个新台阶。同年8月，为了增加泰南橡胶种植业者的收入，泰国与马来西亚、印尼协同成立了旨在抬高国际橡胶价格的天然橡胶出口联营公司。同年12月，他信总理率内阁代表团赴马来西亚参加泰马内阁非正式联合会议，与马哈蒂尔总理就能源开发利用、贸易、投资及旅游业等领域的合作进行了深入的探讨。

2006年9月泰国军事政变推翻他信政府后，泰马关系并未因此受到影响。2007年2月，马来西亚总理巴达维对泰国进行正式访问。双方就发展双边关系、边境管理、交通、泰南－马北经济发展、印尼－马来西亚－泰国经济发展区、双重国籍等问题交换了意见。同年8月，泰国总理素拉育赴马出席泰马建交50周年庆典。近年来，泰国与马来西亚经贸合作发展保持高增长态势，到2014年，泰马双边贸易总额已达255.1亿美元，相比2005年翻了一番。

与此同时，长期影响泰马跨境合作的泰南分离主义问题也出现了转机。英拉执政时期，泰国开始改变以往强调泰南问题属于泰国内政的强硬立场，转而寻求马来西亚在泰国处理泰南问题上的协调与支持。2013 年，马来西亚总理纳吉布与到访的泰国总理英拉会谈后宣布，泰国政府将与泰南分离主义组织展开和平谈判。2014 年军方政变上台后，并未改变英拉政府的基本立场，继续与马来西亚保持积极互动，共同寻求泰南问题的和平解决方案。

（五）　与菲律宾的关系

泰国与菲律宾于 1949 年建立外交关系，之后不久又缔结了友好条约，并一直保持着良好的关系。二战后初期，两国关系在美国的主导下发展很快，1954 年还在美国授意下共同发起成立了东南亚条约组织。20 世纪 70 年代以后，虽然两国关系中的美国推动因素随着美国从东南亚的退出而不断减弱，但两国关系却在东盟框架内得到进一步发展。两国相继签订了文化协定、经济贸易协定、引渡犯罪协定、科技协定等。此外，两国还成立了联合经济委员会，研究两国的经济合作问题。2001 年他信政府上台后，为了扩大出口，刺激经济复苏，十分注重增进与东盟各国的合作，对菲律宾也不例外。2001 年 10 月，他信总理对菲律宾进行正式访问，与菲律宾总统阿罗约举行会谈，双方就扩大双边经贸关系、加强国际政治合作进行磋商，随后签署了《引渡条约》。2002 年 5 月，阿罗约总统访泰，觐见了泰国国王普密蓬·阿杜德，并与总理他信会晤。双方就发展两国经贸关系交换意见，同意在避免双重征税、开展记账式贸易、旅游、信息产业等方面进行合作。2006 年 10 月，泰国总理素拉育对菲律宾进行正式访问，双方就能源、农业、劳工等双边合作交换意见。2011 年，菲律宾总统阿基诺三世对泰国进行正式访问，并与泰国总理阿披实就进一步深化双边合作与东盟共同体建设交换了意见。2012 年，泰国总理英拉访问菲律宾，并参加了泰国 – 菲律宾建交 63 周年的庆祝活动。

（六）　与文莱的关系

泰国与文莱的关系一直较好。早在文莱独立以前，泰国就曾于1981 年 4 月派出外交部副部长以官员身份出访了斯里巴加湾市，并表示："就泰国而言，如果文莱独立后能加入东盟并参加其部分活动，我们将感到高兴。"1984年文莱独立后，泰国随即予以承认并与文莱建立了外交关系。

泰国与文莱的合作主要是在经济领域。文莱是泰国重要的原油来源国之一，而泰国主要向文莱出售大米、建材、服装等物资。不过，由于泰国自从实现工业化后对原油的需求逐年增加，文莱却因人口少而进口增加有限，所以泰国对文莱的贸易自20世纪90年代以来一直存在逆差。2014年，泰国从文莱进口6.5亿美元，对文莱出口1.4亿美元，贸易逆差为5.1亿美元。

2001年7月，泰国外长素拉杰访问文莱。8月，他信总理正式访问文莱，两国签署了《资讯与广播合作谅解备忘录》。11月，他信总理赴文莱出席第7届东盟领导人会议。2002年8月文莱国王和王后应泰国国王和王后的邀请访泰，双方就进一步加强两国的经济合作达成共识。文莱同意扩大在泰国的投资，并同泰国民营公司就从泰国进口大米事宜签署协议。2011年，英拉总理首次访问文莱，会见了文莱苏丹哈吉·哈桑纳尔·博尔基亚，英拉希望文莱作为伊斯兰会议组织的成员，能对泰国清真食品出口到其他伊斯兰国家发挥更积极的促进作用，同时希望通过文莱让其他伊斯兰国家对泰国有更深入的了解。2012年，文莱苏丹哈吉·哈桑纳尔·博尔基亚对泰国进行国事访问。同年，英拉总理应邀参加文莱公主哈菲嘉的皇室婚礼。

（七）与东帝汶的关系

由于东帝汶恢复独立不久，所以两国交往还处在初始阶段，相互关系也以泰国的援助为主，但两国已为进一步合作打下了良好的基础。2002年5月20日，东帝汶民主共和国成立的当天，泰国就与其建立了外交关系，泰国外长素拉杰还应邀出席了东帝汶的独立仪式。2002年10月，东帝汶外交与合作部长拉莫斯奥尔塔访泰。泰国在东帝汶首都帝力设立大使馆。2002年11月，东帝汶总统古斯芒对泰国进行正式友好访问，泰国承诺将对东帝汶的援助范围扩展到教育、农业、卫生、渔业、天然气开发和建筑等领域，并承诺将泰国在东帝汶的维和人员由370名增至500名。

二 与东南亚半岛诸国的关系

（一）概况

泰国与缅甸、越南、柬埔寨和老挝这 4 个半岛国家的双边关系的发展明显滞后于东南亚地区合作进程。这主要是由历史因素造成的。泰国作为一个陆权国家，长期以来一直与周边陆上国家存在领土争端。泰国历史贯穿着一系列与缅甸和印支三国的战争。二战后初期，泰国在美国控制下成为中南半岛的反共基地，为西方国家干涉印支事务提供后勤保障，与其他半岛国家的立场泾渭分明。进入 20 世纪 70 年代后，尽管美国因素对东南亚局势的影响减弱，但冷战格局仍然支配着各国关系。70 年代末，越南希望扩大在中南半岛的势力。泰国成为东盟与印支三国对峙的"前线国家"，双方关系急剧恶化。直到冷战结束，泰国与半岛诸国才逐渐恢复正常交往。但是，由于经济政治结构的不同和残存冷战思维的影响，双边关系一直进展缓慢。

20 世纪 90 年代以来，随着国际格局多极化和地区经济一体化的不断推进，发展经济成为各国共识。越南（1995 年）、缅甸（1997 年）、老挝（1997 年）和柬埔寨（1999 年）相继加入东盟，泰国与半岛诸国的双边关系在东盟框架下得到快速发展。但由于半岛 4 国与泰国的政治制度不同，历史积怨还未消除，再加上 4 国与泰国的经济制度相异，发展水平较为悬殊，所以目前双方的交往仍处于初级阶段。在政治领域双方以进一步增强互信为主，在经济领域则以泰国的单边投资与援助为主。相邻的地理位置使各国领导人都清楚认识到，只有加强合作才能实现共同繁荣。所以，近年来各种双边和多边合作正在各国的共同努力下逐步向不同层面、不同领域稳步拓展。湄公河次区域合作组织就是这一努力的成果之一。湄公河次区域合作组织（GMS）是于 1992 年由亚洲开发银行发起组建的湄公河次区域开发合作机制，其成员包括湄公河沿岸的柬埔寨、老挝、缅甸、泰国、越南和中国（主要是云南省）。中国倡议的澜湄合作机制是这一努力的另一重要成果。2015 年 11 月，澜沧江 – 湄公河合作的首次外长会议在云南景栋举行。中泰柬老缅越六国外长参会，并就"同饮一江水，命运紧相连"的主题为进一步加强澜沧江－湄公河国家间的合作进行深入探讨，达成广泛共识，他们一致同意，正式启动澜湄合作进程。澜湄合作机制的建立，将为泰国进一步加强与半岛国家的交流与合作，提供重要平台。

（二）与缅甸的关系

历史上，泰国和缅甸曾是中南半岛势均力敌的两个强国，两国对地区主导权的争夺自然无可避免。泰国自素可泰王朝从吉蔑人的统治下独立后，就开始了与缅甸的冲突。阿瑜陀耶王朝更是长期处在缅甸的威胁之下，无休止地与缅甸争夺着对泰北的控制权，但却一直败多胜少，最后甚至被缅甸灭亡。都城阿瑜陀耶被付之一炬，泰国也因此失去了无数珍贵的典籍与文物。正因为缅甸在历史上曾侵略并奴役过泰国，所以两国在交往中难免会有隔阂。泰国人至今仍对抗缅的"民族英雄"津津乐道，更是对斩杀缅甸王储于象背上的纳黎萱大帝和驱逐缅军并复兴泰国的郑信王推崇备至。

不过，与历史因素相比，目前影响两国关系发展的更重要的原因，却是当前缅甸军人政体的专制统治，以及由此引起的涉及泰国利益的诸多问题。首先是难民问题。缅甸境内的民族问题一直很严重。20 世纪 80 年代以来，缅甸少数民族武装独立运动兴起，政府军与游击队的冲突造成大批少数民族难民涌入泰国。目前在泰北边境地区的难民营中寄居着十几万难民，这给泰国社会带来沉重负担。其次是边境安定问题。缅甸少数民族游击队为了躲避政府军，常进入泰国境内，有时不免制造事端，如 2000 年 1 月缅甸克伦族"上帝军"的 10 名成员就闯入泰国叻丕府医院，劫持了数百名人质。而缅甸政府军在泰缅边境地区的清剿行动，也常因缺乏与泰国边防军的有效沟通而引发边境冲突，造成两国边境口岸经常被迫关闭。2002 年 5 月，缅甸军政府就因为发生小规模冲突而将 2001 年 6 月才恢复开放的边境口岸再度关闭。最后是毒品问题。泰国对缅甸军政府禁毒不力甚至放任佤邦联军制毒贩毒的行为一直非常不满。佤邦联军曾是反政府的游击武装。据称缅甸军政府以放任其制毒贩毒为条件，换取其遵守与政府间的停火协议。据国际禁毒组织估计，2002 年泰国境内由佤邦联军制造的摇头丸可能多达 9 亿片。2003 年，他信政府在泰国国内发起"扫毒行动"并取得阶段性成果后，泰缅边境的禁毒问题就变得更加突出。

尽管泰缅关系存在不少问题，但是他信在执政期间，始终坚持"和平共存与合作发展"的对缅政策，而且在有关缅甸军政府的问题上坚持客观原则，并未追随盟友美国采取强硬态度，还为此受到美国及部分东盟国家的责难。2001 年 5 月，泰国素拉杰外长访缅，就双边禁毒、经贸、渔业合作等问题与缅甸军政府领导人进行商谈。同年 6 月，泰国总理他信正式访缅，与缅甸国家和平与发展委员会主席、政府总理丹瑞大将会谈，并就禁毒合作、重新开放边境口岸，以及加强渔业、能源合作等多项议题达成共识。同年 7 月，泰国副总理兼国防部长差瓦立访缅，双方同意建立泰缅边界委员会。2002 年 4 月，缅甸国家和平与发展委员会副主席貌埃将军访泰，双方就合作解决禁毒、非法劳工和渔业等问题达成共识，并就开展旅游合作达成协议。2003 年 11 月，泰国副总理功·塔帕朗西宣布，泰国边境经济和友邻关系发展战略规划委员会新的援缅计划主要包括：为缅甸无偿修建一条长 18 千米、预计投资 1.2 亿泰铢（约合 300 万美元）的公路，向缅甸提供 17.8 亿泰铢（约合 4500 万美元）的低息贷款，组建泰缅经济发展研究委员会，在缅甸建设深水码头及工业出口园区等。

2006 年 9 月他信政府被推翻后，泰国政府的对缅政策虽变得有所强硬，但基调还是通过接触而不是对抗的途径化解缅甸军政府问题。2006 年 11 月，泰国总理素拉育对缅进行正式访问，其间会见了缅甸国家和平与发展委员会主席丹瑞大将及总理梭温，双方就发展双边关系、多边合作、缅籍劳工、肃毒、对缅援助及传染病等问题广泛交换了意见。2008 年，泰国总理沙马访问缅甸，探望缅甸因"纳尔吉斯"风暴而临时搭建的灾民安置营，并向缅甸总理转达了国际组织希望前往缅甸协助救灾的愿望，从而在国际社会援助缅甸救灾问题上担当了救援代表的角色。沙马访缅后不久，缅甸总理登盛也首次访泰，双方表示愿意共同推动本地区公路、铁路及港口建设，加强在大米出口、劳工、禁毒和偷渡等方面的双边合作。2011 年 10 月，泰国总理英拉访问缅甸，并会见缅甸总统登盛，双方就边境事务、缅籍工人和重开妙瓦底口岸等问题进行了讨论。同年 12

月，英拉总理赴缅出席第 4 次大湄公河次区域领导人会议，并在仰光会见了昂山素季。2014 年 10 月，泰国总理巴育选择缅甸作为其任职后的首次海外访问地点。巴育总理与登盛总统举行单独会晤及双边正式合晤，主要内容是进一步促进两国友好关系，以及在国防、贸易和投资等领域促进合作等，并就发展战略合作伙伴关系达成了共识。

泰国坚持对缅合作，其原因一方面在于维护泰缅边境的安全与稳定，另一方面则在于取得发展所需的自然资源，特别是缅甸的天然气和水电，以及拓展缅甸潜在的商品市场。2014 年，泰国对缅贸易总额已增至 81.6 亿美元，相比 2007 年翻了一番多。

（三） 与越南的关系

泰国与越南并不接壤，但这却没能避免两国间的冲突。历史上，泰越两国曾为争夺对柬埔寨的控制权而长期对立，甚至兵戎相见。直到 19 世纪法国入侵印支地区，泰越的对抗才告一段落。二战后两国于 1976 年 8 月 6 日建交。20 世纪 70 年代末，越南占领柬埔寨，并与泰国发生边境冲突，两国关系严重恶化。冷战结束后，两国关系逐步恢复正常，但政治互信度仍然很低。泰国对越南在 1995 年加入东盟的问题上一直持反对意见，只是由于印尼等国的坚决要求才做出让步。不过，由于近年来地区经济合作进展加快，而越南也在坚持推进改革开放，所以泰越经济关系获得了较快发展，政治互信也随之不断增强。2014 年双边贸易总额已增至 118.2 亿美元，相比 1995 年的 5.14 亿美元，增长近 21 倍。与此同时，泰国对越南的直接投资也已增至 21.84 亿美元。

近年来，两国高层互访频繁，有效推动了合作的发展。2000 年 3 月，越南国家副主席阮氏萍访泰并出席了亚太女议员会议。4 月，泰国公主诗琳通访越。5 月，越南总理潘文凯访泰，双方就加强泰越之间的政治经济文化合作达成广泛共识，并签订了互免普通护照签证协议。9 月，泰国国家安全委员会代表团访越，泰国表示将继续依法惩治利用泰国领土反对包括越南在内的邻国的反政府势力。2001 年 4 月，泰国总理他信访越，会见了越共中央总书记农德孟、国家主席陈德良和总理潘文凯，双方强调要进一步推动两国友好合作关系的发展，并签署了两国邮政通信合作备忘

录。7月，泰国副总理兼国防部长差瓦立率军事代表团访越。8月，泰国
政府特派员、前总理阿南访越并出席两国建交25周年纪念活动，越南国
会国防与安全委员会副主任阮文柯率团参加在泰国的庆祝活动。2006年
10月，泰国总理素拉育对越南进行正式访问，并会见了越南国家主席阮
明哲、总理阮晋勇和副总理兼外交部长范家谦。2011年，泰国总理英拉
对越南进行访问，并与越南总理阮晋勇进行了会谈，双方就加强互利合作
的战略合作伙伴关系取得了共识。2014年11月，泰国总理巴育应邀对越
进行正式访问，双方对各领域合作关系的良好发展表示满意，并一致同意
将在未来密切配合与合作，加强高级代表团互访，有效展开越泰联合内阁
会议、双边合作委员会、外长级政治磋商等重要合作机制。

（四）与柬埔寨的关系

古代的泰柬关系大致上可以用敌对来概括。吉蔑人在素可泰王国独立
以前一度统治奴役着泰族人，但随着吴哥文明的衰落，柬埔寨却反成了泰
国的侵略对象。15世纪，泰国阿瑜陀耶王朝攻陷并洗劫了吴哥，吴哥王
朝被迫迁都金边。暹粒，这一坐落在吴哥古迹附近的城市用它的名字记录
了当年的历史。暹粒（Siem Reap）在高棉语中的意思就是"击败暹罗
人"。而二战期间，泰国披汶政府借助日本的势力，割占柬埔寨马德望、
暹粒和诗梳风三省，更是在柬埔寨民众心中留下了难以抹去的阴影。尽管
两国在1953年柬埔寨独立时就已建交，但政治上一直相互不信任，受历
史宿怨的影响，柬埔寨人的反泰情绪甚至至今仍时有激化。

2003年1月，柬埔寨金边发生严重的反泰暴乱，起因是柬埔寨《吴
哥窟之光报》刊载了一则传闻"泰国女明星苏瓦娜声称吴哥窟属于泰
国"。大批暴民冲击并焚毁了新落成的泰国驻柬大使馆，同时还发生了焚
烧泰国国旗、捣毁泰资企业与商行、攻击泰国侨民的事件。最后在中国政
府的外交斡旋之下，泰柬才避免了一场武装冲突，但该事件已造成十数亿
泰铢的经济损失。

2008年7月，泰柬两国因柏威夏寺问题发生争执，双方陈兵边界，
致使地区局势趋于紧张。柏威夏古寺至今已有900年历史，位于泰柬边界
地区的一座悬崖峭壁之上，古寺正门在泰国一侧，从柬埔寨进入则需要攀

爬峭壁上的石阶。1863 年，柬埔寨沦为法国殖民地后，依靠法国夺回了本已被划归泰国的北方省。1907 年，法国与泰国进行了边界勘定，负责绘制地图的法国人将柏威夏寺归入柬埔寨境内。但是，泰国不承认有关地图，并在 1954 年法军撤出柬埔寨后，派兵占领了柏威夏寺。柬埔寨对此提出抗议，并将争议提交海牙国际法庭。1962 年 6 月，国际法庭判古寺归柬埔寨所有。泰国在国际法庭判决后，撤回军队，但坚持保留收回古寺的权利。2007 年，柬埔寨将柏威夏寺申报世界文化遗产，遭到泰国反对。泰国素拉育政府认为，古寺周围 4.6 平方千米的领土是双方的争议区，柬埔寨无权单方面提出申报。2008 年，柬埔寨再次提出柏威夏寺申遗建议，但范围缩小至古寺本身，不包括周边地区。同年 6 月中旬，泰国沙玛政府认可了柬埔寨向联合国提交的新地图，外长诺帕敦在得到内阁和军方的同意后，与柬埔寨签署了支持柏威夏寺申遗的联合公报。此举引起泰国国内震动，诺帕敦在政治反对派的压力下引咎辞职。随后，泰柬争执进一步激化，以至于陈兵边界，形成对峙局面。10 月中旬，泰柬军队发生冲突，造成泰方士兵 5 人受伤，柬方士兵 2 人阵亡、2 人受伤，边境局势一度紧张。

2009 年 11 月，柬埔寨宣布正式任命流亡国外的泰国前总理他信为柬埔寨政府和总理顾问后，泰柬两国关系再次恶化，甚至一度互撤大使。2010 年，泰柬关系开始缓和，两国恢复大使级外交关系。2011 年 7 月，海牙国际法庭做出判决，泰柬两国必须立即从争议地区撤出军警部队，并避免在争议地区执行任何军事行动，同时裁定泰国不得阻碍柬方非军事人员进入柏威夏寺进行维修，还在附近地区划出一片非军事区域。国际法庭要求泰柬两国继续与东盟配合，解决两国边境争端，包括接受观察员进入柏威夏寺及争议地区观察停火，同时继续通过谈判寻求解决争端的方案。国际法庭宣判后，泰国外长及总理都表示，对国际法庭的判决感到满意。2011 年，泰柬联合边界委员会第 8 次会议在金边举行，双方讨论了包括从边境有争议地区撤军在内的 15 个议题。双方表示愿意共同维护泰柬边界地区的稳定，加强在各领域的合作，保护边境地区自然资源，加强旅游合作，改善两国边民相互往来关系，保障人民财产和生命安全。

尽管泰柬两国面临不少的历史和现实矛盾，但在地区合作的大背景下，作为邻国的泰柬之间的经贸合作已得到迅速推进，并成为带动两国交往全面发展的主要动力。2014 年，泰国对柬出口额已增至 45.3 亿美元，与 2005 年的 9.2 亿美元相比，翻了两番多。其中边贸是最主要的贸易形式，而在泰柬边境的原泰国占领区两国文化融合较好，这更为边贸的开展提供了有利条件。同时，泰国还是柬埔寨重要的投资来源国和经济援助国。到 2014 年，泰国对柬投资累计已达 7.2 亿美元。

近年来，两国政治、社会、安全领域的合作也正在逐步展开。2000 年 6 月，泰国总理川·立派访柬。双方签订了《联合打击非法跨境贩运走私协议》、《归还被盗机动车辆协议》和《关于陆界调查与勘定的谅解备忘录》。2001 年 6 月，泰国总理他信访柬，双方签署了《新闻公报》、《经济合作框架协议》、《领海大陆架重叠区域谅解备忘录》和《电信合作协定》4 个文件，就加强与深化两国在多领域的合作达成了一系列共识。10 月，他信总理再次访柬，并接受了西哈努克国王授予的"最高友好合作勋章"。11 月，柬埔寨首相洪森访泰，双方签署两国外交护照互免签证协议。泰国国王普密蓬授予洪森"最高白象大绶带骑士勋章"。2006 年 10 月，泰国总理素拉育对柬进行正式访问，会见了柬埔寨总理洪森及国会两院议长，双方就加强禽流感预防及疫情控制合作、边界划分及增设出入境口岸等问题交换了意见。2011 年 9 月，泰国总理英拉访问柬埔寨，与柬埔寨首相洪森就解决边界争端深入交换了意见。同时，双方同意加强基础建设合作，特别是柬埔寨国内交通等基础设施，并共同推动开设亚兰巴特－沙登波口岸事务，以满足两国间货物通关增长的需求。此外，双方还将在打击边境盗伐木材、刑事犯罪、禁毒等领域展开进一步的密切合作。2014 年 10 月，泰国总理巴育偕夫人访问柬埔寨，双方就改善两国关系交换意见，并正式签署 3 份合约。巴育夫人在金边大学主持泰语本科的开班仪式，鼓励柬埔寨学生学习泰语。

（五）与老挝的关系

18 世纪初，当曾经辉煌一时的南掌王朝分裂成万象王国和琅勃拉邦后，老挝便成了泰国侵略的对象。1778 年，吞武里王朝攻陷万象，珍宝碧玉佛被当作战利品带回泰国并被供奉在随后落成的曼谷玉佛寺中。到18 世纪末，老挝成为泰国的附属国。1827 年，当万象王国的藩王昭阿努试图独立时，曼谷王朝的军队将万象城夷为平地，万象王国灭亡。二战中，泰国借助日本势力侵占老挝领土。二战后，泰国又成为美国干涉老挝事务的后勤基地。所以，泰老两国可以说有很深的宿怨。不过，与泰柬关系相比，1975 年 12 月泰老建交后的和解似乎更为成功。这主要是因为老挝国力相对较弱且地处内地，更需要依赖友邻泰国带动其经济发展。此外，老挝与泰国语言和风俗习惯相近，也为两国关系发展提供了有利条件。2014 年，泰国对老出口已增至 40.3 亿美元，与 2000 年的 10.2 亿美元相比，几乎翻了两番。目前老挝经济发展主要依靠外国投资和政府援助，而泰国在两者中所占比重都不小，而且在迅速增长。2014 年，泰国对老投资超过 16 亿美元。近年来，两国在能源合作方面取得了明显成效。老挝凭借水能资源丰富的优势将发展水电业作为国家基本战略，使水电业成为继纺织业和林业的第三大出口创汇行业。目前老挝电力的 70% 出口到泰国，对泰售电收入已占老挝外汇总收入的 1/4。

　　随着经济合作的深入开展，泰老两国的政治互信也不断提高。泰老于1996 年达成陆地勘界立碑协定，到 2002 年年底，双方已完成 171 千米的陆地边界勘测立碑工作。进入 21 世纪以来，两国保持着频繁的高层互访，为合作的全面开展创造了条件。2001 年 6 月，泰国总理他信访老，双方就能源、经贸、旅游、交通和卫生等领域的合作交换了意见，并签署了经济合作协定。同年 8 月，应他信总理邀请，老挝总理本扬·沃拉吉访泰。2007 年 3 月，泰国外长尼特访问老挝。其间，尼特会见了老挝人民革命党中央总书记、国家主席朱马利·赛雅贡和总理布阿索内·布帕万，并与老挝副总理兼外长通伦·西苏里共同召开第 8 次边境联委会。此外，双方还签署了联合公报，内容包括发展双边经贸、投资及伊洛瓦底江－湄南河－湄公河经济战略合作（ACMECS）、边境划分、交通、疾病防治、孟族难民等。同年 4 月，老挝副总理通伦·西苏里对泰进行正式访问。2013年，泰国总理英拉与副总理兼外交部长素拉蓬、商业部长汶颂一行前往老挝，出席第 5 届 ACMECS 领导人会议。2014 年，泰国总理巴育访问老挝，与老方着重讨论了经济合作，其中包括取消关税壁垒、投资修建公路、投资建设第 5 座"友谊大桥"，以及研究考察建设第 6 座"友谊大桥"，并就铁路联网和共建经济特区等议题达成了广泛共识，期望通过合作进一步提高交通运输能力，促进两国间的投资贸易增长。

大事纪年

1238 年	素可泰王国建立,定都素可泰。
1275 年	兰甘亨继素可泰王位。
1292 年	第一块泰文碑铭兰甘亨碑铭问世。
1294 年	中国元朝首次遣使出访素可泰王国。
1296 年	兰纳王国建立,定都清迈。
1347 年	阿瑜陀耶王国建立,定都阿瑜陀耶。
1370 年	中国明朝首次遣使出访阿瑜陀耶城。
1549 年	阿瑜陀耶与缅甸第一次发生大规模战争。
1569 年	缅甸军队第一次攻陷阿瑜陀耶城。
1584 年	纳黎萱亲王宣布阿瑜陀耶脱离缅甸独立。
1590 年	纳黎萱继阿瑜陀耶王位。
1592 年	纳黎萱率军大败缅军,阵斩缅甸太子。
1652 年	阿瑜陀耶王朝遣使向清朝进贡,承认清王朝的宗主国地位。
1767 年	缅甸军队第二次攻陷阿瑜陀耶城,阿瑜陀耶王国覆灭。郑信率部驱逐缅军,建立吞武里王朝,定都吞武里,史称郑王。
1777 年	清王朝正式承认吞武里王朝的藩属国地位。
1782 年	吞武里王朝被推翻后,郑信麾下大将却克里加冕为王,尊号拉玛一世,定都曼谷,史称曼谷王朝或却克里王朝。

1786 年	清王朝正式承认曼谷王朝的藩属国地位。
1823 年	清王朝赐给拉玛二世"永奠海邦"匾额以示嘉许。
1854 年	曼谷王朝最后一次对清王朝进行朝贡。
1855 年	暹罗与英国签订《鲍林条约》，被迫向西方打开国门。
1868 年	朱拉隆功继曼谷王朝王位，尊号拉玛五世。
1869 年	朱拉隆功遣使访华，要求废除朝贡，但被清政府拒绝。
1874 年	朱拉隆功下诏废除奴隶制。
1896 年	英法两国签订《英法公约》，共同保证暹罗的中立地位，使得泰国成为东南亚地区唯一的非殖民地国家。
1900 年	德国公司在暹罗修建了第一条铁路。
1912 年	暹罗发生首次针对君主专制政体的未遂政变。
1913 年	拉玛六世下诏要求暹罗国民采用姓氏，结束了暹罗平民有名无姓的历史。
1916 年	拉玛六世创办朱拉隆功大学。
1921 年	拉玛六世颁布初级义务教育条例，并增加从平民中择优录取出国留学生的名额。
1932 年	暹罗发生军事政变，推翻君主专制政体，建立君主立宪政体，并于年底颁布第一部永久宪法。军人集团正式登上政治舞台。马努巴功成为泰国首位总理。
1933 年	披耶帕凤发动政变，推翻马努巴功政府，并出任总理。
1935 年	拉玛七世宣布退位，其侄子阿南达·玛希敦继位，尊号拉玛八世。
1938 年	披汶·颂堪出任泰国总理。
1938 年	暹罗更改国名为泰国。
1941 年	泰国被日本占领，被迫宣布加入"轴心国"。
1942 年	泰国共产党成立。
1945 年	泰国恢复暹罗国名。
1946 年	拉玛八世在寝宫饮弹驾崩，其弟普密蓬·阿杜德即位，

尊号拉玛九世。比里·帕侬荣出任泰国总理，颁布了一系列法规条令，限制军官和文职官僚的活动，废除《反共法令》，使泰国共产党取得了合法地位。

1948 年	披汶再次出任总理。
1949 年	暹罗再次更改国名为泰国。海军发动"大王宫"政变，试图推翻披汶政府未遂。
1950 年	泰国与美国签订《经济和技术合作协定》与《军事援助协定》。
1951 年	海军发动"曼哈顿号叛乱"，试图推翻披汶政府未遂。披汶发动自我政变，重新启用 1932 年宪法。
1955 年	披汶政府亲美政策有所改变，开始放宽舆论限制，允许国内成立政党。万隆会议期间，周恩来总理与泰国外交部长旺·威泰耶康亲王进行了会晤，实现了新中国成立后中泰两国政府间的第一次正式接触。
1957 年	沙立·他纳叻发动政变，推翻披汶政府。
1958 年	沙立再次发动政变，推翻民选政府。
1959 年	沙立出任总理，开始推行"泰式民主"，施行军人威权统治。
1963 年	沙立病逝，他侬·吉滴卡宗继任总理。
1968 年	泰国颁布《政党法》，解除党禁。
1971 年	他侬发动自我政变，重启党禁，再次施行军人威权统治。
1973 年	曼谷街头发生"10·14"民主运动，他侬政府倒台。
1975 年	泰国举行民主选举，克立·巴莫出任总理，并宣布承认中华人民共和国。中泰两国正式建交。
1976 年	沙鄂·差罗如发动政变，推翻克立·巴莫政府，保皇派的他宁·盖威迁出任总理。
1977 年	沙鄂再次发动政变，推翻他宁政府，三军最高司令江萨·差玛南出任总理。

1980 年	炳·廷素拉暖出任泰国总理，开始长达 8 年的半民主统治。
1981 年	泰国诗琳通公主首次访华。
1988 年	泰国举行大选，差猜·春哈旺出任总理，提出"变印支战场为商场"的口号。
1991 年	顺通·空颂蓬高举"反腐败"旗号发动政变，推翻差猜政府。
1992 年	三军最高司令素金达·甲巴允出任总理，引发曼谷街头"五月流血"民主运动，在拉玛九世干涉下，素金达被迫辞职。
1997 年	亚洲金融危机在泰国率先爆发，使得曾经的"亚洲小虎"遭受重创。泰国颁布 1997 年宪法，该宪法被誉为"民主里程碑"。
1998 年	他信·西那瓦组建泰爱泰党，新资本集团正式登上政治舞台。
2000 年	中国与泰国签署《中华人民共和国和泰王国关于二十一世纪合作计划的联合声明》。
2001 年	泰国举行选举，泰爱泰党成为泰国历史上首个拥有众议院简单多数席位的政党，他信出任总理。
2003 年	中泰两国签署了中－东盟合作框架下的第一个实质性条约《中华人民共和国政府与泰王国政府关于在〈中国－东盟全面经济合作框架协议〉"早期收获"方案下加速取消关税的协议》，并于 10 月 1 日取消了两国间 188 种蔬果的关税。美国总统布什正式将泰国列为美国的"非北约主要盟国"，赋予泰国在美国对外援助和防务合作方面的特别待遇。
2005 年	泰国举行选举，泰爱泰党囊括众议院全部 500 席中的 377 席，他信成为泰国历史上首位连任的民选总理，并且成为首位"一党内阁总理"。

2006 年	泰国发生"反他信"政治运动,军方发动"9·19"政变,推翻他信政府,前陆军总司令素拉育·朱拉暖出任总理。
2007 年	素拉育总理访华期间,中泰双方共同签署了《中泰战略性合作共同行动计划》。年底,军人集团"还政于民",泰国举行选举,他信派系的人民力量党赢得大选。
2008 年	他信密友沙玛·顺达卫出任总理,引发"反他信"政治运动,曼谷街头发生流血冲突,宪法法院判决罢免沙玛总理职位,并随后判决解散人民力量党。民主党主席阿披实继任总理。
2010 年	他信派系支持者"红衫军"在曼谷举行大规模反政府示威集会,并在阿披实政府下令军警武力驱散后,发生严重流血冲突,冲突造成至少 88 人死亡,1885 人受伤,以及大量的商铺和民宅被焚毁。
2011 年	泰国举行选举,他信派系的为泰党赢得选举,他信幺妹英拉·西那瓦成为泰国首位女总理。
2012 年	英拉总理访华期间,中泰双方决定将双边关系由此前的"战略性合作关系"提升至"全面战略合作伙伴关系"的新水平。美国国防部长帕内塔访泰期间,美泰两国签署《2012 年泰美防务联盟共同愿景声明》,标志着 1962 年以来两国首次升级双边军事关系。
2013 年	英拉政府推动"特赦法案"与"宪法修正案",试图为他信回归铺路,引发大规模"反他信"政治运动。
2014 年	陆军司令巴育·占奥差发动政变,推翻英拉政府,组建"全国维持和平与秩序委员会"接管国家权力,并以唯一候选人的身份出任泰国第 29 任总理。

参考文献

一　中文文献

〔苏〕列勃里科娃：《泰国近代史纲》，王易今等译，商务印书馆，1974。

〔苏〕列勃里科娃：《泰国现代史纲》，中国科学院世界历史研究所翻译小组译，商务印书馆，1973。

〔泰〕姆·耳·马尼奇·琼赛：《泰国与柬埔寨史》，厦门大学外文系翻译小组，福建人民出版社，1976。

〔泰〕批耶阿努曼拉查东：《泰国传统文化与民俗》，马宁译，中山大学出版社，1987。

〔英〕霍尔 D. G. E.：《东南亚史》，中山大学东南亚历史研究所译，商务印书馆，1982。

蔡北华主编《东盟六国经济纵横》，上海人民出版社，1992。

陈开明：《泰国现代化进程中的南部穆斯林问题》，《世界民族》1999年第 2 期。

陈乐怡：《我国周边地区和国家的石化工业概况》，《当代石油石化》2003 年第 3 期。

陈宁：《泰国的人口政策与成效》，《东南亚》1999 年第 1 期。

陈莹：《泰国发展生态旅游及对我国的启示》，《东南亚》2002 年第 2 期。

段立生：《从文物遗址看佛教在泰国的传播》，《东南亚研究》2001

年第 4 期。

冯安命：《泰国现行科技奖励政策及做法》，《中国科技奖励》2000年第 8 期。

贺圣达、王文良、何平：《战后东南亚历史发展：1945－1994》，云南大学出版社，1995。

胡峰：《泰国外资政策调整的背景、内容及成效》，《贵州财经学院学报》2001 年第 5 期。

胡坚：《亚洲——金融风暴后的再崛起》，经济科学出版社，1998。

华留虎主编《东盟军情瞭望》，国防大学出版社，1998。

季国兴：《东南亚概览》，中国社会科学出版社，1994。

金湘：《腾飞的东盟六国》，时事出版社，1995。

军事科学院《世界军事年鉴》编辑部：《世界军事年鉴 2003》，解放军出版社，2003。

柯始炎：《1997 年泰国科技发展综述》，《全球科技经济》1998 年第 4 期。

李键主编《中国与周边国家》，四川人民出版社，1999。

李瑾、秦富：《泰国食物消费升级对应的粮食安全水平测度与分析》，《中国食物与营养》2007 年第 8 期。

李勤：《近现代泰国佛教的世俗化趋向》，《云南师范大学学报》2001年第 6 期。

李毅：《金融危机以来泰国华人商业银行的变化及影响》，《南洋问题研究》2000 年第 3 期。

李湛军、邵林铭：《泰国——一个充满微笑的国家》，科学普及出版社，1994。

李振澜：《外国风俗事典》，四川辞书出版社，1989。

李志东：《泰国的人口现代化与人力资源开发》，《东南亚纵横》1998年第 3 期。

李志东：《泰国现代政治演进特征及成因分析》，《东南亚纵横》2000年增刊。

李志厚：《泰国面向 21 世纪的教育政策》，《外国教育研究》1999 年第 5 期。

梁源灵：《泰国对外关系》，广西人民出版社，1998。

刘迪辉等：《东南亚简史》，广西人民出版社，1989。

马加力主编《东南亚国家市场经济》，时事出版社，1995。

马晋强主编《当代东南亚国际关系》，世界知识出版社，2000。

乔喜科、陈柳宁：《当上泰国总理的华裔》，《东南亚纵横》2001 年第 4 期。

任一雄：《政党的素质与民主政治的发展：从泰国政党的历史与现状看其民主政治的前景》，《东南亚研究》2002 年第 5 期。

施荣华：《中泰两国 14～18 世纪的文化交往》，《云南师范大学学报》1997 年第 3 期。

孙笑丹：《中国与东盟国家农产品出口结构比较研究》，《当代财经》2003 年第 3 期。

田禾：《东南亚医疗保障制度》，张蕴岭、孙士海主编《亚太地区发展报告－2（2001）》，社会科学文献出版社，2001。

田禾：《泰国医疗保障制度》，张蕴岭、孙士海主编《亚太地区发展报告－3（2002）》，社会科学文献出版社，2002。

万悦容：《泰国非政府组织》，知识产权出版社，2013 年。

汪新生：《现代东南亚政治与外交》，广西人民出版社，1998。

王军：《也论差猜时期泰国的印支政策》，《东南亚研究》2001 年第 1 期。

王民同、罗致含：《东南亚史纲》，云南大学出版社，1994。

王同涛等：《泰国科技发展现状及趋势》，《全球科技经济瞭望》2013 年第 7 期。

王文良、俞亚克：《当代泰国经济》，云南大学出版社，1997。

王业龙：《地区视野中的泰国外交》，《东南亚研究》1995 年第 2 期。

韦红：《东南亚五国民族问题研究》，民族出版社，2003。

吴必祥：《泰国汽车工业发展的现状与前景》，《亚太经济》2002 年第 3 期。

吴必祥：《泰国信息产业的发展与措施》，《东南亚》2002 年第 1 期。

现代国际关系研究所世界人物研究室编《东南亚南亚名人录》，时事出版社，1990。

谢丽梅：《泰国他信政府"进取性"外交政策透视》，《东南亚研究》2005 年第 1 期。

晏凤鸣：《泰国的计划生育/生殖健康目标管理》，《南京人口管理干部学院学报》2000 年第 3 期。

叶卫平：《东盟经济圈与中国企业》，中国经济出版社，1996。

袁丁：《清政府与泰国中华总商会》，《东南亚》2000 年第 2 期。

岳蓉：《泰国的对外政策与其现代化的发展》，《贵州师范大学学报》（社会科学版）1998 年第 3 期。

张殿英：《东方风俗文化辞典》，黄山书社，1991。

赵和曼主编《东南亚手册》，广西人民出版社，2000。

赵守辉：《泰国发展高等教育的经验》，《外国教育资料》2000 年第 5 期。

中华人民共和国外交部政策研究室编《中国外交 2003 年版》，世界知识出版社，2003。

中山大学东南亚研究所：《泰国史》，广东人民出版社，1987。

周方冶：《全球化进程中泰国的发展道路选择——"充足经济"哲学的理论、实践与借鉴》，《东南亚研究》2008 年第 6 期。

周方冶：《泰国大选后英拉政府的政治和解难题》，李向阳主编《亚太地区发展报告 2012》，社会科学文献出版社，2012。

周方冶：《泰国的宪政与民主化进程评析》，李文主编《东亚：宪政与民主》，中国社会科学出版社，2005。

周方冶：《泰国非暴力群众运动与政治转型》，《当代亚太》2007 年第 7 期。

周方冶：《泰国"红衫军"运动的形成原因分析》，李向阳主编《亚太地区发展报告 2011》，社会科学文献出版社，2011。

周方冶：《泰国"5·22"军事政变的过程、原因与前景》，李向阳主编《亚太地区发展报告2015》，社会科学文献出版社，2015。

周方冶：《泰国"9·19"军事政变与民主政治的前景》，张蕴岭、孙士海主编《亚太地区发展报告-7（2006）》，社会科学文献出版社，2007。

周方冶：《泰国立宪君主政治权威兴衰的过程、原因与趋势》，《南洋问题研究》2012年第2期。

周方冶：《泰国民盟"街头政治"及其成因与影响》，张宇燕主编《亚太地区发展报告2009》，社会科学文献出版社，2009。

周方冶：《泰国南疆分离主义的重现与影响》，张蕴岭、孙士海主编《亚太地区发展报告-5（2004）》，社会科学文献出版社，2005。

周方冶：《泰国2007年宪法对政治转型的影响》，张蕴岭、孙士海主编《亚太地区发展报告-8（2008）》，社会科学文献出版社，2008。

周方冶：《泰国他信政治集团的兴衰及其原因》，周方冶主编《亚洲的发展与变革》，世界知识出版社，2007。

周方冶：《泰国宪政体制多元化的进程、动力与前景》，《南洋问题研究》2013年第4期。

周方冶：《泰国政党格局的转型与泰爱泰党的亲民务实路线》，《当代亚太》2005年第5期。

周方冶：《泰国政府积极推动对华经贸关系的原因分析》，《当代亚太》2003年第10期。

周方冶：《泰国政治持续动荡的结构性原因与发展前景》，《亚非纵横》2014年第1期。

周方冶：《泰缅关系现状与泰国对缅政策评析》，张蕴岭、孙士海主编《亚太地区发展报告-6（2005）》，社会科学文献出版社，2006。

周方冶：《王权·威权·金权：泰国政治现代化进程》，社会科学文献出版社，2011。

周方冶：《政治转型中的制度因素：泰国选举制度改革研究》，《南洋问题研究》2011年第3期。

朱振明主编《当代泰国》，四川人民出版社，1993。

二 外文文献

AIDS Division, Department of Communicable Disease Control, *Estimates of HIV-infected People and AIDS Case in Thailand*, Bangkok: J. S. Press, 1998.

Bureau of Education System Development and Macro Planning, Office of the National Education Commission, *Education in Thailand 1998*, Bangkok: Amarin Printing and Publishing Public Company, 1998.

Bureau of Health Policy and Plan, Office of the Permanent Secretary for Public Health, *Public Health Statistics, 1996*, Bangkok: The Veteranspress, 1998.

Bureau of Health Policy and Plan, Office of the Permanent Secretary for Public Health, *Report on Health Resources Survey, 1995*, Bangkok: The Veteranspress, 1997.

Bureau of Health Policy and Plan, Office of the Permanent Secretary for Public Health, *Survey on Health Status of Thai Highlanders, 1997*, Bangkok: The Veteranspress, 1998.

Bureau of Policy and Strategy, Ministry of Public Health, Thailand, *Health Resources Report 2007*, 2007.

Chulacheeb Chinwanno, Thailand-China Relations: From Strategic to Economic Partnership, IUJ Research Institute Working Paper, *Asia Pacific Series No. 6*, 1998.

Department of Pollution Control, Ministry of Science, Technology and Environment, *Situation and Management of Air and Noise Pollution, 1996 – 1997*, 1998.

Electricity Generating Authority of Thailand, *Annual Report 2014: Caring & Sharing*, 2015.

National Economic and Social Development Board Office of the Prime Minister, Thailand, *The Eleventh National Economic and Social Development Plan (2012 – 2016)*, 2011.

United Nations Development Programme，*Advancing Human Development Through the ASEAN Community*：*Thailand Human Development Report 2014*，2014.

United Nations Development Program，*Thailand Human Development Report 2007*，2007.

三　主要网站

泰国政府网站：http：//www. thaigov. go. th。

泰国国家统计局网站：http：//www. nso. go. th。

泰国商会网站：http：//www. tcc. or. th。

泰国海关总署网站：http：//www. customs. go. th。

泰国商业部网站：http：//www. moc. go. th。

泰国国防部网站：http：//www. mod. go. th。

泰国财政部网站：http：//www. mof. go. th。

泰国司法部网站：http：//www. moj. go. th。

泰国外交部网站：http：//www. mfa. go. th。

泰国工业部网站：http：//www. tisi. go. th。

泰国投资促进委员会网站：http：//www. boi. go. th。

泰国（中央）银行网站：http：//www. bot. or. th。

泰国证券委员会网站：http：//www. set. or. th。

泰国选举委员会网站：http：//www. ect. go. th。

泰国国会网站：http：//www. parliament. go. th。

泰国国家警察总署网站：http：//www. police. go. th。

泰国宪法法院网站：http：//www. concourt. or. th。

泰国最高军事司令部网站：http：//www. schq. mi. th。

泰国朱拉隆功大学网站：http：//www. chula. at. th。

泰国法政大学网站：http：//www. tu. ac. th。

索　引

新版《列国志》总书目

非洲

阿尔及利亚
埃及
埃塞俄比亚
安哥拉
贝宁
博茨瓦纳
布基纳法索
布隆迪
赤道几内亚
多哥
厄立特里亚
佛得角
冈比亚
刚果
刚果民主共和国
吉布提
几内亚
几内亚比绍
加纳
加蓬
津巴布韦
喀麦隆
科摩罗
科特迪瓦
肯尼亚
莱索托
利比里亚
利比亚
卢旺达

马达加斯加
马拉维
马里
毛里求斯
毛里塔尼亚
摩洛哥
莫桑比克
纳米比亚
南非
南苏丹
尼日尔
尼日利亚
塞拉利昂
塞内加尔
塞舌尔
圣多美和普林西比
斯威士兰
苏丹
索马里
坦桑尼亚
突尼斯
乌干达
赞比亚
乍得
中非

欧洲

阿尔巴尼亚
爱尔兰
爱沙尼亚
安道尔

奥地利

白俄罗斯

保加利亚

北马其顿

比利时

冰岛

波斯尼亚和黑塞哥维那

波兰

丹麦

德国

俄罗斯

法国

梵蒂冈

芬兰

荷兰

黑山

捷克

克罗地亚

拉脱维亚

立陶宛

列支敦士登

卢森堡

罗马尼亚

马耳他

摩尔多瓦

摩纳哥

挪威

葡萄牙

瑞典

瑞士

塞尔维亚

塞浦路斯

圣马力诺

斯洛伐克

斯洛文尼亚

乌克兰

西班牙

希腊

匈牙利

意大利

英国

美洲

阿根廷

安提瓜和巴布达

巴巴多斯

巴哈马

巴拉圭

巴拿马

巴西

玻利维亚

伯利兹

多米尼加

多米尼克

厄瓜多尔

哥伦比亚

哥斯达黎加

格林纳达

古巴

圭亚那

海地

洪都拉斯

加拿大

美国

秘鲁

墨西哥

尼加拉瓜

萨尔瓦多

圣基茨和尼维斯

圣卢西亚

圣文森特和格林纳丁斯

苏里南

特立尼达和多巴哥

危地马拉

委内瑞拉

乌拉圭

牙买加

智利

大洋洲

澳大利亚

巴布亚新几内亚

斐济

基里巴斯

库克群岛

马绍尔群岛

密克罗尼西亚

瑙鲁

纽埃

帕劳

萨摩亚

所罗门群岛

汤加

图瓦卢

瓦努阿图

新西兰

国别区域与全球治理数据平台

www.crggcn.com

"国别区域与全球治理数据平台"（Countries，Regions and Global Governance，CRGG）是社会科学文献出版社重点打造的学术型数字产品，对接国别区域这一重点新兴学科，围绕国别研究、区域研究、国际组织、全球智库等领域，全方位整合基础信息、一手资料、科研成果，文献量达30 余万篇。该产品已建设成为国别区域与全球治理数据资源与研究成果整合发布平台，可提供包括资源获取、科研技术服务、成果发布与传播等在内的多层次、全方位的学术服务。

从国别区域和全球治理研究角度出发，"国别区域与全球治理数据平台"下设国别研究数据库、区域研究数据库、国际组织数据库、全球智库数据库、学术专题数据库和学术资讯数据库6 大数据库。在资源类型方面，除专题图书、智库报告和学术论文外，平台还包括数据图表、档案文件和学术资讯。在文献检索方面，平台支持全文检索、高级检索，并可按照相关度和出版时间进行排序。

"国别区域与全球治理数据平台"应用广泛。针对高校及国别区域科研机构，平台可提供专业的知识服务，通过丰富的研究参考资料和学术服务推动国别区域研究的学科建设与发展，提升智库学术科研及政策建言能力；针对政府及外事机构，平台可提供资政参考，为相关国际事务决策提供理论依据与资讯支持，切实服务国家对外战略。

数据库体验卡服务指南

※100 元数据库体验卡，可在"国别区域与全球治理数据平台"充值和使用

充值卡使用说明：
第 1 步 刮开附赠充值卡的涂层；
第 2 步 登录国别区域与全球治理数据平台（www.crggcn.com），注册账号；
第 3 步 登录并进入"会员中心"→"在线充值"→"充值卡充值"，充值成功后即可使用。

声明

最终解释权归社会科学文献出版社所有

客服 QQ：671079496
客服邮箱：crgg@ssap.cn

欢迎登录社会科学文献出版社官网（www.ssap.com.cn）和国别区域与全球治理数据平台（www.crggcn.com）了解更多信息

图书在版编目（CIP）数据

泰国 / 田禾，周方冶编著. -- 3 版. -- 北京：社
会科学文献出版社，2016.6（2023.7 重印）
（列国志：新版）
ISBN 978 - 7 - 5097 - 8859 - 2

Ⅰ.①泰…　Ⅱ.①田…②周…　Ⅲ.①泰国 – 概况
Ⅳ.①K933.6

中国版本图书馆 CIP 数据核字（2016）第 046128 号

· 列国志（新版）·
泰国（Thailand）

编　著 / 田　禾　周方冶

出 版 人 / 王利民
项目统筹 / 张晓莉
责任编辑 / 孙以年　王浩娉
责任印制 / 王京美

出　　版 / 社会科学文献出版社·国别区域分社（010）59367078
　　　　　　地址：北京市北三环中路甲 29 号院华龙大厦　邮编：100029
　　　　　　网址：www. ssap. com. cn
发　　行 / 社会科学文献出版社（010）59367028
印　　装 / 唐山玺诚印务有限公司

规　　格 / 开　本：787mm × 1092mm　1/16
　　　　　　印　张：26　插　页：1　字　数：385 千字
版　　次 / 2016 年 6 月第 3 版　2023 年 7 月第 4 次印刷
书　　号 / ISBN 978 - 7 - 5097 - 8859 - 2
定　　价 / 79.00 元

读者服务电话：4008918866